BERTRAND PINÇON, prêtre du diocèse de Lyon, docteur en Théologie de l'Université Marc Bloch de Strasbourg, est professeur d'exégèse d'Ancien Testament à la Faculté de Théologie de l'Université Catholique de Lyon.

L'énigme du bonheur

Supplements

to the

Vetus Testamentum

VOLUME 119

L'énigme du bonheur

Étude sur le sujet du bien dans le livre de Qohélet

par

Bertrand Pinçon

BRILL

LEIDEN • BOSTON
2008

This book is printed on acid-free paper.

Library of Congress Cataloging-in-Publication Data

Pinçon, Bertrand.
  L'énigme du bonheur : étude sur le sujet du bien dans le livre de Qohelet / par
Bertrand Pinçon.
    p. cm. — (Supplements to the Vetus Testamentum ; 119)
  Includes bibliographical references and index.
  ISBN 978-90-04-16717-9 (hardback : alk. paper) 1. Happiness in the Bible. 2. Bible.
O.T. Ecclesiastes—Criticism, interpretation, etc. I. Title. II. Series.

  BS1199.H37P57 2008
  223'.806—dc22

                                                          2008025436

ISSN 0083-5889
ISBN 978 90 04 16717 9

PRINTED IN THE NETHERLANDS

TABLE DES MATIÈRES

DEUXIÈME PARTIE

LE BONHEUR: THÈME ET VARIATIONS

CONCLUSION

LE BONHEUR: UNE ÉNIGME RÉSOLUE?

PRÉFACE

Au cours de ces dernières décennies, le livre de Qohélet n'a cessé de faire l'objet de publications, mais celles-ci n'ont accordé que peu de place aux paroles encourageantes que le sage de Jérusalem distille au fil de son œuvre. Pourtant, parmi la multitude des travaux publiés, se dessine une tendance visant à remettre en cause le caractère uniformément sombre et dramatique qui a longtemps présidé à la lecture de ce livre. La vision de Qohélet sur l'existence humaine ne serait-elle pas aussi désabusée qu'on ne l'a prétendu jusque-là?

Aujourd'hui, la question du bien et du bonheur est loin d'avoir reçu une réponse claire et homogène parmi les commentateurs. Au contraire, divers courants d'opinions s'affrontent, souvent avec détermination, entre les tenants d'une lecture optimiste du livre et ceux qui persistent à voir, dans le sage de Jérusalem, ce pessimiste invétéré tant de fois décrié.

Ce livre sur *l'énigme du bonheur dans le livre de Qohélet* s'invite dans la discussion en cours, en y apportant la nouveauté de sa recherche et de ses conclusions. Il est le résultat d'une thèse de doctorat soutenue à la Faculté de Théologie Catholique de l'Université Marc-Bloch de Strasbourg (France) en février 2007.

Le fil conducteur est donc une question: quel sens revêt le plaisir, la joie et le bonheur dans la pensée de Qohélet? Loin d'être choisie arbitrairement, elle s'est progressivement imposée à partir de la controverse qui oppose les commentateurs, depuis une trentaine d'années, autour des sept "refrains" de bonheur traditionnellement recensés dans le livre.

Cette contribution se propose, avant tout, de dépassionner le débat, s'en tenant, sans *a priori*, à une approche exégétique et contextuelle des quelques paroles agréables qui tranchent par rapport à un ensemble de considérations globalement négatives sur le sens de la vie.

Comme sage, Qohélet observe attentivement le monde qui l'entoure, pour en tirer des leçons qui seront à la base de son enseignement. Il s'est impliqué personnellement dans cette „mission royale", au point de parler souvent à la première personne du singulier. Pour quelqu'un qui entend scruter «tout ce qui se fait sous le ciel / sous le soleil» (1, 13–14), tout y passe: le travail, la vie en société, la justice, l'argent, la religion, le rapport aux femmes, même la vieillesse et, finalement, la mort.

Dans tous ces champs de recherche, que valent ces lueurs de plaisir et de joie? Le sage de Jérusalem est-il pessimiste ou ne l'est-il pas? L'énigme du bonheur ne peut être résolue sans trahir la dialectique générale dans laquelle elle s'inscrit.

Au-delà de toute dichotomie, nécessairement réductrice, Qohélet se présente, avant tout, sous les traits d'un penseur lucide, fermement en prise avec le réel, dans lequel se côtoient inexorablement, et parfois de manière frontale, ce qui fait le malheur de l'homme en même temps que son bonheur. Le sage découvre que Dieu s'y rend présent, bien que de manière discrète et souvent incompréhensible pour le commun des mortels. Par là, il nous met en garde contre les dangers d'une lecture monolithique et uniforme des événements du monde dans lequel nos existences sont souvent mises à rude épreuve.

Devant les tragédies humaines qui ont marqué le XXe siècle et sur lequel s'est ouvert ce XXIe siècle, avec leurs relents identitaires et leurs cortèges de fondamentalisme, face aux questions brûlantes qui agitent la vie de nos sociétés occidentales, sur le sens de la vie, la valeur et la dignité de la personne humaine (de la conception jusqu'à la mort) ou sur la fragilisation du lien social, le sage semble constamment défendre une éthique qui soit sans cesse marquée par ces deux réalités inextricables de toute vie: bonheur et malheur. De la naissance à la mort, rien n'est absolu, tout n'est que relatif. Ne serait-ce pas là, chez Qohélet, la cause de son insatisfaction permanente et, chez le lecteur d'aujourd'hui, une des réticences à le lire ? Puisse cette étude affiner l'intérêt que les chercheurs portent sur ce livre de sagesse.

Qu'il me soit permis, ici, d'exprimer ma profonde reconnaissance au Professeur Eberhard Bons de l'Université Marc-Bloch de Strasbourg qui a dirigé et soutenu ce travail avec une grande disponibilité. Que cette publication soit également l'occasion d'exprimer ma gratitude aux enseignants et collègues de la Faculté de Théologie de l'Université Catholique de Lyon et, en particulier au Père Philippe Mercier pour ses relectures et ses remarques judicieuses et éclairantes. Mes remerciements vont, enfin, au Professeur Hans Barstad qui a accepté de publier ce travail aux éditions Brill, dans la collection *Vetus Testamentum Suppléments*.

SIGLES ET ABRÉVIATIONS

AB	The Anchor Bible
ABR	Australian Biblical Review
AnBib	Analecta Biblica
ANETS	Ancien Near Eastern Texts and Studies
AOAT	Alter Orient und Altes Testament
ATD	Das Altes Testament Deutsch
AUSS	Andrews University Seminary Studies
AUU SSU	Acta Universitatis Upsaliensis. Studia Semitica Upsaliensia
BDB	Brown-Driver-Briggs
BETL	Bibliotheca Ephemeridum Theologicarum Lovaniensum
BH	La Bible Hébraïque
Bib	Biblica
BJ	La Bible de Jérusalem
BK AT	Biblischer Kommentar Altes Testament
BN	Biblische Notizen
BWANT	Beiträge zur Wissenschaft vom Alten und Neuen Testament
BZAW	Beihefte zur Zeitschrift für die Alttestamentliche Wissenschaft
CBQ	Catholic Biblical Quarterly
CC	Corpus Christianorum
CE	Cahiers Évangile
DBS	Dictionnaire de la Bible Supplément
EA	Études Augustiniennes
EBib	Études Bibliques
ETRel	Études Théologiques et Religieuses
HKAT	Handkommentar zum Alten Testament
HThK AT	Herders Theologischen Kommentar zum Alten Testament
HUCA	Hebrew Union College Annual
JBL	Journal of Biblical Literature
JNSL	Journal of Northwest Semitic Languages
JQR	Jewish Quarterly Review
JSOT	Journal for the Study of the Old Testament
JSOT. S	Journal for the Study of the Old Testament, Supplement Series
JTSA	The Jewish Theological Seminary of America
KAT	Kommentar zum Alten Testament
LA	Liber Annuus
LD	Lectio Divina
LHB. OTS	Library of Hebrew Bible. Old Testament Studies
LLB	Lire La Bible
LoB	Leggere oggi la Bibbia
LumVie	Lumière et Vie
NCBC. OT	The New Century Bible Commentary. Old Testament
NEB AT	Die Neue Echter Bibel (Kommentar zum Alten Testament)
NBS	La Nouvelle Bible Segond
OBO	Orbis Biblicus et Orientalis
OLA	Orientalia Lovaniensia Analecta
OloP	Orientalia Lovaniensia Periodica
OTE	Old Testament Essays

OTL	Old Testament Library
RB	Revue Biblique
RevBib	Revista Bíblica
RSR	Revue des Sciences Religieuses
RTP	Revue de Théologie et de Philosophie
SBAB	Stuttgarter Biblische Aufsatzbände
SC	Sources Chrétiennes
SJOT	Scandinavian Journal of the Old Testament
SJT	Scottish Journal of Theology
Suppl. CE	Supplément aux Cahiers Évangile
TOB	Traduction Œcuménique de la Bible
VS	Verbum Salutis
VT	Vetus Testamentum
VT.S	Vetus Testamentum, Supplement Series
WBC	World Biblical Commentary
ZAW	Zeitschrift für die Alttestamentliche Wissenschaft

INTRODUCTION

> C'est mon espérance que, dans sa forme présente, ce volume puisse contribuer à une connaissance plus approfondie et à une appréciation plus large de Qohélet, lequel a été décrit comme le livre le plus moderne de la Bible. À une époque où la vie apparaît souvent de manière chaotique et dépourvue de sens, Qohélet a un message spécial pour nous, étant dédié à enseigner aux hommes à aimer la vie, à en accepter ses limites et à se réjouir de ses bénédictions.

Cette citation du commentateur juif américain R. Gordis, datée de 1967, qui vient conclure la préface de la 3ᵉ édition revue et augmentée de son commentaire du livre de Qohélet[1], va à contre-courant d'une tradition dominante qui se bornait à considérer ce livre de sagesse comme un des ouvrages les plus sombres de la Bible. Pendant tout le XIXᵉ siècle, et pendant encore une grande moitié du XXᵉ siècle, la majorité des commentateurs ne voyait en son auteur qu'un pessimiste, un existentialiste sceptique voire même un chantre de l'anticonformisme[2].

Pour qui entreprend la lecture de ce livre, Qohélet est loin d'apparaître comme un maître d'optimisme et de joie. Son œuvre reste abondamment ponctuée d'affirmations sur la vanité de toute chose : non seulement les déclarations de « vanité des vanités (…) tout est vanité » sont au commencement et à la fin de l'ouvrage (1, 2 ; 12, 8), mais, en outre, le mot même de הבל—que nous traduisons habituellement par "vanité", mais dont nous préférerons, le plus souvent, le sens originel et symbolique de fugacité—revient une trentaine de fois, tel un refrain, tout au long des douze chapitres du livre.

En tant que sage, Qohélet parle d'expérience, et son expérience le conduit à aller jusqu'au bout de la condition humaine. Et c'est bien là la

---

[1] R. Gordis, *Koheleth—The Man and His World. A study of Ecclesiastes*, Schocken Books, New York, 1951, ³1968, p. x. Ici, c'est nous qui traduisons.

[2] Pour l'heure, nous nous contentons de renvoyer aux deux principales bibliographies exhaustives sur le livre de Qohélet : celle de R. G. Lehmann *in* D. Michel, *Untersuchungen zur Eigenart des Buches Qohelet. Mit einem Anhang von R. G. Lehmann : Bibliographie zu Qohelet* (BZAW 183), de Gruyter, Berlin / New York, 1989, p. 290–322, laquelle a été reprise et complétée par celle de B. Perregaux Allisson *in* M. Rose, *Rien de nouveau. Nouvelles approches du livre de Qohéleth. Avec une bibliographie (1988–1998) élaborée par B. Perregaux Allisson* (OBO 168), Éditions Universitaires de Fribourg, Vandenhoeck und Ruprecht, Fribourg / Göttingen, 1999, p. 557–612.

source tant de son insatisfaction que de sa joie. En dépit du constat de la présence indéniable du mal et du malheur, le sage découvre l'existence d'un bien et d'un bonheur. Chacun est en mesure d'y goûter, un jour ou l'autre, lors de ces moments de réjouissances que sont les plaisirs de la table, le vin qui réjouit le cœur, le travail que l'on fait avec entrain, la vie partagée avec son conjoint...

Ces courts passages en טוב reviennent, eux aussi, à plusieurs reprises, au point que l'on a pu parler à leur sujet de "refrains" de bonheur, autant d'occasions favorables qui ne proviennent pas seulement d'une recherche effrénée de jouissance personnelle, mais avant tout d'un don de Dieu. C'est pourquoi Qohélet n'hésitera pas, dans la seconde moitié du livre (chapitres 7 à 12), à inciter ouvertement son jeune disciple à ne pas passer à côté des joies simples de l'existence qui s'offrent à lui.

Dans ces conditions, quel crédit accorder à la répétition de propos aussi enthousiastes au sein d'un contexte général qui ne l'est pas? Au cours du XXe siècle, la présence de ces prétendus "refrains" en טוב n'a cessé d'intriguer les exégètes. Et aujourd'hui encore, le sens des paroles sur le bien et le bonheur chez Qohélet reste, pour une part, énigmatique.

Vers une résolution de l'énigme du bonheur

S'aventurer à résoudre l'énigme du bonheur suppose de s'inviter dans le débat sur le statut des paroles plaisantes de celui dont on nous dit qu'il «fut un sage» (12, 9). De quelles pièces à conviction dispose-t-on?

La présentation du *status quaestionis* aide à poser clairement le cadre de la controverse entre les auteurs. L'étude des termes en conflit impose de discuter, un à un, les principaux arguments avancés par les tenants des deux courants: un courant dit "optimiste" faisant des paroles de bonheur le thème majeur du livre (chapitre 1) et un courant dit "pessimiste" ne voyant en ces mêmes paroles qu'un anesthésiant offert à l'homme pour l'aider à supporter les misères de la vie (chapitre 2). La synthèse du débat ne fera que mettre en évidence le clivage entre ces deux lectures du thème du bonheur (chapitre 3).

Seule l'exégèse des données scripturaires est en mesure d'apporter un éclairage nouveau sur les enjeux de la controverse. D'une manière générale, un accord se dessine pour reconnaître comme "refrains" de bonheur les passages suivants: 2, 24; 3, 12–13; 3, 22; 5, 17–19; 8, 15; 9, 7–10; 11, 9–12, 1 (chapitre 4). Toutefois, l'étude des propos sur le sujet du bien doit se doubler d'un examen des "refrains" en טוב suivant le contexte littéraire et thématique dans lequel ils s'inscrivent (chapitre 5).

Deux catégories de paroles en טוב finissent par se dessiner : des paroles en forme de déclaration suite à des constats de vanité liés à l'absence de profit sur cette terre (les quatre premières paroles) et des paroles en forme d'encouragement ou d'exhortation du maître de sagesse à l'adresse de son disciple (les trois dernières paroles). Ces deux séries révèlent bien des points de vue différents dans le traitement de la question du bonheur, d'autant plus qu'elles sont en corrélation avec d'autres variations thématiques qui se croisent au fil du livre : le profit, la sagesse, l'œuvre de Dieu, celle de l'homme, la crainte de Dieu (chapitre 6).

Les résultats de l'enquête contextuelle laissent largement ouvert le champ du bonheur à d'autres paroles en טוב, et tout particulièrement à une invitation du début du chapitre 7 qui n'a, à aucun moment, été évoquée sérieusement au cours de la discussion.

L'invitation au bonheur 7, 14

En 7, 14, le verset se présente sous la forme d'une courte exhortation en טוב : « au jour de bonheur (ביום טובה), sois dans le bonheur (היה בטוב) [= accueille le bonheur] et au jour de malheur, regarde : aussi bien l'un que l'autre, (le) Dieu les a faits, de sorte que l'homme ne puisse rien trouver de ce qui sera par la suite. »[3] Cette parole—décrite par R. Gordis comme étant, avec celle de 7, 13, un "admirable abrégé de la pensée de Qohélet"[4]—mérite attention. Située au début de la seconde moitié du livre, elle inaugure une étape nouvelle dans la pensée dialectique de l'auteur sacré, entre les quatre déclarations de bonheur de la première moitié du livre et les trois encouragements de la seconde moitié.

Une chose est sûre : l'étude de la problématique du bonheur dans l'œuvre du sage de Jérusalem n'est pas close avec l'examen littéraire et contextuel des sept paroles en טוב traditionnellement retenues par les

---

[3] Sauf avis contraire, toutes les citations en français du livre de Qohélet sont extraites de notre traduction personnelle (cf. *infra*, p. 280–298) ayant pour base *La Bible* (É. Osty – J. Trinquet), (= *La Bible* d'Osty-Trinquet), Seuil, Paris, 1973 et D. Lys, *L'Ecclésiaste ou que vaut la vie ? Traduction, Introduction générale, Commentaire de 1, 1 à 4, 3*, Letouzey et Ané, Paris, 1977.

[4] « This verset [i.e. v. 13] and the following are an admirable epitome of Koheleth's thought /.../ » (R. Gordis, *Koheleth*, p. 274–275).

auteurs. Au contraire, bien des questions restent encore sans réponse. La nouvelle exhortation en טוב peut-elle être comptée comme une *parole de bonheur* supplémentaire? Si oui, pourrait-elle contribuer à expliciter la progression constatée dans l'énoncé des *paroles de bonheur*?

À l'instar des propos précédents, l'invitation au bonheur de 7, 14 mérite un examen rigoureux selon le contexte littéraire qui la porte (chapitre 7). L'étude de la péricope 7, 11–14, au début de la seconde moitié du livre, se révèle des plus instructives pour notre enquête, étant donné que ces versets conjuguent plusieurs des thèmes transversaux chez Qohélet: le profit, la sagesse, l'œuvre des hommes et celle de Dieu... d'autant qu'ils contiennent des similitudes avec d'autres versets du début de la première moitié du livre (1, 12–18). Plusieurs éléments d'ordre syntaxique et thématique invitent à établir un parallèle judicieux entre ces deux péricopes par le truchement, notamment, de la mention du rôle de la sagesse, du motif du don de Dieu et de la reprise d'une citation proverbiale relative au redressement de ce qui est tordu...

L'étude comparée de ce passage avec le début du livre autorise à proposer une structuration bipartite du livre en deux mouvements, qui tienne compte autant de la répétition des *paroles de bonheur* que de leur progression emphatique tout au long de l'ouvrage (chapitre 8). Une telle organisation littéraire peut-elle contribuer à clarifier le statut des paroles de bonheur dans la pensée critique du sage? Permet-elle aussi de mieux cerner le désaccord qui règne entre les auteurs? Par voie de conséquence, offre-t-elle de résoudre certaines des questions laissées en suspens par les commentateurs sur la portée du bonheur dans ce livre de sagesse?

La mise en exergue d'une huitième *parole de bonheur*, en 7, 14, est une voie nouvelle à explorer pour qui prétend déchiffrer l'énigme du bonheur dans une œuvre qui ne manque pas d'intriguer encore ceux qui la côtoient (chapitre 9). Cette courte exhortation paraît d'autant plus déterminante qu'elle n'est pas détachable du mouvement général d'un livre qui fait du plaisir de vivre un élément décisif de sa recherche et de sa réflexion, à côté de concepts plus traditionnels que sont la sagesse et la crainte de Dieu.

La composition littéraire du livre: quelques présupposés

L'exégèse de Qohélet se fonde sur une lecture diachronique de l'ouvrage en tenant compte de deux strates majeures dans le livre: un livret principal (1, 3–12, 7) et un ensemble d'ajouts rédactionnels (1, 1–2;

12, 8–14). Au cours du XIXe siècle et encore au début du XXe siècle, les questions relatives à l'unité de l'œuvre ou à la pluralité des sources et des auteurs ont été largement débattues et théorisées en Allemagne par D.-C. Siegfried[5] et en France par E. Podechard[6]. À l'exception aujourd'hui de M. Rose qui, dans son approche diachronique du livre[7], dénombre encore la présence de plusieurs "mains" (Qohélet le sage, le disciple, le théologien-rédacteur), la majorité des commentateurs contemporains s'accorde à reconnaître, dans le livret principal, l'œuvre d'un seul auteur[8]. L'opinion constante, parmi les exégètes, est d'attribuer à un rédacteur postérieur, peut-être même à un disciple, au moins : le titre du livre qui désigne Qohélet «fils de David, roi à Jérusalem» (1, 1), les versets récapitulatifs du début et de la fin du livre qui attestent de l'énoncé des paroles de Qohélet («dit Qohélet» en 1, 2 et 12, 8), auxquels s'ajoutent une indication de Qohélet en 7, 27 («dit Qohélet»), ainsi que l'épilogue où Qohélet est mentionné à la 3e personne du masculin-singulier (12, 9–14)[9]. Il est donc préférable de conserver le terme de "livret" pour désigner l'œuvre de Qohélet hors ses ajouts rédactionnels.

---

[5] D.-C. Siegfried, *Prediger und Hoheslied übersetzt und erklärt*, (HKAT II, 3, 2), Vandenhoeck und Ruprecht, Göttingen, 1898, p. 2–12.

[6] E. Podechard, *L'Ecclésiaste*, (EBib), Gabalda, Paris, 1912, p. 156–170.

[7] M. Rose, *Rien de nouveau…*

[8] Voir, par exemple, et par ordre chronologique de parution, les positions de : A. Barucq, *Ecclésiaste-Qohéleth. Traduction et commentaire* (VS. AT 3), Beauchesne, Paris, 1968, p. 28–31 ; D. Lys, *L'Ecclésiaste ou que vaut la vie ?…*, p. 66–70 ; J. A. Loader, *Polar Structures in the Book of Qohelet*, (BZAW 152), de Gruyter, Berlin / New York, 1979 ; J. L. Crenshaw, *Ecclesiastes. A Commentary*, (OTL), SCM Press, Londres, 1988, p. 48–49 ; G. Ravasi, *Qohelet*, (La Parola di Dio), Paoline, Milan, 1988, ²1991, p. 30–32 ; M. V. Fox, *Qohelet and His Contradictions*, (JSOT.S 71), The Almond Press, Sheffield, 1989, p. 19–28 ; R. N. Whybray, *Ecclesiastes*, (NCBC.OT 33), Eerdmans, Grand Rapids, Michigan ; Marshall, Morgan and Scott, Londres, 1989, p. 17–22 ; J. Vilchez Lindez, *Sapienciales III : Eclesiastés o Qohelet*, (Nueva Biblia Española), Editorial Verbo Divino, Estella, 1994, p. 48–54 ; C.-L. Seow, *Ecclesiastes. A New Translation with Introduction and Commentary*, (AB 18C), Doubleday, New York / London / Toronto / Sydney / Auckland, 1997, p. 38–43 ; L. Mazzinghi, *Ho Cercato e ho Esplorato. Studi sul Qohelet*, EDB, Bologne, 2001, p. 36–39 ; N. Lohfink, *Qoheleth. A Continental Commentary*, Fortress Press, Minneapolis, 2003, p. 3–4 ; Th. Krüger, *Qoheleth. A Commentary*, (Hermeneia), Fortress Press, Minneapolis, 2004, p. 14–19.

[9] Cf. par exemple, et selon l'ordre chronologique de parution : A. Barucq, *Ecclésiaste…*, p. 29 ; M. V. Fox, « Frame-Narrative and Composition in the Book of Qoheleth », *HUCA* 48 (1977), p. 83–106 ; D. Lys, *L'Ecclésiaste ou que vaut la vie ?…*, p. 69 ; W. Zimmerli, *Das Buch des Predigers Salomo*, (ATD, 16/1–2), Vandenhoeck und Ruprecht, Göttingen, 1962, ³1980, p. 149s ; R. Michaud, *Qohélet et l'hellénisme : La littérature de Sagesse, Histoire et théologie II*, (LLB 77), Cerf, Paris, 1987, p. 201–203 ; M. V. Fox, *Qohelet and His Contradictions*, p. 311–329 ; R. N. Whybray, *Ecclesiastes*, p. 34–36 et 169–174 ; R. E. Murphy, *Ecclesiastes*, (WBC 23A), Word Books Publisher, Dallas, 1992, p. xxxiv ; V. D'Alario, *Il libro del Qohelet. Struttura letteraria e retorica*, (SupRivBib

La résolution de la question de l'unité rédactionnelle règle, par voie de conséquence, plusieurs questions connexes, telles que, par exemple, celles relatives à l'auteur présumé de l'œuvre ou encore celles concernant la datation et le lieu de composition.

Dès le premier verset de l'ouvrage, Qohélet est présenté comme «fils de David, roi de Jérusalem» (1, 1). Le temps est révolu où les auteurs s'évertuaient à attribuer à Salomon la paternité de cette œuvre de sagesse. Jusqu'à Hugo Grotius, au milieu du XVIIe siècle, on avait continué à assimiler Qohélet à ce «fils de David» désigné dans l'*incipit* du livre (1, 1). On pensait voir en lui un homme fatigué et déçu, livrant là quelques réflexions au soir de sa vie, tandis que, dans la prétendue trilogie des œuvres salomoniennes (Cantique des Cantiques, Proverbes et Qohélet), le livre des Proverbes serait le fait d'un homme d'âge mûr, et le Cantique des Cantiques, une œuvre de jeunesse.

À l'heure actuelle, les auteurs optent en faveur d'une pseudépigraphie[10]. Par ce procédé littéraire, l'écrivain sacré entend accréditer son écrit sapientiel en le mettant sous l'autorité morale du sage d'Israël que fut, par excellence, le roi Salomon, tout en se reconnaissant de sa descendance spirituelle. Selon la littérature biblique[11], c'est bien à Salomon que la richesse et la gloire ont permis d'expérimenter tout ce qui est censé procurer du bonheur tangible aux hommes. Mais c'est à une époque beaucoup plus tardive que l'on a développé le motif de la sagesse proverbiale de Salomon[12].

Dans ces conditions, la date de composition de l'œuvre ne saurait remonter à l'époque salomonienne. Rares sont ceux qui défendent encore

---

27), EDB, Bologne, 1993, p. 176. Et pour une étude plus fouillée de l'épilogue, voir N. Lohfink, «Les épilogues du livre de Qohélet et les débuts du Canon», in *Ouvrir les Écritures.* Mélanges offerts à Paul Beauchamp à l'occasion de ses soixante-dix ans, (P. Bovati et R. Meynet dir.), (LD 162), Cerf, Paris, 1995, p. 77–96, surtout p. 85–95. J.-M. Auwers, «Problèmes d'interprétation de l'épilogue de Qohélet», in *Qohelet in the Context of Wisdom,* (A. Schoors dir.), (BETL 136), Presses Universitaires de Louvain, Louvain, 1998, p. 267–282; Fr. Laurent, «Le livre de Qohéleth ou la retenue de l'Écriture», *RSR* 79 (2005), p. 5–22.

[10] Parmi les auteurs récents, voir par exemple: V. Morla Asensio, «Il libro dell'Ecclesiaste», in *Libri sapienzali e altri scritti,* (A. Caro dir.), (Introduzione allo studio della Bibbia 5), Paideia, Brescia, 1997, p. 149; L. Mazzinghi, *Ho Cercato…,* p. 19–24; M. Gilbert, *Les cinq livres des sages, Proverbes-Job-Qohélet-Ben Sira-Sagesse,* (LLB 129), Cerf, Paris, 2003, p. 115–116. Au sujet de cette pseudépigraphie, voir également N. Lohfink, «Les épilogues du livre de Qohélet et les débuts du canon», p. 78–79.

[11] Cf. 1R 3–5.

[12] Cf. Si 47, 12–22; St. Wälchli, *Der weise König Salomo. Eine Studie zu den Erzählungen von der Weisheit Salomos in ihrem alttestamentlichen und altorientalischen Kontext,* (BWANT 141), Kohlhammer, Stuttgart, 1999.

une date de composition pré-exilique[13]. C'est vraisemblablement bien après l'Exil à Babylone qu'il faut faire remonter la rédaction du livre, sans doute au cours du milieu du IIIᵉ siècle avant notre ère, au temps où l'hellénisme des Lagides dominait politiquement la Palestine[14]. Les quelques allusions au contexte politique, économique et social (par exemple : 4, 13–16 ; 9, 13–16 ; 10, 16–17) pourraient correspondre aux dérives auxquelles a conduit le régime des Ptolémées[15].

Le lieu présumé de composition est, quant à lui, plus complexe à situer, étant donné l'expansion, à cette époque, de la culture hellénistique dans tout le Proche-Orient. Cependant, les allusions à la vie en Palestine pourraient désigner Jérusalem comme lieu de rédaction du livre : que ce soit, par exemple, les indications climatiques (1, 6 ; 11, 4 ; 12, 2), les conditions matérielles de vie (10, 8–9.18 ; 12, 6) ou encore le culte rendu au Temple (4, 17–5, 6 ; 8, 10)[16].

Toutefois, c'est au sujet de ce milieu culturel dans lequel l'écrivain sacré a vécu et a mis à profit son enseignement que se pose le plus de difficultés. Compte tenu du lieu et de la période probable de composition, on peut raisonnablement supposer un contexte culturel fortement cosmopolite et éclectique. Cela expliquerait, en partie, les ruptures, incohérences ou contradictions qui résultent d'une lecture attentive du livre. Vivant dans un contexte historique et culturel ouvert à de multiples courants de pensées, l'auteur du livre a probablement été mis en contact avec les mouvements philosophiques de son temps (cyniques, épicurien, sceptiques) et avec la rhétorique grecque.

Sur le plan de la langue, un premier aperçu du texte montre que l'hébreu employé est d'époque tardive. Le vocabulaire est souvent proche de celui

---

[13] Seul W. H. U. Anderson ose encore la défendre (cf. W. H. U. ANDERSON, « The problematics of the Sitz im Leben of Qoheleth », *OTE* 12 (1999), p. 233–248).

[14] Cf. par exemple : A. BARUCQ, art. « Qohélet (le livre de l'Ecclésiaste ou de) », *in DBS* 11 (1991), col. 609–674, surtout col. 619–620 ; D. LYS, *L'Ecclésiaste ou que vaut la vie ?*…, p. 56–60 ; J. VILCHEZ LINDEZ, *Eclesiastés*…, p. 80–83 ; L. MAZZINGHI, *Ho Cercato*…, p. 70–75 ; A. NICCACCI, « Qohelet. Analisi sintattica, traduzione, composizione », *LA* 54 (2004), p. 91 (note 108) ; L. SCHWIENHORST-SCHÖNBERGER, *Kohelet*, (HthKAT), Herder, Fribourg / Bâle / Vienne, 2004, p. 101–103.

[15] Sur cette question très disputée du contexte historique, voir le point de vue de N. LOHFINK, « *melek*, *šallîṭ* und *môšēl* bei Kohelet und die Abfassungszeit des Buchs », *Bib* 62 (1981), p. 535–543 ainsi que son commentaire *Qoheleth*, p. 4–6 ; R. MICHAUD, *Qohélet et l'hellénisme*…, p. 113–124 ; R. N. WHYBRAY, *Ecclesiastes*, p. 7–12 ; A. SCHOORS, « Qoheleth : A book in a changing society », *OTE* 9 (1996), p. 68–87.

[16] Voir, par exemple : A. BARUCQ, *Ecclésiaste*…, p. 14–16 ; D. LYS, *L'Ecclésiaste ou que vaut la vie ?*…, p. 60–62 ; R. N. WHYBRAY, *Ecclesiastes*, p. 13–14 ; J. VILCHEZ LINDEZ, *Eclesiastés*…, p. 83–84 ; L. SCHWIENHORST-SCHÖNBERGER, *Kohelet*, p. 103 ; N. LOHFINK, « Les épilogues du livre de Qohélet et les débuts du Canon », p. 80–85.

de la Mishnah, ne serait-ce qu'en raison de la terminaison caractéristique de certains mots en וֹן (comme יִתְרוֹן en 1, 3; 2, 13; 3, 9 ou רַעְיוֹן en 1, 17b) ou en וּת (comme וּרְעוּת רוּחַ en 1, 14b; 2, 17b; 2, 26b ou שִׂכְלוּת en 1, 17a). Le vocabulaire et la syntaxe sont également marqués par des aramaïsmes, tels que l'emploi fréquent du pronom שׁ à la place de אֲשֶׁר ou bien de l'adjectif יָפֶה au lieu de טוֹב (3, 11), ainsi en est-il aussi d'expressions littéraires proches de la langue grecque : טוֹב אֲשֶׁר־יָפֶה (5, 17) ou עשׂה טוֹב (3, 12). À cela s'ajoutent quelques mots rares, venant probablement de la langue perse, apparus tardivement dans la littérature juive tels que פַּרְדֵּס (2, 5) ou פִּתְגָם (8, 11). De plus, la démarche sapientielle de Qohélet s'apparente au style de la diatribe grecque, en raison notamment du recours fréquent aux interrogations et aux négations, mais également à travers les multiples répétitions des thèmes qui s'entrecroisent au fil de l'œuvre sur fond de dialectique entre la vanité de toute chose (הכל הבל) et les traces de bonheur (טוֹב).

Sans apporter de preuves irréfutables, on peut admettre que, outre la tradition d'Israël, la philosophie grecque et certains courants sapientiels du Proche-Orient Ancien (mésopotamiens ou égyptiens) ont pu inspiré certaines des paroles positives du sage, ainsi que l'atteste, par exemple, l'invitation au bonheur de la Cabaretière Sidouri adressée à Gilgamesh dans l'épopée éponyme[17], ou le témoignage d'Hérodote qui relate une coutume pratiquée lors des banquets donnés dans l'aristo-

---

[17] Gilgamesh, où donc cours-tu?
La vie que tu poursuis, tu ne la trouveras pas.
Quand les dieux ont créé l'humanité,
c'est la mort qu'ils ont réservée à l'humanité;
la vie, ils l'ont retenue pour eux entre leurs mains.
Toi, Gilgamesh, que ton ventre soit repu,
jour et nuit, réjouis-toi,
chaque jour, fais la fête;
jour et nuit, danse et joue de la musique;
que tes vêtements soient immaculés,
la tête bien lavée, baigne-toi à grande eau;
contemple le petit qui te tient la main,
que la bien-aimée se réjouisse en ton sein!
Cela, c'est l'occupation de l'humanité.
(*L'Épopée de Gilgamesh*, Tablette X, col. III, 1–14. Introduction, traduction et notes par R.-J. Tournay et A. Shaffer, Cerf, Paris, ²1998, p. 203–204). Au sujet des affinités entre ce texte et certains versets du livre de Qohélet, voir J. Y.- S. Pahk, *Il Canto della Gioia in Dio*, *L'itinerario sapienziale espresso dall'unità letteraria in Qohelet 8, 16–9, 10 e il parallelo di Gilgameš Me. iii*, Istituto Universario Orientale, Dipartimento di Studi Asiatici (Series Minor 52), Napoli, 1996. Pour un aperçu plus général des rapprochements possibles entre *L'Épopée de Gilgamesh* et l'œuvre de Qohélet, voir J. De Savignac, «La sagesse du Qôhéléth et l'épopée de Gilgamesh», *VT* 28 (1978), p. 318–323.

cratie égyptienne[18]. Ces références pourraient rappeler quelques-unes des invitations au bonheur de Qohélet (9, 7–10; 11, 9–12, 1). Mais, sur ce point, étant donnée la complexité de la question, il est difficile d'en dire davantage[19].

Tout en prônant l'unité rédactionnelle du livret, comment résoudre maintenant les incohérences ou les contradictions que l'on peut y déceler[20]? R. Gordis[21] a systématisé, en son temps, la théorie des citations implicites, selon laquelle les proverbes contenus dans le livre seraient à considérer comme des citations de Qohélet destinées à être discutées par la suite. Cette théorie, amplement défendue en son temps par R. N. Whybray[22], a été reprise et étudiée, ces dernières années, par V. D'Alario[23].

Il est clair qu'à certains moments le sage de Jérusalem cite divers proverbes, soit pour les prendre à son compte (4, 5.6.13; 5, 4; 6, 9a; 9, 4b), soit pour les critiquer par la suite (7, 1–10)[24]. Ces prétendues incohérences et contradictions, mêlées aux questions rhétoriques, à

---

[18] «Au cours des réunions chez les riches Égyptiens, après que le repas est terminé, un homme porte à la ronde une figurine de bois dans un cercueil, peinte et sculptée à l'imitation très exacte d'un mort, mesurant en tout une coudée ou deux; il montre cette figurine à chacun des convives en lui disant: "regarde celui-là, et puis bois et prends du plaisir; car, une fois mort, tu seras comme lui". Voilà ce qu'ils font, pendant qu'ils sont réunis pour boire.» (HÉRODOTE, *Histoires*, II, 78, (Ph.-É. Legrand, trad.), (Collection des Universités de France), Les Belles Lettres, Paris, 1936, p. 117–118).

[19] Pour un aperçu plus général de la question, voir A. BARUCQ, art. «Qohélet...», col. 620–633 et J. Y.-S. PAHK, «Qohelet e le tradizioni sapienziali del Vicino Oriente Antico», *in Il libro del Qohelet. Tradizione, redazione, teologia*, (G. Bellia – A. Passaro dir.), (Cammini nello Spirito, Biblica 44), Paoline, Milan, 2001, p. 117–143. Pour une étude plus approndie des influences possibles de la littérature orientale, voir l'analyse circonstanciée de Ch. UEHLINGER, «Qohelet im Horizont mesopotamischer, levantinischer und ägyptischer Weisheitsliteratur der persischen und hellenistischen Zeit», *in Das Buch Kohelet*, (L. Schwienhorst-Schönberger dir.), (BZAW 254), de Gruyter, Berlin / New York, 1997, p. 155–247. Pour une synthèse sur l'influence de la culture hellénistique, voir R. BOHLEN, «Kohelet im Kontext hellenistischer Kultur», *in Das Buch Kohelet*, (L. Schwienhorst-Schönberger dir.), (BZAW 254), de Gruyter, Berlin / New York, 1997, p. 249–273.

[20] Parmi les nombreuses contradictions, en voici quelques unes: 2, 2 et 8, 15 (sur la joie); 2, 15–16 et 7, 11–12.19 (sur la sagesse); 2, 17 et 11, 7–8 (sur le sens de la vie).

[21] R. GORDIS, «Quotations in Wisdom Literature», *JQR* 30 (1939–1940), p. 123–147, surtout p. 129–139.

[22] R. N. WHYBRAY, «The Identification and Use of Quotations in Ecclesiastes», *VT.S* 32 (1981), p. 435–451.

[23] V. D'ALARIO, *Il libro del Qohelet...*, p. 25–26.

[24] Pour une discussion sur quelques thèmes de la sagesse traditionnelle empruntés au livre des Proverbes, voir F. BIANCHI, «Un fantasma al banchetto della Sapienza"? Qohelet e il libro dei Proverbi a confronto», *in Il libro del Qohelet...*, (G. Bellia – A. Passaro dir.), p. 40–68.

la variété des sujets abordés et à la récurrence de multiples refrains, procurent à Qohélet toute sa dynamique et sa force d'interpellation, et font de ce livre de sagesse un des plus atypiques et des plus fascinants de la Bible.

P. Beauchamp l'avait noté à sa façon :

> Si heureux qu'on soit de l'y trouver, on se demande d'âge en âge pourquoi exactement le Livre de Qohéleth entra dans le canon des Écritures, et d'autant plus qu'à la différence du Cantique, il ne laisse pas l'échappatoire d'une lecture allégorique. Il nous apprend la force des droits reconnus à l'indépendance des Sages, puisque Qohéleth peut déclarer que rien n'est nouveau sous le soleil (…). Qohélet n'est pas un traité. On ne peut résumer une musique, et on ne peut recevoir comme une confidence ou un témoignage ce qui n'en porte aucun signe (…). Ce message agit comme une médecine, en allégeant le sage d'une certaine pompe, en le dégageant des responsabilités d'un agent de l'histoire universelle. Mais aussi quel regard nouveau devant Dieu dont tout continue à dépendre absolument dans un espace aussi réduit ! Il faut s'attendre à retrouver souvent Qohélet sur son chemin.[25]

---

[25] P. BEAUCHAMP, *L'un et l'autre Testament*, Essai de lecture, (Parole de Dieu), Seuil, Paris, 1976, p. 129–130.

PREMIÈRE PARTIE

LE BONHEUR : UNE QUESTION EN DÉBAT

Affronter la question du bonheur dans le livre de Qohélet n'est pas une tâche de tout repos tant elle met aux prises des lectures contrastées de l'œuvre de ce maître de sagesse. Parmi les commentateurs contemporains, deux courants de pensée se font face et même s'affrontent.

Certains auteurs, s'appuyant sur les paroles franchement encourageantes du sage, valorisent à l'extrême la portée du thème de la joie et du bonheur, au point de ne plus voir, dans le message de Qohélet, qu'un traité sur le bonheur. D'autres auteurs, au contraire, prennent radicalement le contre-pied de cette interprétation et ne retiennent que le ton fortement désabusé qui préside à la lecture de l'ouvrage. Ceux-ci considèrent les quelques instants passagers de bonheur comme un moindre mal offert à l'homme pour l'aider à mener sa vie sur terre en lui faisant oublier les affres de l'existence.

À travers cette opposition, que veut dire le message de bonheur transmis par l'auteur sacré : un idéal à atteindre ou bien une drogue à prendre ?

Répondre à cette question oblige à entrer dans le vif du débat, au moyen d'une étude critique des arguments avancés par les tenants de chacun des deux courants de pensée : ceux qui valorisent le thème du bonheur (chapitre 1) puis ceux qui le restreignent (chapitre 2). La reprise de quelques traits saillants de la controverse permet de proposer *in fine* une synthèse du débat actuel sur le sujet du bien et du bonheur chez Qohélet (chapitre 3).

CHAPITRE 1

LES ARGUMENTS EN FAVEUR D'UNE
VALORISATION DU BONHEUR

Bien que le Nouveau Testament ne contienne aucune citation explicite du livre de Qohélet, les auteurs chrétiens des premiers siècles ne se sont pas pour autant désintéressés de ce livre de sagesse. Aussi, dès le christianisme primitif, les Pères de l'Église nous ont-ils transmis tout ou partie de leurs traductions et commentaires[1]. D'une manière générale, les Pères s'en sont tenus à une interprétation christique de la figure éponyme de Salomon. Cette "christologisation" du livre est surtout marquante dans les quelques passages où Qohélet évoque ces moments plaisants de la vie susceptibles, dès à présent, de procurer à l'homme un peu de bonheur.

Progressivement, les Pères de l'Église ont eu tendance à se détacher du sens littéral du texte pour s'attacher à une lecture allégorique des paroles de bonheur. Néanmoins, ce recours à l'allégorie ne les a pas conduits à une interprétation idéaliste du bonheur. Du reste, la tendance à envisager la question du bonheur en référence à la personne du Christ, Dieu incarné, leur interdit une telle interprétation. Chez les Pères, le bonheur selon Qohélet n'est pas hors du monde de l'homme. Au contraire, il renvoie à la réalité la plus tangible de son existence, que ce soit le manger, le boire ou le travail quotidien. La lecture de quelques extraits des commentaires patristiques[2] confirme cette tendance à s'éloigner d'un sens littéral du texte, sans verser pour autant dans une interprétation abstraite.

Au cours du IIIe siècle, Grégoire le Thaumaturge s'emploie à rédiger une paraphrase du livre de Qohélet à partir du texte de la LXX[3]. Concernant

---

[1] Pour un résumé de l'histoire de l'interprétation chrétienne du livre de Qohélet, voir E. Bons, « Le livre de Qohéleth, les "paradigmes" de l'histoire de son interprétation chrétienne », *RTP* 131 (1999), p. 199–215.

[2] Origène fut le premier grand auteur chrétien à avoir écrit un commentaire sur Qohélet dont il ne nous en reste malheureusement que quelques fragments (cf. S. Leanza, *L'esegesi di Origene al Libro dell'Ecclesiaste*, Parallelo, Reggio di Calabre, 1975).

[3] Cf. J. Jarick, *Gregory Thaumaturgos' Paraphrase of Ecclesiastes*, (Septuagint and Cognate Studies 29), Scholars Press, Atlanta, 1990.

les paroles de bonheur, le texte de Grégoire fait preuve d'un profond réalisme ainsi que l'atteste, par exemple, la paraphrase sur les versets optimistes du sage en 5, 17–19 :

(17) Ἀγαθόν γε μὴν ἐκεῖνο καὶ οὐκ ἀπόβλητον· Θεοῦ γὰρ ἐστι δῶρον, τὸ δυνηθῆναι ἀπολαῦσαι ἄνθρωπον τῶν ἑαυτοῦ καμάτων ἐν εὐφροσύνῃ, (18) θεόσδοτα, καὶ οὐχ ἁρπακτικὰ δεξάμενον κτήματα. (19) Οὔτε γὰρ λύπαις ουτός γε νοσεῖ, οὔτε ὡς ἐπὶ πολὺ ἐνθυμήσεσι πονηραῖς δουλεύει· συμμετρεῖται δὲ τὸν ἑαυτοῦ βίον εὐποιΐαις, τοῖς πᾶσιν εὐθυμούμενος, καὶ ἀγαλλιώμενος τῇ τοῦ Θεοῦ δωρεᾷ.[4]

Au IVᵉ siècle, Denys d'Alexandrie, dans ses *Scholies à l'Ecclésiaste*[5], procède à une lecture anagogique des paroles de bonheur chez Qohélet. En recourant au genre littéraire des *scholies*, il situe les paroles sur le manger et le boire en relation avec le banquet eschatologique. Ainsi, dans son explication du propos sur le bonheur de 2, 24–25, le disciple d'Origène relie le thème de la joie au banquet divin à venir :

Ὅτι μὴ περὶ αἰσθητῶν βρωμάτων ὁ λόγος νῦν, αὐτὸς ἐποίσει· ἀγαθὸν πορευθῆναι εἰς οἶκον πένθους ἢ εἰς οἶκον πότου, καὶ ἃ τοῖσδε νῦν ἐπήγαγε· καὶ δείξει τῇ ψυχῇ αὐτοῦ ἀγαθὸν ἐν μόχθῳ αὐτοῦ. Καίτοι οὐκ ἀγαθὸν τῇ ψυχῇ αἰσθητὸν βρῶμα ἢ πόμα· ἡ γὰρ σὰρξ προστρεφομένη πολεμεῖ τῇ ψυχῇ καὶ στασιάζει κατὰ τοῦ πνεύματος. Πῶς δὲ καὶ οὐ πάρεξ θεοῦ ἀσωτία βρωμάτων καὶ μέθη; Οὐκοῦν περὶ μυστικῶν φησι· πνευματικῆς γὰρ τραπέζης οὐδεὶς μεταλήψεται, μὴ παρ' αὐτοῦ κεκλημένος καὶ τῆς σοφίας ἀκούσας· ἐλθὲ καὶ φάγε.[6]

Même si le réel est peu honoré avec Denys d'Alexandrie, il n'en reste pas moins qu'il est toujours question, chez Qohélet, d'une invitation tangible à manger.

---

[4] *Ibid.*, p. 132–134 : «(17) But certainly this is good and not to be rejected : it is a gift of God for a person to be able to enjoy in cheerfulness the things for which he has worked, (18) if they are possessions given by God and not gained through robbery. (19) Such a person is neither afflicted with pains nor generally subject to evil thoughts, but measures out his life with good deeds, being cheerful in all things and rejoicing in the life of God.»

[5] DENYS D'ALEXANDRIE, *Scholies à l'Ecclésiaste*, in PROCOPE DE GAZA, *Catena in Ecclesiasten*, (S. Leanza dir.), (CC Series Graeca 4), Brepols-Turnhout, Presses Universitaires de Louvain, Louvain, 1978, p. 24–25.

[6] *Ibid.*, p. 24–25 : «Ce ne sont pas les nourritures sensibles auxquelles se réfère maintenant le propos ; celui-ci l'a montré : "mieux vaut aller à la maison de deuil qu'à la maison du banquet", à cela maintenant il ajoute : "de goûter le bonheur dans son travail" ; mais ce n'est pas un bien pour l'âme le manger et le boire sensibles. En effet, la chair, étant excitée, fait la guerre à l'âme et se révolte contre l'esprit. Et comment pourraient être d'une volonté de Dieu la débauche de la chair et l'ivresse ? Donc, il parle de réalités mystiques. Nul ne participera au banquet spirituel s'il n'a pas été appelé par Dieu et s'il n'a pas écouté la sagesse dire : "viens et mange".» C'est nous qui traduisons.

Dans la seconde moitié du IVe siècle, Grégoire de Nysse poursuit, à sa manière, cette lecture spirituelle au sujet de la parole de bonheur de 2, 24-26. Dans ses *Homélies sur l'Ecclésiaste*[7], Grégoire oppose deux catégories d'hommes en raison de deux types de nourriture : la nourriture du corps et la nourriture de l'âme.

Τῷ οὖν ἀνθρώπῳ οὐ τῷ βοσκηματώδει, τῷ τῇ γαστρὶ ἑαυτοῦ ἐπικεκυφότι, τῷ λαιμὸν ἀντὶ λογισμοῦ κεκτημένῳ, ἀλλὰ τῷ ἀγαθῷ τῷ κατ' εἰκόνα τοῦ μόνου ἀγαθοῦ ζῶντι οὐ ταύτην ἐνομοθέτησεν ὁ θεός τὴν τροφὴν περὶ ἣν ἡ σκηνώδης κέχηνε φύσις, ἀλλ' "ἔδωκεν αὐτῷ, φησιν, ἀντὶ τροφῆς σοφίαν καὶ γνῶσιν καὶ εὐφροσύνην." Πῶς γὰρ ἄν τις τὴν ἀγαθότητα διὰ τῶν τῆς σαρκὸς ἐδωδίμων αὐξήσειεν; "Οὐκ ἐπ' ἄρτῳ μόνῳ ζήσεται ὁ ἄνθρωπος", οὗτος τοῦ ἀληθινοῦ λόγου ὁ λόγος, οὐ τρέφεται ἄρτῳ ἡ ἀρετή, οὐ διὰ κρεῶν ἡ τῆς ψυχῆς δύναμις εὐεκτεῖ καὶ πιαίνεται. Ἄλλοις ἐδέσμασιν ὁ ὑψηλὸς βίος τρέφεται καὶ ἁδρύνεται· τροφὴ τοῦ ἀγαθοῦ ἡ σωφροσύνη, ἄρτος ἡ σοφία, ὄψον ἡ δικαιοσύνη, ποτὸν ἡ ἀπάθεια, ἡδονὴ οὐχ ἡ τοῦ σώματος, ὁποία ἡ περὶ τὸ καταθύμιον σχέσις, ἀλλ' ἧς ὄνομά τε καὶ ἔργον ἡ εὐφροσύνη ἐστίν·[8]

Par la mention de la pratique de vertus (tempérance, sagesse, justice, impassibilité...), Grégoire de Nysse invite ici l'homme sage à un renoncement qui ne le détourne pas du réel mais qui, au contraire, le maintient en plein monde.

La lecture allégorique du livre de Qohélet se poursuit, à la même époque, avec Évagre le Pontique. Comme Denys d'Alexandrie, Évagre recourt, lui aussi, au genre des *scholies* pour présenter son approche du livre[9]. Chez lui également, l'Ecclésiaste est un nom donné au Christ. Aussi, les moments de réjouissance sont-ils bien réels pour l'homme. Ils sont envisagés suivant l'allégorie de l'eucharistie : « Τίς γὰρ χωρὶς

---

[7] GRÉGOIRE DE NYSSE, *Homélies sur l'Ecclésiaste*, (P. Alexander dir. et Fr. Vinel trad.), (SC 416), Cerf, Paris, 1996.

[8] *Ibid.*, p. 295-297 : « Pour l'homme donc—non pas l'homme bestial, celui qui se tient penché sur son estomac, celui qui possède, au lieu du raisonnement, un gosier, mais pour l'homme qui vit à l'image du seul bien—, Dieu n'a pas institué cette nourriture qui fait ouvrir la bouche à la nature bestiale ; mais "il lui a donné pour nourriture, dit le texte, sagesse, connaissance et bonheur". Comment en effet pourrait-on accroître la bonté en alimentant la chair ? "L'homme ne vivra pas seulement de pain", telle est la parole du Verbe véritable, la vertu ne se nourrit pas de pain, les viandes ne rendent pas vigoureux ni n'engraissent la force de l'âme. Ce sont d'autres mets qui nourrissent et font croître la vie sublime. La nourriture de l'homme bon, c'est la tempérance, son pain la sagesse, son aliment la justice, sa boisson l'impassibilité ; et son plaisir n'est pas celui du corps qui est une disposition pour ce qui plaît, mais le plaisir dont le "bonheur" est le nom et le produit. »

[9] ÉVAGRE LE PONTIQUE, *Scholies à l'Ecclésiaste*, (P. Géhin dir. et trad.), (SC 397), Cerf, Paris, 1993.

Χριστοῦ δυνήσεται φαγεῖν τὰς σάρκας αὐτοῦ ἢ πιεῖν τὸ αἷμα αὐτοῦ, ἅπερ ἀρετῶν σύμβολά ἐστι καὶ γνώσεως;»[10]

À son tour, Jérôme entreprend un *Commentaire sur l'Ecclésiaste*[11]. À l'instar de ses prédécesseurs, il procède à une interprétation christologique de la figure de sagesse de Qohélet[12]. Et, il interprète les plaisirs terrestres dans un sens eucharistique et scripturaire. Selon lui, les invitations à manger et à boire désigneraient tout aussi bien la participation du croyant au repas eucharistique[13] que sa fréquentation des Écritures : « Mieux encore, étant donné que la chair du Seigneur est la vraie nourriture et son sang la vraie boisson (cf. Jn 6, 55), selon l'anagogique, il faut considérer que manger sa chair et boire son sang—non seulement lors de la célébration du mystère mais encore lors de la lecture des Écritures—est le seul bien que nous ayons dans ce siècle qui est le nôtre. Car la vraie nourriture et la vraie boisson que l'on tire de la Parole de Dieu, c'est la connaissance des Écritures. »[14] Là encore, la temporalité n'est pas évacuée. Les instants de bonheur qui consistent à manger et à boire restent circonscrits dans le monde de l'homme.

De telles interprétations ne résisteront pas aux critiques de la Réforme protestante. M. Luther s'est intéressé de près au livre de Qohélet[15]. À plusieurs reprises, dans son commentaire[16], il donne un coup d'arrêt à toute lecture allégorique du livre pour en revenir à la stricte littéralité du texte. D'une manière générale, il condamne toute interprétation qui tendrait à déprécier les invitations à jouir des choses sensibles de la terre. Au contraire, ces choses sont bonnes et dignes d'être goûtées, car elles proviennent de la création de Dieu : « Est ergo […] consilium huius

---

[10] *Ibid.*, p. 79 : « Qui, en effet, sans le Christ pourra manger ses chairs et boire son sang, lesquels sont les symboles des vertus et de la science ? »

[11] JÉRÔME, *Commentaire de l'Ecclésiaste*, (G. Fry trad.), (Les Pères dans la Foi), Migne, Paris, 2001 ; S. LEANZA, « Sul *Commentario all'Ecclesiaste* di Girolamo. Il problema exegetico », *in Jérôme entre l'Occident et l'Orient, XVIe centenaire du départ de saint Jérôme de Rome et de son installation à Bethléem. Actes du Colloque de Chantilly (septembre 1986)*, (Y.- M. Duval dir.), (EA), Paris, 1988, p. 267–282.

[12] Pour un résumé de l'exégèse du livre de Qohélet par Jérôme, voir E. BONS, « Le livre de Qohéleth… », p. 201–205.

[13] Cf. JÉRÔME, *Commentaire de l'Ecclésiaste*, p. 117.179.233.247–248.

[14] *Ibid.*, p. 133–134.

[15] Pour une étude plus approfondie, voir E. WÖLFEL, *Luther und die Skepsis, Eine Studie zur Kohelet-Exegese Luthers*, Kaiser, Munich, 1958 ; G. WHITE, « Luther on Ecclesiastes and the limits of human ability », *Neue Zeitschrift für Systematische Theologie und Religionsphilosophie* 29 (1987), 180–194 ; voir également E. BONS, « Le livre de Qohéleth… », p. 205–208.

[16] M. LUTHER, *Eccl. Salomonis cum annotationibus, in Luthers Werke*, Weimar, 1957.

libri erudire nos, ut cum gratiarum actione utamus rebus praesentibus et creaturis Dei, quae nobis Dei benedictione largiter dantur ac donatae sunt »[17]. Un peu plus loin dans le même passage, M. Luther interprète les paroles de bonheur avec le même réalisme : « […] sine sollicitudine futurorum, tantum ut tranquillum et quietum cor habeamus. Sic in sequentibus adhortatur nos, ut edamus et bibamus et laetemur cum uxore adolescentiae nostrae et ne oleum capiti nostro deficiat et vestimenta nostra candida sint iuxta illud Christi 'Sufficit diei malicia sua.' »[18]

Ce revirement sera confirmé, dans le monde catholique, un siècle plus tard, dans un commentaire de l'auteur espagnol J. De Pineda[19] : « Laetitia vero non solum est illa animi tranquillitas, ne que solum pax illa, et gaudium Spiritus, sed etiam jucundior corporis curandi ratio, sed non ultra modum ; ut respiciat ad id, quod superius dixerat, bonum est comedere et bibere quod saepe cum laetitia coniungitur. »

Par la suite, la question de l'interprétation des paroles de bonheur chez Qohélet ne sera plus guère débattue dans les grands commentaires, et ce jusqu'à l'orée du XXe siècle[20]. C'est surtout à la fin du premier tiers du XXe siècle que la controverse va renaître et s'intensifier. En 1930, paraît un court article en anglais, au titre pour le moins novateur : « The optimism of Koheleth »[21]. Dans cette contribution, C. S. Knopf refuse de voir dans le livre de Qohélet un bloc monolithique d'une seule tenue. Grâce à l'étude de quelques mots de vocabulaire, l'auteur montre que le texte final serait le résultat d'une rédaction hétérogène, faite de

---

[17] M. LUTHER, *Adnotationes in Ecclesiasten*, WA 20, p. 13 : « En conséquence, le dessein de ce livre […] est de nous instruire, de sorte qu'en rendant grâce nous usions des choses présentes et des créatures de Dieu qui, par la bénédiction de Dieu, nous sont données et nous ont été offertes avec largesse. » C'est nous qui traduisons.

[18] *Ibid.* : « […] sans nous inquiéter de l'avenir, de façon à ce que nous ayons simplement un cœur tranquille et calme. Dans la suite du livre, il nous exhorte à manger, à boire, et à nous réjouir avec l'épouse de notre adolescence, et que l'huile ne manque pas sur notre tête et que nos vêtements soient blancs, cela est proche de (ce que dit le) Christ : 'à chaque jour suffit sa peine.' » C'est nous qui traduisons.

[19] J. De PINEDA, *In Ecclesiasten commentarium liber unus…*, Madrid, 1617. Voici, par exemple, ce qu'il écrit en commentant la première parole de bonheur, en 2, 24 (p. 340/3) : « En vérité, cette joie-là est non seulement la tranquillité de l'âme, non seulement cette paix-là, le plaisir de l'Esprit, mais encore la raison du corps est plus agréable à soigner, mais ce n'est pas la meilleure façon ; afin de prendre en considération ce que le supérieur avait dit, il est bon de manger, de boire ce qui est souvent réuni avec la joie. » C'est nous qui traduisons.

[20] Ainsi en est-il dans deux grands commentaires parus en 1912 : L. LEVY, *Das Buch Qohelet. Ein Beitrag zur Geschichte des Sadduzäismus*, Hinrichs'sche, Leipzig, 1912 ; E. PODECHARD, *L'Ecclésiaste*.

[21] C. S. KNOPF, « The optimism of Koheleth », *JBL* 49 (1930), p. 195–199.

plusieurs "mains". Des sources de provenances diverses entreraient dans la composition littéraire du livre : un vocabulaire d'origine assyrienne et babylonienne, une forte influence des écoles de philosophie grecque. Dans de telles conditions, on ne saurait réduire l'œuvre du sage à une interprétation unilatérale. Au contraire, la trame du texte rassemble, à elle seule, plusieurs fils. Parmi ces fils, l'un d'eux serait celui de l'optimisme : « It is possible to make Koheleth a manual of pessimism, or it is possible to unravel a thread of brilliant rebuttal to Hellenistic assumption. The book is a weaving of several strands and perhaps some scholar will some day venture to hold that of several contributing minds, at least one can actually be detached through critical technique and thus revealed as the champion of a philosophy of hope that flowered above the enervating atmosphere of Hellenistic sophistication. »[22]

Bien qu'aujourd'hui un accord se dessine entre les exégètes visant à reconnaître dans le livre de Qohélet l'œuvre d'une seule "main"[23], la nouveauté de la thèse de C. S. Knopf ne restera pas longtemps isolée. Quatre années plus tard, paraît un article de D. Buzy mettant, lui aussi, clairement en valeur le thème du bonheur dans ce livre de sagesse. Cet article fera date dans le monde francophone. Cette tendance sera confirmée par d'autres commentaires, tels ceux de R. Gordis, É. Glasser, R. N. Whybray, N. Lohfink, M. Maussion.

1. D. Buzy : le vrai bonheur de vivre

En 1934, D. Buzy rédige un article consacré à la question du bonheur dans le livre de Qohélet. Dans cette contribution intitulée « la notion de bonheur dans l'Ecclésiaste »[24], l'auteur s'oppose à l'opinion dominante de son temps qui restreignait la portée du message de Qohélet à un jugement sévère sur le sens de la vie en ce monde. Pour les auteurs de l'époque, ce jugement s'expliquerait pour plusieurs raisons : l'incapacité de l'homme à changer quoi que ce soit à l'action de Dieu, l'absence de toute rétribution et, finalement, la perspective d'une mort qui anéantit tout sur son passage. Il ne reste plus au sage qu'à jouir sans retard du bonheur que Dieu lui accorde ici-bas. Or, d'après D. Buzy, ce que Qohélet

---

[22] *Ibid.*, p. 199.
[23] Cf. *supra*, p. 5.
[24] D. Buzy, « La notion de bonheur dans l'Ecclésiaste », *RB* 43 (1934), p. 494–511.

dénonce, ce sont les efforts déployés tous azimuts par l'homme pour tenter d'atteindre, coûte que coûte, le bonheur. Parce que tant d'efforts humains sont disproportionnés, ils sont nécessairement voués à l'échec. En revanche, le sage croit en l'existence possible d'un plaisir et d'un bonheur, à condition de les rechercher là où ils se trouvent vraiment, c'est-à-dire dans un juste milieu.

Sur le plan formel, D. Buzy soutient que l'argumentation de Qohélet se développerait selon une démarche dialectique comprenant une thèse (là où le bonheur se trouve) et une antithèse (là où le bonheur ne se trouve pas). L'antithèse, énoncée dès le début du livre (1, 2), dresse la critique de plusieurs situations excessives pratiquées par l'homme : excès dans le déploiement d'efforts surhumains, excès dans la recherche de la sagesse humaine, excès dans le désir de connaître le plan de Dieu. Aucun de ces efforts ne peut procurer du bonheur. Ce constat met en évidence, *a contrario*, le bien-fondé de la thèse selon laquelle le plaisir et le bonheur se laissent trouver dans des moments simples de l'existence. Selon D. Buzy, « le bonheur n'est pas dans les excès, il est dans le juste milieu, par la somme d'honnêtes plaisirs qu'il procure : *manger, boire, goûter soi-même le bien-être* »[25]. Aussi bien, les paroles pessimistes du sage n'auraient d'autres objectifs que d'inciter l'homme à abandonner tout excès pour rechercher, dans ce juste milieu, un vrai bonheur de vivre.

D. Buzy en conclut que les douze chapitres du livre « contiennent et expriment une conception du bonheur. Non pas une conception diminuée ou chagrine, mais saine, joyeuse, convaincue, sûre d'elle-même, éprouvée, parce qu'elle a subi le contrôle de l'expérience. Qohélet croit au bonheur ; il l'estime réalisable ; il le trouve réalisé ; il le déclare accessible à tous ; et il invite tous ses lecteurs, autant dire tous les hommes, à se l'approprier et à en jouir d'une manière stable et permanente. Bonheur tout simple, puisque chacun peut le goûter dans la plus modeste condition ; bonheur tout humain, puisqu'il satisfait les instincts primordiaux de l'individu et de la famille ; bonheur religieux, puisqu'il se proclame redevable à Dieu qui en est l'auteur et le conservateur. »[26] C'est pourquoi, pour D. Buzy, Qohélet est résolument un optimiste. La vie est bonne dans la mesure où elle est à même de procurer à l'homme un

---

[25] *Ibid.*, p. 504.
[26] *Ibid.*, p. 510.

vrai bonheur. Les paroles pessimistes du sage sont seulement là pour désigner le lieu de ce bonheur : un bonheur à portée de main car passé au crible de l'expérience humaine.

L'interprétation faite de l'œuvre de Qohélet peut sembler réductrice, voire simpliste à bien des égards. Peut-on, par exemple, réduire toute la densité et la complexité de l'argumentation du sage à une lecture dialectique sur le bonheur et son absence ? La question réitérée du bonheur est-elle vraiment l'unique thèse développée dans l'œuvre[27] ?

Il n'en demeure pas moins que, dans sa contribution, D. Buzy a le mérite de s'être attelé à un examen précis des propos positifs du sage qui traversent tout le livre et d'avoir osé soulever le problème du caractère hétérogène du message de l'auteur sacré.

Au fil de son analyse, D. Buzy fait quelques remarques pertinentes sur le statut de ces paroles de bonheur. Elles seront au cœur de la controverse qui s'animera un demi-siècle plus tard. D'une part, si Qohélet croit au plaisir concret tel que boire, manger et goûter au bien-être, il ne prône aucun *carpe diem*. Pour lui, ces instants de bonheur « n'ont rien de commun ni avec le mol épicurisme, puisque ce bien-être s'allie au *travail*, ni avec l'athéisme ou le matérialisme, puisque cette jouissance nous est expressément donnée comme venant de Dieu : *Tout cela vient de la main de Dieu*, à quoi s'ajoute cette belle interrogation qui équivaut à une déclaration de principe : *Qui en effet peut manger et 'boire' sans lui ? (2, 25)* »[28] D'autre part, le bonheur n'est pas seulement à venir, il est déjà acquis pour l'homme dès maintenant puisque, selon l'auteur, « non seulement nous pouvons espérer d'entrer un jour en possession de ce bonheur, mais nous le possédons déjà comme notre part (...), notre inaliénable part d'héritage, notre bien personnel. Profitons-en au jour le jour, sans nous inquiéter de l'avenir qui nous échappe. »[29]

2. R. Gordis : se réjouir de la vie

La reconnaissance de la joie comme thème central du livre de Qohélet n'est pas seulement apparue dans quelques monographies isolées. Le sujet du bonheur a peu à peu été évoqué dans des commentaires, tel celui de

---

[27] *Ibid.*, p. 504 : « Qohéleth n'écrit pas un traité de vertu ou de morale, mais un opuscule philosophique où est envisagé un seul aspect d'un problème très vaste. »
[28] *Ibid.*, p. 503–504.
[29] *Ibid.*, p. 505.

R. Gordis[30]. En 1968, dans la troisième édition revue et augmentée de son commentaire du livre de Qohélet, R. Gordis tente de montrer en quoi la joie de vivre est le thème majeur de l'œuvre du sage.

À la manière de D. Buzy quelques décennies plus tôt, R. Gordis insiste sur le caractère fortement contrasté du message de ce maître de sagesse. Certes, la vie impose à l'homme son lot de contraintes, d'insatisfactions et de souffrances. Mais, en dépit de tant de limitations, l'homme possède en lui-même un profond désir qui le pousse à rechercher, au moyen de quelques moments précis de bonheur—tels que la nourriture, la boisson, l'huile, les vêtements, les femmes—, le courage d'endosser la dureté de la vie. Toutefois, ce désir de bonheur n'est pas le fruit d'une recherche purement humaine. Le bonheur vient de Dieu qui a mis en lui ce désir profond[31].

Au terme de son analyse, R. Gordis conclut que la thématique de la jouissance des choses de la vie est récurrente tout au long des chapitres. D'un bout à l'autre de l'œuvre, la poursuite du bonheur est considérée comme le but de la vie de l'homme. En tentant de résumer son étude[32], R. Gordis montre que Qohélet reste fondamentalement un pessimiste dans l'âme, préférant s'attacher au présent que l'on peut maîtriser plutôt qu'au futur qu'on ignore encore. Devant les échecs répétés de sa lutte contre les injustices sociales ou contre l'exercice d'un pouvoir tyrannique, le sage assure que l'homme possède, dans son existence, les ressources nécessaires qui lui sont données par Dieu comme autant de moments de félicité pour l'aider à tenir encore. C'est là que l'interprétation de R. Gordis est audacieuse pour l'époque, puisque le commentateur n'hésite pas à considérer la question de la joie comme un véritable impératif catégorique[33] Ce commandement divin ne porte pas sur des récompenses

---

[30] R. GORDIS, *Koheleth—The Man and His World*.

[31] *Ibid.*, p. 58 : «Koheleth has two fundamental themes—the essential unknowability of the world and the divine imperative of joy. His unique achievement lies in the skill and the sensitiveness with which he presents his world-view. He has attained to his plane of vision principally through his ancestral Hebrew culture, modified by some general contact with Greek ideas. But above all, his book bears the stamp of an original observer, a wise and fearless lover of live.»

[32] *Ibid.*, p. 128–131.

[33] *Ibid.*, p. 129 : «For Koheleth, joy is God's categorical imperative for man, not in any anemic or spiritualized sense, but rather as a full-blooded and tangible experience, expressing itself in the play of the body and the activity of the mind, the contemplation of nature and the pleasures of love. Since he insists that the pursuit of happiness with which man has been endowed by his Creator is an inescapable sacred duty, it follows that it must be an inalienable right.»

spirituelles mais sur des plaisirs tangibles, agréables au corps et à l'esprit. Se réjouir est le seul commandement que l'homme soit certain de tenir en ce monde, puisqu'il lui est donné par Dieu, malgré les inévitables frustrations engendrées par la vie[34].

Selon notre commentateur, une telle interprétation du livre de Qohélet n'est pas récente. Elle rejoindrait une tradition ancienne en Israël qui considérait le message délivré par Qohélet comme un message de joie. Pour s'en convaincre, l'auteur rappelle la coutume, remontant au Moyen-Âge, selon laquelle ce livre est lu chaque année à la synagogue, au cours de la fête de *Sukkôt*, qui est, par excellence, la fête des réjouissances (cf. Dt 16, 13–17)[35].

La contribution de R. Gordis a le mérite d'avoir situé la question du bonheur sur un arrière-fond de déception devant le non-sens de la vie de l'homme en ce monde. Les lueurs de bonheur font brèche par rapport à un état des lieux bien sombre. Mais, à la différence de D. Buzy, R. Gordis ne voit pas dans ce constat pessimiste un encouragement voilé à se tourner vers la jouissance de moments de bonheur. Il insiste, avant tout, sur l'origine divine des instants de plaisir. Et il s'en tient là.

Les conclusions de R. Gordis relèvent plus d'une intuition que d'une démonstration. Est-il certain que les moments de plaisir soient uniformément présentés comme le seul contrepoids face à l'insatisfaction de la vie de tous les jours? Le plaisir, le bonheur sont-ils la seule réponse donnée face au mal de vivre? Toutes les paroles de bonheur constituent-elles vraiment «un impératif catégorique de Dieu pour l'homme»[36]? Comment articuler ce qui est don de Dieu et ce qui revient en propre à l'homme? D'une manière générale, le commentateur appréhende les paroles de bonheur sans les relier entre elles, ni les situer dans leur cadre littéraire. R. Gordis ne tient pas compte, par exemple, du fait que ces paroles ne sont pas toutes construites suivant un même schéma littéraire, ni qu'elles sont dispersées dans toute l'œuvre. De plus, il ne s'attache pas à leur progression interne, ni même à la rhétorique d'ensemble du livre.

Finalement, R. Gordis laisse sans réponse quelques grandes questions d'herméneutique: quel statut revêtent les paroles de bonheur chez Qohélet? Quelle est la problématique générale posée par le livre? Le

---

[34] *Ibid.*, p. 130: «Every line in his book is instinct with the spirit of clear-eyed, brave and joyous acceptance of life, for all its inevitable limitations.»
[35] *Ibid.*, p. 131.
[36] Cf. *ibid.*, p. 129.

débat, qui ne fera que s'amplifier dans les années suivantes, tentera de répondre à ces questions.

3. É. Glasser: le bonheur en procès

En 1970, É. Glasser publie un commentaire du livre de Qohélet intitulé: *Le procès du bonheur par Qohélet*[37]. Après avoir analysé le contenu de l'œuvre, verset par verset, il s'efforce, en fin d'ouvrage, d'offrir au lecteur quelques remarques de synthèse sur le mouvement de l'ouvrage[38]. Partant de là, É. Glasser tente de mettre en lumière un mouvement[39] en trois étapes successives (2, 1–16; 3, 1–9, 10; 9, 11–12, 7):

– 2, 1–16: Qohélet analyse son expérience personnelle de sage face à sa quête de bonheur. Il part d'une situation idéale suivant laquelle sagesse et bonheur iraient de pair. Mais cette situation idéale est rapidement démentie par la perspective de la mort qui se profile à l'horizon et qui nivelle tout sur son passage (la sagesse comme la folie). Parce que son désir de bonheur bute sur la mort, l'homme demeure insatisfait: «Dans la meilleure hypothèse, le bonheur de l'homme est donc limité et ne comble pas ses aspirations profondes»[40]. Qui plus est, l'homme découvre qu'il n'est pas maître de son bonheur. Il appartient à Dieu seul de le lui accorder ou non.

– 3, 1–9, 10: Qohélet rend compte de son investigation sur le bonheur menée dans des situations concrètes de l'existence. Mais, là encore, le bilan reste décevant. La sagesse n'est pas en mesure de garantir à l'homme une vie heureuse. Elle le rend seulement apte à repérer la présence d'un bonheur immédiat et facilement accessible. Finalement, le sage invite le lecteur à profiter sans réserve de ce bonheur.

– 9, 11–12, 7: Qohélet invite son disciple à ne pas baisser les bras devant les échecs de la vie mais, au contraire, il l'exhorte à «exploiter toutes les possibilités de joie de son existence, sans en rien laisser perdre.»[41]

---

[37] É. GLASSER, *Le procès du bonheur par Qohélet*, (LD 61), Cerf, Paris, 1970.

[38] *Ibid.*, p. 179–190.

[39] À ce propos, il est à noter que le commentateur préfère employer le terme de "mouvement" plutôt que celui de "structure" pour mieux rendre compte de la progression de la pensée du sage (cf. *ibid.*, p. 185–187). Nous partageons ce point de vue et nous nous en expliquerons plus longuement, au cours de notre troisième partie, lorsque nous aborderons plus directement la question de la dynamique de l'ensemble du livre.

[40] *Ibid.*, p. 180.

[41] *Ibid.*, p. 182–183.

Selon lui, l'œuvre du sage s'articulerait donc autour du thème du bonheur. Précisément, le fil conducteur du livre, qui serait le rapport entretenu entre bonheur et sagesse, serait amorcé par la question posée au début de l'ouvrage : « quel profit y a-t-il pour l'homme dans toute la peine qu'il a peinée sous le soleil ? » (1, 3)[42].

Bien qu'incomplète selon sa propre analyse[43], l'étude d'É. Glasser a néanmoins le mérite d'avoir dressé une liste du vocabulaire du bonheur. L'intérêt de son étude repose non seulement sur le fait de relier le thème transversal du bonheur à celui de la sagesse mais encore de le situer dans la dynamique introduite par la question initiale du profit du travail sur la terre (1, 3).

Certes, le rapport entre bonheur et sagesse est fécond. Mais, est-il suffisant à expliquer le mouvement général de l'œuvre ? Qu'en est-il des autres motifs développés dans le livre, notamment ceux qu'É. Glasser énumère dans son chapitre suivant intitulé « le douloureux savoir de Qohélet » : la mort, la malice des hommes, l'insécurité, l'œuvre de Dieu, le jugement et la rétribution par Dieu, la condition humaine, la crainte de Dieu, la vanité[44] ? Par ailleurs, dans son chapitre sur « le mouvement de l'ouvrage », il évoque, au passage, la question initiale du profit[45]. Or, cette remarque très succincte semble disproportionnée par rapport aux multiples reprises de la question du profit-avantage (יתר / יתרון / יתרון) chez Qohélet, du moins dans la première moitié du livre (1, 3 ; 3, 9 ; 5, 15b ; 6, 8.11). En définitive, É. Glasser en reste à une présentation, à gros traits, de quelques grandes étapes marquantes de la composition de l'ouvrage, sans toutefois entrer plus avant dans le contenu de la pensée de son auteur[46].

Malgré leurs imperfections, les premières approches positives de C. S. Knopf, D. Buzy, R. Gordis et É. Glasser ont préparé le terrain à une contribution qui, quelques années plus tard, ne passera pas inaperçue.

---

[42] *Ibid.*, p. 183.
[43] S'agissant notamment de l'étude des mots de vocabulaire (cf. *ibid.*, p. 184).
[44] *Ibid.*, p. 191–206.
[45] *Ibid.*, p. 183.
[46] Par exemple *ibid.*, p. 185.

4. *R. N. Whybray: Qohélet, "prêcheur" de joie*

En 1982, paraît un article en anglais de R. N. Whybray, sous le titre pour le moins provocateur: «Qoheleth, Preacher of Joy»[47]. Ce titre en dit déjà long sur la place de choix que l'auteur semble accorder aux paroles de joie[48].

R. N. Whybray recense sept textes sur le bonheur qui jalonnent le livre: 2, 24a; 3, 12; 3, 22a; 5, 17; 8, 15a; 9, 7–9a; 11, 7–12. Sur le plan littéraire, il observe une nette progression dans l'énoncé de ces paroles. En effet, leur répétition se fait sur un ton chaque fois plus emphatique et solennel: la première parole (2, 24a: «Il n'y a rien de bon pour l'homme sinon /.../») est suivie de deux autres paroles introduites sur le mode déclaratif (3, 12a: «J'ai reconnu qu'il n'y a rien de bon pour eux, sinon /.../»; 3, 22a: «Et j'ai vu qu'il n'y a rien de bon, sinon que l'homme /.../»); la quatrième parole est introduite avec davantage de solennité (5, 17: «Voici ce que, moi, je vois /.../»); la cinquième parole est introduite en des termes encore plus solennels (8, 15a: «Et moi, je fais l'éloge du plaisir, car il n'y a rien de bon pour l'homme sous le soleil sinon /.../»); les deux dernières paroles contiennent des verbes à l'impératif (9, 7–9a: «Va, mange avec joie ton pain, et bois ton vin d'un cœur heureux [...]. Goûte la vie avec la femme que tu aimes /.../»; 11, 9–12, 1a: «Réjouis-toi [...], marche dans les voies de ton cœur [...]. Et souviens-toi de ton Créateur /.../»).

Suite à l'observation de cette progression emphatique, R. N. Whybray énonce sa thèse selon laquelle les paroles de joie ne peuvent être considérées comme de simples commentaires marginaux. Au contraire, elles ont pour fonction principale de structurer l'ensemble de l'ouvrage en formant une sorte de *Leitmotiv*[49]. Pour s'en convaincre, l'exégète anglais

---

[47] R. N. WHYBRAY, «Qoheleth, Preacher of Joy», *JSOT* 23 (1982), p. 87–98.

[48] Le participe présent féminin קֹהֶלֶת dérive de la racine verbale קהל signifiant "assembler / rassembler". La forme féminine semble désigner ici la fonction de "rassembleur" ou de "prêcheur". C'est cette dernière qui a été retenue par R. N. Whybray. Voir également C. G. BARTHOLOMEW, *Reading Ecclesiastes: Old Testament Exegesis and Hermeneutical Theory*, (AnBib 139), PIB, Rome, 1998, p. 79–81 et 238–253.

[49] R. N. WHYBRAY, «Qoheleth, Preacher of Joy», p. 88: «These seven texts are clearly more than mere marginal comments or asides. They punctuate the whole book, forming a kind of Leitmotiv; they increase steadily in emphasis as the book proceeds; and the last, the most elaborate of them all, directly addressed to the reader, introduces and dominates the concluding section of the book in which Qoheleth presents his final thoughts on how life should be lived and why. It would be arbitrary to deny that they play a significant part in the exposition of Qoheleth's thought.»

propose de situer brièvement les refrains de bonheur dans leur contexte littéraire : contexte immédiat d'abord, puis contexte général de l'œuvre de sagesse[50].

S'agissant du contexte immédiat, R. N. Whybray relève que les refrains de bonheur présentent, entre eux, un certain nombre de points communs : le don de Dieu[51], la nécessité d'accepter son propre sort (2, 26 ; 3, 14 ; 3, 22b ; 5, 18 ; 9, 9), la brièveté de la vie (5, 17b ; 9, 9b ; 11, 9 ; 12, 1b) et l'ignorance de l'homme quant à son avenir (3, 11 ; 3, 22b ; 8, 14). En mettant en valeur les bonnes choses de la vie, chacune des affirmations sur la joie aurait pour fonction de retourner les investigations pessimistes en fermes encouragements à tenir bon, malgré les déceptions qui l'entourent.

S'agissant du contexte plus général[52], l'exégète montre que les sept refrains de bonheur viennent résoudre, de manière positive, sept difficultés auxquelles l'homme serait confronté dans le cours de son existence[53] :

1. La vanité du labeur et de l'effort humain (1, 12-2, 26)
2. La vanité de l'ignorance de l'homme concernant le futur (3, 1-15)
3. La vanité de la présence de l'injustice dans le monde (3, 16-22)
4. La vanité de la poursuite des richesses (5, 9-19)
5. La vanité de l'impunité des méchants (8, 10-15)
6. La vanité du fait que tous les hommes partagent le même sort (9, 1-10)
7. La vanité de la brièveté de la vie humaine (11, 7-12, 7)[54]

---

[50] Un an avant la contribution de R. N. Whybray, paraît, dans le monde francophone, un article de F. Rousseau *in* F. ROUSSEAU, « Structure de Qohélet 1, 4-11 et plan du livre », *VT* 31 (1981), p. 200-217, dans lequel l'auteur recense déjà sept "refrains" relatifs à la joie de vivre (p. 210-213).

[51] Il s'agit effectivement du point commun le plus significatif. Cependant, R. N. Whybray ne précise pas quelles paroles contiennent le motif du don de Dieu, ni de quelle manière ce motif apparaît. Il n'en demeure pas moins que c'est bien là une donnée majeure dont il faudra tenir compte dans le débat qui s'ensuivra.

[52] R. N. WHYBRAY, « Qoheleth, Preacher of Joy », p. 88-91.

[53] *Ibid.*, p. 91-92. Cette thèse sera reprise, quelques années plus tard, par R. N. Whybray dans sa monographie : R. N. WHYBRAY, *Ecclesiastes*, (Old Testament Guides), Sheffield Academic Press, Sheffield, 1989, p. 64-65 et 80-81.

[54] F. Rousseau met, lui aussi, en évidence sept cycles qui s'achèvent, chacun, par un refrain (cf. F. ROUSSEAU, « Structure de Qohélet 1, 4-11 et plan du livre », p. 213) :
  I. Confession du roi Salomon (1, 12-2, 26)
  II. Le sage ignore le dessein de Dieu en général (3, 1-13)
  III. Le sage ignore ce qui arrivera après la mort (3, 14-22)
  IV. Déceptions diverses et exhortations (4, 1-5, 19)
  V. Déceptions diverses et exhortations (6, 1-8, 15)

Le maître de sagesse ne se contenterait pas de dénoncer les insatisfactions que l'homme rencontre au cours de son existence mais il lui offrirait, en sus, une réponse appropriée à chaque situation afin de l'aider à vivre avec cette limite, tout en se réjouissant des joies simples de l'existence quand cela lui est possible. Les paroles de bonheur constitueraient donc un heureux dénouement face au caractère inéluctable des injustices dans le monde, et face à l'incompréhension de l'homme devant le scandale du mal et de la mort[55].

Compte-tenu de la progression des refrains de bonheur et de leur situation dans ce contexte ambiant de vanité, R. N. Whybray en conclut que les paroles du sage sont une réponse et un encouragement face aux maux rencontrés dans l'existence humaine[56]. À ce propos, il résume l'enseignement de Qohélet sur le bonheur en quelques grandes affirmations[57]:

1. Dieu nous a donné des bonnes choses pour que nous en usions. Par là, Il a montré qu'il approuvait nos actions. Se réjouir de ces bonnes choses revient à accomplir sa volonté.

2. Nous devons accepter d'ignorer les finalités de Dieu et les raisons pour lesquelles Il a permis au mal d'exister dans le monde. Nous devons prendre la vie comme elle vient et nous en réjouir autant que nous le pouvons, parce que:
   – il n'est pas possible de changer le destin de Dieu sur nous
   – il n'est pas possible, non plus, de connaître ce que Dieu nous a réservé
   – la vie est courte et la mort est inévitable.

VI. La faiblesse du sage (8, 16–9, 10)
VII. Déceptions et exhortations (9, 11–11, 10)

[55] Pour sa part, J. Y.-S. Pahk reprend à son compte les situations de vanité dégagées par R. N. Whybray et les rassemble en quatre points (Cf. J. Y.-S. PAHK, *Il Canto della Gioia in Dio...*, p. 242):
   1. La fatigue, ou mieux, son résultat qui ne peut être maintenu comme la possession exclusive de qui la supporte (2, 12–23; 5, 12–16)
   2. L'injustice existentielle, pour laquelle il n'y a pas de jugement adéquat sur la terre (3, 16–21; 8, 9–14)
   3. L'agir de Dieu sur le monde et l'intention humaine de le connaître. À cet égard, l'homme demeure ignorant (3, 9–11; 8, 16–9, 6)
   4. La brièveté de la vie ou la mort (11, 7ss).
[56] R. N. Whybray maintiendra sa position vingt-cinq ans plus tard dans sa contribution: «Qoheleth as theologian», *in Qohelet in the Context of Wisdom*, (A. Schoors dir.), (BETL 136), Presses universitaires de Louvain, Louvain, 1998, p. 239–265.
[57] R. N. WHYBRAY, «Qoheleth, Preacher of Joy», p. 92.

3. Le labeur est une part que Dieu nous a allouée dans cette vie ;
    il est vain de compter sur nos propres efforts ; Dieu seul peut
    nous rendre capable de trouver de la joie, y compris dans notre
    labeur.

Selon lui, les paroles de bonheur ne serviraient pas seulement à délimiter
les sept situations de vanité débouchant sur un bonheur à saisir, elles
aideraient également à comprendre l'ensemble de la pensée du maître
de sagesse. Les refrains de bonheur n'entreraient alors pas en contradiction avec les propos sur la vanité de la vie. Ils seraient seulement
un moyen offert à l'homme pour l'aider à supporter la vie telle qu'elle
se présente.

Toutefois, *in fine*, l'auteur semble gêné par les quelques déclarations
totalement désabusées du sage[58]. Il y a d'abord ces paroles franchement
défaitistes sur le sens de la vie sur cette terre. En 2, 17, par exemple,
l'auteur sacré affirme : « je déteste la vie ». Que faire d'une déclaration
aussi abrupte et sans appel ? Il y a ensuite ces paroles négatives qui
ne laissent place qu'à peu de félicité. Tel est le cas de l'avorton qui est
déclaré plus heureux que l'adulte ayant vécu de nombreuses années sans
avoir été rassasié de bonheur (6, 3–5). Tel est encore le cas de l'une
des paroles les plus sombres du livre selon laquelle celui qui n'est pas
encore né est déclaré plus heureux que celui qui est vivant ou celui qui
est déjà mort (4, 2–3).

Dans ces deux déclarations extrêmes, R. N. Whybray n'apporte aucune
réponse satisfaisante. Dans le premier cas, l'auteur se contente d'énoncer
que Qohélet ne formule pas d'observation générale mais se réfère à une
situation particulière. Il tente de résoudre la difficulté en prétendant,
mais sans le prouver, que la déclaration sur le caractère détestable de
la vie ne serait pas l'œuvre du locuteur principal mais l'expression de
la pensée du soi-disant roi d'Israël dans la peau duquel le locuteur se
serait placé (cf. 1, 12). Dans le second cas, il soutient que les affirmations
fortement pessimistes, loin d'être uniques dans la Bible, ne sont pas les
derniers mots de l'auteur sacré. Selon lui, de telles affirmations seraient
seulement l'expression d'une forte conviction en l'extrême vanité de la
vie en ce monde. Avec ces propos, nous touchons là aux limites de la
thèse de R. N. Whybray.

---

[58] *Ibid.*, p. 92–93.

Reconnaître en Qohélet un "prêcheur" de la joie est *a priori* critiquable à plus d'un titre :

- d'une part, le commentateur fixe à sept le nombre des paroles de joie. Or, il ne s'explique pas sur les raisons de son choix. Pourquoi ne retenir que celles-là ? Selon quels critères ? N'y a-t-il pas, derrière le choix d'un septénaire, le désir—non avoué—de s'en tenir à un chiffre symbolique ? Or, cette sélection de paroles ne sera jamais plus discutée par la suite.

- d'autre part, le commentateur en reste à un constat d'ordre général : des paroles de joie font suite à des propos pessimistes, voire défaitistes, sur la vie et sur le monde. S'il s'efforce de montrer la progression des sept refrains de bonheur entre eux, il n'explicite pas pour autant les raisons littéraires et stylistiques qui justifieraient une telle progression. Comment expliquer, par exemple, le passage d'un état des lieux globalement négatif à la découverte de quelques parcelles de bonheur qui nous sont données par Dieu ? En outre, comment rendre compte du passage entre l'observation de ces quelques moments de bonheur (2, 24 ; 3, 12.22 ; 5, 17 ; 8, 15) et le franc encouragement donné au disciple d'en profiter (9, 7–9 ; 11, 9–12, 1) ? Autrement dit, à partir de quel moment précis Qohélet devient-il réellement "prêcheur" de joie ?

- enfin, R. N. Whybray ne s'explique pas sérieusement sur le rapport entre ces paroles de joie et les paroles totalement défaitistes du sage sur le sens de l'existence humaine. En fin d'article, l'exégète n'évacue pas la difficulté, mais il n'apporte aucune réponse satisfaisante. De plus, il ne souffle mot sur la répétition des refrains de vanité[59] qui, à l'instar des refrains de joie, reviennent tout au long de l'œuvre tels que « vanité des vanités, [...] tout est vanité » (1, 2 ; 12, 8) ou bien « tout est vanité et poursuite de vent » (1, 14 ; 2, 11.17.26b ; 4, 4.16b ; 6, 9) ou encore « cela aussi est vanité » (2, 1b.15b.19b.21b.23b ; 4, 8b ; 7, 6b ; 8, 10b.14b) ?

Comme ses prédécesseurs, R. N. Whybray a bien mis en valeur le fait que le bonheur est un don de Dieu mis à la libre disposition de l'homme. N'exagère-t-il pas lorsqu'il prétend ne faire de l'auteur du livre qu'un

---

[59] Seule une allusion est faite au mot "vanité" (*ibid.*, p. 92), mais sans s'attarder sur les variations autour de ce thème, ni sur leur répétition insistante dans le cours de l'œuvre.

"prêcheur" de joie? Nonobstant, son étude a le mérite d'avoir clairement identifié l'enchaînement des quelques passages où le sage admet qu'il faut profiter des bons moments de la vie. Cet apport majeur sera retenu par les auteurs suivants qui, reprenant son héritage, se pencheront à nouveau sur le sujet.

5. N. Lohfink: la révélation par la joie

En 1990, paraît un article de N. Lohfink intitulé «Qoheleth 5, 17–19, Revelation by Joy»[60]. À la différence de R. N. Whybray, N. Lohfink ne prétend pas analyser, successivement, chacun des refrains de bonheur parsemés dans le livre du sage. Le maître de Francfort concentre sa réflexion sur une parole de joie qui pose problème et dont dépendrait finalement l'interprétation de tout le livre: celle mentionnée en 5, 17–19[61]. L'auteur en conclut que le livre de Qohélet contiendrait une véritable "révélation" de la joie de Dieu. De telles assertions seraient de nature à donner de l'eau au moulin de R. N. Whybray[62].

Dans son analyse de 5, 17–19, N. Lohfink s'arrête sur l'interprétation litigieuse du terme מַעֲנֶה du v. 19b. Selon lui, il y aurait deux manières distinctes de traduire la racine hébraïque ענה: soit par le verbe "occuper", comme le traduisent communément les bibles en français[63]; soit par le verbe "répondre" et, par extension, le verbe "révéler". Après avoir rappelé les raisons qui militent en faveur de l'interprétation traditionnelle par "occuper"[64], N. Lohfink soutient sa propre traduction du verbe ענה par

---

[60] N. LOHFINK, «Qoheleth 5, 17–19, Revelation by Joy», *CBQ* 52 (1990), p. 625–635.

[61] *Ibid.*, p. 635: «It seems to me that Qoh 5, 19 is one of the crucial points for the understanding of the whole Book of Qoheleth and of the thinking which is behind it. It may even be the key to what he ultimately has to say about God.»

[62] La contribution de R. N. Whybray est citée par N. Lohfink au début de son article (*ibid.*, p. 625 note 3).

[63] Voir par exemple: *La Bible de la Pléiade* (1959), *La Bible de Jérusalem* (= *BJ*) (toutes les éditions du livre de Qohélet: en fascicules de 1948, 1956, 1958 comme les éditions complètes de la *BJ* de 1973 et de 1998) ainsi que *La Bible* d'Osty-Trinquet (1973). La *Traduction Œcuménique de la Bible* (= *TOB*) (1994) traduit par le groupe verbal «rendre attentif».

[64] Cf. N. LOHFINK, «Qoheleth 5, 17–19, Revelation by Joy», p. 627–630. D'une part, le verbe ענה est employé par Qohélet, deux fois, à l'infinitif construit *qal*, dans le sens d'*occuper*: en 1, 13 et en 3, 10 (לַעֲנוֹת בּוֹ: «pour qu'ils s'y occupent»). Ce verbe a la même racine que עִנְיָן, substantif propre à Qohélet et employé à plusieurs reprises dans le livre pour désigner une occupation ou bien une tâche imposée à quelqu'un (1, 13; 2, 23.26; 3, 10; 4, 8; 5, 2.13; 8, 16). D'autre part, le sens d'*occuper* est celui qu'ont retenu des versions proches du TM: la Peshitta, et surtout la LXX qui traduit ענה par

"révéler"[65]. Selon lui, la joie serait le signe de la révélation d'un don de Dieu fait à l'homme.

À l'appui de sa thèse, N. Lohfink avance plusieurs arguments. D'une part, il soutient que 5, 19 doit être interprété en relation avec deux autres passages employant des mots contenant la racine ענה: 1, 13 et 3, 10. Les versets 1, 13 et 3, 10 ont, en commun, le terme עִנְיָן suivi de l'expression: נתן אלהים לבני האדם לענות בו[66]. Or, en 5, 19, le contexte de bonheur dans lequel est employée la racine ענה invite à appréhender le terme מענה dans un sens plus large qu'on ne le fait habituellement[67]. D'autre part, l'auteur observe qu'à l'instar de 3, 10–15, le passage 5, 17–19 contiendrait une plus grande concentration du mot "Dieu" que dans le reste de l'œuvre, soit quatre occurrences en trois versets[68]. Cette remarque soulignerait le caractère fortement théologique du passage, notamment quant à l'action de Dieu en faveur de l'homme. En raison de ces nombreuses mentions divines, le mot מענה en 5, 19 élargirait le thème évoqué en 3, 10–15, à savoir que c'est à Dieu seul que revient la possibilité de faire connaître à l'homme le sens des choses de ce monde et de lui permettre d'en jouir dans certains cas[69]. Dans ces conditions, l'auteur en déduit que la joie, envisagée comme une expression de cette révélation de Dieu à l'homme[70], serait la clé de compréhension de tout le livre du sage.

---

le verbe περισπᾷ signifiant: "to divert, to distract" (selon H. G. Liddell et R. Scott, *A Greek-English Lexicon*, The Clarenton Press, Oxford, 1940, avec supplément de 1968) ou bien "distraire l'attention, occuper pour une diversion ou une distraction" (selon la traduction française proposée par le *Dictionnaire Grec-Français* d'A. Bailly).

[65] N. Lohfink maintient aujourd'hui encore cette interprétation dans son dernier commentaire de 2003: *Qoheleth. A Continental Commentary*, Fortress Press, Minneapolis, 2003, p. 26 et 84–85. Ce commentaire est la traduction anglaise, revue et corrigée, de l'édition allemande publiée, une vingtaine d'années plus tôt, sous le titre: *Kohelet. Mit einer neuen Einleitung*, (NEB.AT), Echter, Stuttgart, 1980, ⁵1999.

[66] N. Lohfink insiste sur l'opposition de sens entre ce qui est une (mauvaise) besogne: ענין רע (1, 13; 4, 8) ou ענין (3, 10; 5, 13) et ce qui est plaisant: יפה (3, 11; 5, 17).

[67] N. Lohfink propose de traduire littéralement le verbe ענה par l'expression «to be active in relation to something» («Qoheleth 5, 17–19, Revelation by Joy», p. 630).

[68] Le terme de Dieu apparaît trois fois avec un article (האלהים) et une fois sans article (אלהים).

[69] N. Lohfink, *Qoheleth*, p. 633: «The word *maʿăneh*, therefore, has to correspond to the questions discussed in 3, 10–15. They deal with humanity's difficulty in grasping the sense which is in all things but which only God knows. To put it in abstract and traditional theological terms: it is the question of the possibility of divine revelation.»

[70] *Ibid.*, p. 634: «The joy of the heart must be something like divine revelation. When we experience joy at least in one small moment, we come in touch with that sense of things which normally God alone sees. That could well be the message of 5, 19b.»

L'interprétation de N. Lohfink se situe dans le sillage tracé, quelques années auparavant, par R. N. Whybray. La joie comme don de Dieu serait alors l'un de ces thèmes saillants récemment mis au jour par les commentateurs, à partir de l'étude des propos positifs du livre de Qohélet. Mais, fallait-il pour cela modifier la traduction courante d'un terme pour s'en convaincre une fois de plus? Pour quelle raison précise 5, 17–19 serait-il un passage-clé dans le développement de la pensée de Qohélet?

Le mouvement optimiste tendant à attribuer au sage de Jérusalem une fonction de "prêcheur" de la joie ne s'est pas estompé. Il a même repris de la vigueur ces dernières années dans une thèse soutenue et publiée par un auteur français, M. Maussion.

6. M. Maussion: Qohélet, "chantre" de la joie

Dans un ouvrage publié en 2003, M. Maussion[71] se lance à son tour dans l'étude des paroles de bonheur chez Qohélet. Pour cet auteur également, le thème de la joie serait bien le pivot de la pensée du sage[72]. Son analyse s'inspire, en grande partie, des études menées par ses prédécesseurs.

De R. N. Whybray, M. Maussion reprend le septénaire des refrains de bonheur. Leur progression serait à comprendre dans le cadre de la dialectique générale du bonheur et du malheur qui traverse toute l'œuvre du sage. Ainsi, selon l'auteur, « sa recherche va alors se concrétiser autour de deux idées majeures. D'une part, Qohélet dialectise essentiellement sa pensée autour de la notion de mal et de bonheur: certes, il y a des occupations mauvaises en ce monde, et elles sont nombreuses, mais l'homme peut néanmoins trouver sa voie et sa joie en suivant quelques conseils de vie que Qohélet essaime tout au long de son livre. D'autre part, la méditation de Qohélet suit un cheminement ordonné dont la progression se repère aisément dans l'agencement des sept refrains sur le bonheur, chacun apportant un plus par rapport au précédent, dans son contenu et dans son mode. »[73]

---

[71] M. MAUSSION, *Le mal, le bien et le jugement de Dieu dans le livre de Qohélet*, (OBO 190), Éditions Universitaires de Fribourg, 2003. La partie sur le bien chez Qohélet a été résumée *in* « Qohélet et les sept refrains sur le bonheur », *in Wisdom and Apocalypticism in the Dead Sea Scrolls and in the Biblical Tradition*, (F. García Martínez dir.), (BETL 168), Presses Universitaires de Louvain, Louvain, 2003, p. 260–267.

[72] Cf. *ibid.*, p. 171.

[73] M. Maussion cite, ici, la contribution de R. N. Whybray (cf. *ibid.*, p. 123, note 307).

De N. Lohfink, M. Maussion reprend à son compte la traduction du terme מענה, en 5, 19b, par "révélation", faisant de la joie le moyen privilégié de la manifestation de Dieu : « la "réponse" de Dieu serait alors la *révélation de son don*, dans cette joie dont il faut que l'homme profite *maintenant*, durant son existence terrestre. »[74]

Après avoir étudié successivement chacun des sept refrains de joie, M. Maussion récapitule son analyse en montrant la progression emphatique de ces paroles dans l'ensemble de l'œuvre[75]. Cette évolution serait repérable dans le texte biblique tant dans sa forme que dans le fond. D'abord, elle s'emploie à démontrer que les paroles de joie passent d'un registre de déclaration impersonnelle (2, 24–25 ; 3, 12–13 ; 3, 22) à celui d'une exhortation (9, 7–9 ; 11, 9–12, 1) grâce à une implication personnelle de Qohélet dans son propos (5, 17–19). Cette remarque paraît, *a priori*, pertinente. Toutefois, la démonstration mériterait d'être plus précise. Par exemple, pour quelle raison considérer 3, 12–13 et 3, 22 comme l'expression d'un mode impersonnel alors que, dans ces versets, l'auteur sacré s'implique déjà grâce à l'emploi de verbes de perception à la 1re personne du singulier : « j'ai reconnu » (3, 12.14) répond à « j'ai vu » (3, 10.16), qui est repris en 3, 22 ? Cette implication du locuteur se confirme également par l'emphase des propos décrivant les circonstances concrètes de plaisir : « manger, boire, goûter le bonheur dans sa peine » et « cela aussi, je vois, moi, que cela vient de la main de (du) Dieu » (2, 24) ; « se réjouir et faire le bien durant leur vie » (3, 12) et « tout homme qui mange et boit et goûte au bonheur en toute sa peine, cela est un don de Dieu » (3, 13) ; « se réjouir de ses œuvres, car telle est sa part » (3, 22). En reprenant les traces de joie repérées dans l'existence, l'écrivain sacré intègre, dans son raisonnement, celles qu'il a découvertes précédemment. Pour toutes ces raisons, il nous semble préférable d'admettre que seule la première parole de bonheur en 2, 24–25 est employée à un mode impersonnel alors que les trois autres paroles (3, 12–13.22 ; 5, 17–19) le sont selon un mode personnel : « je reconnais » (3, 12–13), « j'ai vu » (3, 22), « voici ce que, moi, je vois : » (5, 17–19)[76].

Sur le plan du contenu, M. Maussion met bien en exergue le *crescendo* qui relie les paroles de bonheur entre elles. En conclusion, elle s'efforce

---

[74] *Ibid.*, p. 139–140.
[75] *Ibid.*, p. 148–150.
[76] Sur ce point, nous nous rapprochons davantage de la classification donnée par R. N. Whybray *in* « Qoheleth, Preacher of Joy », p. 87.

de présenter, de manière schématique, le "plus" apporté par chaque refrain nouveau[77] :

1. *Premier refrain: 2, 24–25*
   profiter des joies de la vie (manger, boire, travail),
   qui sont des *dons de Dieu*[78].

2. *Deuxième refrain: 3, 12–13+14*
   profiter des joies de la vie (manger, boire, travail),
   qui sont des dons de Dieu,
   et amènent à *la crainte de Lui*.

3. *Troisième refrain: 3, 22*
   profiter des joies de la vie (les œuvres),
   qui sont des dons de Dieu (sa part),
   car l'homme *ne connaît pas son avenir*.

4. *Quatrième refrain: 5, 17–19*
   profiter des joies de la vie (manger, boire, travail),
   qui sont, comme la vie, des dons de Dieu,
   car *Dieu répond dans la joie de son cœur (révélation de Dieu dans le don de la joie)*.

5. *Cinquième refrain: 8, 15*
   l'éloge de la joie (réponse de l'homme à l'accueil du don de Dieu),
   profiter des joies de la vie (manger, boire, travail)
   qui sont, comme la vie, des dons de Dieu.

6. *Sixième refrain: 9, 7–10*
   profiter des joies de la vie (boire, manger, travail, parure, femme),
   qui sont, comme la vie, des dons de Dieu,
   car *Dieu a déjà apprécié tes œuvres (Dieu permet à l'homme d'éprouver de la joie dans ses œuvres)*.

7. *Septième refrain: 11, 9–12, 1*
   se réjouir et éviter le mal,
   se souvenir de son Créateur,
   car *sur tout cela Dieu te jugera (capacité à accueillir la joie durant sa vie)*.

---

[77] M. MAUSSION, *Le mal, le bien…*, p. 149–150.
[78] Comme l'auteur, nous mettons en italique les nouveautés introduites dans chaque parole de joie.

M. Maussion en déduit que « la joie est le fil conducteur de cette réflexion existentielle. »[79], ce qu'elle confirmera en décrivant, plus tard, Qohélet comme un "chantre" de la joie[80].

Le dernier refrain de bonheur (11, 9–12, 1) constituerait le climax[81] d'une série de paroles culminant avec le motif du jugement de Dieu. Pour en arriver là, l'auteur reprend à son compte l'essentiel des conclusions de R. N. Whybray et de N. Lohfink, mais sans les discuter vraiment, ni les passer au crible d'une confrontation méthodique avec le texte.

À la suite de R. N. Whybray, M. Maussion montre que, selon le sage de Jérusalem, la joie de vivre serait envisagée fondamentalement comme un don de Dieu pour contrebalancer le mal et le malheur qui sévissent dans le monde. Cependant, à trop vouloir analyser les refrains de bonheur pour eux-mêmes, elle finit par les isoler dans un système de paroles détaché de l'ensemble de l'œuvre. Son approche contextuelle et thématique de chaque refrain ne permet pas de rendre suffisamment compte de la dynamique qui anime la démarche de Qohélet[82]. En amplifiant à l'excès les bonnes intuitions de R. N. Whybray, M. Maussion ne s'attache qu'aux seules paroles de bonheur au détriment du reste de la pensée du sage. *In fine*, l'exégète considère que les refrains de bonheur se répondraient les uns aux autres sans tenir compte du terrain existentiel sur lequel ils ont germé.

À cet égard, il est intéressant de remarquer que, lorsque M. Maussion tente de résumer la dialectique du livre, elle ne mentionne plus qu'un seul des deux éléments, celui du bien et du bonheur. Elle omet totalement l'autre, celui du mal, dans lequel s'inscrit aussi le sujet de sa recherche. Voici comment est récapitulée la démarche de Qohélet : « Il nous paraît en effet légitime de replacer ce dernier refrain[83], qui allie le thème du jugement et celui de la joie, dans le contexte des six autres refrains sur la joie, puisque nous avons vu qu'un fil conducteur court de l'un à l'autre. Ce septième refrain constitue alors l'apogée de la dialectique de Qohélet, dialectique que nous pouvons résumer de la manière suivante :

---

[79] *Ibid.*, p. 150.

[80] *Ibid.*, p. 174.

[81] Position retenue avant elle notamment par S. DE JONG, « A book on labour : the Structuring Principles and the Main Theme of the Book of Qohelet », *JSOT* 54 (1992), p. 107–116.

[82] Ce que pourtant l'auteur avait bien noté au cours de son introduction aux sept refrains de bonheur (cf. M. MAUSSION, *Le mal, le bien…*, p. 123).

[83] C'est-à-dire 11, 9.

- Les joies de la vie sont des dons de Dieu (2, 24–25)
- Qui doivent amener l'homme à la reconnaissance envers Dieu créateur et donateur (3, 12–13.14)
- Car l'homme ne connaît pas son avenir (3, 22)
- Mais Dieu se révèle dans la joie du cœur de l'homme (5, 17–19)
- Et Qohélet lui répond en faisant l'éloge de cette joie (8, 15)
- Puis exhorte l'homme à faire de même car Dieu permet ses œuvres (9, 7–10)
- Et le jugera sur sa capacité à avoir accueilli la joie (11, 9–12, 1), et sur son agir quotidien.[84]

7. *La synthèse des arguments en faveur de la joie*

Malgré les éléments hétérogènes dans l'œuvre du sage, les données en faveur d'une valorisation du bonheur peuvent être rassemblées autour de quelques arguments-clés:
- À côté de la présence incontournable du mal et du malheur en ce monde, le sage atteste de l'existence d'un bien et d'un bonheur eux aussi incontournables.
- Tout comme le mal, ce bonheur est observable à travers diverses circonstances de la vie courante et au moyen de l'expérience quotidienne que peut faire tout un chacun.
- Ce bonheur est simple et concret. Il est accessible à l'homme dès maintenant, dans les courts moments de son existence.
- Ce bonheur n'est pas le fruit du seul vouloir humain, il est avant tout un don de Dieu à recueillir.
- Profiter du bonheur que Dieu nous offre gracieusement permet de supporter les limites inhérentes à notre état de créature.
- Pour cela, la reconnaissance d'un bonheur de vivre devient progressivement un enseignement à l'adresse du disciple, l'enjoignant à ne pas passer à côté des joies simples de l'existence lorsqu'elles se présentent à lui.

En réaction contre cette lecture résolument optimiste, est né un courant d'interprétation inverse, tendant à restreindre considérablement la portée des paroles de bonheur, et dont le chef de fil est A. Schoors.

---

[84] Cf. *ibid.*, p. 171 et repris *in* «Qohélet et les sept refrains sur le bonheur», p. 267.

CHAPITRE 2

LES ARGUMENTS EN FAVEUR D'UNE
RESTRICTION DU BONHEUR

En réponse aux interprétations excessivement optimistes d'une partie des commentateurs, A. Schoors réagit. Jusque-là, il s'était principalement consacré à l'étude de la grammaire et de la question du langage dans le livre de Qohélet[1]. Sur le sujet du bonheur, l'auteur a fait paraître, en 2001, un court article remettant fortement en cause le point de vue de ses prédécesseurs.

Dans cette contribution, publiée en italien sous le titre : « l'ambiguità della gioia in Qohelet »[2], il critique vigoureusement la thèse du rôle central des paroles de joie chez Qohélet. En particulier, le commentateur belge prend à rebours la position défendue par R. N. Whybray qu'il cite dès les premières lignes de son article[3].

1. A. Schoors : "l'ambiguïté de la joie chez Qohélet"

A. Schoors n'est nullement convaincu que Qohélet soit un "prêcheur de joie", ni même que le thème de la joie soit le message central de son livre[4]. Certes, il ne nie pas la place que revêt la thématique du bonheur, ne serait-ce qu'en raison de la répétition des sept refrains de bonheur[5].

---

[1] Cf., A. SCHOORS, *The Preacher Sought to Find Pleasing Words. A study of the Language of Qoheleth*, (OLA 41), Peeters, Louvain, 1992. Douze ans plus tard, est paru le 2nd volume de cet ouvrage : *The Preacher Sought to Find Pleasing Words. A study of the Language of Qoheleth. Part II : Vocabulary*, (OLA 143), Peeters, Louvain, 2004. Toutefois, dans le cours de nos développements, lorsque nous mentionnerons, sans autre précision, l'ouvrage *The Preacher Sought to Find Pleasing Words...*, ce sera toujours du 1er volume de cette monographie dont il s'agira. En complément de cette question du langage, voir également A. SCHOORS, « Qoheleth's Language : Re-Evaluation its Nature and Date », *JBL* 108 (1989), p. 698–700 ; A. SCHOORS, « Words Typical of Qohelet », *in Qohelet in the Context of Wisdom*, p. 17–39.

[2] A. SCHOORS, « L'ambiguità della gioia in Qohelet », *in Il libro del Qohelet. Tradizione, redazione, teologia*, (G. Bellia – A. Passaro dir.), (Cammini nello Spirito. Biblica 44), Paoline, Milan, 2001, p. 276–292.

[3] *Ibid.*, p. 276.

[4] *Ibid.*, p. 285.

[5] *Ibid.*, p. 277 : « Questo cosiddetto numero sacro potrebbe far risaltare la particolare importanza di tali raccomandazioni, e, senza dubbio, esse hanno un ruolo importante nel libro. »

Pour autant, les recommandations à se réjouir de la vie sont loin d'être les derniers mots du sage. Elles sont données sitôt après un état des lieux des diverses situations pénibles constatées dans l'existence. Les bienfaits reconnus par le sage seraient uniquement entrevus comme autant de moyens provisoires offerts à l'homme pour l'aider à supporter les incohérences de la vie.

Au soutien de sa thèse, A. Schoors avance un certain nombre d'arguments de nature et de longueur variées. L'argument le plus court, servant à introduire tous les autres, est d'ordre liturgique. Selon lui, il est douteux de voir dans le livre de Qohélet un exposé sur la joie de vivre étant donné que l'Église en fait un usage extrêmement modéré dans sa liturgie[6].

A. Schoors passe, ensuite, en revue les sept paroles de joie. Pour chacune d'elles, il montre qu'en fonction du contexte littéraire, la recommandation à jouir des plaisirs de la vie survient systématiquement après une réflexion désabusée du sage sur les absurdités constatées « sous le soleil » : la mort attend le sage comme l'insensé, il n'y a pas différence entre les deux, se fatiguer ne sert donc à rien (2, 15–23) ; l'homme est incapable de connaître entièrement l'œuvre de Dieu (3, 9–11) ; il n'y a aucune différence entre l'homme et l'animal devant la mort (3, 18–21) ; celui qui a accumulé des richesses à son profit les perd dans une mauvaise affaire et ne laisse rien à ses descendants (5, 12–16). Face à autant de situations tragiques, l'exégète en vient à constater que le fait de se réjouir de quelques bienfaits ne serait qu'une contrepartie donnée à l'homme pour le soutenir face aux frustrations de la vie[7].

Parmi les arguments avancés pour récuser tout optimisme chez Qohélet, l'argument le plus décisif est celui de l'oubli[8]. Le texte de sagesse

---

[6] Le commentateur ne mentionne pas de quelle liturgie il s'agit précisément (*ibid.*, p. 277). Étant donnée la référence à la pratique de l'homélie, nous supposons que l'auteur évoque ici la liturgie de l'Église. Pour ce qui est l'Église catholique romaine, la lecture du livre de Qohélet tient effectivement peu de place dans la liturgie de la messe (essentiellement le dimanche de la 18e semaine du Temps Ordinaire (année C) et les jeudi, vendredi, samedi des années paires de la 25e semaine du Temps Ordinaire). Pour mémoire (cf. *supra*, p. 22), nous rappelons que la liturgie juive de la fête de *Sukkôt* fait une large place à la lecture du livre de Qohélet, du moins dans la tradition Ashkénaze (cf. W. J. FUERST, *The Books of Ruth, Esther, Ecclesiastes, The Song of Songs, Lamentations. The Five Scrolls*, Cambridge University Press, Cambridge, 1975, p. 100–101 ; *The Aramaic Version of Qoheleth*, (E. Levine dir.), Sepher-Hermon Press, New York, ²1981, p. 13).

[7] *Ibid.*, p. 282.

[8] *Ibid.*, p. 282 : « Qohelet loda il piacere in quanto tiene lontana dalla mente la brevità della vita o le sue frustrazioni. Ciò, naturalmente, significa che la gioia è intesa come

contiendrait deux paroles-clés (5, 17–19 et 11, 8) qui conforteraient la thèse selon laquelle la joie ne serait qu'un anesthésiant octroyé à l'homme pour lui faire oublier les avatars de l'existence:

- Au cours de l'étude de 5, 17–19, le commentateur s'attache principalement à interpréter le sens controversé du terme מענה au v. 19b[9]. Pour lui, il ne fait aucun doute que la racine verbale ענה, employée au *hiph'il*, ne peut être rendue que par le verbe "occuper". Ce sens, typique de Qohélet, s'adapterait parfaitement au contexte littéraire de l'œuvre[10]. En donnant pareille occupation à l'homme, la joie jouerait le rôle d'un anesthésiant l'aidant à tenir bon face aux multiples déceptions de la vie. Selon A. Schoors, cette idée sera reprise quelques chapitres plus loin.

- En 11, 8, invitation est faite au disciple de profiter des moments agréables de l'existence tant qu'ils sont là, car viendront, ensuite, des jours plus tristes. Une telle recommandation est également considérée comme équivalant à l'administration d'une drogue pour aider l'homme à échapper à la pensée d'une mort inéluctable[11]. Ce motif sera repris et amplifié dans les versets suivants (11, 9–12, 7).

À mi-chemin de son argumentaire, l'exégète en conclut que l'invitation à la joie chez Qohélet a une «fonction de narcotique»[12]. Profiter des plaisirs, quand cela est possible, reste le moyen pratique le plus sûr de tenir debout dans la vie. Nous sommes ici bien loin du dénouement heureux qui concluait, chez R. N. Whybray, l'observation de chaque grande catégorie de vanité[13]. Pour l'heure, l'invitation est au *carpe diem*[14]. Toutefois, l'exégète n'en reste pas à cette conclusion provisoire. Il affine sa

---

un antidoto o un narcotico e che con l'espressione "i giorni della sua vita" si intendono i brutti giorni. Con il piacere Dio regala all'uomo un dono grande: l'oblio.»

[9] Cf. *supra*, p. 30–33.

[10] Cf. 1, 13; 2, 23.26; 3, 10; 4, 8; 5, 2.13; 8, 16 (*ibid.*, p. 282). A. Schoors confirme cette position dans son étude récente du vocabulaire du livre de Qohélet (cf. A. SCHOORS, *The Preacher Sought to Find Pleasing Words…, Part II: Vocabulary*, p. 431–432).

[11] A. SCHOORS, «L'ambiguità della gioia in Qohelet», p. 282: «Se uno pensa alla morte, è stimolato a godersi la vita e quindi, paradossalmente, ad allontanare i suoi pensieri dalla morte. Anche qui, godersi il piacere è un narcotico.»

[12] *Ibid.*, p. 284–285: «A questo punto, la conclusione è inevitabile: Qohelet colloca tutte le sue raccomandazioni a godersi i piaceri della vita dopo aver ricordato un'assurdità "sotto il sole". (…) È fuor di dubbio che per Qohelet godere ha la funzione di un narcotico.» Cette position a reçu, l'année suivante, le soutien explicite de J.-J. Lavoie in «Puissance divine et finitude humaine selon Qohélet 3, 10–15», *Studies in Religion / Sciences Religieuses* 31 (2002), p. 283–296, surtout p. 289–290.

[13] R. N. WHYBRAY, «Qoheleth, Preacher of Joy», p. 91–92.

[14] A. SCHOORS, «L'ambiguità della gioia in Qohelet», p. 285.

prétention de départ en se fondant sur un autre motif majeur, à savoir la joie comme don de Dieu. Tel est le sujet qu'il développe longuement dans la seconde partie de l'article[15].

Se réjouir des instants plaisants de la vie ne provient pas uniquement d'une intervention humaine. C'est Dieu qui donne à l'homme de prendre du bon temps. De nouveau, le commentateur revient sur chacune des sept paroles de joie pour en dégager le motif commun du don divin. Ce motif est présent, dès le premier refrain de joie, à travers la métaphore de la main de Dieu (2, 24a). Il revient dans les différents passages où est employée la racine נתן (2, 24b; 3, 13; 5, 18; 8, 15; 9, 9)[16]. Dieu ne se contente pas de donner à l'homme des richesses à posséder, Il lui donne aussi la capacité d'en jouir. À partir de là, le commentateur conclut que le fait de donner à l'homme une drogue pour l'aider à lutter contre l'inconsistance de la vie, entre dans le projet de Dieu. Certes, le don de la drogue ne serait pas un don suprême. Il serait, tout de même, une aide limitée pour lui permettre de rester à la surface[17].

Au motif du don de Dieu, est associé l'emploi de la racine חלק désignant la *part*, la portion (3, 22; 5, 17–18; 9, 9). Bien que, selon A. Schoors, cette idée ne soit pas explicite, il semble que la *part* réservée à l'homme soit, elle aussi, perçue comme un don de Dieu. Non seulement Dieu donne à l'homme des moyens tangibles pour jouir de la vie, mais, en plus, il rend l'homme apte à en profiter vraiment. C'est pourquoi, Qohélet n'hésite pas à exhorter son jeune disciple à jouir de ces bienfaits parce qu'ils sont une *part* qui lui est réservée. Cependant, qui dit *part* ne dit pas le tout. Pour notre commentateur, la part reconnue à l'homme ne saurait être confondue avec le gain final (יתרון)[18].

En conclusion, A. Schoors revient sur sa thèse de départ: le livre de Qohélet n'est pas un livre sur la joie. Certes, les réjouissances et les plaisirs de la vie ont leur importance dans la pensée de l'auteur sacré, mais leurs rôles se limitent à rendre la vie humaine la plus supportable

---

[15] *Ibid.*, p. 285–291.

[16] En 5, 18, ce motif est même exposé de manière redondante.

[17] *Ibid.*, p. 290: « In breve, Dio determinò il mondo intero, egli ha stabilito tutto ciò che accade sotto il sole; così ha anche dato al genere umano il desiderio di comprendere tale processo. Questa sorta di determinismo di origine divina riguarda tanto le cose buone quanto quelle cattive, le assurdità della vita come la possibilità di godere dei suoi bei doni. Il fatto che l'uomo disponga di questo narcotico è anche un progetto di Dio. Ma esso non è un dono supremo, è un aiuto limitato per restare a galla. »

[18] *Ibid.*, p. 291: « L'uomo, infatti, ha una porzione (חלק), ma non un *final gain* (יתרון). »

possible. S'ils sont octroyés en propre à l'homme, ils ne sont pas en mesure d'effacer les drames et les insatisfactions de la vie courante. Ils sont seulement là pour lui faciliter la vie sur terre. En ce sens, ils jouent le rôle d'un contrepoids efficace face aux frustrations constatées dans l'existence et face à l'impossibilité dans laquelle se trouve l'homme de connaître en profondeur son avenir ainsi que l'action de Dieu sur sa vie et dans l'histoire[19]. C'est en ce sens que la joie est "ambiguë" chez Qohélet, selon le qualificatif utilisé par A. Schoors.

Sur bien des aspects, l'argumentation d'A. Schoors ne manque pas d'intérêt. Sa thèse a le mérite d'aborder de front la délicate question de la place du plaisir et de la joie dans la complexité de l'œuvre du sage de Jérusalem. Avec rigueur, le commentateur belge corrige les excès de la position de R. N. Whybray, en situant les différents refrains de bonheur dans leur contexte littéraire et, surtout, en les associant aux autres thèmes connexes, tels que celui du don de Dieu (נתן), ou celui de *part* (חלק) dévolue à l'homme. Nonobstant, la pensée d'A. Schoors ne serait-elle pas, elle aussi, excessive, mais en sens inverse? À trop vouloir critiquer la position exagérément optimiste de son prédécesseur, A. Schoors n'interpréterait-il pas, de manière exagérément pessimiste, le message de Qohélet? À notre avis, la thèse de "l'ambiguïté de la joie" ne nous semble pas exempte, elle-même, de quelques ambiguïtés…

2. *Les ambiguïtés à "l'ambiguïté de la joie"*

D'emblée, l'intitulé de l'article d'A. Schoors paraît bien choisi. En effet, la place de la joie dans le livre de Qohélet est loin d'être univoque. Elle est, au contraire, ambiguë. Et dès le début de sa contribution, l'auteur se situe clairement en rupture par rapport aux tenants d'une interprétation optimiste du livre[20]. Cependant, ni l'introduction, ni la conclusion

---

[19] *Ibid.*, p. 292: «La mia analisi ha mostrato che Qohelet non è un libro con un messaggio di gioia. Esso è un libro in cui gioca un ruolo importante il godere o il piacere, quando si limita a rendere la vita vivibile. Cosi esso è un bene di cui la persona riceve la sua porzione, ma questo godimento non è in grado né di cancellare le assurdità della vita umana né di renderle trasparenti. L'esortazione a godere del piacere è il contrappeso pratico di una filosofia che scorge assurdità ovunque nel mondo e che è consapevole che il mondo, e l'uomo che vive in esso, in definitiva sono impenetrabili, perché sono l'opera impenetrabile di un impenetrabile Dio.»

[20] R. N. WHYBRAY, «Qoheleth, Preacher of Joy»; A. A. FISCHER, *Skepsis oder Furcht Gottes? Studien zur Komposition und Theologie des Buches Kohelet*, (BZAW 247), de Gruyter, Berlin / New York, 1997 et J. Y.-S. PAHK, *Il Canto della Gioia in Dio*…

de l'article n'énoncent la thèse majeure développée dans le corps de l'article, à savoir que la joie ne serait qu'une drogue offerte à l'homme pour l'aider à oublier les affres de l'existence. Pourtant, cette thèse est présentée comme majeure dans le reste de l'article d'A. Schoors.

Sur le plan de la méthode, A. Schoors aborde la lecture de Qohélet selon une démarche diamétralement opposée à celle de R. N. Whybray. Alors que ce dernier s'était attelé à une lecture linéaire des refrains de bonheur selon l'ordre d'apparition dans le livre, A. Schoors s'attarde surtout à une analyse approfondie de quelques versets bien ciblés : 5, 17–19 ; 11, 8 ; 8, 15 ; 9, 7–9[21]. De plus, tandis que R. N. Whybray s'était efforcé d'appréhender la dynamique des paroles de joie dans leur contexte immédiat ainsi que dans la problématique générale du livre, A. Schoors procède, quant à lui, à une approche plus statique des paroles de joie. Il le fait autour de quelques thèmes communs tels que, par exemple, celui de l'action de Dieu ou la part de l'homme.

Cette méthode d'analyse est critiquable, car ne respectant guère la démarche sapientielle de l'écrivain sacré, aussi bien dans la forme que dans son contenu.

a) *Ambiguïtés dans l'approche du livre en sa forme*

L'étude d'A. Schoors ne saisit pas l'ouvrage de Qohélet dans sa globalité. Si l'auteur s'attache à étudier la fonction des sept refrains dans leur contexte littéraire, il ne tient cependant pas suffisamment compte de l'insertion de ces paroles dans le mouvement général de l'œuvre. Notamment, il ne s'arrête pas sur les changements littéraires qui affectent la portée des paroles de joie, en particulier le passage du style déclaratif des cinq premières paroles de bonheur au style parénétique des deux dernières. Or, un des apports majeurs de l'étude de R. N. Whybray et de ses successeurs a été précisément de montrer, sur la base d'une comparaison littéraire des refrains, la progression de ces paroles dans la pensée de l'auteur sacré. Le maître de sagesse décrit ces quelques occasions de plaisir pour lesquelles il s'implique de plus en plus, au point d'encourager son jeune disciple à en faire autant. Finalement, l'expérience initiale sert de fondement à un encouragement ultérieur. De plus, A. Schoors ne prend guère en compte les questions rhétoriques qui introduisent ou relancent la démarche sapientielle de l'auteur (1, 3 ;

---

[21] A. SCHOORS, « L'ambiguità della gioia in Qohelet », p. 281–284.

3, 9 ; 6, 8.10b). Certes, en fin d'article, l'auteur aborde la question du profit, mais uniquement pour la mettre en relation avec le terme de *part* (חלק)[22], jamais avec les paroles répétées sur la joie.

A. Schoors prend le parti d'étudier l'ensemble des paroles de joie à partir d'un noyau central. Selon lui, l'invitation de 9, 7–9 serait ce noyau central qui contiendrait, en synthèse, toutes les autres paroles d'exhortation[23]. Or, s'il existe dans cette péricope des mots de vocabulaire communs avec d'autres paroles de joie—ce qui serait à prouver[24]—cela ne suffit pas à tirer, aussitôt après, des conséquences sur une éventuelle restriction de la portée du bonheur dans le livre du sage. À l'appui de sa thèse, A. Schoors s'en tient à une interprétation discutable des deux versets 5, 19 et 11, 8. Certes, dans les deux cas, l'emploi du verbe זכר indique bien qu'il est question de souvenir. Mais, comment prouver que le motif de l'oubli soit un motif majeur chez Qohélet en ne se fondant que sur l'examen de deux versets, qui plus est, extraits de leur contexte littéraire ? Or, 5, 19 n'a pas le même statut que les deux versets précédents. Les v. 17 et 18 constituent une déclaration solennelle du sage portant sur des situations concrètes de bonheur données par Dieu à l'homme comme étant son bien propre[25]. Le v. 19, introduit par la conjonction כי, se contente d'indiquer les raisons qui le poussent à faire cette déclaration solennelle[26]. Pour ce qui est de 11, 8, ce verset prolonge, sous forme d'une antithèse, la réflexion entamée au verset précédent et, par contraste, introduit l'encouragement donné par le maître de sagesse à son jeune disciple à profiter des bons moments que lui procure sa jeunesse (11, 9–12, 1). C'est donc bien le motif de la réjouissance qui domine, et non celui de l'oubli.

---

[22] *Ibid.*, p. 291.

[23] *Ibid.*, p. 278.

[24] S'il est vrai que, comme le soutient A. Schoors, le terme עמל est une parole-clé de Qohélet (*ibid.*, p. 279), il ne figure pas pour autant dans tous les "refrains" de bonheur. Ce terme est absent, par exemple, du deuxième (3, 22) et du dernier "refrain" (11, 9–12,1).

[25] Pour l'analyse grammaticale du v. 17, nous suivons l'avis d'A. Schoors qui considère que le deuxième אשר du verset introduit le complément d'objet direct. Il est donc à relier à ce qui suit et non à ce qui précède (cf. A. SCHOORS, *The Preacher Sought to Find Pleasing Words...*, p. 139).

[26] Dans son étude grammaticale du livre de Qohélet (cf. *ibid.*, p. 104–105), l'exégète admet que ce v. 19 est la motivation de ce qui précède. Il se pose même la question de savoir si la conjonction כי se réfère au v. 17 ou au v. 18. Pour lui, les deux interprétations sont possibles. Elles n'ont guère d'influence sur le sens général du passage.

Enfin, A. Schoors prend le parti de ne pas citer *in extenso* les paroles de joie. Au lieu d'étudier chaque parole dans son intégralité—comme le fait R. N. Whybray—l'exégète fait le choix de distinguer entre ce qui relève de l'homme, dans une première partie (autour du terme עמל)[27] et ce qui relève de Dieu, dans une seconde partie (avec les racines נתן et חלק)[28]. C'est la raison pour laquelle le motif du don de la joie n'est abordé qu'en seconde partie d'article[29]. Dans ces conditions, il n'est pas étonnant qu'à la fin de sa première partie, le commentateur belge en vienne à conclure que la jouissance des parcelles de joie n'est qu'un *carpe diem*[30]. Or, une telle division n'est pas respectueuse de la démarche entreprise par Qohélet. Tandis qu'il découvre des traces de bonheur dans son existence, le sage reconnaît, dans le même temps, que ces traces lui sont déjà données par Dieu. Il l'affirme dès la première parole de joie (2, 24–26)[31] et il le confirmera dans les paroles suivantes[32].

Ainsi, tout se tient dans sa pensée: la quête de l'homme et le don de Dieu. Ils ne peuvent pas être disjoints sous peine de commettre un fâcheux contresens.

b) *Ambiguïtés dans l'approche du livre en son contenu*

Après une lecture approfondie de l'article d'A. Schoors, il appert que son argumentation contient un certain nombre d'imprécisions. D'abord, dès la deuxième page de l'article[33], il cite les sept propos qu'il considère comme autant de paroles de joie. Rappelons que ce septénaire a précisément été mis en valeur dans l'article de R. N. Whybray qu'il entend pourtant critiquer. Cependant, et cela est surprenant, il ne dit rien sur les raisons de ce choix: il ne le critique pas, ni ne le justifie. De plus, l'interprétation d'A. Schoors sur la deuxième parole de joie (3, 12–13)

---

[27] A. Schoors, «L'ambiguità della gioia in Qohelet», p. 278–282.

[28] *Ibid.*, p. 285–291.

[29] A. Schoors fait une entorse à cette distinction lorsqu'il aborde, pour la première fois, l'étude de 5, 19. Là, il mentionne qu'avec le plaisir, Dieu gratifie l'homme du don de l'oubli (*ibid.*, p. 282). De la sorte, il reconnaît que l'attitude de l'homme et celle de Dieu ne peuvent être appréhendées séparément.

[30] *Ibid.*, p. 285.

[31] Ce qu'A. Schoors reconnaît pourtant dans son développement sur le thème du don de Dieu (*ibid.*, p. 285). Pourquoi avoir alors admis quelques lignes plus haut que Qohélet recommande un *carpe diem*?

[32] À l'exception toutefois de 3, 22 où ne figurent ni le nom de Dieu, ni la racine נתן. Cependant, même dans ce verset, le sens d'un don de Dieu est présent grâce à l'introduction du syntagme חלקו (dont le caractère divin est reconnu en 5, 17–18).

[33] A. Schoors, «L'ambiguità della gioia in Qohelet», p. 277.

reste très imprécise[34]. À ce sujet, le commentateur n'explicite pas le contenu de cette parole, mais il se contente d'affirmer qu'elle fait suite à l'insatisfaction de l'homme à pénétrer le sens du plan de Dieu (v. 9–11). Il en conclut, de manière abrupte, que l'œuvre de Dieu reste obscure et que l'homme ne peut rien faire pour changer cette situation[35]. Or, selon nous, ces v. 12 et 13 viennent précisément ouvrir une brèche bienfaitrice dans l'incompréhension que l'homme a du plan de Dieu. Ils dessinent les contours de quelques concessions de bonheur aux termes desquelles l'homme peut apprécier le temps que Dieu lui donne. A. Schoors omet donc de rappeler que l'homme n'est pas totalement démuni devant l'immensité de l'action de Dieu. Il peut réagir en prenant appui sur ces quelques moments concrets de bonheur qu'il trouve sur sa route. De la sorte, il est mieux en mesure d'apprécier la permanence de l'action de Dieu : « J'ai reconnu que tout ce que fait (le) Dieu, cela durera toujours /…/ » (v. 14).

De manière plus générale, l'argumentation d'A. Schoors pèche par manque de justification. Après avoir souligné, par exemple, la déception du sage devant les diverses situations d'absurdité qui le conduisent à détester la vie (2, 17–23), le commentateur en vient à remarquer, mais sans le justifier, que la parole conclusive (2, 24) est surprenante[36]. Être surpris, est-ce vraiment un argument tenable ? L'exégète se contente de s'étonner mais sans avancer la moindre explication sur ce brusque revirement de situation. S'agissant des variations de ton contenues dans les deuxième et troisième paroles de joie (3, 12–13.22), A. Schoors ne s'explique pas davantage[37].

Enfin, le commentateur ne s'explique pas clairement sur le sens qu'il donne au concept de drogue. Selon lui, dans un premier temps, la joie serait "un narcotique", au sens où elle serait une solution pratique pour aider tout un chacun à tenir bon face à l'absurdité de la vie[38]. Dans un second temps, il prétend que la joie, comme drogue, ne serait pas un simple "opium du peuple", car elle est un don de Dieu. Dans un troisième temps, en tentant de concilier les deux premiers points de

---

[34] *Ibid.*, p. 280–281.
[35] *Ibid.*, p. 281 : « Essa rimane completamente oscura e l'uomo non può fare nulla per modificare questa situazione. »
[36] *Ibid.*, p. 280 : « Tutte les sue esplorazioni conducono sempre alla conclusione che "tutto è assurdità ed oppressione". Dopo ciò c'è il sorprendente detto "non c'è niente di meglio per l'uomo che mangiare e bere…" (2, 24). »
[37] *Ibid.*, p. 280–281.
[38] *Ibid.*, p. 285.

vue, il en vient à admettre que cette drogue ferait partie intégrante du
projet de Dieu[39]. Mais comment concilier la prétention d'un Dieu dis-
pensateur de drogue avec la reconnaissance d'un Dieu Créateur (12, 1)?
Comment concilier le motif de la drogue permettant à son utilisateur
d'échapper provisoirement à la lucidité sur le réel avec l'encouragement
à s'attacher aux réalités simples et concrètes de l'existence? Face à tant
d'antagonismes, A. Schoors ne donne guère d'explications probantes. À
défaut d'arguments convaincants, l'auteur en reste à des généralités et
à des suppositions[40].

c) *Ambiguïtés dans l'usage des commentaires sur Qohélet*

Dans le cours de son étude, A. Schoors se réfère fréquemment au
travail de M. V. Fox[41]. Cependant, certaines des citations de l'exégète
américain sont utilisées de telle manière qu'elles finissent par trahir la
pensée de leur auteur. Tout d'abord, à propos de 5, 19b, lorsqu'il justifie
sa traduction de la racine ענה par le second sens d'*occuper*, A. Schoors[42]
s'appuie sur le travail d'un certain nombre de commentateurs, dont
M. V. Fox[43]. Dans son analyse de la racine ענה, M. V. Fox présente les
divers points de vue en présence, de manière purement objective. À la
suite de quoi, il se contente de critiquer l'interprétation de R. Gordis[44]
et de N. Lohfink[45]. Si sa position rejoint, finalement, celle d'A. Schoors,
il n'en demeure pas moins qu'elle reste beaucoup moins tranchée que
ce dernier ne le laisse entendre. Pour M. V. Fox, le problème n'est pas,
précisément, de savoir si ענה au *hiph'il* doit se traduire par *occuper*
ou par *répondre* mais qu'en aucun cas, selon lui, ענה ne peut servir à
désigner une révélation venant de Dieu.

Cette tendance à forcer l'opinion des commentateurs est accentuée
par le fait qu'A. Schoors procède par renvois à des ouvrages ou à des

---

[39] *Ibid.*, p. 290.
[40] Pour une allusion critique au motif de la joie comme drogue, voir par exemple:
E. P. Lee, *The Vitality of Enjoyment in Qohelet's Theological Rhetoric*, (BZAW 353), de
Gruyter, Berlin / New York, 2005, p. 80–81.
[41] Parmi les nombreuses références aux commentaires de M. V. Fox citées dans
l'article d'A. Schoors, on ne compte pas moins de douze renvois à l'ouvrage: M. V. Fox,
A Time to tear down and a Time to build up. A Rereading of Ecclesiastes, Eerdmans,
Grand Rapids, Michigan / Cambridge, 1999, p. 239–241 et de deux renvois à M. V.
Fox, *Qohelet and His Contradictions*, p. 73–74.
[42] A. Schoors, «L'ambiguità della gioia in Qohelet», p. 282, note 14.
[43] M. V. Fox, *A time to tear down…*, p. 240–241.
[44] Voir *supra*, p. 20–23.
[45] Voir *supra*, p. 30–32.

citations hors de tout contexte, comme nous l'avons vu faire à propos du texte même de Qohélet. Par exemple, en conclusion de son analyse de 5, 19, A. Schoors[46] renvoie à un passage d'un commentaire de M. V. Fox[47]. Ce renvoi semble indiquer au lecteur que M. V. Fox partagerait entièrement le point de vue d'A. Schoors sur la restriction de la portée des paroles de joie. M. V. Fox observerait-il, lui aussi, des traces de drogue dans les paroles de joie du sage ? Or, le commentateur américain ne prétend pas du tout cela. Dans le passage en question, il affirme seulement, en introduction à son commentaire de 5, 17–19, que, pour cette parole précise, c'est Dieu qui donne à l'homme de quoi se faire plaisir pour oublier les préoccupations de la vie[48]. En l'occurrence, il n'est nullement question pour l'homme de se droguer puisque ce plaisir est, avant tout, un don de Dieu. Pour autant, M. V. Fox ne suit pas la thèse opposée, préconisée par R. N. Whybray. Au contraire, il critique ouvertement l'appellation de "prêcheur de joie" attribuée à Qohélet[49]. Tout au plus, admet-il, en conclusion de son analyse du thème שׂמחה, que Qohélet soit un "prêcheur de plaisir"[50].

---

[46] A. Schoors, « L'ambiguità della gioia in Qohelet », p. 282, note 15.

[47] M. V. Fox, *A Time to tear down...*, p. 239.

[48] *Ibid.*, p. 239 : « God keeps man occupied, distracts him with pleasures. Pleasure dulls the pain of consciousness, the same pain that wisdom exacerbates (1, 18). »

[49] *Ibid.*, p. 127.

[50] *Ibid.*, p. 115 : « Qohelet is a 'preacher of pleasure'—not because he is a hedonist who relishes sensual delights, but because, *faute de mieux*, pleasure remains *tob*, 'good', whatever its inadequacies. » A. Schoors pouvait d'autant moins ignorer ce point de vue que, plus avant dans son article, il cite M. V. Fox à cette même page (cf. A. Schoors, « L'ambiguità della gioia in Qohelet », p. 279, note 6).

CHAPITRE 3

LA SYNTHÈSE DU DÉBAT

Que retenir finalement de ce *status quaestionis*? Comment parvenir à synthétiser un état des lieux aussi contrasté? Le bonheur, chez Qohélet, est-il un *carpe diem* ou bien un don de Dieu? Une drogue à l'usage de l'homme ou bien une révélation de Dieu? Le débat sur le thème du bonheur serait-il alors réductible à un affrontement entre une interprétation maximaliste et une interprétation minimaliste du bonheur? Au-delà du paradoxe engendré par la répétition des refrains sur la vanité de la vie[1], le livre du sage ne contiendrait-il pas d'autres voies possibles pour sortir de la polémique?

Au détour de leurs raisonnements, certains auteurs ont parfois évoqué l'existence de thèmes ou questions connexes au sujet du bien et du bonheur. Tel est le cas, par exemple, de la sagesse, de la crainte de Dieu et du jugement de Dieu. Tel est aussi le cas de la question rhétorique du profit pour l'homme de travailler avec ardeur. Malheureusement, les commentateurs ne se sont guère départis de leur point de vue initial, focalisés qu'ils sont sur la problématique du bonheur, sans avoir suffisamment pris en compte l'entrecroisement des multiples thématiques qui participent au cheminement de la pensée de l'écrivain sacré.

Au delà des excès générés par la controverse, le débat entre les commentateurs a rendu attentif à quelques exigences de méthodologie. Ces exigences, au nombre de cinq, sont mentionnées selon un ordre croissant, allant du particulier au plus général:

1. Plusieurs commentaires insistent sur la nécessité de s'attacher à l'enchaînement des paroles de bonheur dans le livre du sage. La question du bonheur chez Qohélet ne serait compréhensible que si l'on met en relation, les unes avec les autres, chacune de ces paroles habi-

---

[1] G. Von Rad décrit ce paradoxe de la manière suivante: «Nous nous trouvons donc devant le fait curieusement paradoxal que le monde et ce qui s'y passe apparaît totalement impénétrable au Qohélet et qu'il sait d'autre part que tout est abandonné à l'action de Dieu. Le point sur lequel cette action de Dieu lui est accessible comme une puissance et une réalité authentiques est l'expérience du temps fixé pour tout événement.» (G. Von Rad, *Israël et la Sagesse*, Labor et Fides, Genève, 1971, p. 268).

tuellement qualifiées de "refrains". Partant de là, il y a lieu d'interpréter les conséquences de la répétition et de l'amplification de ces prétendus "refrains" sur le message général de l'auteur sacré. Pour autant, l'étude linéaire des paroles de bonheur ne doit pas occulter une exégèse plus approfondie de la place des "refrains" dans leur contexte littéraire immédiat.

2. Les quelques plaisirs de la vie qui procurent à l'homme du bonheur sont présentés comme autant de dons de Dieu. La jouissance des bienfaits terrestres ne dépend pas uniquement du travail de l'homme. Dieu réserve même à ce dernier la capacité de jouir de ces parcelles de bonheur.

3. Le don du bonheur est un fil conducteur du livre. Mais il n'est pas le seul. Avec lui, se mêlent d'autres fils qui se déroulent tout au long de l'ouvrage. Qu'en est-il, par exemple, de la vanité, de la sagesse, de la crainte de Dieu, du jugement de Dieu, du profit que l'homme peut retirer de son travail sur la terre...?

4. Le débat de ces dernières décennies a montré combien est complexe la pensée du sage. La vive controverse entre les auteurs a révélé que le regard du sage sur le sens de la vie en ce monde est loin d'être d'une seule tenue. Il passe par nombre de variations, tensions, et contradictions apparentes dans lesquelles est enserrée la problématique du bonheur. Celle-ci semble donc ballottée par le courant agité des observations, interrogations et réflexions du sage. De cette manière de faire, la thématique du bonheur ne serait-elle pas un bon révélateur de la complexité de l'ouvrage?

5. D'un bout à l'autre du livre, et malgré le cheminement de sa réflexion, la pensée du sage oscille constamment entre des pôles opposés : pessimisme / optimisme ; ombre / lumière ; désillusion / encouragement. Doit-on, pour autant, privilégier l'un au détriment de l'autre, sous peine de commettre un contre-sens dans la lecture du livre? Plus encore, entre ces deux voies extrêmes d'interprétation, n'y aurait-il pas place pour une troisième voie?

Cette voie nouvelle, Qohélet la prône lui-même comme étant, par excellence, la voie de la sagesse et du bon sens. Au chapitre 7, en effet, le sage appelle son disciple à la choisir : « Ne sois pas juste à l'extrême et ne sois pas sage à l'excès, de peur de te détruire. Ne sois pas méchant à l'extrême et ne sois pas insensé, de peur de mourir avant ton temps. Il est bon que tu tiennes à ceci sans laisser ta main lâcher cela, car celui qui craint Dieu les fera toutes aboutir. » (7, 16–18).

À l'instar de la sagesse, le vrai bonheur de vivre selon Qohélet ne serait-il pas, lui aussi, à rechercher dans cet entre-deux qui conduit à craindre de Dieu, entre un optimisme débridé et un pessimisme à tous crins?

La présente exhortation fait suite à une invitation explicite au bonheur, qui est la première dans le livre selon l'ordre des chapitres: « Au jour de bonheur, accueille le bonheur et au jour de malheur, regarde: aussi bien l'un que l'autre, (le) Dieu les a faits, de sorte que l'homme ne puisse rien trouver de ce qui sera par la suite. » (7, 14). Cette parole positive n'a pas été retenue en tant que "refrain" par les commentateurs. Elle s'inscrit pourtant dans un contexte général de reconnaissance des bienfaits d'une certaine sagesse et de son avantage pour l'homme: « Bonne est la sagesse avec un héritage, elle est un avantage pour ceux qui voient le soleil. Car, être à l'ombre de la sagesse, c'est être à l'ombre de l'argent, et l'avantage du savoir, [c'est que] la sagesse fait vivre ceux qui la possèdent. Regarde l'œuvre de (du) Dieu: qui peut redresser ce que lui a courbé? » (7, 11–13).

Ne serait-il pas méthodologiquement fécond, dans l'examen des paroles de bonheur, de s'intéresser de près à l'ensemble de ces versets du chapitre 7 où sont rassemblés nombre de thèmes connexes au bonheur, déjà soulevés par les commentateurs: la sagesse, le profit-avantage, l'action de Dieu, la crainte de Dieu…?

DEUXIÈME PARTIE

LE BONHEUR : THÈME ET VARIATIONS

Aborder l'énigme du bonheur chez Qohélet revient à s'intéresser à ces quelques passages du livre dans lesquels apparaissent les concepts de bonheur, de joie et de plaisir.

Depuis R. N. Whybray[1], les auteurs en sont majoritairement restés aux "refrains" de bonheur. L'identification des sept "refrains" n'a plus guère été contestée jusqu'à ce jour. Avant d'en discuter le nombre, tenons-nous en à l'étude des paroles sur le bonheur, passages-clés qui font l'objet d'un consensus parmi les commentateurs : 2, 24a ; 3, 12 ; 3, 22a ; 5, 17 ; 8, 15a ; 9, 7–9a ; 11, 7–12, 1a.

Ce mot de "refrain" est-il encore adéquat pour rendre compte des propos positifs du sage ? Ainsi, après un aperçu général des versets communément admis par les commentateurs (chapitre 4), l'étude s'attachera à mettre en évidence les relations que chacun de ces versets entretient avec le contexte littéraire immédiat (chapitre 5), puis avec le contexte thématique négatif de l'ensemble du livre (chapitre 6).

---

[1] R. N. Whybray, « Qoheleth, Preacher of Joy », p. 87.

CHAPITRE 4

LES SEPT "REFRAINS" DE BONHEUR
SELON LES AUTEURS

En littérature biblique, en particulier dans le domaine de la poésie et de la sagesse hébraïque, le terme de "refrain" sert à désigner la répétition d'un ou de plusieurs versets à intervalles réguliers[1]. En l'espèce, les divers passages sur le bonheur qui, à plusieurs reprises, reviennent tout au long du livre de Qohélet, peuvent-ils être qualifiés de "refrains"?

Une chose est sûre: ce que la plupart des auteurs désigne par le terme de "refrains" ne correspond pas, dans le texte biblique, à une répétition à l'identique de propos concernant un certain bonheur de vivre. Une lecture comparative de l'ensemble des paroles positives du sage révèle bien des différences d'un "refrain" à l'autre. Ces différences sont repérables aussi bien dans les formules littéraires introduisant ces paroles de bonheur que dans l'énoncé des diverses occasions de plaisir mises à la disposition de l'homme. Dans de telles conditions, est-il justifié de vouloir encore parler de "refrains" de bonheur chez Qohélet?

1. *Les formules introductives des "refrains" de bonheur*

Les sept propos sur le bonheur ont en commun de contenir, d'une manière ou d'une autre, la racine טוב:

2, 24   אֵין־טוֹב בָּאָדָם שֶׁיֹּאכַל וְשָׁתָה וְהֶרְאָה אֶת־נַפְשׁוֹ טוֹב בַּעֲמָלוֹ
גַּם־זֹה רָאִיתִי אָנִי כִּי מִיַּד הָאֱלֹהִים הִיא

Il n'y a rien de bon pour l'homme sinon de manger, de boire et de goûter au **bonheur**[2] dans sa peine.
Cela aussi, je vois, moi, que cela vient de la main de (du) Dieu.

---

[1] Sur l'explication du terme de "refrain" dans la littérature hébraïque, voir L. ALONSO SCHÖKEL, *A Manual of Hebrew Poetics*, (Subsidia Biblica 11), PIB, Rome, 1988, p. 83 et 192.

[2] Littéralement: «faire voir à son âme le bonheur».

3, 12

יָדַעְתִּי כִּי אֵין טוֹב בָּם
כִּי אִם־לִשְׂמוֹחַ וְלַעֲשׂוֹת טוֹב בְּחַיָּיו

J'ai reconnu qu'**il n'y a rien de bon** pour eux,
sinon de trouver du plaisir et de faire **le bien** durant leur vie.

3, 22

וְרָאִיתִי כִּי אֵין טוֹב מֵאֲשֶׁר יִשְׂמַח הָאָדָם בְּמַעֲשָׂיו כִּי־הוּא חֶלְקוֹ
כִּי מִי יְבִיאֶנּוּ לִרְאוֹת בְּמֶה שֶׁיִּהְיֶה אַחֲרָיו

Et je vois qu'**il n'y a rien de bon** sinon que l'homme se plaise en ses
œuvres, car telle est sa part.
Qui l'emmènera voir ce qui arrivera par la suite?

5, 17

הִנֵּה אֲשֶׁר־רָאִיתִי אָנִי טוֹב אֲשֶׁר־יָפֶה לֶאֱכוֹל־וְלִשְׁתּוֹת וְלִרְאוֹת
טוֹבָה בְּכָל־עֲמָלוֹ שֶׁיַּעֲמֹל תַּחַת־הַשֶּׁמֶשׁ מִסְפַּר יְמֵי־(חַיָּו) [חַיָּיו]
אֲשֶׁר־נָתַן־לוֹ הָאֱלֹהִים כִּי־הוּא חֶלְקוֹ

Voici ce que, moi, je vois: **le bon** qui est agréable, c'est de manger, de
boire et de goûter **au bonheur** dans toute sa peine qu'il peine sous le
soleil, durant le nombre des jours de la vie que lui donne (le) Dieu, car
telle est sa part.

8, 15

וְשִׁבַּחְתִּי אֲנִי אֶת־הַשִּׂמְחָה אֲשֶׁר אֵין־טוֹב לָאָדָם תַּחַת הַשֶּׁמֶשׁ
כִּי אִם־לֶאֱכוֹל וְלִשְׁתּוֹת וְלִשְׂמוֹחַ
וְהוּא יִלְוֶנּוּ בַעֲמָלוֹ יְמֵי חַיָּיו אֲשֶׁר־נָתַן־לוֹ הָאֱלֹהִים תַּחַת הַשֶּׁמֶשׁ

Et moi, je fais l'éloge du plaisir, car **il n'y a rien de bon** pour l'homme
sous le soleil sinon de manger, boire et se faire plaisir,
et cela l'accompagne dans sa peine durant les jours de sa vie que lui donne
(le) Dieu sous le soleil.

9, 7

לֵךְ אֱכֹל בְּשִׂמְחָה לַחְמֶךָ וּשֲׁתֵה בְלֶב־טוֹב יֵינֶךָ
כִּי כְבָר רָצָה הָאֱלֹהִים אֶת־מַעֲשֶׂיךָ

Va, mange avec plaisir ton pain et bois ton vin d'**un cœur heureux**
car déjà (le) Dieu a agréé tes œuvres.

11, 9

שְׂמַח בָּחוּר בְּיַלְדוּתֶיךָ וִיטִיבְךָ לִבְּךָ בִּימֵי בְחוּרוֹתֶךָ
וְהַלֵּךְ בְּדַרְכֵי לִבְּךָ וּבְמַרְאֵי עֵינֶיךָ
וְדָע כִּי עַל־כָּל־אֵלֶּה יְבִיאֲךָ הָאֱלֹהִים בַּמִּשְׁפָּט

Prends plaisir, jeune homme, dans tes jeunes années, et que ton cœur te
rende heureux pendant les jours de ta jeunesse,
et marche dans les voies de ton cœur, et les regards de tes yeux,
mais sache que, pour tout cela, (le) Dieu te fera venir en jugement.

Dans ces versets, est énoncé ce qui est considéré comme bon ou bien
(יטב/טוב) ou comme bonheur (טובה) pour la vie de l'homme. Le

substantif טוב est employé dans les six premières paroles, alors qu'il est remplacé par le verbe יטב dans la septième parole (11, 9). Sur la trentaine d'occurrences de la racine טוב dans le livre, six apparaissent déjà dans les formules introductives de bonheur, soit de manière négative au moyen de l'expression אין־טוב (2, 24 ; 3, 12.22 ; 8, 15), soit dans le sens positif de טוב (5, 17 ; 9, 7 ; 11, 9).

a) *La formule négative* אין־טוב

À quatre reprises (2, 24 ; 3, 12.22 ; 8, 15), le thème du bonheur est introduit par la formule négative אין־טוב[3]. Cette expression ne se trouve quasi exclusivement que dans le livre de Qohélet[4]. Et même au sein de ces quatre formules introductives, l'expression אין־טוב n'est pas suivie d'une construction littéraire unifiée. En effet, elle apparaît :

– soit avec la préposition מן[5] et un pronom relatif שׁ ou אשׁר suivi d'un verbe au *qal* et à la forme *yiqtol*. Tel est le cas pour 2, 24 et 3, 22. À ce propos, en 2, 24, la lecture du syntagme שׁיאכל semble obscure et peu compréhensible, du moins en hébreu classique. Elle s'éclaire grâce à la mention, en parallèle, de מאשׁר en 3, 22. Aussi, selon nous, et à la suite de la majorité des commentateurs[6], il y a lieu d'admettre qu'en 2, 24 on soit en présence d'une erreur

---

[3] Pour une analyse plus détaillée de la question, voir G. S. OGDEN, «The 'better' proverb (tôb-spruch) rhetorical criticism, and Qoheleth», *JBL* 96 (1977), p. 489–505 (surtout p. 493–494) et «Qoheleth's use of the 'nothing is better' form», *JBL* 98 (1979), p. 339–340 ; R. W. BYARGEON, «The significance of ambiguity in Ecclesiastes 2, 24–26», in *Qohelet in the Context of Wisdom*, p. 367–372 (spécialement p. 368–369) ; D. INGRAM, *Ambiguity in Ecclesiastes*, Clark, New York / London, 2006, p. 182–193.

[4] Si l'on excepte deux autres emplois mentionnés dans le livre de Jérémie (Jr 8, 15 ; 14, 19).

[5] Pour l'application de la règle dans le cadre d'une proposition affirmative, voir P. JOÜON, *Grammaire de l'Hébreu Biblique*, § 133e et 141g.

[6] En faveur de l'haplographie, voir F. DELITZSCH, *Ecclesiastes, in Commentary on the Song of Songs and Ecclesiastes*, Clark, Edinburgh, 1877, p. 251–252 ; E. PODECHARD, *L'Ecclésiaste*, p. 280 ; R. GORDIS, *Koheleth—The Man and His World*, p. 225–226 ; J. Y.-S., PAHK, *Il Canto della Gioia in Dio…*, p. 224 ; J. L. CRENSHAW, *Ecclesiastes*, p. 89 ; M. V. FOX, *A Time to tear down…*, p. 189 ; L. SCHWIENHORST-SCHÖNBERGER, „Nicht im Menschen gründet das Glück" (Koh 2, 24). Kohelet im Spannungsfeld jüdischer Weisheit und hellenistischer Philosophie, Herder, Fribourg / Bâle / Vienne / Barcelona / Rome / New York, 1994, ²1996, p. 81 ; L. SCHWIENHORST-SCHÖNBERGER, *Kohelet*, p. 236 ; Th. KRÜGER, *Qoheleth*, p. 59 et 71–72 ; M. MAUSSION, *Le mal, le bien…*, p. 124 ; R. E. MURPHY, *Ecclesiastes*, p. 24. J. VILCHEZ LINDEZ, *Eclesiastés…*, p. 218–219. Pour une opinion différente sur la question, voir C.-L. SEOW, *Ecclesiastes*, p. 139, pour qui le שׁ se justifierait tel quel et serait l'équivalent de la conjonction כי ; N. LOHFINK, *Qoheleth*, p. 24.

d'haplographie en raison de la finale du mot בְּאָדָם qui précède.
Il convient alors de lire le syntagme שֶׁיֹּאכַל avec un *dagesh* dans
le שׁ, et précédé d'un *mem comparativum*. C'est ainsi que le lit le
Targum de Qohélet[7]. En revanche, la version grecque de la LXX
n'a pas retenu l'idée de comparaison de 2, 24[8] : οὐκ ἔστιν ἀγαθὸν
ἐν ἀνθρώπῳ ὃ φάγεται καὶ ὃ πίεται καὶ ὃ δείξει τῇ ψυχῇ αὐτοῦ,
ἀγαθὸν ἐν μόχθῳ αὐτοῦ. καί γε τοῦτο εἶδον ἐγὼ ὅτι ἀπὸ χειρὸς
τοῦ θεοῦ ἐστιν·

- soit avec la locution כִּי אִם. Tel est le cas des paroles en אֵין־טוֹב de 3,
  12b et 8, 15a. Cette locution est suivie, dans ces deux cas, de plusieurs
  verbes à l'infinitif construit *qal* : לִשְׂמוֹחַ וְלַעֲשׂוֹת טוֹב pour 3, 12b et
  לֶאֱכוֹל וְלִשְׁתּוֹת וְלִשְׂמוֹחַ pour 8, 15a.

Du point de vue syntaxique, l'expression אֵין־טוֹב + מִן a une fonction
de comparaison[9]. Il faudrait alors la traduire par une formule de type
impersonnel : «il n'y a pas mieux /.../ que /.../»[10]. Cependant, le sens
général ainsi que la seconde forme d'emploi de אֵין־טוֹב sans comparatif
nous incitent à conserver, de préférence, le sens absolu. Selon nous, il est
préférable de rendre partout l'expression אֵין־טוֹב de la même manière,
par la périphrase impersonnelle : «il n'y a rien de bon (sinon de…)».
C'est ainsi que le traduisent certaines bibles en français[11].

Dans ces conditions, l'impact des propos sur la joie est suscité par la
répétition de la formule négative אֵין־טוֹב que vient renforcer, dans deux
"refrains", une construction asyndétique (2, 24 ; 3, 12). Ainsi, les parcelles
de plaisir, énumérées dès les premiers chapitres du livre, viennent faire

---

[7] *The Targum of Qohelet*, (P. S. Knobel trad.), (The Aramaic Bible, 15), Clark, Edinburgh, 1991.
[8] Toutefois, il nous faut apporter un tempérament à cette affirmation puisque, dans leur récente publication, les éditeurs de la *BHQ* défendent une interprétation comparative de ce verset de la LXX (cf. *Biblia Hebraica Quinta. General Introduction and Megilloth : Ruth, Canticles, Qoheleth, Lamentations, Esther*, (18), Deutsche Bibelgesellschaft, Stuttgart, 2004, p. 30).
[9] À plusieurs reprises dans le livre, l'auteur sacré emploie, à titre de comparatif, la formule positive טוֹב + מִן (voir, par exemple, la série des quatre טוֹב + מִן mentionnée en 7, 1–5).
[10] É. Dhorme, dans *La Bible de la Pléiade*, traduit par «il n'y a rien de mieux […] que /.../.». C'est également le point de vue de R. Gordis *in Koheleth—The Man His World*, p. 215–216 ; J. L. CRENSHAW, *Ecclesiastes*, p. 89 ; R. E. MURPHY, *Ecclesiastes*, p. 24 ; J. VILCHEZ LINDEZ, *Eclesiastés*, p. 215–218.
[11] Notamment les traductions de la *BJ* (les éditions de 1948, 1951, 1956) traduisent : «Il n'y a de bonheur humain que /.../», les éditions suivantes traduisent : «Il n'y a de bonheur pour l'homme que /.../») et *La Bible* d'Osty-Trinquet : «Il n'y a de bon pour l'homme que /.../».

brèche au sein de constatations marquées par bien des activités déce-
vantes. Et, comme l'a montré le débat entre les auteurs[12], la réitération
de la formule אֵין־טוֹב suit une progression nettement emphatique :

2, 24a אֵין־טוֹב בָּאָדָם שֶׁיֹּאכַל וְשָׁתָה וְהֶרְאָה אֶת־נַפְשׁוֹ טוֹב בַּעֲמָלוֹ
וְהֶרְאָה אֶת־נַפְשׁוֹ טוֹב בַּעֲמָלוֹ

Il n'y a rien de bon pour l'homme sinon de manger, de boire et de goûter
au bonheur dans sa peine /.../

3, 12 יָדַעְתִּי כִּי אֵין טוֹב בָּם
כִּי אִם־לִשְׂמוֹחַ וְלַעֲשׂוֹת טוֹב בְּחַיָּיו

J'ai reconnu qu'*il n'y a rien de bon* pour eux,
sinon de trouver du plaisir et de faire le bien durant leur vie.

3, 22a וְרָאִיתִי כִּי אֵין טוֹב מֵאֲשֶׁר יִשְׂמַח הָאָדָם בְּמַעֲשָׂיו כִּי־הוּא חֶלְקוֹ

Et j'ai vu qu'*il n'y a rien de bon*, sinon que l'homme se plaise en ses
œuvres, car telle est sa part /.../

8, 15a וְשִׁבַּחְתִּי אֲנִי אֶת־הַשִּׂמְחָה אֲשֶׁר אֵין־טוֹב לָאָדָם תַּחַת הַשֶּׁמֶשׁ כִּי
אִם־לֶאֱכוֹל וְלִשְׁתּוֹת וְלִשְׂמוֹחַ

Et moi, je fais l'éloge du plaisir, car *il n'y a rien de bon* pour l'homme
sous le soleil sinon de manger, boire et se faire plaisir /.../

En reconnaissant, de manière progressive, des occasions de bonheur,
le sage ne se contente pas de répéter à l'identique une même formule
littéraire. Celui-ci n'aborde pas les situations favorables en simple obser-
vateur de la vie quotidienne. Au lieu de rester à distance, il s'implique
personnellement dans la description des joies simples de tous les jours,
au point que son implication fait partie intégrante de sa démarche
didactique. Aussi bien, à l'issue de la fiction salomonienne, et après
avoir tenté de chercher et d'explorer tout ce qui se fait «sous le soleil»
(1, 12–2, 21), Qohélet finit par observer la présence de quelques traces
de bonheur (2, 24) et en tire une première conclusion en 3, 12 (יָדַעְתִּי :
«j'ai reconnu» [= «j'en conclus»])[13]. Puis, en poursuivant son observation
de la vie en société (3, 16–4, 16), sa réflexion débouche, à nouveau, sur
les parcelles de bonheur en 3, 22 (וְרָאִיתִי : «j'ai vu» [= «j'en conclus»])[14],

---

[12] Voir *supra*, p. 25–36.
[13] Sur le sens de cette forme verbale ידעתי, voir C.-L. Seow, *Ecclesiastes*, p. 173.
[14] Cf. A. Schoors, «La structure littéraire de Qohéleth», *OloP* 13 (1982), p. 91–116,
en particulier p. 102–103.

si bien qu'en récapitulant l'ensemble de ses réflexions (8, 9–9, 6), le sage est en mesure d'exprimer solennellement, en 8, 15, la conviction forgée au fil de sa recherche (וְשִׁבַּחְתִּי אֲנִי אֶת־הַשִּׂמְחָה) : « et moi, je fais l'éloge du plaisir /…/ »).

Jusque-là, le sage ne formule aucune exhortation explicite au bonheur. Il se contente d'observer la vie courante telle qu'elle s'offre à ses yeux et en tire quelques réflexions et conclusions.

b) *L'emploi de* טוב *au sens positif*

Dans trois versets (5, 17 ; 9, 7 ; 11, 9), la racine טוב est employée de manière positive :

5, 17   הִנֵּה אֲשֶׁר־רָאִיתִי אָנִי טוֹב אֲשֶׁר־יָפֶה לֶאֱכוֹל־וְלִשְׁתּוֹת וְלִרְאוֹת טוֹבָה
בְּכָל־עֲמָלוֹ שֶׁיַּעֲמֹל תַּחַת־הַשֶּׁמֶשׁ מִסְפַּר יְמֵי־(חַיָּו) [חַיָּיו] אֲשֶׁר־נָתַן־לוֹ
הָאֱלֹהִים כִּי־הוּא חֶלְקוֹ

Voici ce que, moi, je vois : **le bon** qui est agréable, c'est de manger, de boire et de goûter **au bonheur** dans toute sa peine qu'il peine sous le soleil, durant le nombre des jours de la vie que lui donne (le) Dieu, car telle est sa part.

9, 7   לֵךְ אֱכֹל בְּשִׂמְחָה לַחְמֶךָ וּשֲׁתֵה בְלֶב־טוֹב יֵינֶךָ
כִּי כְבָר רָצָה הָאֱלֹהִים אֶת־מַעֲשֶׂיךָ

Va, mange avec plaisir ton pain et bois ton vin d'un cœur **heureux** car déjà (le) Dieu a agréé tes œuvres.

11, 9   שְׂמַח בָּחוּר בְּיַלְדוּתֶיךָ וִיטִיבְךָ לִבְּךָ בִּימֵי בְחוּרוֹתֶךָ
וְהַלֵּךְ בְּדַרְכֵי לִבְּךָ וּבְמַרְאֵי עֵינֶיךָ
וְדַע כִּי עַל־כָּל־אֵלֶּה יְבִיאֲךָ הָאֱלֹהִים בַּמִּשְׁפָּט

Prends plaisir, jeune homme, de tes jeunes années, et que ton cœur te **rende heureux** pendant les jours de ta jeunesse, et marche dans les voies de ton cœur, et les regards de tes yeux, mais sache que, pour tout cela, (le) Dieu te fera venir en jugement.

Parmi ces trois "refrains" en טוב, la parole de bonheur de 5, 17 se dissocie nettement des deux autres, en ce qu'elle ne constitue pas une exhortation au bonheur. Le sage en reste encore sur le registre du constat[15]. Mais, en introduisant son propos de manière solennelle, Qohélet s'y implique

---

[15] Au sujet de l'emploi positif de טוב en 5, 17, voir G. S. OGDEN, « Qoheleth's use of the "Nothing is better"—form », p. 341–342 et Fr. LAURENT, *Les biens pour rien…*, p. 139–142.

de toutes ses forces : הִנֵּה אֲשֶׁר־רָאִיתִי אָנִי טוֹב אֲשֶׁר־יָפֶה («Voici ce que, moi, je vois : le bon qui est agréable /.../»). À partir de là, deux voies d'interprétation sont possibles :

– rattacher le substantif טוב à ce qui précède : dans ce cas, il doit être interprété comme une apposition au complément d'objet du verbe ראה[16]. Cela reviendrait à traduire le verset de la manière suivante : «Voici ce que, moi, je vois de bon /.../». C'est ainsi que procède la LXX : ἰδοὺ ὃ εἶδον ἐγὼ ἀγαθόν, ὅ ἐστιν καλόν, τοῦ φαγεῖν καὶ τοῦ πιεῖν καὶ τοῦ ἰδεῖν ἀγαθωσύνην ἐν παντὶ μόχθῳ αὐτοῦ, ᾧ ἐὰν μοχθῇ ὑπὸ τὸν ἥλιον ἀριθμὸν ἡμερῶν ζωῆς αὐτοῦ, ὧν ἔδωκεν αὐτῷ ὁ θεός ὅτι αὐτὸ μερὶς αὐτοῦ.

– rattacher טוב à ce qui suit : dans ce cas, il devient le prédicat de la proposition suivante[17]. Le verset se traduirait alors comme suit : «Voici ce que, moi, je vois : le bon qui est agréable /.../».

Les Massorètes ont opté pour la seconde hypothèse. L'accentuation du TM milite en faveur d'un rattachement du terme טוב à la proposition qui suit, ce que confirme le contexte général. Après avoir énoncé, à trois reprises, le principe selon lequel il n'y a rien de bon pour l'homme (אֵין טוֹב) sauf de prendre du plaisir (2, 24 ; 3, 12.22), le sage expose de manière positive, et avec la solennité requise, ce qu'il observe de bon pour lui : טוֹב אֲשֶׁר־יָפֶה[18]. Nombre de traductions et de commentaires

---

[16] Ainsi traduit la *TOB* : «Ce que, moi, je reconnais comme bien, le voici : il convient de manger et de boire, de goûter le bonheur dans tout le travail que l'homme fait sous le soleil /.../.»

[17] La *BJ* (1973) traduit : «Voici ce que j'ai vu : le bonheur qui convient à l'homme, c'est de manger et de boire, et de trouver le bonheur dans tout le travail qu'il accomplit sous le soleil /.../.», alors que l'édition de 1998 modifie légèrement cette traduction : «Voici ce que j'ai vu : ce qui convient le mieux à l'homme, c'est de manger et de boire, et de trouver le bonheur dans tout le travail qu'il accomplit sous le soleil /.../.», ce qui revient à la traduction de *La Bible de la Pléiade* : «Voici ce que j'ai vu : ce qui convient le mieux à l'homme, c'est de manger et de boire et de goûter le bonheur par tout son travail auquel il travaille sous le soleil /.../.».

[18] Il nous semble que les deux אֲשֶׁר de 5, 17 rendent substantivées les propositions qui suivent, à savoir respectivement רָאִיתִי אָנִי («ce que, moi, j'ai vu») et יָפֶה לֶאֱכוֹל־וְלִשְׁתּוֹת («(le bon) qui est agréable, c'est de manger et de boire»). Et, à leur tour, ces deux propositions substantivées font fonction de sujet de הנה et de טוב qui, eux, font fonction de prédicat. De plus, la construction en טוב + אשר + verbe est loin d'être unique, nous la retrouvons, plusieurs fois, dans le livre de Qohélet (5, 4 ; 7, 18). S'agissant de la traduction de 5, 17, M. Maussion propose son interprétation personnelle du second אשר (cf. M. MAUSSION, *Le mal, le bien....*, p. 136–137). Il est dommage, cependant, que l'auteur n'ait pas pris toute la mesure de la difficulté en s'intéressant au premier אשר et au substantif טוב qui posent également difficulté dans ce verset.

vont en ce sens[19]. En revanche, d'autres commentateurs[20] préfèrent
s'en tenir à la première hypothèse et faire dépendre le terme טוב de la
proposition précédente.

Dans les deux derniers "refrains" (9, 7 et 11, 9), le substantif טוב n'est
plus mentionné tel quel. Il est soit employé comme *nomen rectum* du
nomen regens לב (9, 7a), soit remplacé par la forme verbale וייטיבך (11,
9a). Dans ces deux emplois, les propos sur le bonheur sont systématiquement introduits par des verbes à l'impératif:

9, 7a   לֵךְ אֱכֹל בְּשִׂמְחָה לַחְמֶךָ וּשֲׁתֵה בְלֶב־טוֹב יֵינֶךָ

Va, mange avec plaisir ton pain et **bois** ton vin *d'un cœur heureux /…/*

complété en **9, 9a**   רְאֵה חַיִּים עִם־אִשָּׁה אֲשֶׁר־אָהַבְתָּ כָּל־יְמֵי חַיֵּי הֶבְלֶךָ
                  אֲשֶׁר נָתַן־לְךָ תַּחַת הַשֶּׁמֶשׁ כֹּל יְמֵי הֶבְלֶךָ

Goûte la vie avec la femme que tu aimes tous les jours de ta vie de vanité,
puisqu'il te donne, sous le soleil, tous tes jours de vanité /…/

11, 9   שְׂמַח בָּחוּר בְּיַלְדוּתֶיךָ וִיטִיבְךָ לִבְּךָ בִּימֵי בְחוּרוֹתֶךָ
            וְהַלֵּךְ בְּדַרְכֵי לִבְּךָ וּבְמַרְאֵי עֵינֶיךָ
            וְדָע כִּי עַל־כָּל־אֵלֶּה יְבִיאֲךָ הָאֱלֹהִים בַּמִּשְׁפָּט

Prends plaisir, jeune homme, de tes jeunes années, et *que ton cœur te
rende heureux* pendant les jours de ta jeunesse,
et **marche** dans les voies de ton cœur, et les regards de tes yeux,
mais **sache** que, pour tout cela, (le) Dieu te fera venir en jugement.

Le dénominateur commun des deux dernières citations réside dans
le regard nettement encourageant que Qohélet jette sur les instants

---

[19] Par exemple: R. BRAUN, *Kohelet und die frühhellenistische Popularphilosophie*
(BZAW 130), de Gruyter, Berlin / New York, 1973, p. 54–55; D. LYS, *L'Ecclésiaste ou
que vaut la vie?…*, p. 18–19; G. RAVASI, *Qohelet*, p. 216–217; J. VILCHEZ LINDEZ,
Eclesiastés…, p. 287–288; Fr. LAURENT, *Les biens pour rien…*, p. 140–141; L. SCHWIEN-
HORST-SCHÖNBERGER, *Nicht im Menschen…*, p 147–149 et *Kohelet*, p. 338–340;
N. LOHFINK, *Qoheleth*, p. 84–85.

[20] Par exemple: F. DELITZSCH, *Koheleth*, p. 301–302; E. PODECHARD, *L'Ecclésiaste.*,
p. 352; É. GLASSER, *Le procès du bonheur…*, p. 90; A. LAUHA, *Kohelet*, p. 106; G. S.
OGDEN, *Qoheleth*, p. 86; D. MICHEL, *Qohelet*, p. 145; M. V. FOX, *Qoheleth and His Contradictions*, p. 217; R. E. MURPHY, *Ecclesiastes*, p. 47; A. SCHOORS, *The Preacher Sought
to Find Pleasing Words…*, p. 139 et *Part II: Vocabulary*, p. 40; J. Y.-S. PAHK, *Il Canto
della Gioia in Dio…*, p. 235; A. SCHOORS, «Word Typical of Qohelet», *in Qohelet in
the Context of Wisdom*, p. 29; L. SCHWIENHORST-SCHÖNBERGER, *Nicht im Menschen…*,
p. 147; A. SCHOORS, «The Word twb in the Book of Qoheleth», *in Und Mose schrieb
dieses Lied auf. Studien zum Alten Testament und zum Alten Orient*, Festschrift für
O. Loretz (M. Dietrich—I. Kottsieper dir.), (AOAT 250), Ugarit-Verlag, Münster, 1998,
p. 696–697; M. ROSE, *Rien de nouveau…*, p. 371.

plaisants de l'existence humaine. Au soir de sa vie, le sage en vient à transmettre à la génération suivante à la fois le fruit de son observation personnelle du monde et les conclusions qu'il tire de l'ensemble de sa réflexion sapientielle.

En définitive, le vocable טוב, dans ses divers emplois grammaticaux, a été un mot-clé pour identifier les sept "refrains"[21]. Mais, est-ce un critère suffisamment opératoire, compte-tenu du nombre d'expressions en טוב et de la variété des termes employés pour dire le bonheur?

2. Le contenu des "refrains" de bonheur

a) Manger, boire, goûter le bonheur, prendre du plaisir

La reconnaissance de circonstances concrètes de bonheur prend appui sur une expérience, c'est-à-dire sur une observation de la vie courante qui porte sur quelques moments de plaisirs et de réjouissances aisément repérables chaque jour. La réalité de ces moments est diversement appréciée selon chacun des prétendus "refrains" de bonheur[22]:

2, 24   אֵין־טוֹב בָּאָדָם שֶׁיֹּאכַל וְשָׁתָה וְהֶרְאָה אֶת־נַפְשׁוֹ טוֹב בַּעֲמָלוֹ
גַּם־זֹה רָאִיתִי אָנִי כִּי מִיַּד הָאֱלֹהִים הִיא

Il n'y a rien de bon pour l'homme sinon **de manger, de boire et de goûter au bonheur**[23] dans sa peine.
Cela aussi, je vois, moi, que cela vient de la main de (du) Dieu.

3, 12–13   12 יָדַעְתִּי כִּי אֵין טוֹב בָּם
כִּי אִם־לִשְׂמוֹחַ וְלַעֲשׂוֹת טוֹב בְּחַיָּיו
13 וְגַם כָּל־הָאָדָם שֶׁיֹּאכַל וְשָׁתָה וְרָאָה טוֹב בְּכָל־עֲמָלוֹ
מַתַּת אֱלֹהִים הִיא

12 J'ai reconnu qu'il n'y a rien de bon pour eux,
sinon **de trouver du plaisir** et **de faire le bien** durant leur vie.
13 Mais aussi, tout homme qui **mange, boit et goûte au bonheur**[24] en toute sa peine, cela est un don de Dieu.

3, 22   וְרָאִיתִי כִּי אֵין טוֹב מֵאֲשֶׁר יִשְׂמַח הָאָדָם בְּמַעֲשָׂיו כִּי־הוּא חֶלְקוֹ
כִּי מִי יְבִיאֶנּוּ לִרְאוֹת בְּמֶה שֶׁיִּהְיֶה אַחֲרָיו

---

[21] En ce sens, voir R. N. WHYBRAY, *Ecclesiastes*, (Old Testament Guides), p. 61–83.
[22] À présent, nous mettons en caractère gras les mots de vocabulaire qui décrivent la réalité du bonheur.
[23] Littéralement «de faire voir à son âme le bonheur».
[24] Littéralement «et vois le bonheur».

Et j'ai vu qu'il n'y a rien de bon, sinon que l'homme **se plaise** en ses
œuvres, car telle est sa part.
Qui l'emmènera voir ce qui arrivera par la suite ?

5, 17   הִנֵּה אֲשֶׁר־רָאִיתִי אָנִי טוֹב אֲשֶׁר־יָפֶה לֶאֱכוֹל־וְלִשְׁתּוֹת וְלִרְאוֹת
            טוֹבָה בְּכָל־עֲמָלוֹ שֶׁיַּעֲמֹל תַּחַת־הַשֶּׁמֶשׁ מִסְפַּר יְמֵי־(חַיָּו) [חַיָּיו]
            אֲשֶׁר־נָתַן־לוֹ
            הָאֱלֹהִים כִּי־הוּא חֶלְקוֹ

Voici ce que, moi, je vois : le bon qui est agréable, c'est **de manger, de
boire et de goûter au bonheur**[25] dans toute sa peine qu'il peine sous le
soleil, durant le nombre des jours de la vie que lui donne (le) Dieu, car
telle est sa part.

8, 15   וְשִׁבַּחְתִּי אֲנִי אֶת־הַשִּׂמְחָה אֲשֶׁר אֵין־טוֹב לָאָדָם תַּחַת הַשֶּׁמֶשׁ כִּי
            אִם־לֶאֱכוֹל וְלִשְׁתּוֹת וְלִשְׂמוֹחַ וְהוּא יִלְוֶנּוּ בַעֲמָלוֹ יְמֵי חַיָּיו
            אֲשֶׁר־נָתַן־לוֹ הָאֱלֹהִים תַּחַת הַשָּׁמֶשׁ׃

Et moi, je fais l'éloge de la joie, car il n'y a rien de bon pour l'homme sous
le soleil sinon **de manger, boire et se faire plaisir**,
et cela l'accompagne dans sa peine durant les jours de sa vie que lui donne
(le) Dieu sous le soleil.

9, 7   לֵךְ אֱכֹל בְּשִׂמְחָה לַחְמֶךָ וּשֲׁתֵה בְלֶב־טוֹב יֵינֶךָ
            כִּי כְבָר רָצָה הָאֱלֹהִים אֶת־מַעֲשֶׂיךָ

Va, mange avec plaisir ton pain et bois ton vin d'un cœur heureux
car déjà (le) Dieu a agréé tes œuvres.

11, 9   שְׂמַח בָּחוּר בְּיַלְדוּתֶיךָ וִיטִיבְךָ לִבְּךָ בִּימֵי בְחוּרוֹתֶךָ
            וְהַלֵּךְ בְּדַרְכֵי לִבְּךָ וּבְמַרְאֵי עֵינֶיךָ
            וְדַע כִּי עַל־כָּל־אֵלֶּה יְבִיאֲךָ הָאֱלֹהִים בַּמִּשְׁפָּט

Prends plaisir, jeune homme, dans tes jeunes années, et que **ton cœur
te rende heureux** pendant les jours de ta jeunesse,
et marche dans les voies de ton cœur, et les regards de tes yeux,
mais sache que, pour tout cela, (le) Dieu te fera venir en jugement.

Le bonheur selon Qohélet consiste d'abord en ces quelques activités
élémentaires et vitales pour l'homme que sont le manger et le boire. Le
verbe אכל (manger) revient six fois dans les "refrains" (2, 24a ; 3, 13a ;
5, 17.18 ; 8, 15a ; 9, 7a), dont, cinq fois, associé au verbe שתה (boire).
Le verbe אכל est absent des troisième et septième "refrains". Quant au

---

[25] Littéralement « et de voir le bonheur ».

verbe שתה, il apparaît cinq fois, toujours en binôme avec le verbe אכל[26]. Le binôme אכל ושתה (manger et boire) revient dans les cinq "refrains" suivants : 2, 24a ; 3, 13a ; 5, 17 ; 8, 15a ; 9, 7a[27]. Non seulement manger et boire sont essentiels à la vie humaine, mais encore, dans la littérature biblique, ils sont souvent associés à certaines joies de la vie, tels que des moments de rencontres, des relations d'amitié[28] et même l'acquisition de la sagesse[29]. En revanche, lorsque le manger et le boire deviennent un prétexte à tous les excès, Qohélet les dénonce ouvertement, autant pour lui-même (2, 3) que pour les autres (10, 16–19)[30].

Aux plaisirs de la table, s'ajoutent de larges moments de félicité désignés par autant de verbes ou expressions verbales :

- l'expression verbale ראה טוב / טובה signifie littéralement "voir le bonheur", c'est-à-dire "goûter au bonheur"[31]. Elle apparaît dans trois des sept "refrains" de bonheur : 2, 24a (1er "refrain"), 3, 13a (2e "refrain") et 5, 17 (4e "refrain"). Le verbe ראה est soit conjugué au hiph'il (2, 24a)[32], soit au qal, à la forme yiqtol (3, 13a) ou à l'infinitif construit (5, 17)[33]. Que recouvre cette expression ראה טוב / טובה ? D'emblée, elle ne se limite pas à la seule activité de manger et de boire[34] mais peut s'étendre au sens général de "goûter aux plaisirs de la vie", "faire l'expérience de réjouissances", et embrasser d'autres dimensions agréables de l'existence humaine, celles qui seront progressivement énoncées dans les autres passages.

- l'expression verbale עשה טוב n'est présente que dans le deuxième "refrain", à l'infinitif construit qal (3, 12b). Elle se traduit littéralement

---

[26] La racine אכל seule est employée dans la seconde occurrence du quatrième "refrain" (5, 18a).

[27] En 9, 7b, le binôme אכל ושתה fait l'objet d'une amplification littéraire.

[28] Cf. par exemple : Gn 18, 1–8 ; 24, 33.54 ; 43, 31–34 ; Tb 7 ; 8, 19–20.

[29] Pr 9, 5.

[30] Tels sont aussi les propos tenus par les impies dans le livre de la Sagesse (Sg 2, 6–9).

[31] Avec les auteurs, nous considérons qu'il n'y a pas de différence sensible entre la forme masculine et la forme féminine de ces deux noms (cf. A. SCHOORS, « Word Typical of Qohelet », p. 26–27 et *The Preacher Sought to Find Pleasing Words...*, *Part II : Vocabulary*, p. 37 ; M. V. Fox, *A Time to tear down...*, p. 116 note 10).

[32] En raison du sens causatif de la conjugaison au hiph'il, le verbe ראה est suivi ici d'un double complément d'objet : והראה את-נפשו טוב.

[33] À propos de l'interprétation variée du verbe ראה selon le contexte, voir A. SCHOORS, « The verb ראה in the Book of Qoheleth » in *„Jedes Ding hat seine Zeit..."* *Studien zur israelitischen und altorientalischen Weisheit* (D. Michel dir.), (BZAW 241), de Gruyter, Berlin / New York, 1996, p. 227–241.

[34] À ce sujet, nous suivons l'analyse de M. V. Fox : « The experience or feeling of pleasure (...). Tob has this sens in the phrase *ra'ah (b^e)tob*, lit. "see good" = experience enjoyment : 2, 1 ; 3, 13 ; 5, 7 ; 6, 6 ; 2, 24 (*her'ah 'et napšo tob*). » (cf. M. V. Fox, *A Time to tear down...*, p. 116).

par "faire le bien". Mais en raison de son emploi parallèle avec le verbe שָׂמַח, il faut probablement exclure ici toute connotation morale et considérer cette expression comme désignant toutes les activités et tous les moyens susceptibles de procurer du bonheur[35], ce que confirme, au verset suivant (3, 13), l'emploi parallèle de l'expression : רָאָה טוֹב. Dans les deux cas, ces expressions désignent moins un acte isolé que l'expérience du bon usage des choses de la vie[36].

- la racine שָׂמַח (prendre du plaisir) apparaît neuf fois dans l'ensemble des paroles de bonheur : cinq fois comme verbe (trois fois à l'infinitif construit *qal* : 3, 12b ; 5, 18a ; 8, 15a ; une fois au *qal* à la forme *yiqtol* : 3, 22a ; une fois à l'impératif *qal* 2 m.s. : 11, 9a) et quatre fois sous la forme du substantif שִׂמְחָה (2, 26a ; 5, 19b ; 8, 15a ; 9, 7a). Contenue sous une forme ou sous une autre dans tous les "refrains", cette racine שָׂמַח vise plus précisément le plaisir, aussi bien celui que l'on éprouve, que ce qui nous le procure. Mais alors, comment distinguer ce concept de שָׂמַח des autres concepts susceptibles d'offrir également du bonheur ? Selon M. V. Fox, le terme שָׂמַח utilisé par Qohélet ne désignerait jamais ni la joie, ni le bonheur, mais seulement le plaisir[37]. Pour lui, שָׂמַח se démarquerait des autres concepts relatifs au bonheur en ce sens qu'il reposerait sur une expérience concrète[38]. À ce sujet, dans son commentaire sur le livre de Qohélet, l'auteur consacre un chapitre entier aux "bonnes choses de la vie"[39]. Concernant la racine שָׂמַח, M. V. Fox distingue deux voies d'interprétation chez le sage de Jérusalem :

---

[35] *Ibid.*, p. 116 : « Pleasure things, the activities and means of pleasure : 3, 12 (*la'ăśot ṭob* "do pleasurable things") ». Dans le même sens, voir aussi L. Di Fonzo, *Ecclesiaste*, p. 168 ; R. N. Whybray, *Ecclesiastes*, p. 74 et C.-L. Seow, *Ecclesiastes.*, p. 164. Certains (L. Levy, *Das Buch Qoheleth*, p. 83 ; F. Braun, *Kohelet…*, p. 53–54 ; J. L. Crenshaw, *Ecclesiastes*, p. 89 et A. Schoors « The Word ṭwb in the Book of Qoheleth », p. 694–695) voient même dans l'expression עָשָׂה טוֹב la traduction de la formule grecque εὖ πράττειν. La version grecque de la LXX a préféré l'interpréter dans un sens moral au moyen de l'expression verbale ποιεῖν ἀγαθὸν (cf. Ps 142, 10).

[36] En ce sens, voir aussi le point de vue de L. Mazzinghi, *Ho Cercato…*, p. 229.

[37] Pour un point de vue contraire, voir R. E. Murphy, *Ecclesiastes.*, p. 1x.

[38] M. V. Fox, *A Time to tear down…*, p. 113 : « Śimḫah in Qohelet means pleasure, not happiness and certainly not joy. Happiness, pleasure, and joy are not the same thing. *Pleasure* is not an independent emotion or sensation, but an experience or, more precisely, a "feeling-tone" attached to a more comprehensive experience. A *pleasure* may also be something that stimulates that feeling, but the two uses are distinct. One may indulge in "pleasures"—parties, movies, eating rich desserts—yet not get the *feeling* of pleasure from them even momentarily, let alone happiness […]. Pleasure is at most a contributing factor to happiness. »

[39] Chapitre 7 : "The Best Things in Life", *ibid.*, p. 109–119.

«Qohelet uses śimḥah in two ways: (1) enjoyment, the sensation or feeling-tone of pleasure, and (2) a pleasure, a means of pleasure: something that is supposed to (but may not) induce enjoyment, such as wine and music. It is sometimes impossible to know which sense applies in a particular occurrence of śimḥah. The word is ambiguous in the repeated commendation of pleasure (3, 12; 5, 18; 8, 15 (twice); and 11, 8), but both senses are clearly attested in the book.»[40] En conséquence, le plaisir peut être compris selon ces deux sens: le plaisir comme sensation ou le plaisir comme moyen[41].

En fin de compte, bien que les termes relatifs au bonheur soient lexicalement distincts les uns des autres, les champs sémantiques des sept "refrains" apparaissent très voisins à tel point qu'entre les paroles positives du sage, les termes finissent bien souvent par se recouper, ce qui fait dire à Fr. Laurent: «Une familiarité est spontanément ressentie par la reprise des motifs: manger, boire, voir le bonheur, se réjouir, le travail, la vie, la mention de l'homme, la mention de Dieu. Mais ces formulations restent libres. Aucune n'est identique à l'autre. Les éléments sont distribués et modulés différemment empêchant toute systématisation. Et ils ne figurent pas nécessairement partout. Irréductibles les uns aux autres, ces passages cependant sont mus par le souci de dire quelque chose qui soit de l'ordre du "bon" (טוב).»[42]

L'emploi conjoint ou alternatif des termes שׂמח; עשׂה טוב; ראה; טוב/טובה; שׂתה; אכל confirme cette impression de synonymie[43]. Quelques exemples comparés de "refrains" montrent les divers assemblages et amplifications décelables parmi les termes employés:

---

[40] *Ibid.*, p. 114.
[41] Cf. *ibid.*, p. 114–115. À la p. 115, M. V. Fox avance cinq arguments selon lesquels les plaisirs appelés שׂמח ne peuvent jamais produire du bonheur en soi:
1– Les plaisirs décrits en 2, 1–8 ont procuré au sage des réjouissances (v. 10) mais pas de bonheur (v. 11).
2– Qohélet avait eu beaucoup d'occasions de plaisir (2, 10), mais il n'avait que peu d'occasions de bonheur (2, 11).
3– Qohélet ne pouvait raisonnablement appeler absurdes ou improductifs le bonheur et la joie.
4– Il n'est pas nécessaire d'inciter les gens à être heureux tant cela est naturel, alors qu'il n'en est pas de même avec le plaisir.
5– Le bonheur ne peut être imposé aux autres, alors que le plaisir peut l'être.
[42] Fr. LAURENT, *Les biens pour rien…*, p. 139.
[43] Cf. J. Y.-S., PAHK, *Il Canto della Gioia in Dio…*, p. 209, A. SCHOORS, «Word Typical of Qohelet», p. 26–33 et M. V. FOX, *A Time to tear down…*, p. 117: «Qohelet makes no distinction between tob and śimhah when they designate good feelings and experiences.»

– Exemples d'emplois conjoints de verbes

Par trois fois, sont mentionnés conjointement les verbes ראה טוב / טובה (goûter le bonheur) avec אכל (manger) et שתה (boire) :

2, 24a	אֵין־טוֹב בָּאָדָם שֶׁיֹּאכַל וְשָׁתָה וְהֶרְאָה אֶת־נַפְשׁוֹ טוֹב בַּעֲמָלוֹ
3, 13a	וְגַם כָּל־הָאָדָם שֶׁיֹּאכַל וְשָׁתָה וְרָאָה טוֹב בְּכָל־עֲמָלוֹ
5, 17a	הִנֵּה אֲשֶׁר־רָאִיתִי אָנִי טוֹב אֲשֶׁר־יָפֶה לֶאֱכוֹל־וְלִשְׁתּוֹת וְלִרְאוֹת טוֹבָה בְּכָל־עֲמָלוֹ

– Exemples de substitution de verbes

La substitution d'un verbe par un autre se fait toujours au profit du verbe שמח :

Dans le cinquième "refrain", l'expression verbale ראה טוב / טובה (goûter le bonheur) est remplacée par le verbe שמח (prendre du plaisir) :

| 8, 15a | וְשִׁבַּחְתִּי אֲנִי אֶת־הַשִּׂמְחָה אֲשֶׁר אֵין־טוֹב לָאָדָם תַּחַת הַשֶּׁמֶשׁ כִּי אִם־לֶאֱכוֹל וְלִשְׁתּוֹת וְלִשְׂמוֹחַ |

Dans les deuxième et troisième "refrains", le verbe שמח se tient aux lieu et place des verbes אכל et שתה du premier "refrain". La lecture comparée des trois premières paroles est éclairante :

2, 24a	אֵין־טוֹב בָּאָדָם שֶׁיֹּאכַל וְשָׁתָה וְהֶרְאָה אֶת־נַפְשׁוֹ טוֹב בַּעֲמָלוֹ
3, 12	יָדַעְתִּי כִּי אֵין טוֹב בָּם כִּי אִם־לִשְׂמוֹחַ וְלַעֲשׂוֹת טוֹב בְּחַיָּיו
3, 22a	וְרָאִיתִי כִּי אֵין טוֹב מֵאֲשֶׁר יִשְׂמַח הָאָדָם בְּמַעֲשָׂיו כִּי־הוּא חֶלְקוֹ

Tandis que dans l'énoncé du début du quatrième "refrain" (5, 17), nous retrouvons la triade אכל, שתה et ראה טוב, le développement qui s'ensuit marque une rupture. En 5, 18, le verbe שמח remplace le verbe שתה et s'ajoute au verbe אכל :

| 5, 18a | גַּם כָּל־הָאָדָם אֲשֶׁר נָתַן־לוֹ הָאֱלֹהִים עֹשֶׁר וּנְכָסִים וְהִשְׁלִיטוֹ לֶאֱכֹל מִמֶּנּוּ וְלָשֵׂאת אֶת־חֶלְקוֹ וְלִשְׂמֹחַ בַּעֲמָלוֹ |

– Exemples de combinaisons de verbes

À partir des cinquième et sixième "refrains", la racine שמח intervient soit comme verbe en combinaison avec les deux autres verbes אכל et שתה (8, 15a), soit comme substantif avec le seul verbe אכל (9, 7a) :

| 8, 15a | וְשִׁבַּחְתִּי אֲנִי אֶת־הַשִּׂמְחָה אֲשֶׁר אֵין־טוֹב לָאָדָם תַּחַת הַשֶּׁמֶשׁ כִּי אִם־לֶאֱכוֹל וְלִשְׁתּוֹת וְלִשְׂמוֹחַ |
| 9, 7a | לֵךְ אֱכֹל בְּשִׂמְחָה לַחְמֶךָ וּשֲׁתֵה בְלֶב־טוֹב יֵינֶךָ |

À l'instar des paroles introductives de bonheur, la description des plaisirs de la vie fait l'objet d'une amplification progressive. Cette amplification devient éloquente à partir du sixième "refrain". En 9, 7a, les verbes אכל et שתה sont employés au mode volitif de l'impératif: אֱכֹל et שְׁתֵה, injonction renforcée par l'emploi préalable d'un autre impératif: לֵךְ « va! ». Et, l'invitation au bonheur est amplifiée par des qualificatifs: « mange **avec plaisir** ton pain et bois ton vin **d'un cœur heureux**» (9, 7a).

Ce passage du constat à l'encouragement est confirmé dans le poème final (11, 7–12, 7) grâce à une cascade de verbes à l'impératif[44]. Dans l'ultime "refrain" de bonheur, le verbe שמח est employé au mode impératif: «prends plaisir», auquel se joint le verbe יטב au *hiph'il* qui a, dans ce contexte, un sens jussif «que ton cœur te rende heureux».

Les exhortations finales données au disciple sont l'aboutissement de longs efforts de recherches menés par le maître de sagesse. Lui-même en avait fait la douloureuse expérience au cours de sa fiction littéraire (2, 1–10). Si elle lui a effectivement procuré de la joie dans son travail (2, 10), cette recherche ne lui a été d'aucun profit (2, 11). Mais, elle n'est pas restée sans lendemain. Elle lui a fait découvrir l'existence de vraies joies, qui commencent autour de la table. La reconnaissance de ces joies simples lui a permis d'élargir sa recherche en découvrant d'autres réjouissances saisissables immédiatement. En toute hypothèse, ces instants appréciables ne sont jamais le résultat de plaisirs faciles, mais ils se laissent découvrir au cours d'une activité humaine, parfois laborieuse.

b) *Du plaisir dans la peine*

Chez Qohélet, les plaisirs de la vie sont loin d'être abstraits ou idéalisés. Non seulement ils portent sur des circonstances concrètes et vitales de l'existence humaine, mais encore ils se laissent apprécier au cœur même de la réalité la plus ordinaire. La racine hébraïque עמל désigne ce quotidien de l'homme. Dans la Bible, ce terme évoque avant tout l'effort humain, le travail, d'où, par extension, le labeur, le travail pénible, la fatigue[45]. Il est fréquemment employé dans la littérature sapientielle et

---

[44] Cf. N. LOHFINK, *Qoheleth*, p. 137–138.
[45] Cf. BDB p. 765–766: par exemple, le verbe עמל signifiant "labour, toil" et le substantif עָמָל signifiant "trouble, labour, toil".

poétique, avec une connotation négative, pour désigner une souffrance, une peine ou bien un travail éprouvant[46].

Qohélet reprend et amplifie l'ensemble de ces sens communs. Dans le livret, la racine עמל apparaît 35 fois au total, soit sous une forme verbale[47], soit sous la forme substantivée עָמָל (la peine)[48] ou עָמֵל (celui qui peine)[49]. Et elle intervient dans cinq des sept "refrains" de bonheur.

Bon nombre de commentateurs[50] classent les divers sens de עמל en deux catégories : le travail et le produit de ce travail. Dans certains cas, en raison du contexte, ce terme peut revêtir une connotation négative. Il sert alors à désigner une peine, une souffrance éprouvée par l'homme[51]. Dans d'autres cas, le terme עמל désigne plutôt le résultat du travail de l'homme, c'est-à-dire son acquisition, son gain, sa propriété[52]. Ainsi, le עמל chez Qohélet n'est pas uniquement une source de maux ; il peut, dans certains cas, devenir une occasion de bénéfice, de richesses (2, 10), et même de joie (2, 24 ; 5, 17 ; 8, 15 ; 9, 9)[53] :

2, 24 אֵין־טוֹב בָּאָדָם שֶׁיֹּאכַל וְשָׁתָה וְהֶרְאָה אֶת־נַפְשׁוֹ טוֹב בַּעֲמָלוֹ
גַּם־זֹה רָאִיתִי אָנִי כִּי מִיַּד הָאֱלֹהִים הִיא

Il n'y a rien de bon pour l'homme, sinon de manger et de boire, et de goûter au bonheur **dans sa peine**.
Cela aussi, je vois, moi, que cela vient de la main de (du) Dieu.

3, 13 וְגַם כָּל־הָאָדָם שֶׁיֹּאכַל וְשָׁתָה וְרָאָה טוֹב בְּכָל־עֲמָלוֹ
מַתַּת אֱלֹהִים הִיא

---

[46] Le terme עמל apparaît huit fois dans le livre de Job (Jb 3, 10 ; 4, 8 ; 5, 6 ; 7, 3 ; 11, 16 ; 15, 35 ; 16, 2 ; 20, 22) et sept fois dans le livre des Psaumes (Ps 7, 15 ; 10, 7.14 ; 73, 16 ; 90, 10 ; 94, 20 ; 140, 10). Dans tous ces cas, le terme est connoté négativement. C'est dans le livre des Proverbes, où il apparaît une seule fois (Pr 16, 26), que עמל est envisagé positivement comme l'action de travailler.

[47] Cf. 1, 3 ; 2, 11.19.20.21 (2 fois) ; 5, 15.17 ; 8, 17.

[48] Cf. 1, 3 ; 2, 10 (2 fois).11.18.19.20.22.24 ; 3, 13 ; 4, 4.6.8.9 ; 5, 14.17.18 ; 6, 7 ; 8, 15 ; 9, 9 ; 10, 15.

[49] Cf. 2, 18.22 ; 3, 9 ; 4, 8 ; 9, 9.

[50] J. L. CRENSHAW, *Ecclesiastes*, p. 82 et 88 ; R. E. MURPHY, *Ecclesiastes*, p. lx et 27 ; J. VILCHEZ LINDEZ, *Eclesiastés*, p. 438–440 ; M. V. FOX, *Qohelet and His Contradictions*, p. 55 et *A Time to tear down...*, p. 99–102 et 186–187 ; N. LOHFINK, *Qoheleth*, p. 37 ; Th. KRÜGER, *Qoheleth*, p. 49 (note 4).

[51] Par exemple : 4, 4.8 ; 5, 15 ; 6, 7a.

[52] Par exemple : 2, 18.19.

[53] Voir le résumé que fait Th. Krüger sur cette question (cf. Th. KRÜGER, *Qoheleth*, p. 4) ainsi que celui de D. Ingram *in Ambiguity in Ecclesiastes*, p. 153–160, en particulier le tableau récapitulatif des occurrences, montrant que l'emploi du terme עמל tend à s'estomper dans la seconde moitié du livre de Qohélet (chapitres 7 à 12).

Mais aussi, tout homme qui mange, boit et goûte au bonheur **en toute sa peine**,
cela est un don de Dieu.

5, 17–18   הִנֵּה אֲשֶׁר־רָאִיתִי אָנִי טוֹב אֲשֶׁר־יָפֶה לֶאֱכוֹל־וְלִשְׁתּוֹת וְלִרְאוֹת טוֹבָה
בְּכָל־עֲמָלוֹ שֶׁיַּעֲמֹל תַּחַת־הַשֶּׁמֶשׁ
מִסְפַּר יְמֵי־(חַיָּו) [חַיָּיו] אֲשֶׁר־נָתַן־לוֹ הָאֱלֹהִים כִּי־הוּא חֶלְקוֹ
גַּם כָּל־הָאָדָם אֲשֶׁר נָתַן־לוֹ הָאֱלֹהִים עֹשֶׁר וּנְכָסִים וְהִשְׁלִיטוֹ לֶאֱכֹל מִמֶּנּוּ
וְלָשֵׂאת אֶת־חֶלְקוֹ
וְלִשְׂמֹחַ בַּעֲמָלוֹ
זֹה מַתַּת אֱלֹהִים הִיא

Voici ce que, moi, je vois : le bon qui est agréable, c'est de manger, de boire
et de goûter au bonheur **dans toute sa peine qu'il peine** sous le soleil,
durant le nombre des jours de la vie que lui donne (le) Dieu, car telle
est sa part.
De plus, tout homme à qui (le) Dieu donne richesse et biens, avec la faculté
d'en manger, d'en prendre sa part et de se réjouir **dans sa peine**,
c'est là un don de Dieu.

8, 15   וְשִׁבַּחְתִּי אֲנִי אֶת־הַשִּׂמְחָה אֲשֶׁר אֵין־טוֹב לָאָדָם תַּחַת הַשֶּׁמֶשׁ כִּי
אִם־לֶאֱכוֹל וְלִשְׁתּוֹת וְלִשְׂמוֹחַ
וְהוּא יִלְוֶנּוּ בַעֲמָלוֹ יְמֵי חַיָּיו אֲשֶׁר־נָתַן־לוֹ הָאֱלֹהִים תַּחַת הַשֶּׁמֶשׁ

Et, moi, je fais l'éloge du plaisir, car il n'y a rien de bon pour l'homme
sous le soleil sinon de manger, boire et se faire plaisir,
et cela l'accompagne **dans sa peine** durant les jours de sa vie que lui donne
(le) Dieu sous le soleil.

9, 9   רְאֵה חַיִּים עִם־אִשָּׁה אֲשֶׁר־אָהַבְתָּ כָּל־יְמֵי חַיֵּי הֶבְלֶךָ אֲשֶׁר נָתַן־לְךָ
תַּחַת הַשֶּׁמֶשׁ כֹּל יְמֵי הֶבְלֶךָ
כִּי הוּא חֶלְקְךָ בַּחַיִּים וּבַעֲמָלְךָ אֲשֶׁר־אַתָּה עָמֵל תַּחַת הַשָּׁמֶשׁ

Goûte la vie avec la femme que tu aimes tous les jours de ta vie de vanité,
puisqu'il [Dieu] te donne, sous le soleil, tous tes jours de vanité,
car c'est là ta part dans ta vie et **dans ta peine** que **tu peines** sous le soleil.

Dans ces refrains, la racine עמל est employée de deux manières :
- soit sous la forme d'un substantif précédé de la préposition בְּ, seule
  (2, 24a ; 5, 18 ; 8, 15b ; 9, 9b)[54] ou suivie du nom כל (3, 13a ; 5, 17)
- soit sous la forme d'un verbe au *qal* à la forme *yiqtol* (5, 17).

---

[54] En 9, 9, l'emploi du substantif עמל est la seule exception. Ici, ce terme n'est pas
précédé de la préposition בְּ mais d'une expression comprenant un nom de la même
racine. Cette redondance s'expliquerait en raison du genre littéraire d'exhortation de
cette section du livre.

Que dire de cette association thématique entre la peine éprouvée et les plaisirs de la vie qui procurent du bonheur ? J. Vilchez Lindez[55] insiste sur le caractère paradoxal de la relation entre le labeur et le bonheur. Le commentateur espagnol souligne que, bien que ne produisant aucun profit, le travail de l'homme est en mesure de lui donner un peu de félicité[56]. Ensuite, il reconnaît que si le travail (et son résultat) peut procurer quelques satisfactions, et par conséquent être source de joie[57], il ne peut cependant pas offrir de satisfaction absolue[58]. Nonobstant les réels instants de bonheur qui surgissent de l'effort humain, l'expérience et la recherche du sage restent marquées par une constante difficulté de vivre.

J. L. Crenshaw et M. V. Fox proposent de tenir compte du jugement négatif du sage sur les diverses expériences de la vie en interprétant la préposition בּ non pas dans un sens locatif, mais plutôt dans un sens temporel[59], sens que cette préposition possède parfois[60]. Dans certains cas, trouver du plaisir dans son labeur signifierait trouver du plaisir *durant* son labeur.

Il n'est pas exclu que le texte joue parfois sur cette polysémie :

– En 3, 12–13, les versets contiennent deux expressions avec la préposition בּ. En 3, 13a, l'expression «/…/ et goûte au bonheur **en** toute sa peine /…/» (וְרָאָה טוֹב בְּכָל־עֲמָלוֹ) est le pendant de celle du verset précédent : «/…/ et de faire le bien **durant** leur vie.» (וְלַעֲשׂוֹת טוֹב בְּחַיָּיו).

---

[55] J. Vilchez Lindez, *Eclesiastés*, p. 440–441.

[56] «Paradójicamente descubre Qohélet en el trabajo un poco de felicidad, no la felicidad completa que sabemos que es una utopía.» (*cf. ibid.*, p 440).

[57] «A pesar de todo esto también encuentra Qohélet en el trabajo y sus frustos motivos de gozo, que, aunque pasajeros, muestran el lado amable de la vida. En todos los pasajes de Qohélet sobre la alegrías de la vida, se hace referencia al trabajo que se valora positivamente: "No hay nada major para el hombre que comer y beber y *disfrutar de su trabajo. También he observado que esto viene de la mano de Dios*" (2, 24; con pequeñas variantes 3, 12s; 5, 17s; cf. también 8, 15).» (*cf. ibid.*, p 441).

[58] «Ni en tiempos de Qohélet ni en los nuestros se concibe que una persona se encuentre a gusto si no es trabajando, es decir, realizando aquellas tareas que le llenan. Pero no puede decirse que el trabajo, aun el más gratificante, produzca una satisfacción absolutamente plena; en este sentido es un valor relativo y, por eso mismo, vanidad, según la forma de hablar de nuestro autor.» (*cf. ibid.*, p 441).

[59] J. L. Crenshaw, *Ecclesiastes.*, p. 90; M. V. Fox, *Qohelet and His Contradictions*, p. 56–57 et *A Time to tear down…*, p. 100, contrairement à H. Simian-Yofre qui, lui, défend une interprétation plus "spatiale" de la préposition בּ : «L'affermazione centrale di questi testi è che la gioia si deve cercare *in mezzo* alla sofferenza.» (H. Simian-Yofre, «Conoscere la sapienza : Qohelet e Genesi 2–3», *in Il Libro del Qohelet…* (G. Bellia—A. Passaro), p. 323).

[60] Pour l'emploi de la préposition בּ dans le cadre d'une proposition temporelle, voir P. Joüon, *Grammaire de l'Hébreu Biblique*, § 133c.

L'interprétation de בעמל dans le deuxième "refrain" éclairerait, par ricochet, celle du premier "refrain" : « et de goûter au bonheur **dans** sa peine. » (וְהֶרְאָה אֶת־נַפְשׁוֹ טוֹב בַּעֲמָלוֹ).

- Dans le cinquième "refrain" (8, 15b), les plaisirs de la vie auxquels l'homme s'adonne sont décrits comme ce qui « l'accompagne **dans** sa peine **durant** les jours de sa vie /.../ » (וְהוּא יִלְוֶנּוּ בַעֲמָלוֹ יְמֵי חַיָּיו). La proximité de la proposition temporelle, située en apposition par rapport au syntagme בעמלו, nous permet d'interpréter ce dernier, à nouveau, dans un sens temporel.

- En 9, 9b, dans la phrase «/.../ car c'est là ta part **dans** ta vie et **dans** ta peine que tu peines sous le soleil. » (כִּי הוּא חֶלְקְךָ בַּחַיִּים וּבַעֲמָלְךָ אֲשֶׁר־אַתָּה עָמֵל תַּחַת הַשָּׁמֶשׁ), le sens de la préposition ב dans le syntagme וּבעמלך (« **dans** ta peine ») se comprendrait également en raison du sens temporel donné au syntagme précédent בחיים (« **dans** ta vie ») qui lui est relié par la conjonction waw[61].

Entre "par la peine", "dans la peine" ou "durant la peine", faut-il trancher ? En dépit de l'indétermination, le fait est que la recherche de sagesse et de bonheur reste prégnante[62]. À elle seule, elle ne permet d'obtenir aucun profit notable, si ce n'est une conviction à enseigner : c'est précisément à l'occasion des actions les plus humaines que lui sont données d'éprouver les joies les plus simples de l'existence[63]. Face à tant d'énergie déployée, ces parcelles de bonheur semblent bien dérisoires. Nonobstant, tout ne dépend pas que du travail de l'homme. Les plaisirs sont aussi un don offert par Dieu *hic et nunc*.

c) Le plaisir : un don de Dieu

Face au poids de l'activité humaine, que suggère le sage ? Non pas la course au profit, mais l'acceptation sereine des plaisirs de la vie comme autant de dons de Dieu[64]. Ce motif du don de Dieu est récurrent dans six des sept propos sur le bonheur où il se répète, tel un refrain dans les "refrains" :

24 אֵין־טוֹב בָּאָדָם שֶׁיֹּאכַל וְשָׁתָה וְהֶרְאָה אֶת־נַפְשׁוֹ טוֹב בַּעֲמָלוֹ   2, 24–26

---

[61] Dans ce stique, la LXX corrige בחיים en בחייך.
[62] Voir par exemple : 1, 3 ; 2, 10 ; 3, 9 ; 4, 4.6.8 ; 6, 7 ; 10, 15.
[63] Cf. J. A. LOADER, *Polar Structures in the Book of Qohelet*, (BZAW 152), de Gruyter, Berlin / New York, 1979, p. 105–111.
[64] L. SCHWIENHORST-SCHÖNBERGER, *Kohelet*, p. 75–77.

גַּם־זֹה רָאִיתִי אָנִי כִּי מִיַּד הָאֱלֹהִים הִיא

25 כִּי מִי יֹאכַל וּמִי יָחוּשׁ חוּץ מִמֶּנִּי

26 כִּי לְאָדָם שֶׁטּוֹב לְפָנָיו נָתַן חָכְמָה וְדַעַת וְשִׂמְחָה

וְלַחוֹטֶא נָתַן עִנְיָן לֶאֱסוֹף וְלִכְנוֹס לָתֵת לְטוֹב לִפְנֵי הָאֱלֹהִים גַּם־זֶה הֶבֶל וּרְעוּת רוּחַ

24 Il n'y a rien de bon pour l'homme, sinon de manger, de boire et de goûter au bonheur dans sa peine.
Cela aussi, je vois, moi, que **cela vient de la main de (du) Dieu.**
25 Car, dit-il: "qui mange et qui se délecte en dehors de moi?"
26 Car, à l'homme qui est habile devant sa face **il donne sagesse, connaissance et plaisir,**
et, au malhabile, il donne comme occupation de rassembler et d'amasser pour donner à celui qui est habile devant la face de (du) Dieu. Cela aussi est vanité et poursuite de vent.

3, 12–14

12 יָדַעְתִּי כִּי אֵין טוֹב בָּם

כִּי אִם־לִשְׂמוֹחַ וְלַעֲשׂוֹת טוֹב בְּחַיָּיו

13 וְגַם כָּל־הָאָדָם שֶׁיֹּאכַל וְשָׁתָה וְרָאָה טוֹב בְּכָל־עֲמָלוֹ

מַתַּת אֱלֹהִים הִיא

14 יָדַעְתִּי כִּי כָּל־אֲשֶׁר יַעֲשֶׂה הָאֱלֹהִים הוּא יִהְיֶה לְעוֹלָם עָלָיו אֵין

לְהוֹסִיף וּמִמֶּנּוּ אֵין לִגְרֹעַ

וְהָאֱלֹהִים עָשָׂה שֶׁיִּרְאוּ מִלְּפָנָיו

12 J'ai reconnu qu'il n'y a rien de bon pour eux,
sinon de trouver du plaisir et de faire le bien durant leur vie.
13 Mais aussi, tout homme qui mange et boit et goûte au bonheur en toute sa peine,
cela est un don de Dieu.
14 J'ai reconnu que tout ce que fait (le) Dieu, cela durera toujours; il n'y a rien à y ajouter, rien à y retrancher,
c'est (le) Dieu qui fait en sorte qu'ont ait de la crainte devant sa face.

5, 17–19

17 הִנֵּה אֲשֶׁר־רָאִיתִי אָנִי טוֹב אֲשֶׁר־יָפֶה לֶאֱכוֹל־וְלִשְׁתּוֹת וְלִרְאוֹת

טוֹבָה בְּכָל־עֲמָלוֹ שֶׁיַּעֲמֹל

תַּחַת־הַשֶּׁמֶשׁ מִסְפַּר יְמֵי־ (חַיָּו) [חַיָּיו] אֲשֶׁר־נָתַן־לוֹ הָאֱלֹהִים כִּי־הוּא חֶלְקוֹ

18 גַּם כָּל־הָאָדָם אֲשֶׁר נָתַן־לוֹ הָאֱלֹהִים עֹשֶׁר וּנְכָסִים וְהִשְׁלִיטוֹ לֶאֱכֹל מִמֶּנּוּ

וְלָשֵׂאת אֶת־חֶלְקוֹ וְלִשְׂמֹחַ בַּעֲמָלוֹ

זֹה מַתַּת אֱלֹהִים הִיא

19 כִּי לֹא הַרְבֵּה יִזְכֹּר אֶת־יְמֵי חַיָּיו

כִּי הָאֱלֹהִים מַעֲנֶה בְּשִׂמְחַת לִבּוֹ

17 Voici ce que, moi, je vois: le bon qui est agréable, c'est de manger, de boire et de goûter au bonheur dans toute sa peine qu'il peine sous le soleil, **durant le nombre des jours de la vie que lui donne (le) Dieu**, *car telle est sa part.*

18 De plus, tout homme **à qui (le) Dieu donne** richesse et biens, avec la faculté d'en manger, d'en prendre sa part et de trouver du plaisir dans sa peine,

c'est là un don de Dieu.

19 En effet, il ne se souvient pas beaucoup des jours de sa vie

car (le) Dieu l'occupe avec le plaisir de son cœur.

8, 15   וְשִׁבַּחְתִּי אֲנִי אֶת־הַשִּׂמְחָה אֲשֶׁר אֵין־טוֹב לָאָדָם תַּחַת הַשֶּׁמֶשׁ כִּי
אִם־לֶאֱכוֹל וְלִשְׁתּוֹת וְלִשְׂמוֹחַ
וְהוּא יִלְוֶנּוּ בַעֲמָלוֹ יְמֵי חַיָּיו אֲשֶׁר־נָתַן־לוֹ הָאֱלֹהִים תַּחַת הַשָּׁמֶשׁ

Et moi, je fais l'éloge de la joie, car il n'y a rien de bon pour l'homme sous le soleil sinon de manger, boire et se réjouir,

et cela l'accompagne dans sa peine **durant les jours de sa vie que lui donne (le) Dieu sous le soleil.**

9, 7–9   לֵךְ אֱכֹל בְּשִׂמְחָה לַחְמֶךָ וּשֲׁתֵה בְלֶב־טוֹב יֵינֶךָ
כִּי כְבָר רָצָה הָאֱלֹהִים אֶת־מַעֲשֶׂיךָ
8 בְּכָל־עֵת יִהְיוּ בְגָדֶיךָ לְבָנִים וְשֶׁמֶן עַל־רֹאשְׁךָ אַל־יֶחְסָר
9 רְאֵה חַיִּים עִם־אִשָּׁה אֲשֶׁר־אָהַבְתָּ כָּל־יְמֵי חַיֵּי הֶבְלֶךָ אֲשֶׁר נָתַן־לְךָ
תַּחַת הַשֶּׁמֶשׁ כֹּל יְמֵי הֶבְלֶךָ
כִּי הוּא חֶלְקְךָ בַּחַיִּים וּבַעֲמָלְךָ אֲשֶׁר־אַתָּה עָמֵל תַּחַת הַשָּׁמֶשׁ

7 Va, mange avec plaisir ton pain et bois ton vin d'un cœur heureux,

car déjà (le) Dieu a agréé tes œuvres.

8 Qu'en tout temps tes habits soient blancs, et que l'huile ne manque pas sur ta tête.

9 Goûte la vie avec la femme que tu aimes tous les jours de ta vie de vanité, **puisqu'il te donne, sous le soleil, tous tes jours de vanité,**

car c'est là ta part dans ta vie et ta peine que tu peines sous le soleil.

11, 9   שְׂמַח בָּחוּר בְּיַלְדוּתֶיךָ וִיטִיבְךָ לִבְּךָ בִּימֵי בְחוּרוֹתֶךָ
וְהַלֵּךְ בְּדַרְכֵי לִבְּךָ וּבְמַרְאֵי עֵינֶיךָ
וְדַע כִּי עַל־כָּל־אֵלֶּה יְבִיאֲךָ הָאֱלֹהִים בַּמִּשְׁפָּט

Prends plaisir, jeune homme, de tes jeunes années, et que ton cœur te rende heureux pendant les jours de ta jeunesse,

et marche dans les voies de ton cœur, et les regards de tes yeux,

mais sache que, **pour tout cela, (le) Dieu te fera venir en jugement.**

Au cours de ces "refrains", la mention du don de Dieu est formellement exprimée par la racine נתן employée soit sous la forme d'un verbe conjugué au *qal* de la forme *qatal*, dont le sujet est Dieu (2, 26a; 5, 17.18a; 8, 15b; 9, 9a), soit sous la forme du substantif מתת employé à l'état construit comme *nomen regens* du *nomen rectum* אלהים (3, 13b; 5, 18b).

À ces emplois explicites, s'ajoutent des propos imagés ou implicites décrivant une faveur divine. Le concept du don de Dieu est ainsi rendu par la métaphore, rare dans la Bible, de la main de Dieu : «cela vient de la main de (du) Dieu» (2, 24b) (כִּי מִיַּד הָאֱלֹהִים הִיא)[65]. Il est aussi présenté au moyen de périphrases exprimant une action de Dieu envers l'homme : «car (le) Dieu l'occupe avec le plaisir de son cœur» (כִּי הָאֱלֹהִים מַעֲנֶה בְּשִׂמְחַת לִבּוֹ) (5, 19); «car déjà (le) Dieu a agréé tes œuvres» (כִּי כְבָר רָצָה הָאֱלֹהִים אֶת־מַעֲשֶׂיךָ) (9, 7b); «pour tout cela, (le) Dieu te fera venir en jugement» (עַל־כָּל־אֵלֶּה יְבִיאֲךָ הָאֱלֹהִים בַּמִּשְׁפָּט) (11, 9b)[66].

Au fur et à mesure de la description des plaisirs du quotidien, le motif du don de Dieu fait, lui aussi, l'objet d'une amplification littéraire[67] :

- La reconnaissance du don de Dieu porte d'abord sur ces quelques instants de plaisir au cours desquels l'homme mange, boit et goûte au bonheur durant sa peine. Cette reconnaissance est résumée au moyen des propositions nominales : «cela [vient] de la main de (du) Dieu» (מִיַּד הָאֱלֹהִים הִיא) (2, 24b); «cela [est] un don de Dieu» (מַתַּת אֱלֹהִים הִיא) (3, 13b)[68].
- Le motif du don de Dieu se déploie, par la suite, sur l'ensemble des jours de la vie: «/.../ durant le nombre de jours de vie que lui donne (le) Dieu /.../» (מִסְפַּר יְמֵי־(חַיָּיו) [חַיָּיו] אֲשֶׁר־נָתַן־לוֹ הָאֱלֹהִים) (5, 17); «/.../ durant les jours de sa vie que lui donne Dieu sous le soleil.» (יְמֵי חַיָּיו אֲשֶׁר־נָתַן־לוֹ הָאֱלֹהִים תַּחַת הַשֶּׁמֶשׁ) (8, 15b). L'offre divine ne porte pas seulement sur ces quelques moments où le sage reconnaît que Dieu lui accorde la capacité de se sustenter des biens utiles à son bonheur, mais aussi sur toute la durée de sa vie, y compris ces moments qui paraissent si éphémères et transitoires :

---

[65] Ce syntagme avec le nom commun de Dieu (מִיד האלהים) est unique dans toute la Bible. Quelques livres prophétiques connaissent des expressions avec le tétragramme : מִיד יהוה (Is 40, 2; 51, 17; Jr 25, 17).

[66] L'interprétation de 11, 9b divise encore les commentateurs. Certains (comme, par exemple : J. VILCHEZ LINDEZ, *Eclesiastés...*, p. 400; L. MAZZINGHI, *Ho Cercato...*, p. 278; N. LOHFINK, *Qoheleth*, p. 13 et 139) considèrent ce stique comme une glose. D'autres (comme C.-L. SEOW, *Ecclesiastes*, p. 350; M. V. FOX, *A Time to tear down...*, p. 318; Th. KRÜGER, *Qoheleth*, p. 196–197) soutiennent qu'il ferait partie du texte original.

[67] Pour un aperçu de la question, voir M. MAUSSION, *Le mal, le bien...*, p. 148–150.

[68] Sur les relations entre ces deux refrains, voir C.-L. SEOW, *Ecclesiastes*, p. 173.

«puisqu'il te donne, sous le soleil, tous tes jours de vanité» (אֲשֶׁר נָתַן־לְךָ תַּחַת הַשֶּׁמֶשׁ כֹּל יְמֵי הֶבְלֶךָ) (9, 9)[69].

Au bout du compte, c'est toute l'existence humaine qui se trouve être en relation avec Dieu, ce qui le rend heureux comme ce qui le déçoit. Cette intuition sera fortement exprimée, en 7, 14, au début de la seconde moitié du livre : «Au jour de bonheur, accueille le bonheur, et au jour de malheur, regarde : aussi bien l'un que l'autre, (le) Dieu les a faits, de sorte que l'homme ne puisse rien trouver de ce qui sera par la suite.»

Il est donc erroné de voir en Qohélet un volontariste au sens où il ne serait à la recherche du bonheur qu'en recourant à ses seules forces naturelles. Sa recherche, à travers la fatigue de vivre, n'est donc pas le fruit d'une démarche de bien-être humaniste. Elle est proprement théologique[70]. Selon L. Mazzinghi, son attitude est sage dans la mesure où elle le met en état de reconnaître des dons divins qu'il n'est pas en mesure de mériter, encore moins d'en comprendre le sens[71].

La prise en compte du motif du don divin est donc essentielle pour situer à leur juste place, au sein d'une activité humaine (עמל), les paroles encourageantes du sage. En croyant que les joies simples de l'existence sont le fruit d'une bienveillance divine à laquelle participe l'homme, le sage accepte peu à peu de renoncer à ses folles ambitions terrestres pour profiter, dès à présent, des plaisirs de la vie que Dieu lui réserve[72]. Le

---

[69] Ce point est discuté. La proposition אֲשֶׁר נָתַן־לְךָ תַּחַת הַשֶּׁמֶשׁ כֹּל יְמֵי הֶבְלֶךָ du v. 9a serait vraisemblablement une addition. Plusieurs manuscrits de la Peshitta, en effet, ne la mentionnent pas. Quelques manuscrits du Targum ne contiennent pas la fin du stique : כֹּל יְמֵי הֶבְלֶךָ. Ne faudrait-il pas voir là, tout simplement, un phénomène de dittographie avec le début du verset?

[70] Cf. G. S. OGDEN, *Qoheleth*, p. 140 : «Qoheleth is not advocating any form of hedonism. Additionally, we note, as in 2, 24 etc., that our author draws together 'pleasure' and 'work', so that they are inextricably related. Both life and its pleasures are God-given, and this understanding is vitally important in defining Qoheleth's theological stance. He sees all things as having their origin with God.»

[71] «Il Dio del Qohelet, apparentemente lontano dall'uomo, si rende presente con il dono, molto concreto, della gioia del vivere [...]. L'uomo deve riconoscerne i doni, ma non è in grado di meritarseli e ancor meno è capace di comprenderne la ragione.» (L. MAZZINGHI, *Ho Cercato...*, p. 230). Dans le même sens, voir G. VON RAD, *Israël et la Sagesse*, p. 268.

[72] Cette conséquence rejoint une interprétation de la tradition rabbinique qui distingue nettement chez Qohélet deux catégories de plaisirs (שמח) : le plaisir négatif qui ne mène à rien (cf. 7, 2–7) et celui qui procure de la joie et du bonheur parce qu'il vient de Dieu. Ce plaisir-là n'est aucunement le fruit d'une recherche volontariste : «Joy is man's contentment with his lot, his satisfaction with what he has and his ability to enjoy the fruits of his work.» (cf. *The Commentary of Rabbi Samuel Ben Meir (Rashbam)*

sage, qui l'a expérimenté dans les premiers "refrains" en טוב[73], l'expose maintenant ouvertement au moyen de paroles d'exultation en 8, 15 ou des exhortations en 9, 7–9 et 11, 9.

L'acceptation du don de Dieu est motivée par quelques convictions fortes. À l'exception de la brève parole de bonheur de 3, 22—qui ne fait pas mention explicite d'un don de Dieu[74]—le sage justifie cette reconnaissance d'un don divin de la joie par quelques motivations en כי:

- Dans le premier "refrain", l'explicitation du don du bonheur se présente brièvement sous la forme d'une interrogation: «car (כי), dit-il: "qui mange et qui se délecte en dehors de moi?"» (2, 25)[75].
- Le second "refrain" contient une double conviction introduite par l'expression verbale: ידעתי כי. En 3, 12, est d'abord énoncé le propos sur le bonheur: «j'ai reconnu (יָדַעְתִּי כִּי) qu'il n'y a rien de bon pour eux, sinon de trouver du plaisir et de faire le bien durant leur vie.» Puis, en 3, 14, est développé le motif du don de Dieu: «j'ai reconnu que (יָדַעְתִּי כִּי) tout ce que fait (le) Dieu, cela durera toujours; il n'y a rien à y ajouter, rien à y retrancher, (le) Dieu fait en sorte qu'on ait de la crainte devant sa face.» L'auteur sacré a acquis la conviction qu'il est possible de se réjouir dès maintenant, précisément parce que cela lui est donné par Dieu[76].

C'est en raison de cette assurance en l'action bienfaitrice de Dieu que peut se comprendre la motivation du quatrième "refrain": «en effet (כי), il ne se souvient pas des jours de sa vie car (le) Dieu l'occupe avec le plaisir de son cœur.» (5, 19b)[77].

---

on Qoheleth, (S. Japhet—R. B. Salters dir.), The Magnes Press, The Hebrew University, Brill, Jérusalem, 1985, p. 65).

[73] À l'exception du troisième "refrain" (3, 22).

[74] En revanche, nous pensons que 3, 22 contient une référence implicite au don divin grâce à la mention de חלק, comme part de bonheur réservée à l'homme.

[75] Ce verset pose un problème de critique textuelle. Quelques manuscrits de la LXX et du Syriaque lisent ממנו («de lui»). En revanche, le Targum, la Vulgate et le texte reçu lisent ממני («de moi»). Les commentateurs de la BHQ ainsi que M. V. Fox, «The meaning of Hebel for Qohelet», JBL (1986), p. 416; G. S. Ogden, Qohelet., p. 48; J. Y.-S. Pahk, Il Canto della Gioia in Dio…, p. 224 (note 120) ont une préférence pour ממנו. Dans le même sens, la BJ (1998) traduit: «car qui mangera et qui jouira, si cela ne vient pas de lui?». En revanche, D. Lys, L'Ecclésiaste ou que vaut la vie?…, p. 292 et L. Schwienhorst-Schönberger, Nicht im Menschen…, p. 84 optent pour la seconde lecture. La première interprétation est cohérente en raison du contexte théologique dans lequel est inséré ce verset. Le v. 2, 24b s'achève par le constat que c'est la main de Dieu qui rend l'homme apte à manger, boire et goûter aux plaisirs de la vie. En 2, 26, le sage constate que Dieu distribue ses biens selon que l'homme est habile ou non.

[76] C.-L. Seow, Ecclesiastes, p. 173; N. Lohfink, Qohelet, p. 62.

[77] Pour cette raison, M. Rose plaide pour une interprétation positive de ce stique (cf. M. Rose, Rien de nouveau…, p. 375).

Par le truchement de ces motivations, le sage Qohélet découvre progressivement que Dieu ne se contente pas de promettre à l'homme des
biens qui serviront à le réjouir dans un avenir lointain, mais qu'il lui
donne la capacité de saisir des biens susceptibles de le rendre heureux
dès maintenant. Aussi bien, Dieu n'est pas un pourvoyeur de joie, au
risque, au mieux, d'anesthésier l'homme ou, au pire, de le mécontenter.
Au contraire, Dieu le rend apte à exercer son entière liberté en le laissant
profiter des parcelles de joie qui sont à sa portée.

Il n'y a donc aucune trace de déterminisme divin dans les propos du
sage de Jérusalem[78]. Certes, Dieu est souverainement libre en ses dons
(2, 26) et fidèle en ce qu'il fait (3, 14a), et il se plait quand l'homme se
réjouit (9, 7). L'homme est mis à contribution, non seulement à travers son travail (עמל) mais également par cette conviction de foi selon
laquelle le plaisir reçu de Dieu est une part qui revient à l'homme.

d) *Le plaisir: une part réservée à l'homme*

Au concept de bonheur comme don de Dieu, est parfois associé celui
de *part*. Le terme חלק qui le désigne apparaît à huit reprises dans tout
le livre de Qohélet[79], dont la moitié dans les trois "refrains" suivants:
3, 22; 5, 17.18; 9, 9.

3, 22   וְרָאִיתִי כִּי אֵין טוֹב מֵאֲשֶׁר יִשְׂמַח הָאָדָם בְּמַעֲשָׂיו כִּי־הוּא חֶלְקוֹ
כִּי מִי יְבִיאֶנּוּ לִרְאוֹת בְּמֶה שֶׁיִּהְיֶה אַחֲרָיו

Et j'ai vu qu'il n'y a rien de bon, sinon que l'homme se plaise en ses œuvres,
car telle est sa part.
Qui l'emmènera voir ce qui arrivera par la suite?

5, 17–18   הִנֵּה אֲשֶׁר־רָאִיתִי אָנִי טוֹב אֲשֶׁר־יָפֶה לֶאֱכוֹל־וְלִשְׁתּוֹת וְלִרְאוֹת
טוֹבָה בְּכָל־עֲמָלוֹ שֶׁיַּעֲמֹל תַּחַת־הַשֶּׁמֶשׁ
מִסְפַּר יְמֵי־(חַיָּו) [חַיָּיו] אֲשֶׁר־נָתַן־לוֹ הָאֱלֹהִים כִּי־הוּא חֶלְקוֹ
18   גַּם כָּל־הָאָדָם אֲשֶׁר נָתַן־לוֹ הָאֱלֹהִים עֹשֶׁר וּנְכָסִים וְהִשְׁלִיטוֹ לֶאֱכֹל
מִמֶּנּוּ וְלָשֵׂאת אֶת־חֶלְקוֹ וְלִשְׂמֹחַ
בַּעֲמָלוֹ זֹה
מַתַּת אֱלֹהִים הִיא

17 Voici ce que, moi, je vois: le bon qui est agréable, c'est de manger, de
boire et de goûter au bonheur dans toute sa peine qu'il peine sous le soleil,

---

[78] En ce sens, voir V. D'ALARIO, «Liberté de Dieu ou destin? Un autre dilemme dans
l'interprétation du Qohélet», *in Qohelet in the Context of Wisdom*, p. 457–463.
[79] Cf. 2, 10.21; 3, 22; 5, 17.18; 9, 6.9; 11, 2.

durant le nombre des jours de la vie que lui donne (le) Dieu, **car telle est sa part**.

18 De plus, tout homme à qui (le) Dieu donne richesse et biens, avec la faculté d'en manger, **d'en prendre sa part** et de trouver du plaisir dans sa peine,

c'est là un don de Dieu.

9, 9   רְאֵה חַיִּים עִם־אִשָּׁה אֲשֶׁר־אָהַבְתָּ כָּל־יְמֵי חַיֵּי הֶבְלֶךָ אֲשֶׁר נָתַן־לְךָ

תַּחַת הַשֶּׁמֶשׁ כֹּל יְמֵי הֶבְלֶךָ

כִּי הוּא חֶלְקְךָ בַּחַיִּים וּבַעֲמָלְךָ אֲשֶׁר־אַתָּה עָמֵל תַּחַת הַשָּׁמֶשׁ

Goûte la vie avec la femme que tu aimes tous les jours de ta vie de vanité, puisqu'il te donne, sous le soleil, tous tes jours de vanité,

car **c'est là ta part dans ta vie et dans ta peine** que tu peines sous le soleil.

Quel sens donner à ce motif? La racine חלק signifie "diviser, partager". Le substantif qui en découle est rendu habituellement par le terme de *part*[80]. Le mot חלק n'est pas propre à la littérature sapientielle. Il est largement employé dans le livre du Deutéronome[81] et dans les textes de nature deutéronomique. Il désigne tantôt une possession du peuple d'Israël[82], tantôt une possession de Dieu[83]. Dans tous ces cas, le vocable חלק possède un sens quantitatif. Il désigne la part d'un tout: soit une portion de territoire, soit un peuple mis à part. Or, ce n'est pas le sens uniformément retenu dans le livre de Qohélet. Certes, il est des paroles pour lesquelles חלק est employé pour désigner une partie d'un tout. C'est le cas notamment des passages dans lesquels le sage évoque l'idée de récompense liée à son projet d'enrichissement personnel (2, 10)[84], ses inquiétudes face à la transmission de son patrimoine (2, 21). Tel est encore le cas, dans les derniers chapitres du livre, de l'invitation à prendre des risques en partageant son pain entre plusieurs personnes

---

[80] Comme le font, par exemple, la plupart des traductions de la Bible en français: la *TOB*, *La Bible de la Pléiade*, *La Bible* d'Osty-Trinquet, et la *BJ* depuis 1973 (avant l'édition de 1973, les traductions de la *BJ* rendaient le mot חלק par "condition humaine") ainsi que les commentaires en français (E. PODECHARD, *L'Ecclésiaste*, p. 317.353.416; É. GLASSER, *Le procès du bonheur...*, p. 69.90.138; J.-J. LAVOIE, *La pensée du Qohélet...*, p. 59; M. ROSE, *Rien de nouveau...*, p. 542; Fr. LAURENT, *Les biens pour rien....*, p. 148–149; M. MAUSSION, *Le mal, le bien...*, p. 134–135.136.143). D. Lys opte, quant à lui, pour le terme de "lot" (cf. D. LYS, *L'Ecclésiaste ou que vaut la vie?...*, p. 15.19.25).

[81] Cf. par exemple: Dt 10, 9; 12, 12; 14, 27.29; 18, 1.18 à propos de l'absence de part (חלק) accordée à la tribu de Lévi.

[82] Cf. par exemple: Jos 14, 4; 15, 13; 17, 2; 18, 7; 19, 9; 22, 25.27.

[83] Cf. par exemple: Dt 32, 9.

[84] J. VILCHEZ LINDEZ, *Eclesiastés...*, p. 202.

(11, 2). En revanche, il en va différemment dans les trois "refrains" en question.

À la lecture des troisième, quatrième et sixième propos sur le bonheur, il appert que le motif de *part* est introduit, chaque fois à l'identique, par la conjonction כי suivie d'une proposition nominale : הוא חלקו. Ce motif se présente, lui aussi, comme un refrain dans les "refrains" : כי־הוא חלקו (3, 22a ; 5, 17), avec sa variante en forme d'exhortation : כי הוא חלקך (9, 9b). Dans le quatrième "refrain" (5, 17–19), le motif de *part*, étroitement associé à celui du don de Dieu, devient redondant puisque le mot חלק revient une seconde fois, en 5, 18a, comme complément d'objet du verbe נשה.

Avec l'emploi de la conjonction כי, le refrain sur la *part* sert à expliciter ce qui précède : soit une énonciation d'occasions de réjouissance (3, 22a), soit le don-même de Dieu (5, 17 ; 9, 9b). Autrement dit, la *part* de bonheur est ce qui est attribué par Dieu à l'homme pour se réjouir. Aussi bien, le mot חלק se détache-t-il de son sens premier pour revêtir un sens éminemment plus subjectif. Cette mutation est confirmée par l'emploi de mots de vocabulaire se référant à l'action de l'homme : מַעֲשָׂיו («ses œuvres») (3, 22), עֲמָלוֹ («sa peine») (5, 17.18a), עֲמָלֶךָ («ta peine») (9, 9b). C'est dire l'enjeu vital pour l'homme de cette réserve de bonheur dont il dispose pour l'aider à surmonter les aléas de la vie.

Plus largement, le motif de la *part* est associé à celui du don de Dieu (נתן). Le plus souvent, en effet, ce motif est évoqué en étroite relation syntaxique avec la question de Dieu. À l'exception du troisième "refrain" (3, 22), pour lequel la mention du don de Dieu fait défaut, le terme חלק est mentionné, dans les deux autres "refrains", en lien avec le don divin du bonheur.

Dans le quatrième "refrain" (5, 17–19), le motif du don de Dieu, mentionné trois fois, est repris en alternance avec celui de *part* de l'homme, indiqué deux fois :

17	מִסְפַּר יְמֵי־(חַיָּיו) [חַיָּיו] אֲשֶׁר־נָתַן־לוֹ הָאֱלֹהִים כִּי־הוּא חֶלְקוֹ
18	גַּם כָּל־הָאָדָם אֲשֶׁר נָתַן־לוֹ הָאֱלֹהִים עֹשֶׁר וּנְכָסִים וְהִשְׁלִיטוֹ לֶאֱכֹל
	מִמֶּנּוּ וְלָשֵׂאת אֶת־חֶלְקוֹ וְלִשְׂמֹחַ בַּעֲמָלוֹ זֹה מַתַּת אֱלֹהִים הִיא

Dans le sixième "refrain" (9, 7–9), la question du don de Dieu est exprimée une seule fois, en 9, 9a. Le motif de *part*, en 9, 9b, est relié au stique précédent par la conjonction כי : «puisqu'il *[Dieu]* te donne, sous le soleil, tous les jours de ta vie de vanité, **car** c'est là ta part dans ta vie /.../ » (אֲשֶׁר נָתַן־לְךָ תַּחַת הַשֶּׁמֶשׁ כֹּל יְמֵי הֶבְלֶךָ כִּי הוּא חֶלְקְךָ בַּחַיִּים).

Par conséquent, la *part* de bonheur attribuée à l'homme est la conséquence directe et immédiate d'une offre bienfaisante venant de Dieu[85].
Don de Dieu et *part* de l'homme apparaissent donc en étroite relation.
Faut-il en dire plus comme M. Maussion qui voit là purement et simplement deux motifs synonymes[86]? À défaut de synonymie, retenons,
au moins, une corrélation thématique. Les biens qui concourent au
plaisir de l'homme sont une *part* qui lui revient, donnée par Dieu pour
en jouir malgré les aléas de la vie. Plutôt que de défendre une relation
à deux termes, comme le fait M. Maussion, nous préférons soutenir
une relation à trois termes: *part* (חלק), don (נתן) et peine (עמל). Ces
termes s'articulent dans les deux "refrains" les plus développés dans le
livre à savoir 5, 17–19 et 9, 7–9.

Déjà, dans le quatrième "refrain" (5, 17–19), la racine עמל est
employée trois fois:

17 (deux fois)	וְלִרְאוֹת טוֹבָה בְּכָל־עֲמָלוֹ שֶׁיַּעֲמֹל תַּחַת־הַשֶּׁמֶשׁ
18a (une fois)	וְלָשֵׂאת אֶת־חֶלְקוֹ וְלִשְׂמֹחַ בַּעֲמָלוֹ

À propos de ce quatrième "refrain" de bonheur, Fr. Laurent résume ainsi
la relation entretenue entre la *part*, le don et la peine: «L'authenticité
de cette "part" humaine, cependant, n'est pas coupée de son enracine-
ment. L'inclusion discrète mais ferme de la mention de Dieu dans le
contenu de la "part" annonce le fondement de cette explicitation déterminante. L'arrangement final du verset décrit plus haut est à cet égard
très prégnant. Il suggère, implicitement encore, que la "part" se réfère
à Dieu. Il fait sentir que l'origine des jours *ne fait pas nombre* avec les
circonstances précédentes: "travail auquel il travaille / sous le soleil /
pendant le nombre des jours de sa vie." Complétant "jours de sa vie",
"que lui a donnés Dieu" est en deçà et ne se laisse pas absorber par le
cadre spatio-temporel humain.»[87]

---

[85] Selon T. Frydrych, l'emploi du terme חלק serait un des signes du déterminisme
propre à la vision du monde selon Qohélet: «Although חלק cannot be defined as
'Fate', it is a concept that illustrates the deterministic nature of Qoheleth's worldview.»
(T. FRYDRYCH, *Living under the Sun. Examination of Proverbs and Qoheleth*, (VT.S 90),
Brill, Leiden / Boston / Cologne, 2002, p. 60).

[86] M. MAUSSION, *Le mal, le bien*..., p. 135: «Dans la pensée de Qohélet, חלק semble
être synonyme de מתת, et donc concerner ce qui est donné par Dieu à l'homme au
cours de sa vie. La similitude des sept refrains sur la joie atteste cette compréhension,
et Qo 3, 22 qui est moins prolixe que ses prédécesseurs, reste cependant de la même
veine.» Or, en l'espèce, il ne saurait y avoir synonymie entre חלק et מתת car le premier
désigne ce que l'homme se voit attribuer en propre tandis que le second désigne ce
que Dieu donne.

[87] Fr. LAURENT, *Les biens pour rien*..., p. 149.

Dans le sixième "refrain", et en particulier en 9, 9, les trois motifs de *part* (חלק), de don (נתן) et de peine (עמל) sont encore plus étroitement imbriqués que dans les "refrains" précédents. Non seulement le motif du don (des jours de la vie de vanité) est explicité par celui de *part* (de l'homme) grâce à la conjonction כי, mais encore le terme עמל est employé, de manière redondante, dans la proposition nominale, comme complément de temps du prédicat de הוא (9, 9b): כִּי הוּא חֶלְקְךָ בַּחַיִּים וּבַעֲמָלְךָ אֲשֶׁר־אַתָּה עָמֵל תַּחַת הַשָּׁמֶשׁ («car c'est là ta part dans ta vie et **dans ta peine que tu peines** sous le soleil.»). En définitive, la *part* de bonheur que Dieu attribue à l'homme reste ce bien propre dont dispose ce dernier, malgré l'engagement qu'il prend dans ses activités.

En dehors du strict cadre des propos sur le bonheur, le motif de *part* répond au concept-clé par lequel s'ouvre le livret, celui de יתרון (profit) (1, 3). Cela est éloquent dans ce quatrième "refrain" qui synthétise la problématique du bonheur chez le sage. En 5, 15b, le sage pose à nouveau la question de ce qui est profitable pour l'homme: «quel profit pour lui que d'avoir peiné pour du vent?» (וּמַה־יִּתְרוֹן לוֹ שֶׁיַּעֲמֹל לָרוּחַ). Puis, après avoir constaté tout l'effort que l'homme doit déployer (5, 16), le sage en conclut qu'il n'a rien à attendre d'autre de cette vie que de manger, de boire et de goûter au bonheur dans sa peine, car telle est la *part* qui lui revient (5, 17). Il n'y a donc aucun profit à espérer, tout au plus, une *part*. Elle est ce bien ferme qui revient à l'homme malgré tout, parce qu'il le tient de Dieu.

Qohélet confirme cette thèse lorsqu'il énumère, au fil de son œuvre, ces situations qui échappent au contrôle de l'homme. Ainsi en est-il, par exemple, de l'injustice devant la récompense des biens engrangés (2, 18–21; 5, 12–16; 6, 2), l'ignorance devant les plans de Dieu (3, 10–11), le futur de l'homme (8, 6–7), le jour de sa mort (8, 8) et même après la mort (3, 21). Tant d'inconfort provoque le désenchantement du sage. À l'opposé de cela, les parcelles de joie de l'existence sont cette *part* ferme dont l'homme dispose quoi qu'il en soit, puisque Dieu lui offre d'en jouir[88].

En passant en revue les "refrains" de bonheur, nous sommes progressivement sortis du champ sémantique traditionnellement dévolu au

---

[88] « To be a portion by Qohelet's implicit definition, something must be at least temporarily in the owner's possession and *under his control*. Pleasure is a portion but *one must take it*. When Qohelet's frustration at human helplessness peaks, he urges taking one's portion, pleasure. This is almost a counsel of despair. We cannot do much, we control next to nothing, but this at least we *can* do and can *choose* to do. If God allows us the means of pleasure, we can elect to enjoy it. » (M. V. Fox, *A Time to tear down...*, p. 129).

terme חלק. Dans le cadre des "refrains", le concept de *part* ne s'entend plus dans le sens quantitatif de partie d'un tout. Au contraire, il s'entend comme le fruit d'un don dévolu intégralement à chacun malgré les déconvenues de la vie[89]. Avec Fr. Laurent, nous pouvons dire que la *part* « semble être en deçà des catégories du partiel ou de la totalité. Il ne s'agit pas seulement d'une "partie" positive, mais *de ce qui est proprement imparti à l'homme.* »[90]

3. *Peut-on encore parler de "refrains" de bonheur?*

Au terme de ce premier aperçu sur les sept "refrains" de bonheur, quelles conséquences épistémologiques retirer?

- Le thème du bonheur repose sur une observation aussi simple que réaliste de la vie: manger, boire, prendre du plaisir…, autant de moments accessibles à tous et susceptibles, selon le sage, de procurer un peu de bonheur au milieu d'une existence qui lui semble parfois bien inconsistante. Il est vrai que, sur ce point, chacun est en mesure d'en faire l'expérience un jour ou l'autre.
- Pour autant, le bonheur n'apparaît pas comme une solution de repli pour échapper au réel. Au contraire, il se donne à apprécier dans le concret d'une vie active (עמל). Fondamentalement, le bonheur observé puis conseillé par Qohélet est ce qui permet de tenir bon face au mal et au malheur qui affectent le cours de l'existence sur terre. Au sein de tant de déconvenues, les parcelles de bonheur sont un bien précieux à portée d'homme, si Dieu le veut!
- Car, le bonheur n'est pas un pis-aller. Il a une grâce propre, celle d'être donnée par Dieu. Le maître de sagesse insiste suffisamment sur la corrélation entre le don de Dieu (נתן) et la *part* revenant à l'homme (חלק) pour qu'elle soit prise en compte comme une donnée significative de son message. Aussi bien, le bonheur ne surgit pas à la force du poignet. Il ne provient pas de tant d'efforts surhumains, donc inatteignables et sources de perpétuelles frustrations. Qohélet en a fait la douloureuse expérience (1, 12–2, 23). Le

---

[89] Sur ce point, nous rejoignons l'opinion de M. V. Fox qui développe largement ce concept de חלק et en conclut que: « In almost all contexts, the significant quality of a *heleq* is its belonging to someone rather than its being fractional or partial » (*Ibid.*, p. 111).

[90] Fr. LAURENT, *Les biens pour rien…*, p. 148, à propos du terme חלק dans le quatrième "refrain" de bonheur.

bonheur naît d'une offre gratuite de Dieu. Ayant progressivement acquis la conviction que Dieu a aussi bien fait le jour de bonheur que le jour de malheur (7, 14), le sage se tient prêt à accueillir ces petits instants de bonheur—aussi ténus soient-ils—lorsqu'ils se présentent à lui. Les plaisirs de chaque jour qui suscitent ce bonheur ne le détournent pas des déceptions inhérentes à toute vie. Au contraire, ils sont cette *part* de l'existence qui le met en relation avec ce Dieu qui lui donne les moyens d'apprécier les bons côtés de l'existence et l'aide à en traverser les turbulences.

À partir de là, n'est-ce pas réducteur de persister à parler de "refrains" ?
- Sur la forme, il y a certes bien, dans certains "refrains", des expressions introductives communes de bonheur, mais force est de constater qu'il n'y a aucune formule-type qui se répèterait à l'identique d'un bout à l'autre de l'œuvre, à l'instar, par exemple, des multiples refrains sur la vanité.
- Sur le fond, le motif commun de טוב est certes récurrent dans chacun des sept "refrains", mais il est loin d'être employé, chaque fois, à l'identique. De plus, des motifs connexes comme עמל / חלק ou נתן sont présents dans tel "refrain" mais absents de tel autre.

Au bout du compte, les sept paroles en טוב ne sont pas bâties selon un schéma littéraire uniforme. En parlant de "refrains" ne court-on pas le risque d'enfermer le sujet du bien et du bonheur dans un système clos sur lui-même, au risque de méconnaître d'autres propos positifs ?

Paradoxalement, prendre ses distances par rapport au modèle littéraire des "refrains" aide à relancer l'enquête, notamment sur les diverses variations littéraires et thématiques qui se déploient autour de ce qu'il est désormais convenu d'appeler d'une manière moins connotée: *paroles de bonheur*. Cette lecture contextuelle a malheureusement fait défaut dans les arguments avancés par R. N. Whybray et A. Schoors. L'insertion de ces *paroles* dans leur contexte immédiat, puis dans la thématique d'ensemble du livre, a des chances d'ouvrir de nouveaux horizons herméneutiques.

CHAPITRE 5

LES *PAROLES DE BONHEUR* DANS LEUR CONTEXTE

L'examen des sept paroles positives de Qohélet a montré que si elles viennent ouvrir une brèche appréciable dans le cours d'une réflexion globalement négative sur le sens de la vie, elles sont loin d'obéir à une structure et à un contenu unique, si bien qu'il nous semble préférable, dorénavant, de parler de *paroles de bonheur*[1]. Plus encore, la lecture d'ensemble de ces *paroles* a permis de déceler une différence de traitement dans la problématique du bonheur. Dans la première moitié du livre (chapitres 1 à 6), le sage se contente de déclarations bienveillantes qui s'inscrivent dans le cadre d'une démarche d'observation et de réflexion. Ainsi en est-il des quatre premières *paroles de bonheur* (2, 24–26 ; 3, 12–13.22 ; 5, 17–19). Dans la seconde moitié du livre (chapitres 7 à 12), le sage s'engage résolument en faveur du bonheur, soit sous la forme d'une proclamation solennelle (8, 15), soit sous la forme d'une vibrante exhortation adressée à son disciple (9, 7–9 ; 11, 9).

Quels arguments d'ordre exégétique prévalent pour justifier une telle différence ? Les variations sur les *paroles de bonheur* seraient-elles tributaires des circonstances littéraires dans lesquelles se pose la question du bonheur dans le livre ? Autrement dit, quelle incidence le contexte immédiat des *paroles de bonheur* a-t-il sur l'emphase de la thématique du bonheur ?

1. *Les quatre premières* paroles de bonheur

a) *La première* parole de bonheur *(2, 24–26) en son contexte*

A priori, la première affirmation positive du sage, en 2, 24, semble arriver à l'improviste, étant donnée qu'elle n'est préparée par aucune particule introductive :

---

[1] C'est la raison pour laquelle nous indiquons, désormais, cette expression en italique.

אֵין־טוֹב בָּאָדָם שֶׁיֹּאכַל וְשָׁתָה וְהֶרְאָה אֶת־נַפְשׁוֹ טוֹב בַּעֲמָלוֹ
גַּם־זֹה רָאִיתִי אָנִי כִּי מִיַּד הָאֱלֹהִים הִיא

Il n'y a rien de bon pour l'homme sinon de manger, de boire et de goûter au bonheur dans sa peine.
Cela aussi, je vois, moi, que cela vient de la main de (du) Dieu.

Cependant, prise dans son contexte littéraire, cette *parole de bonheur* se situe dans le droit fil de l'observation menée par Qohélet à partir de 2, 20–23. Une lecture attentive de ces versets montre qu'en 2, 20, le segment « alors, j'en suis venu à désespérer en mon cœur » (וְסַבּוֹתִי אֲנִי לְיַאֵשׁ אֶת־לִבִּי)[2] est accompagné, dans les trois versets suivants, d'une triple série d'explication en כִּי :

21 כִּי־יֵשׁ אָדָם שֶׁעֲמָלוֹ בְּחָכְמָה וּבְדַעַת וּבְכִשְׁרוֹן
וּלְאָדָם שֶׁלֹּא עָמַל־בּוֹ יִתְּנֶנּוּ חֶלְקוֹ גַּם־זֶה הֶבֶל וְרָעָה רַבָּה

Car, voici un homme qui a peiné avec sagesse, connaissance et succès, c'est à un homme qui n'a pas peiné qu'il donnera sa part. Cela aussi est vanité et grand mal.

22 כִּי מֶה־הֹוֶה לָאָדָם בְּכָל־עֲמָלוֹ וּבְרַעְיוֹן לִבּוֹ
שֶׁהוּא עָמֵל תַּחַת הַשָּׁמֶשׁ

Car, que reste-t-il pour l'homme de toute sa peine et de tout l'effort personnel que, lui, aura peiné sous le soleil?

23 כִּי כָל־יָמָיו מַכְאֹבִים וָכַעַס עִנְיָנוֹ גַּם־בַּלַּיְלָה לֹא־שָׁכַב לִבּוֹ
גַּם־זֶה הֶבֶל הוּא

Car tous ses jours ne sont que douleurs, et son occupation [n'est que] chagrin; même la nuit, son cœur est sans repos.
Cela aussi est vanité.

Dans ces trois énoncés, l'auteur sacré change de mode d'expression. Il abandonne l'emploi régulier de verbes conjugués à la 1re personne du singulier[3] au profit de verbes conjugués à la 3e personne du masculin-singulier: עֲמָלוֹ (v. 21a), עָמַל et יִתְּנֶנּוּ (v. 21b), שָׁכַב (v. 23) auxquels

---

[2] La racine יאשׁ est rare dans la Bible (cf. BDB p. 384). Généralement, elle est employée au *niph'al* signifiant "être sans espérance, désespérer" (1 S 27, 1; Jr 2, 25.18, 12; Is 57, 10; Jb 6, 26). Ici, en 2, 20, le verbe est au *pi'el*. C'est le seul emploi attesté dans la Bible. Pour le distinguer de sa conjugaison au *niph'al*, nous préférons le traduire, dans un sens causatif, par "en venir à désespérer". La *TOB* traduit par « j'en suis venu à me décourager /.../ » et la BJ par « mon cœur en est venu à se décourager /.../. »

[3] Par exemple: 2, 1a.2a.3a.4a.5a et 6a.7a.8a.8b.9a.10b.11a.12a.13a.14b.17a.18a.20a.

s'ajoutent diverses propositions nominales avec l'adverbe d'existence
יֵשׁ (v. 21a), un participe (v. 22a) ou le pronom הוּא (v. 22b). Au terme de
la longue fiction salomonienne (1, 12–2, 26), Qohélet entend dépasser
le strict cadre de son expérience personnelle pour élargir sa réflexion
à tout homme c'est-à-dire à tout le genre humain, comme l'atteste la
répétition du mot générique אדם (2, 21a.22a.24a.26a)[4].

Après la longue période d'exploration de tout ce qui se fait «sous
le soleil» (1, 12–2, 10), le sage expose, à partir de 2, 11, une suite de
réflexions personnelles. Cette section est ponctuée par diverses locutions
verbales indiquant un travail d'appropriation de tout ce qui a été observé :
«je me suis tourné, moi» (וּפָנִיתִי אֲנִי) (v. 11a.12a), «et, moi, j'ai vu, [=
j'ai observé]» (וְרָאִיתִי אֲנִי) (v. 13a), «j'ai reconnu [= j'en ai conclu]»
(יָדַעְתִּי) (v. 14b), «et j'ai dit, moi, en mon cœur» (אָמַרְתִּי אֲנִי בְּלִבִּי)
(v. 15a). Sa réflexion sur le travail humain et ses résultats ont conduit le
sage à poser, au bout du compte, un jugement sévère, voire désespéré,
sur tout ce qui se fait sous le soleil (2, 17–19), allant même jusqu'à
remettre en cause le bien-fondé de la vie. La forme verbale «et je
déteste» (וְשָׂנֵאתִי), énoncée en 2, 17 et répétée en 2, 18, introduit une
des paroles les plus déroutantes de la pensée de Qohélet[5].

Ces réflexions particulièrement sombres sur la vie se poursuivent, en
2, 20–26, dans la nouvelle section introduite par le segment : «alors, j'en
suis venu à désespérer en mon cœur» (וְסַבּוֹתִי אֲנִי לְיַאֵשׁ אֶת־לִבִּי). Le v. 20
est construit selon une structure syntaxique proche de celle du v. 18a :

18a וְשָׂנֵאתִי אֲנִי אֶת־כָּל־עֲמָלִי שֶׁאֲנִי עָמֵל תַּחַת הַשָּׁמֶשׁ
20 וְסַבּוֹתִי אֲנִי לְיַאֵשׁ אֶת־לִבִּי עַל כָּל־הֶעָמָל שֶׁעָמַלְתִּי תַּחַת הַשָּׁמֶשׁ

Dans les trois versets consécutifs, les motifs du découragement de
Qohélet sont autant de raisons de modérer l'ardeur d'une recherche
de sagesse et de bonheur : la transmission du patrimoine acquis est
aléatoire (v. 21), tout comme l'est le bénéfice personnel retiré de son
travail (v. 22), d'autant que la vie, à longueur de journée, n'est qu'une
suite d'occupation douloureuse (v. 23)[6] ? La première et la troisième

---

[4] Cf. D. Lys, *L'Ecclésiaste ou que vaut la vie ?...*, p. 282–283 ; N. Lohfink, *Qoheleth*,
p. 55–56.
[5] En 2, 17, le sage affirme détester la vie en général (וְשָׂנֵאתִי אֶת־הַחַיִּים), alors qu'en
2, 18 il précise qu'il déteste seulement le travail pour lequel il a peiné sur la terre
(וְשָׂנֵאתִי אֲנִי אֶת־כָּל־עֲמָלִי שֶׁאֲנִי עָמֵל תַּחַת הַשָּׁמֶשׁ).
[6] Qohélet reviendra sur cette question en citant d'autres expériences de perte de
richesses (cf. 5, 12–6, 9).

motivations se concluent sous la forme d'un refrain sur la vanité de la vie : « cela aussi est vanité et grand mal » (גַּם־זֶה הֶבֶל וְרָעָה רַבָּה)[7] (v. 21) ; « cela aussi est vanité » (גַּם־זֶה הֶבֶל הוּא) (v. 23).

Face à un constat aussi obéré sur l'existence humaine, l'affirmation soudaine de quelques lueurs de bonheur provoque un brusque revirement de situation, dont l'effet de surprise est renforcé, au v. 24, par l'absence de toute particule introductive.

Toutefois, ces soudains propos sur la joie ne sont pas sans lien avec les inquiétudes et les interrogations déjà exprimées par le sage[8]. Le texte de 2, 24–26 reprend, sous forme de mots-crochets, certains des termes

2, 20–23	2, 24–26
20 וְסַבּוֹתִי אֲנִי לְיַאֵשׁ אֶת־לִבִּי עַל כָּל־הֶעָמָל שֶׁעָמַלְתִּי תַּחַת הַשָּׁמֶשׁ 21 כִּי־יֵשׁ אָדָם שֶׁעֲמָלוֹ בְּחָכְמָה וּבְדַעַת וּבְכִשְׁרוֹן וּלְאָדָם שֶׁלֹּא עָמַל־בּוֹ יִתְּנֶנּוּ חֶלְקוֹ גַּם־זֶה הֶבֶל וְרָעָה רַבָּה 22 כִּי מֶה־הֹוֶה לָאָדָם בְּכָל־עֲמָלוֹ וּבְרַעְיוֹן לִבּוֹ שֶׁהוּא עָמֵל תַּחַת הַשָּׁמֶשׁ 23 כִּי כָל־יָמָיו מַכְאֹבִים וָכַעַס עִנְיָנוֹ גַּם־בַּלַּיְלָה לֹא־שָׁכַב לִבּוֹ גַּם־זֶה הֶבֶל הוּא	24 אֵין־טוֹב בָּאָדָם שֶׁיֹּאכַל וְשָׁתָה וְהֶרְאָה אֶת־נַפְשׁוֹ טוֹב בַּעֲמָלוֹ גַּם־זֹה רָאִיתִי אָנִי כִּי מִיַּד הָאֱלֹהִים הִיא 25 כִּי מִי יֹאכַל וּמִי יָחוּשׁ חוּץ מִמֶּנִּי 26 כִּי לְאָדָם שֶׁטּוֹב לְפָנָיו נָתַן חָכְמָה וְדַעַת וְשִׂמְחָה וְלַחוֹטֶא נָתַן עִנְיָן לֶאֱסוֹף וְלִכְנוֹס לָתֵת לְטוֹב לִפְנֵי הָאֱלֹהִים גַּם־זֶה הֶבֶל וּרְעוּת רוּחַ

---

[7] Cette expression « et grand mal » (וְרָעָה רַבָּה) est unique dans les refrains sur la vanité. Habituellement, c'est l'expression « et poursuite du vent » (וּרְעוּת רוּחַ) qui est utilisée en complément du refrain sur la vanité de la vie (cf. 1, 14b.17b ; 2, 11b.17b.26b ; 4, 4b.16b ; 6, 9b), ce qui se retrouve sitôt après en 2, 26b, en conclusion de la parole de bonheur : « cela aussi est vanité et poursuite de vent » (גַּם־זֶה הֶבֶל וּרְעוּת רוּחַ).

[8] Pour une étude de cette parole de bonheur dans son contexte, voir notamment Th. KRÜGER, « Qoh 2, 24–26 und die Frage nach dem "Guten" im Qohelet-Buch », *BN* 72 (1994), p. 70–84.

et des motifs évoqués en 2, 20–23[9] : peine (עמל), occupation (ענינו), sagesse (חכמה), connaissance (דעת)[10].

Chez Qohélet, le bonheur se laisse apprécier au cœur même de l'activité humaine. Cela est patent, en 2, 24a, dès l'introduction de la première *parole de bonheur* : « Il n'y a rien de bon pour l'homme sinon de manger, de boire et de goûter au bonheur **dans sa peine.**» (אֵין־טוֹב בָּאָדָם שֶׁיֹּאכַל וְשָׁתָה וְהֶרְאָה אֶת־נַפְשׁוֹ טוֹב בַּעֲמָלוֹ). Et c'est précisément en raison de ce travail non récompensé que le sage en est venu à se décourager. Ce sujet de la peine (עמל)—et de la souffrance et de l'injustice qu'elle engendre—est évoqué, avec insistance, tout au long des versets précédents :

– Au v. 20, la déception du sage vient de la peine éprouvée *sous le soleil*. Le poids de cette souffrance est signifié par l'emploi redondant de la racine עמל : « au sujet de **toute la peine que j'ai peinée** sous le soleil » (עַל כָּל־הֶעָמָל שֶׁעָמַלְתִּי תַּחַת הַשָּׁמֶשׁ).

– Au v. 21, le thème de la peine est mentionné deux fois sous la forme d'une opposition לא עמל / עמל : un homme ayant peiné dans son travail (שֶׁעֲמָלוֹ) cède sa part à un autre homme qui, lui, n'a pas peiné (שֶׁלֹּא עֲמַל־בּוֹ).

– Au v. 22, le constat amer se transforme en question : « car, que reste-t-il pour l'homme **de toute sa peine** et de tout l'effort personnel **que lui aura peiné** sous le soleil ? » (כִּי מֶה־הֹוֶה לָאָדָם בְּכָל־עֲמָלוֹ וּבְרַעְיוֹן לִבּוֹ שֶׁהוּא עָמֵל תַּחַת הַשָּׁמֶשׁ). Comme pour en accentuer le poids, le sage associe au terme עמל celui de רעיון signifiant "effort, lutte". Cette question rhétorique ne peut appeler, pour l'instant, qu'une réponse négative : non, il ne reste rien à l'homme de toute sa peine et de tout son effort personnel[11]. Il ne pouvait compter sur aucun profit sous le soleil (2, 11b), ni même être assuré de bénéficier de réserves propres (2, 21). Ce n'est qu'à partir du v. 24 que se laisse entrevoir un début de réponse positive. La conclusion à laquelle parvient le sage, à partir de 2, 24, apparaît donc comme une soudaine lueur d'espoir. Certes, il ne s'agit pas d'un bonheur démesuré comme il en avait été question au cours de l'exploration

---

[9] A. Schoors fait même remonter les liens thématiques de 2, 24–26 non seulement en 2, 18–23 mais également en 2, 12–17 (cf. A. Schoors, «La structure littéraire de Qohélet», p. 100–101).

[10] Les termes communs sont indiqués en caractères gras.

[11] J. L. Crenshaw, *Ecclesiastes*, p. 89 ; M. V. Fox, *A Time to tear down…*, p. 188.

initiale (2, 1–11)[12]. Ce bonheur simple, à portée de main, devient aussitôt acceptable parce qu'il est reconnu comme venant de Dieu seul, et non plus de la recherche effrénée d'un homme. Toutes ces occasions de réjouissance, aussi minimes soient-elles, sont bonnes à prendre, dans la mesure où elles se présentent à l'homme comme des offres faites par Dieu pour l'aider à ne pas céder au désespoir qui le gagne.

– Au v. 23, même si la racine עמל n'est plus utilisée, le motif de la souf-france endurée persiste à travers des synonymes : מכאב («douleur»), כעס («chagrin») et ענין («occupation»)[13]. Le terme ענין sera expli-citement repris à la fin de la première *parole de bonheur*, au v. 26b : «/…/ et, au malhabile[14], il donne comme **occupation** de rassembler et d'amasser pour donner à celui qui est habile devant la face de (du)

---

[12] G. RAVASI, *Qohelet*, p. 133 : « Ma non è né il bene supremo della vita, né la via per conoscere l'agire divino, né la retribuzione meritata, né il minimo vitale per soprav-vivere, né una compensazione per il male di vivere. È solo un dato : Dio ha scelto per un momento di squarciare l'amarezza. È un ristoro in cui si inciampa nella stanchezza dell'esistenza. Ma il segno in sé rimane irrazionale, non conduce a nessuno sbocco finale e non offre nessun senso globale.»

[13] J. VILCHEZ LINDEZ, *Eclesiastés…*, p. 217. Le commentateur voit dans cette énumé-ration une description de l'aspect intérieur des souffrances. Toutefois, il est à remarquer que ces trois termes sont déjà connus du lecteur de Qohélet. En 1, 18, les racines כעס et מכאב renvoyaient à des phénomènes concomitants à l'accroissement de sagesse et de connaissance, tandis que le terme עִנְיָן qualifiait la situation que Qohélet a découverte «sous le soleil», au moment où il a entrepris son exploration, dans la peau du sage de Jérusalem (1, 13b).

[14] En général, le participe חוֹטֵא désigne le "pécheur". Et c'est ainsi qu'il est traduit dans bon nombre de bibles et de commentaires en français (par exemple : *TOB*, *BJ*, E. PODECHARD, *L'Ecclésiaste*, p. 216 et 284 ; É. GLASSER, *Le procès du bonheur…*, p. 45). Toutefois, D. Lys que nous suivons sur ce point (D. LYS, *L'Ecclésiaste ou que vaut la vie ?…*, p. 296–297), remarque que le vocabulaire du péché est peu développé chez Qohélet (en effet, seulement six occurrences : 2, 26 ; 7, 20.26 ; 8, 12 ; 9, 2.18). Cela exclut une interprétation de type moral. De plus, le contexte lui-même réfute toute connotation morale ainsi que toute affirmation de rétribution, affirmation que Qohélet ne manque pas de dénoncer au fil de son œuvre (2, 14 ; 7, 15 ; 8, 10). Il nous paraît donc préférable de rendre la racine חטא par son sens premier, à savoir "manquer son but, rater", sens que nous retrouvons parfois dans la littérature sapientielle (par exemple : Pr 8, 36 ; 19, 2 ; 20, 2 ; Jb 5, 24). Le participe présent désignerait alors l'homme qui a manqué le but de sa vie. Tel est précisément le cas de l'homme riche qui n'aura pas eu l'occasion de profiter de ses richesses. D. Lys résume ce v. 26 en ces termes : «Il ne faut pas opposer [celui qui a raté sa vie] à celui qui est "bon devant Dieu" comme le pécheur au juste, mais plutôt comme celui qui met son espoir en sa propre richesse à celui qui se sait dépendant de Dieu.» (*ibid.*, p. 297). Dans ce sens, N. Lohfink traduit חוטא par «those whose life has failed» (N. LOHFINK, *Qoheleth*, p. 52) et Th. Krüger le traduit par «the one whose life is a failure» (Th. KRÜGER, *Qoheleth*, p. 58.72). Voir également W. ZIM-MERLI, *Das Buch des Predigers Salomo*, p. 161 ; D. MICHEL, *Untersuchungen…*, p. 39 ; L. SCHWIENHORST-SCHÖNBERGER, *Nicht im Menschen…*, p. 85 pour qui «2, 26 ist eine

Dieu.» (וְלַחוֹטֶא נָתַן עִנְיָן לֶאֱסוֹף וְלִכְנוֹס לָתֵת לְטוֹב לִפְנֵי הָאֱלֹהִים).
Tout vient de Dieu: l'occupation besogneuse comme les joies passagères de l'existence.

Ce qui est dit à propos du motif de la peine est également valable pour celui de la sagesse et de la connaissance. Les termes חכמה ("sagesse") et דעת ("connaissance"), déjà mentionnés au cours de la réflexion *a priori* désabusée du sage du v. 21, sont présents dans la motivation de la *parole de bonheur* du v. 26, enrichis du mot שמחה. Ce qui était considéré comme un bien disponible à l'homme (בְּחָכְמָה וּבְדַעַת) est maintenant accepté comme une grâce venant de Dieu: «car, à l'homme qui est habile devant sa face il donne **sagesse, connaissance** et joie /.../ » (כִּי לְאָדָם שֶׁטּוֹב לְפָנָיו נָתַן חָכְמָה וְדַעַת וְשִׂמְחָה).
Les propos du sage ne constituent pas seulement un heureux dénouement face à une conclusion bien peu enthousiaste sur le bien-fondé de l'existence humaine, ils sont, avant tout, une relecture théologique de toute l'expérience initiale de celui qui s'est mis, pour un temps, dans la peau du roi de Jérusalem. L'explorateur finit par découvrir que le vrai bonheur ne se trouve pas au bout d'efforts surhumains, aléatoires par nature. Des plaisirs simples de la vie demeurent accessibles à tout un chacun. Ils ne dépendent pas nécessairement de nous, ils sont le fruit tangible de la main de Dieu[15]. Par la reconnaissance et l'acceptation de cette offre divine, le sage découvre alors que le bilan de sa recherche n'est pas aussi accablant qu'il n'y paraît à première vue: les réjouissances terrestres ne sont pas d'abord un bien à conquérir, elles sont un don à recevoir modestement[16].

---

crux interpretatum.» et A. SCHOORS, *The Preacher Sought to Find Pleasing Words...*, *Part II: Vocabulary*, p. 226–227.

[15] Th. KRÜGER, *Qoheleth*, p. 72: «The possibility of eating, drinking, and enjoying life is not a "gain" of human efforts but is at best a person's "portion" (cf. 2, 10–11); it is not within the human power of disposition; it comes, rather, from the hand of God.»

[16] D. Lys résume bien la problématique de Qohélet à la fin de ce chapitre 2: «C'est dans la jouissance qu'elle [la grâce] se manifeste. Plus encore, c'est dans ce qui était l'absurde des conclusions antérieures qu'on va la trouver. Ce n'est pas parce qu'on n'a pas la grâce qu'on cherche à jouir, et ce n'est pas parce qu'on n'a pas la jouissance qu'on cherche la grâce; mais on jouit par grâce. Et, paradoxalement, cette grâce qui permet de jouir, on vient de la rencontrer en quelque sorte négativement, dans le désespoir même de cet homme qui se demandait où serait pour lui le profit de sa vie vécue en philosophe à développer dans une culture, si ses successeurs en sont les maîtres jusqu'à pouvoir la détruire. Dans le fait qu'il est obligé de leur *donner* cela (2, 21), il découvre maintenant la dimension oubliée: celui qui reçoit ainsi reçoit en fait de la main de Dieu.» (D. LYS, *L'Ecclésiaste ou que vaut la vie?...*, p. 287).

Cette première *parole de bonheur* n'est pas l'affirmation d'un *carpe diem*. Le bonheur est don de Dieu. Ce n'est pas davantage la reconnaissance d'une drogue accordée par Dieu pour faire oublier les soucis de la vie. Le bonheur se laisse entrevoir au cœur de la vie la plus humaine et la plus souffrante pour la tourner vers Dieu. Fort de cette conviction, le sage est en mesure de relancer sa recherche et sa réflexion (3, 1–15).

b) *La deuxième* parole de bonheur *(3, 12–13) en son contexte*

Après le poème sur le temps favorable (3, 1–8)[17], surgit une nouvelle demande: «quel profit, celui qui fait, tire-t-il de ce à quoi il peine?» (3, 9). À cette question rhétorique, suivent deux constatations introduites par רָאִיתִי («j'ai vu») (3, 10) et par וְעוֹד רָאִיתִי («et j'ai encore vu») (3, 16)[18]. La première constatation (3, 10–15) se décompose en trois étapes:

- une observation (3, 10–11) introduite par le verbe רָאִיתִי reprenant la thématique du temps (בְּעִתּוֹ en 3, 11) décrite à de multiples reprises dans le poème (3, 1–8).

- une première conclusion, en 3, 12–13, introduite par le verbe יָדַעְתִּי[19] faisant allusion à la finale de la fiction salomonienne (1, 12–2, 26) et se référant à ce que les êtres humains sont supposés faire: manger, boire, goûter au bonheur, se réjouir…

- une seconde conclusion, en 3, 14–15, à nouveau introduite par le verbe יָדַעְתִּי correspondant à certains éléments du poème introductif de 1, 4–11[20] et se référant à la permanence de l'action de Dieu[21].

---

[17] En 3, 1a, le terme hébreu זְמַן (traduit en grec par χρόνος et en français par "moment") est employé une seule fois, alors que, dans 29 occurrences, c'est le terme hébreu עת (traduit en grec par καιρὸς et en français par "temps ou occasion favorable") qui est employé.

[18] Sur l'insertion de cette deuxième *parole de bonheur* dans son contexte littéraire immédiat, voir J.-J. LAVOIE, «Puissance divine et finitude humaine…», p. 283–296.

[19] Du point de vue syntaxique, il est à remarquer que cette démarche, en deux temps, a déjà été entreprise dans la recherche initiale de Qohélet: וְרָאִיתִי אָנִי «et, moi, j'ai vu» (2, 13–14a) suivi de וְיָדַעְתִּי גַּם־אָנִי «et pourtant je sais, moi aussi» (2, 14b).

[20] Nous retrouvons, par exemple, le syntagme לְעוֹלָם au sujet de l'éternité (1, 4; 3, 14) et la question de ce qui était: מַה־שֶּׁהָיָה (1, 9a; 3, 15a), ce qui fait dire à N. Lohfink: «This is to be understood in the sense of ever renewed return (3, 15), through which what 1, 4–11 said about the cosmos and human activity is now based on God's doing.» (cf. N. LOHFINK, *Qoheleth*, p. 61).

[21] Cf. J. VILCHEZ LINDEZ, *Eclesiastés…*, p. 235.

En 3, 10–11, l'observation du sage porte sur la tâche confiée par Dieu aux hommes. Cette observation est introduite, au v. 10: «**J'ai vu** l'occupation que Dieu a donnée aux fils d'homme pour qu'ils s'y occupent.» (רָאִיתִי אֶת־הָעִנְיָן אֲשֶׁר נָתַן אֱלֹהִים לִבְנֵי הָאָדָם לַעֲנוֹת בּוֹ). Cette formule introductive reprend celle mentionnée au début de l'exploration du sage, en 1, 13b: «C'est une occupation mauvaise que Dieu a donnée aux fils d'homme pour qu'ils s'y occupent.» (הוּא עִנְיַן רָע נָתַן אֱלֹהִים לִבְנֵי הָאָדָם לַעֲנוֹת בּוֹ). Cependant, en 3, 10, la référence à l'occupation des hommes n'est plus décrite de manière aussi négative qu'en 1, 13. Maintenant, l'occupation (עִנְיָן)[22] n'est plus qualifiée de mauvaise (רַע). Elle s'inscrit dans le cadre de l'œuvre de la création et dans celui des temps et moments fixés par Dieu, qu'ils soient positifs ou négatifs (3, 1–8). Ce qui était précédemment interprété comme une objection face à l'œuvre de Dieu devient un acte de confiance en celui qui «fait toute chose belle en son temps» (3, 11a)[23]. Désormais, l'homme ne bute plus sur la réalité de la création, mais sur son sens ultime (3, 11b). Et Dieu agit ainsi afin de susciter la crainte de l'homme (3, 14b). Dans ce contexte, est insérée la deuxième *parole de bonheur* en 3, 12–13:

12 יָדַעְתִּי כִּי אֵין טוֹב בָּם
כִּי אִם־לִשְׂמוֹחַ וְלַעֲשׂוֹת טוֹב בְּחַיָּיו

J'ai reconnu qu'il n'y a rien de bon pour eux,
sinon de se réjouir et de faire le bien durant leur vie.

13 וְגַם כָּל־הָאָדָם שֶׁיֹּאכַל וְשָׁתָה וְרָאָה טוֹב בְּכָל־עֲמָלוֹ
מַתַּת אֱלֹהִים הִיא

Mais aussi, tout homme qui mange, et boit et goûte au bonheur en toute sa peine,
cela est un don de Dieu.

Devant l'incompréhension de l'œuvre de Dieu, le sage réaffirme cette voie de la sagesse selon laquelle un bonheur est disponible à tout homme,

---

[22] Il est intéressant de noter le lien lexical entre le substantif עִנְיָן et le verbe עָנָה. Le substantif עִנְיָן apparaît huit fois au total dans l'ensemble de l'œuvre (cf. 1, 13; 2, 23.26; 3, 10; 4, 8; 5, 2.13; 8, 16). Le verbe עָנָה + ב apparaît soit à l'infinitif construit *qal*, soit au participe *hiph'il* (5, 19). Il apparaît une fois au *qal* sans préposition (10, 19).

[23] Cf. N. Lohfink, *Qoheleth*: «In fact, the position that now follows is totally positive, taking for granted, as it does, that human activity is always at the same time God's activity.» (p. 61).

dans les moindres instants de réjouissance que Dieu lui procure. En 3, 13, l'écrivain sacré insiste pour rappeler que ces moments de bonheur sont des dons de Dieu. Sur le plan syntaxique, cette insistance est rendue par la construction d'un *casus pendens* qui se résout, au v. 13b, par l'emploi du pronom הִיא de la proposition nominale. Finalement, tout ce v. 13 se présente comme un complément d'objet du verbe יָדַעְתִּי du v. 12a[24].

En 2, 24, le sage avait déjà abordé ce motif du don de Dieu avec la métaphore de la main de Dieu. Ce motif est maintenant repris, de manière explicite et insistante, avec le substantif מתת et la répétition du verbe נתן. Si pénibles et décourageantes que soient les occupations quotidiennes, elles n'empêchent pas Dieu de se manifester à travers elles.

Cet agir gracieux de Dieu est clairement mis en évidence par l'alternance entre un don (נתן) et une action (עשׂה)[25] :

תנן	עשׂה
10 רָאִיתִי אֶת־הָעִנְיָן אֲשֶׁר נָתַן אֱלֹהִים לִבְנֵי הָאָדָם לַעֲנוֹת בּוֹ 11b גַּם אֶת־הָעֹלָם נָתַן בְּלִבָּם מִבְּלִי	11a אֶת־הַכֹּל עָשָׂה יָפֶה בְעִתּוֹ 11b אֲשֶׁר לֹא־יִמְצָא הָאָדָם אֶת־הַמַּעֲשֶׂה אֲשֶׁר־עָשָׂה הָאֱלֹהִים מֵרֹאשׁ וְעַד־סוֹף

Qohélet perçoit ces deux types d'action : Dieu donne (נתן) à l'homme l'occupation (v. 10) ainsi que la pensée de l'éternité (v. 11b), et il fait (עשׂה) toutes choses belles en son temps (v. 11a), de même qu'il fait (עשׂה) tout du début jusqu'à la fin (v. 11b)[26].

Ces deux formes d'intervention divine se retrouvent dans la *parole de bonheur* (3, 12–14) :

---

[24] Cf. L. Di Fonzo, *Ecclesiaste*, p. 168.

[25] Cf. J.-J. Lavoie, *La pensée du Qohélet…*, p. 164 et également *in* « Puissance divine et finitude humaine… », p. 285–286 ; A. Schoors, « God in Qoheleth », *Schöpfungsplan und Heilsgeschichte*. Festschrift für Ernst Haag zum 70, Geburtsag, Paulinus, Trier, 2002, p. 251–270, et surtout p. 251–259.

[26] C.-L. Seow, *Ecclesiastes*, p. 173 ; Th. Krüger, *Qoheleth*, p. 90.

תנן	עהש

12 יָדַעְתִּי כִּי אֵין טוֹב בָּם
כִּי אִם־לִשְׂמוֹחַ וְלַעֲשׂוֹת טוֹב בְּחַיָּיו
13 וְגַם כָּל־הָאָדָם שֶׁיֹּאכַל וְשָׁתָה
וְרָאָה טוֹב בְּכָל־עֲמָלוֹ
מַתַּת אֱלֹהִים הִיא

14 יָדַעְתִּי כִּי כָּל־אֲשֶׁר יַעֲשֶׂה הָאֱלֹהִים
הוּא יִהְיֶה לְעוֹלָם עָלָיו אֵין לְהוֹסִיף וּמִמֶּנּוּ אֵין
לִגְרֹעַ
וְהָאֱלֹהִים עָשָׂה שֶׁיִּרְאוּ מִלְּפָנָיו

Les occurrences נתן et עשׂה permettent de répondre à la question de départ, en 3, 9 : «quel profit, celui qui fait, tire-t-il de ce à quoi il peine ?» (מַה־יִּתְרוֹן הָעוֹשֶׂה בַּאֲשֶׁר הוּא עָמֵל). Le profit vient de Dieu qui est le véritable acteur de tout ce qui est donné et de tout ce qui se fait[27]. Et, pour que le travail de l'homme soit profitable, il convient que l'activité de l'homme s'accorde à l'agir divin. Cet agir est gracieux (נתן) (3, 10) et il intervient (עשׂה) en son temps (3, 11a). Bien que ce don (נתן) (3, 11b) et cet agir (עשׂה) (3, 14) demeurent pour toujours (לעוֹלם), l'homme est incapable de saisir tout ce que Dieu fait (עשׂה) (3, 11b). L'action divine (עשׂה) ne peut que le conduire à s'en remettre à Dieu dans une attitude de crainte (3, 14b)[28]. La crainte de l'homme envers Dieu est donc, avec la joie, une réponse de l'homme devant l'action incompréhensible de Dieu. Ce thème, qui est donc au cœur de la pensée de Qohélet[29], reviendra en finale, en 12, 13b, sous la plume, sans doute, d'un éditeur.

Dans le cadre de l'agir divin menant à la crainte de Dieu, prend place, pour la deuxième fois, l'affirmation de la joie (3, 12–13). Elle est, elle aussi, le fruit d'un "faire", celui de l'homme (v. 12) : «J'ai reconnu qu'il n'y a rien de bon pour eux sinon de se réjouir, et **de faire** le bien durant leur

---

[27] G. S. OGDEN, *Qoheleth.*, p. 56 ; L. SCHWIENHORST-SCHÖNBERGER, *Nicht im Menschen...*, p. 100s ; C.-L. SEOW, *Ecclesiastes*, p. 172.

[28] Le vocable de crainte (ירא) intervient sept fois dans l'ensemble du livre, soit sous la forme d'une conviction (3, 14 ; 7, 18 ; 8, 12b.13b), soit sous la forme d'une exhortation (5, 6 ; 12, 13).

[29] A. BONORA, *Qohelet*, p. 73–74 ; G. RAVASI, *Qohelet*, p. 152–153 ; J. VILCHEZ LINDEZ, *Eclesiatés...*, p. 243 ; C.-L. SEOW, *Ecclesiastes*, p. 174 ; N. LOHFINK, *Qoheleth*, p. 61–62 ; Th. KRÜGER, *Qoheleth*, p. 89.

vie.» (יָדַעְתִּי כִּי אֵין טוֹב בָּם כִּי אִם־לִשְׂמוֹחַ וְלַעֲשׂוֹת טוֹב בְּחַיָּיו). Ce "faire"
est explicité, au v. 13, par la reprise de la triple énumération de 2, 24a : manger, boire et goûter au bonheur[30]. Mais, de telles réjouissances ne sont possibles que parce qu'elles trouvent leur source dans l'action même de Dieu qui donne (v. 13b) : «cela est **un don** de Dieu» (מַתַּת אֱלֹהִים הִיא)[31]. L'action bienfaitrice de Dieu est belle (3, 11) et elle est éternelle (3, 14a), tandis que celle de l'homme reste besogneuse et éphémère[32].

En raison de cette assurance devant un tel don divin, le sage invite l'homme à ne pas laisser passer ces joies simples de l'existence qui s'offrent à lui. Elles sont ce qui lui revient, au temps voulu par Dieu. Mais, au-delà de cet horizon immédiat, le plan éternel de Dieu ne cesse d'être obscur. Il ne reste plus qu'à en accepter les limites, en appréciant les bons côtés.

c) *La troisième* parole de bonheur *(3, 22) en son contexte*

La troisième *parole de bonheur* conclut une section introduite, en 3, 16, par l'expression : «j'ai **encore** vu sous le soleil /…/» (וְעוֹד רָאִיתִי תַּחַת הַשָּׁמֶשׁ). En 4, 1, avec la formule : «Et de nouveau, moi, j'ai vu /…/» (וְשַׁבְתִּי אֲנִי וָאֶרְאֶה), commence une nouvelle série de réflexions qui s'achèveront en 4, 16, au moment où le sage édicte des conseils sur les pratiques religieuses (4, 17–5, 6), si bien que l'ensemble 3, 16–22 forme une unité homogène autour de la thématique : injustice des hommes et jugement de Dieu[33].

---

[30] Il convient toutefois de noter que l'expression «et goûter au bonheur» n'est pas mentionnée de la même manière en 2, 24a (והראה את־נפשו טוב) qu'en 3, 13a (וראה טוב). Partant de cette divergence, Th. Krüger considère que le sage a corrigé l'expression de 2, 24 «to let *himself* enjoy something good» dans le sens plus positif de «enjoy something good» (Th. KRÜGER, *Qohelet*, p. 88–89). Mais, ce point de vue n'est pas suivi par tous les auteurs (voir, par exemple, J. VILCHEZ LINDEZ, *Eclesiastés*…, p. 240). À ce sujet, nous partageons la position de J.-J. Lavoie selon laquelle les réjouissances mentionnées en 2, 24 seraient le sujet d'une expérimentation tandis que celles de 3, 12 seraient davantage l'objet d'un savoir (cf. J.-J. LAVOIE, «Puissance divine et finitude humaine…», p. 288).

[31] J. VILCHEZ LINDEZ, *Eclesiastés*…, p. 242 ; N. LOHFINK, *Qoheleth*, p. 62.

[32] A. Bonora exprime cette idée en ces termes : «Il problema dell'uomo e del fare dell'uomo sfocia, in Qohelet, nel problema di Dio e del fare di Dio. Il mondo dell'esperienza è il mondo fatto da Dio. All' esperienza il mondo si esibisce come *hebel* o come un abisso senza fondo, ma dal punto di vista del fare divino, il mondo è bello e armonioso […]. Nella gioia dell'uomo si rivela atematicamente la bellezza e armoniosità dell'agire liberissimo e trascendente di Dio affermato nel sapere della fede teologica e cercato, ma non raggiunto, dal sapere dell'esperienza.» (cf. A. BONORA, *Qohelet*, p. 69 et 72).

[33] D. MICHEL, *Qohelet*, (Erträge der Forschung 258), Wissenschaftliche Buchgesellschaft, Darmstadt, 1988, p. 138 : «Über einen Ausgleich irdischen Ungerechtigkeit

À la différence de l'unité précédente (3, 10–15), celle qui débute en
3, 16 est fortement négative. En effet, le sage constate froidement que
la méchanceté est présente jusque dans les tribunaux. Cette insistance
est d'abord rendue, dans le texte, par le parallélisme:

מקום המשפט שמה הרשע
ומקום הצדק שמה הרשע

Elle est ensuite exprimée par deux *casus pendens*: מקום / ומקום הצדק
המשפט faisant fonction de protase (proposition circonstancielle de lieu),
tandis que, dans les deux cas, la proposition principale שמה הרשע
forme une apodose. Cet état de fait le conduit aussitôt à faire part d'une
double conviction en 3, 17 puis en 3, 18–20: conviction introduite,
dans les deux cas, par l'expression: «j'ai dit, moi, en mon cœur /.../»
(אָמַרְתִּי אֲנִי בְּלִבִּי) (3, 17a.18a). Toutefois, le contenu de ces versets
diverge sensiblement[34]:

- La première conviction (3, 17) est une déclaration positive qui
  s'appuie sur la foi en Dieu pour appréhender la situation du juste
  (הצדיק) et du méchant (הרשע). Le sage est convaincu qu'en son
  temps, Dieu jugera le juste aussi bien que le méchant.
- La seconde conviction (3, 18) est, à l'inverse, une déclaration
  négative qui prend appui sur l'expérience commune à tous les fils
  d'homme (בני האדם). La distinction entre les justes et les méchants
  est maintenant abolie. Le sage durcit sa position en affirmant que
  la destinée de l'homme est semblable à celle des bêtes. Cette affirmation est complétée par deux motivations qui se suivent[35]:
  - un sort unique (מקרה אחד) frappe l'homme comme la bête:
    la mort (3, 19)[36]
  - l'homme et la bête viennent et retourneront, tous les deux, vers
    un lieu unique (מקום אחד): la poussière (3, 20)[37].

---

nach dem Tode kann ein weiser Empiriker sich nicht äußern»; V. D'ALARIO, *Il libro
del Qohelet...*, p. 112: «Ingiustizia sociale e destino dell'uomo»; J. VILCHEZ LINDEZ,
Eclesiastés..., p. 245: «Reflexiones sobre problema humanos (3, 16–22)»; N. LOHFINK,
Qoheleth, p. 64–65: «Injustice in judgement»; M. MAUSSION, *Le mal, le bien...*,
p. 151–164: «Le jugement en Qo 3, 16–22».
  [34] Cf. G. S. OGDEN, *Qoheleth*, p. 58–63.
  [35] Seule la première motivation est introduite par la conjonction כִּי (3, 19).
  [36] Le terme מות (mort) est employé ici à deux reprises.
  [37] Le terme העפר (poussière) est employé, lui aussi, à deux reprises dans ce verset.
Le terme מקום qui revient, par trois fois, dans le seul v. 19 n'est pas sans relation avec
les questions et convictions exprimées dans la section précédente (3, 9–15).

La clé de compréhension de la réflexion sapientielle de 3, 16–20 est le motif du *sort* (מקרה)[38]. Il explicite non seulement le motif de la mort comme sort commun qui attend tous les êtres vivants, mais encore celui de l'absence de connaissance que l'homme a de son avenir, y compris après sa mort. Ce motif de l'ignorance de l'avenir de l'homme est repris au moyen de deux formules rhétoriques, en 3, 21 et en 3,22b, qui posent à nouveau la question de l'ignorance des plans de Dieu après la mort.

Tout en reprenant ce qui précède, la question de 3, 21 s'ouvre à ce qui suit. Elle fait sortir de l'uniformité du sort commun, en posant la distinction entre deux catégories de souffle (רוח). Qui sait (מי יודע) ce qui différencie le souffle de l'homme de celui de la bête après la mort? Cette question, qui appelle évidemment une réponse négative[39], réintroduit dans la réflexion du sage la thématique du bonheur du v. 22: « Et j'ai vu qu'il n'y a rien de bon, sinon que l'homme se réjouisse de ses œuvres, car telle est sa part. Qui l'emmènera voir ce qui arrivera par la suite? »

Le v. 22, introduit par l'expression verbale וְרָאִיתִי כִּי («et j'ai vu que»), ne constitue donc pas l'annonce d'un nouveau développement sur l'expérience humaine, mais il est la seule réponse dont l'homme dispose présentement pour poursuivre son existence terrestre[40]. Personne, hormis Dieu lui-même, n'est en mesure de savoir ce qui différencie l'homme de la bête après la mort. C'est pourquoi, est aussitôt rappelée cette conviction exprimée dans la *parole de bonheur* précédente (3, 12–13): le peu de renseignement dont l'homme dispose sur son avenir ne doit pas le priver, dans l'immédiat, de jouir des choses agréables que lui procure déjà sa vie sur la terre.

En conséquence, la nouvelle *parole de bonheur* de 3, 22 reprend et spécifie celle de 3, 12–13. Toutefois, n'appartenant pas à la même unité littéraire, elle n'en est pas la reprise pure et simple[41]. Le bonheur proclamé en 3, 22 répond aux réflexions qui précèdent (3, 16–21). La troisième

---

[38] Au sujet de l'emploi du terme מקרה chez Qohélet, voir G. Von Rad, *Israël et la sagesse*, p. 266–267 et V. D'Alario, « Liberté de Dieu ou destin? Un autre dilemme dans l'interprétation du Qohélet », *in Qohelet in the Context of Wisdom*, p. 458.

[39] J. Vilchez Lindez, *Eclesiastés…*, p. 256.

[40] Pour cette raison, A. Schoors propose de traduire cette expression verbale par: « j'en conclus que » (cf. A. Schoors, « La structure littéraire de Qohélet », p. 102–103).

[41] Il n'est donc pas possible, selon nous, de considérer 3, 12–13 et 3, 22 comme une seule et même *parole de bonheur*, contrairement à ce que propose A. Niccacci *in* « Qohelet o la gioia come fatica e dono di Dio a chi lo teme », p. 29–102 (surtout p. 60–65).

parole a pour caractéristique d'introduire, dans la problématique du bonheur, le motif de la *part* qui revient en propre à l'homme. Le syntagme חֶלְקוֹ («sa part») de 3, 22a répond au double אֶחָד, («unique») de 3, 19–20. Bien qu'un même sort et un même lieu attendent tous les vivants, il n'en demeure pas moins que seul l'homme dispose d'une *part*, c'est-à-dire de la capacité de se réjouir déjà des bienfaits de la vie, indépendamment d'un futur dont il n'a pas la maîtrise[42].

Quant à la question de 3, 22b («qui l'emmènera voir ce qui arrivera par la suite?»), elle complète la *parole de bonheur* de 3, 22a, tout en rappelant la question de 3, 21. Comme pour le verset précédent, la question de 3, 22b appelle une réponse négative. L'homme ignore tout de son avenir. Seul Dieu sait, lui qui connaît la différence de destinée entre l'homme et la bête. *A contrario*, la question du sage est une invitation pressante à profiter du temps présent, en jouissant des plaisirs de la vie parce qu'il sait ce qu'il peut obtenir, dès à présent, de la part de Dieu.

Pas davantage que dans les autres *paroles de bonheur*, il n'est question ici d'une recherche personnelle de plaisir. Qohélet n'est pas devenu, entre temps, ce jouisseur de la vie qu'on a voulu parfois présenter. D. Lys soutient clairement cette idée dans son commentaire de cette *parole de bonheur*: «Il semble donc que Qohélet ait évité une formulation trop sensualiste qui aurait risqué de le faire confondre avec des hédonistes irresponsables. Il souligne simplement que la vie se trouve non pas dans un au-delà mais dans l'ici-bas, qu'elle est donc limitée, et que c'est dans ces limites que l'homme peut réaliser quelque chose et en jouir. Cette jouissance est son lot et ce lot est un don de Dieu (3, 13).»[43]

d) *La quatrième* parole de bonheur *(5, 17–19) en son contexte*

Comme à son habitude, Qohélet entame sa réflexion en s'appuyant sur une série d'observations introduites, chacune, par le verbe רָאָה[44]:
- En 5, 12, débute une nouvelle phase d'observation introduite par la formule: «Il y a un mal douloureux que **j'ai vu** sous le soleil /.../» (יֵשׁ רָעָה חוֹלָה רָאִיתִי תַּחַת הַשָּׁמֶשׁ) et qui s'achève en 5, 16.

---

[42] Qohélet reviendra sur le motif de *part* dans la *quatrième* et la *sixième parole* de bonheur.

[43] D. Lys, *L'Ecclésiaste ou que vaut la vie?*…, p. 406–407. Cependant, nous ne le suivons pas lorsqu'il interprète la question de l'après-mort dans le sens d'une résurrection.

[44] N. Lohfink, *Qoheleth*, p. 82–83.

– Cette formule est reprise, quasiment à l'identique, au début de la section suivante, en 6, 1 : « Il y a un mal que **j'ai vu** sous le soleil /.../ » (יֵשׁ רָעָה אֲשֶׁר רָאִיתִי תַּחַת הַשָּׁמֶשׁ).

Entre ces deux circonstances négatives, le sage introduit, en 5, 17, une alternative plus heureuse, avec le même verbe ראה : « Voici ce que, moi, **je vois** /.../ » (הִנֵּה אֲשֶׁר־רָאִיתִי אָנִי).

La péricope de 5, 17–19 apparaît donc comme une agréable transition entre deux séries d'observations négatives (5, 12–6, 2) : elle conclut une série (5, 12–16) et elle en introduit une autre (6, 1–2). Cette caractéristique va, à nouveau, entraîner la thématique du bonheur dans la dynamique sapientielle de l'ouvrage.

Plus précisément, cette quatrième *parole de bonheur* vient conclure deux types de considérations négatives : l'une affirmée solennellement en 5, 12 ; l'autre présentée plus sobrement en 5, 15. Chacune de ces deux énonciations introduit la description de deux cas d'espèce qui constituent, chacun, un « mal douloureux » (רָעָה חוֹלָה) pour celui qui le vit :

– La première considération (5, 12–14) est introduite au v. 12a : « Il y a **un mal douloureux** que j'ai vu sous le soleil /.../ » (יֵשׁ רָעָה חוֹלָה רָאִיתִי תַּחַת הַשָּׁמֶשׁ). Il y est question de richesse grâce au terme עשׁר mis en évidence par l'asyndète du début du second stique. Voici que la richesse, acquise par un homme, est engloutie dans une « mauvaise affaire » (בְּעִנְיַן רָע)[45]. Pire, quand son fils arrive au monde, il est démuni de tout. La situation de ce fils n'est évidemment pas sans rappeler celle de Job. Cependant, à la différence de ce dernier qui, en pareille circonstance, bénit le nom du Seigneur (Jb 1, 21), Qohélet fait part, quant à lui, de son amertume : « et, de sa peine, il ne retirera rien qu'il puisse emporter dans sa main. » (5, 14b).

– La seconde considération (5, 15–16), introduite au v. 15a par : « Et cela aussi est **un mal douloureux** /.../ » (וְגַם־זֹה רָעָה חוֹלָה), reprend certains éléments constitutifs de la description précédente, notamment la racine עמל[46] ainsi que le verbe בוא[47]. La répétition

---

[45] Cette expression a déjà été employée deux fois dans le livre : 1, 13b et 4, 8b. Avec 5, 12–16, nous nous trouvons dans la situation contraire de la prospérité décrite en 2, 3–10.

[46] Ce terme se retrouvera, à plusieurs reprises, dans la parole de bonheur (5, 17.18a).

[47] Cf. 5, 14a.15a.

de ces mots de vocabulaire pose une question : de quelle peine s'agit-il ici ? Qui est maintenant le sujet de בוא ? Autrement dit, cette nouvelle situation reproduit-elle exactement la précédente ? Rien n'est moins sûr. Dans les deux cas, il est constaté un « mal douloureux » (רָעָה חוֹלָה). Mais, ce mal est-il celui du père qui a tout perdu ou bien celui du fils qu'il a engendré et qui vit dans le dénuement le plus complet ? Deux hypothèses sont à distinguer :

– La première constatation viserait le mal douloureux du fils, causé par l'absence de transmission des richesses de son père. À cette fin, le sage décrit la situation dramatique du fils au moyen du nom יד (main) associé au pronom indéfini מאומה (rien). En raison de la faillite de son père, le fils est nu : il n'a rien en main (וְאֵין בְּיָדוֹ מְאוּמָה) à sa naissance (5, 13b) et, plus tard, sa main ne recevra pas davantage (וּמְאוּמָה לֹא־יִשָּׂא בַעֲמָלוֹ שֶׁיֹּלֵךְ בְּיָדוֹ) (5, 14b)[48]. Cette situation tragique est résumée en 5, 14a : « nu, **il s'en retournera comme il était venu** /…/ » (עָרוֹם יָשׁוּב לָלֶכֶת כְּשֶׁבָּא). Il retournera (שׁוב) dans le même état d'où il est venu (בוא).

– La seconde constatation viserait alors le mal douloureux du père. Le verbe בוא est employé, en 5, 15a, pour résumer la situation du père : « qu'il s'en aille comme **il est venu**. » (כָּל־עֻמַּת שֶׁבָּא כֵּן יֵלֵךְ). Le père, lui aussi, repartira sans rien. Entre temps, il a amassé des richesses qu'il a perdues, ce qui peut expliquer la substitution du verbe שׁוב (retourner) par le verbe הלך (aller). La différence verbale permet alors de comprendre cette double situation : un père ayant vécu riche puis ruiné, un fils ne bénéficiant, dès le départ, d'aucun héritage. La reconnaissance de la situation tragique du père est aggravée par la reprise rhétorique de l'absence de tout profit dans la

---

[48] Pour certains commentateurs, comme N. Lohfink (*Qoheleth*, p. 83–84) et M. V. Fox (*A Time to tear down…*, p. 238), les deux considérations concerneraient exclusivement le père. En revanche, J. L. Crenshaw (*Ecclesiastes*, p. 123), R. Murphy, (*Ecclesiastes*, p. 52), C.-L. Seow (*Ecclesiastes*, p. 221) et Th. Krüger (*Qoheleth*, p. 121) estiment qu'il convient de laisser à ce verset son ambiguïté (volontaire ?). Ceux qui soutiennent une interprétation de ce v. 14b en faveur du père invoquent l'emploi du syntagme בעמלו. Or, selon nous, cet argument n'est guère probant, étant donné que ce syntagme n'a pas été employé jusque-là, ni au sujet du père, ni au sujet du fils. Il peut donc tout aussi bien s'appliquer à l'un ou à l'autre. C'est ce que laissent entendre les propos sur le bonheur : le don des richesses comme celui des réjouissances sont offerts à tout être humain sans distinction (כל־האדם) (v. 18a).

peine (5, 15b)[49] et par l'énumération de ce qu'est maintenant devenue sa vie : ténèbres, deuil[50], grand chagrin, souffrance et irritation (5, 16).

C'est dans ce contexte d'appauvrissement familial que jaillit la quatrième *parole de bonheur*. Elle reprend, de manière positive, certains des mots-clés du passage précédent, dont la racine עמל et le motif de *part*[51] :

- Dans les propos de bonheur, la racine עמל revient par trois fois (5, 17.18a). Ainsi, se réjouir « **dans toute sa peine qu'il peine** (בְּכָל־עֲמָלוֹ שֶׁיַּעֲמֹל) sous le soleil » (v. 17) et de « prendre sa part et de se réjouir **dans sa peine** (בַּעֲמָלוֹ) » (v. 18a) sont-ils une réponse, non seulement à la situation du fils : « et **de sa peine** (בַּעֲמָלוֹ), il ne retirera rien qu'il puisse emporter dans sa main » (v. 14b), mais encore à celle du père : « quel profit pour lui que **d'avoir peiné** (שֶׁיַּעֲמֹל) pour du vent ? » (v. 15b).

- Quant au motif de *la part*, il vient en réponse à la question rhétorique de l'absence de profit dans la peine (cf. 5, 15b). Si l'homme ne recueille aucun bien profitable dans sa souffrance, au moins peut-il bénéficier d'une part de bonheur, en raison des bienfaits que Dieu lui accorde.

D'une certaine manière, cette quatrième *parole de bonheur* se situe dans le sillage des trois *paroles* précédentes. Néanmoins, l'affirmation du bonheur gagne en intensité. En raison de la solennité du style employé, en 5, 17, la reconnaissance qu'il y a à se réjouir prend maintenant la forme d'une véritable déclaration de bonheur au sujet de laquelle, pour la première fois, le mot טוֹב est introduit de manière positive : « le bon qui est agréable /.../ » (טוֹב אֲשֶׁר־יָפֶה). Le contenu de cette proclamation est, lui aussi, amplifié. L'auteur sacré paraît plus insistant dans son ouverture positive face aux situations concrètes d'injustice. Non seulement sa réponse reprend les termes-clés sur le bonheur[52] mais, en plus, elle récapitule l'ensemble de la problématique théologique du

---

[49] Cf. 1, 3 ; 3, 9 ; 6, 8.11.
[50] Conformément à la LXX, nous lisons la racine אבל (deuil) au lieu de אכל (manger). S'agit-il alors du deuil au sujet de la mort du fils suite à la déconfiture du père ?
[51] Cf. A. Schoors, « La structure littéraire de Qohéleth », p. 106–107 ; R. Murphy, *Ecclesiastes*, p. 53 ; C.-L. Seow, *Ecclesiastes*, p. 222.
[52] Manger, boire, goûter le bonheur dans la peine (5, 17), se réjouir dans la peine (5, 18).

bonheur mise en valeur jusque-là : les fragiles moments de plaisir sont de véritables instants de bonheur dans la mesure où ils sont, dans le même temps, une *part* de l'homme et un don de Dieu.

À partir de 5, 18, cette problématique est explicitée par l'introduction de la particule de conjonction גַּם[53]. Au motif du don de la richesse et des biens, s'ajoute celui du pouvoir sur les choses (שׁלט). Fidèle à son habitude, le maître de sagesse procède de manière dialectique. Il distingue deux cas de figure[54] :

- Dans le premier cas (5, 18–19), Dieu donne à l'homme des biens et, dans le même temps, il lui offre « la faculté d'en manger, d'en prendre sa part et de se réjouir dans sa peine » (וְהִשְׁלִיטוֹ לֶאֱכֹל מִמֶּנּוּ וְלָשֵׂאת אֶת־חֶלְקוֹ וְלִשְׂמֹחַ בַּעֲמָלוֹ) (5, 18a). Cette situation est qualifiée de « don de Dieu » (זֹה מַתַּת אֱלֹהִים הִיא) (5, 18b).

- Dans le second cas (6, 1–2), Dieu donne seulement des biens en faveur de l'homme. Mais, il ne lui « laisse pas la faculté d'en manger car c'est un étranger qui le mange » (וְלֹא־יַשְׁלִיטֶנּוּ הָאֱלֹהִים לֶאֱכֹל מִמֶּנּוּ כִּי אִישׁ נָכְרִי יֹאכֲלֶנּוּ) (6, 2a). Cette situation défavorable est dite « vanité et douleur mauvaise » (זֶה הֶבֶל וָחֳלִי רָע הוּא) (6, 2b). La qualification de רע fait référence au substantif רעה de la formule introductive de 6, 1, laquelle fait le pendant avec 5, 12. L'homme[55], à qui n'est pas donné l'usage de ses biens, se trouve donc dans la

---

[53] B. Isaksson, *Studies in the Language of Qoheleth, with Special Emphasis on the Verbal System*, (AUU.SSU 10), Almqvist and Wiksell, Uppsala, 1987, p. 120–121. L'auteur fait un parallèle syntaxique entre deux paroles de bonheur qui contiennent la particule גם (3, 13 et 5, 18). La particule גם exprime un fait évident. Pourtant, selon lui, le message délivré par Qohélet en 5, 18 est plus complexe : « This might be the usual course of life, but man should learn that it is actually the gift of God, which he may give or withhold as it pleases him. This 'normal' state of affairs, meaning that God is giving and enabling to enjoy the given, is, as may be expected, described by two SC forms, נָתַן and וְהִשְׁלִיטוֹ ». Sur ce point, voir également, Fr. Laurent, *Les biens pour rien…*, p. 155–156.

[54] En commençant, cette fois-ci, par l'hypothèse positive (5, 18–19) pour finir par l'hypothèse négative (6, 1–2).

[55] Il est à remarquer qu'en 6, 2, c'est le terme אִישׁ (l'homme en particulier) qui est employé, et non plus le terme générique אדם (tout être humain). C.-L. Seow résume cette différence de la manière suivante : « As a general rule, God already has permitted humans (כל־האדם) to enjoy what they have, given them material possessions, and authorized them to partake of what they have as their portion. This is the manifestation of God's gift to humanity. Yet there are instances when that gift is not evident, when the same God who gives material possessions may not give certain individuals the ability to enjoy them. » (cf. C.-L. Seow, *Ecclesiastes*, p. 225).

même situation que le riche qui, lui, a tout perdu. L'un et l'autre ont en commun de n'éprouver que de la douleur (חֳלִי)[56].

En raison de ce contexte négatif environnant, la quatrième *parole de bonheur* survient comme un vibrant plaidoyer à saisir sans tarder les joies concrètes de tous les jours. Il y a lieu de se réjouir déjà de ce que nous possédons, étant donné qu'un jour tout peut disparaître (cf. 5, 12–16). Il y a aussi lieu de se réjouir sans tarder tant qu'il nous est donné la capacité de le faire (cf. 6, 1–2). Néanmoins, il serait erroné de comprendre comme une invitation au *carpe diem* cette nouvelle insistance à cueillir le bonheur. Car, c'est toujours Dieu qui est à l'œuvre : soit en donnant les biens qui réjouissent, soit en donnant les moyens de se réjouir.

Dans un tel contexte, il est possible de proposer une interprétation du sens controversé du v. 19b : « en effet, il ne se souvient pas beaucoup des jours de sa vie car (le) Dieu l'occupe avec la joie de son cœur. » (כִּי לֹא הַרְבֵּה יִזְכֹּר אֶת־יְמֵי חַיָּיו כִּי הָאֱלֹהִים מַעֲנֶה בְּשִׂמְחַת לִבּוֹ). Ce qui fait difficulté dans ce verset, c'est l'interprétation du participe *hiph'il* מַעֲנֶה, unique emploi de ענה à la forme *hiph'il* dans toute la BH. Grammaticalement, la racine recouvre trois sens possibles : "répondre" (I), "occuper" (II), "être affligé" (III), "chanter" (IV)[57]. Comment choisir ? Sur cette question, les commentateurs sont divisés. Pour une grande majorité d'entre eux, le terme מַעֲנֶה est à comprendre dans le sens d'occupation[58]. Ces auteurs insistent principalement sur le lien entre cette forme מַעֲנֶה et le substantif עִנְיָן fréquemment employé dans le livre, et que l'on trouve dans la péricope, en 5, 13a. D'autres commentateurs

---

[56] Cf. 5, 16b et 6, 2b. Pour une interprétation possible du défaut de permission de Dieu en 6, 11–12, en lien avec l'attitude possessive de l'homme, voir M. MAUSSION, «Qohélet 6, 1–2 : "Dieu ne permet pas…"», *VT* 55 (2005), p. 501–510.

[57] BDB, p. 772–777.

[58] G. A. BARTON, «The Text and Interpretation of Ecclesiastes 5, 19», *JBL* 27 (1908), p. 65–66 ; E. PODECHARD, *L'Ecclésiaste*, p. 353–354 ; L. DI FONZO, *Ecclesiaste*, p. 212–213 ; D. LYS, *L'Ecclésiaste ou que vaut la vie ?…*, p. 19 ; J. L. CRENSHAW, *Ecclesiastes*, p. 120.125 ; D. MICHEL, *Qohelet*, p. 145 ; G. RAVASI, *Qohelet*, p. 217 (surtout la note 7) ; R. MURPHY, «On translating Ecclesiastes», p. 578–579, *Ecclesiastes*, p. 45.47–48 ; J. VILCHEZ LINDEZ, *Eclesiastés…*, p. 287–290 ; C.-L. SEOW, *Ecclesiastes*, p. 223–224 ; M. V. FOX, *Qohelet and His Contradictions*, p. 73 et *A Time to tear down…*, p. 238–241 ; A. SCHOORS, «L'ambiguità della gioia in Qohelet», p. 281–282 ; Fr. LAURENT, *Les biens pour rien…*, p. 169 ; Th. KRÜGER, *Qoheleth*, p. 116–117.

défendent le premier sens de ענה, à savoir "répondre"[59]. Pour cela, ils avancent trois arguments:

- D'abord, un argument d'ordre grammatical selon lequel le participe מַעֲנֶה n'est suivi d'aucun complément d'objet.
- Ensuite, un argument d'ordre théologique selon lequel le passage 5, 17–19 contient une forte concentration du nom de Dieu (4 fois) à laquelle s'ajoutent les deux occurrences de 6, 2.
- Enfin, un argument d'ordre syntaxique selon lequel 5, 17–19 n'est pas uniquement un passage de transition permettant d'introduire la question de Dieu. Mais il offre un message spécifique: celui d'une révélation de Dieu[60].

Le mérite de cette position, aux accents fortement théologiques, est de rejeter catégoriquement la thèse de la jouissance de la vie comme drogue. Néanmoins, le contexte littéraire et thématique de 5, 12–6, 2 milite davantage en faveur d'une traduction de מַעֲנֶה dans le sens d'une "occupation" divine:

- Déjà sur le plan grammatical, on ne peut pas, à notre avis, passer outre l'emploi conjoint, dans la même unité littéraire, de deux termes typiques de l'œuvre de Qohélet: עִנְיָן[61] (5, 13) et מַעֲנֶה (5, 19).
- De plus, à propos du seul emploi de ענה au hiph'il, nous savons combien, grâce au verbe שלט, la proclamation du bonheur se fait plus insistante. En effet, le double emploi de שלט au hiph'il (5, 18a et 6, 2a) n'est pas sans rappeler l'emploi de ענה dont le v. 19 vient apporter une explicitation par le biais de la conjonction explicative כי.

---

[59] R. GORDIS, Koheleth—The Man and His World., p. 255–256; A. BONORA, Qohelet., p. 72 et 91; A. GIANTO, « The Theme of Enjoyment in Qohelet », Bib 73 (1992), p. 528–532 (surtout p. 530); L. SCHWIENHORST-SCHÖNBERGER, Nicht im Menschen…, p. 149; N. LOHFINK, « Qoheleth 5, 17–19, Revelation by joy » et Qoheleth, p. 84–85; M. MAUSSION, Le mal, le bien…, p. 136–140. À noter la position autant originale qu'étonnante de E. P. Lee qui retient conjointement les deux interprétations d'occcuper et de répondre (cf. E. P. LEE, The Vitality of Enjoyment in Qohelet's Theological Rhetoric, p. 49).

[60] Argument avancé principalement par N. Lohfink in « Qoheleth 5, 17–19. Revelation by joy », p. 632: « There must be a second purpose to this passage which cannot be reduced to the logic of what came before and what will come after […]. But, as orderly logical concatenation is not the highest value in the kind of literature Qoheleth belongs to, it may even be that, on the whole, the references to God in the passage are more important than what they contribute to the immediate context. »

[61] Pour mémoire, le terme עִנְיָן, qui ne se trouve que dans le livre de Qohélet, apparaît huit fois au total: 1, 13; 2, 23.26; 3, 10; 4, 8; 5, 2.13; 8, 16.

– Sur le plan thématique enfin, il ressort du contexte étudié qu'il y a des moments favorables où Dieu accorde à l'homme la maîtrise des biens qu'il possède (5, 18–19). Mais cela n'est pas toujours le cas (6, 2). Aussi, tout homme est-il invité, *a contrario*, à s'attacher à toutes ces occasions de félicité que Dieu lui offre pour lui faire oublier, pour un temps, les douleurs de son existence. À ce sujet, il est à remarquer qu'en 5, 19, le motif de la peine fait défaut puisque la racine עמל est absente. Mais l'idée de souffrance est-elle absente pour autant ? Ne peut-on pas admettre, par exemple, que l'expression ימי חייו en tienne lieu ? L'expression ימי חייו est déjà apparue, en 5, 17, en relation avec la racine עמל. Plus loin, dans la *cinquième parole* de bonheur, la reprise de l'expression ימי חייו dans la phrase וְהוּא יִלְוֶנּוּ בַעֲמָלוֹ יְמֵי חַיָּיו (« et cela l'accompagne dans sa peine durant les jours de sa vie ») nous donne raison (8, 15).

Cette quatrième *parole de bonheur* s'achève donc de manière abrupte, au point de remettre en cause le contenu même de la déclaration. En réalité, c'est pour lui faire oublier le poids de son affliction que Dieu l'occupe avec la joie qu'il lui accorde au jour le jour[62]. Cette déclaration n'efface donc pas l'affirmation solennelle d'un bonheur de vivre. Elle reflète seulement la démarche sapientielle de l'auteur sacré : parallèlement aux situations de souffrance qui se vivent sous le soleil, il y a un bonheur qui vaut la peine d'être vécu car il vient de Dieu. Il est la réponse immédiate à la question de savoir quel profit l'homme peut retirer maintenant de sa vie sur la terre. Cette reconnaissance théologique d'un réel bonheur de vivre se poursuit et même s'intensifie, à travers les autres propos positifs du sage, au fil de la vie, malgré sa fragilité et la certitude de sa fin. Cette prise de conscience plus aiguë du bien conduit Qohélet à s'impliquer plus ouvertement dans les trois dernières *paroles de bonheur*.

2. *Les trois dernières* paroles de bonheur

a) *La cinquième* parole de bonheur *(8, 15) en son contexte*

Prise dans son contexte, la cinquième *parole de bonheur* se situe immédiatement après la description d'une situation concrète mettant à mal

---

[62] L'oubli est le propre de l'homme (cf. 1, 11).

le principe de la rétribution. Cette situation est présentée au moyen du parallélisme antithétique de 8, 14 : « Il y a une vanité qui se produit sur la terre : il y a des justes qui subissent le sort que mérite l'œuvre des méchants. Il y a des méchants qui subissent le sort que mérite l'œuvre des justes. Je dis que cela aussi est vanité. »

Cette sentence résume le contenu d'une unité qui a débuté en 8, 9. En reprenant le verbe ראה, le v. 9a introduit, sous la forme d'une longue expression, les investigations du sage : « Tout cela, je l'ai vu en adonnant mon cœur à toutes les œuvres qui se sont faites sous le soleil /.../ » (אֶת־כָּל־זֶה רָאִיתִי וְנָתוֹן אֶת־לִבִּי לְכָל־מַעֲשֶׂה אֲשֶׁר נַעֲשָׂה תַּחַת הַשָּׁמֶשׁ).

Dans ses termes-mêmes, cette expression synthétise des formules-types qui ont servi à introduire les réflexions du début du livre :

– en 1, 14 : « J'ai vu toutes les œuvres qui se font sous le soleil /.../ » (רָאִיתִי אֶת־כָּל־הַמַּעֲשִׂים שֶׁנַּעֲשׂוּ תַּחַת הַשָּׁמֶשׁ).
– en 1, 17a : (« J'ai adonné mon cœur pour connaître la sagesse et la connaissance, la folie et la sottise /.../ » וָאֶתְּנָה לִבִּי לָדַעַת חָכְמָה (וְדַעַת הוֹלֵלוֹת וְשִׂכְלוּת).

Les deux expressions verbales de 8, 9 (נתן לב / ראה) seront reprises alternativement dans la suite des versets des chapitres 8 et 9 :

– en 8, 10a, le verbe ראה vient aussitôt introduire le thème de l'oubli du souvenir des méchants, après leur mort : « Et c'est ainsi que j'ai vu des méchants conduits au tombeau /.../ » (וּבְכֵן רָאִיתִי רְשָׁעִים קְבֻרִים וָבָאוּ).
– en 8, 16a, l'expression לב נתן[63] porte sur la connaissance de la sagesse : « Lorsque **j'ai adonné mon cœur** à connaître la sagesse et à voir l'occupation qui se fait sur la terre /.../ » (כַּאֲשֶׁר נָתַתִּי אֶת־לִבִּי לָדַעַת חָכְמָה וְלִרְאוֹת אֶת־הָעִנְיָן אֲשֶׁר נַעֲשָׂה עַל־הָאָרֶץ).
– en 8, 17, le verbe ראה élargit le regard à l'œuvre de Dieu : « alors **j'ai vu** toute l'œuvre de Dieu /.../ » (וְרָאִיתִי אֶת־כָּל־מַעֲשֵׂה הָאֱלֹהִים).
– en 9, 1a, enfin, l'expression verbale לב נתן concerne ceux qui sont dans la main de Dieu : « Oui, à tout ceci, j'ai adonné mon cœur à observer et voici : les justes, les sages et leurs actions sont dans la main de (du) Dieu /.../ » (כִּי אֶת־כָּל־זֶה נָתַתִּי אֶל־לִבִּי וְלָבוּר אֶת־כָּל־זֶה).

---

[63] Cette expression, qui signifie littéralement "donner son cœur", est généralement traduite par l'expression "mettre son attention / son esprit / son cœur à..." (cf. R. MURPHY, *Ecclesiastes*, p. 79–80 ; M. V. Fox, *A time to tear down...*, p. 290). Il est préférable de la traduire par l'expression "adonner son cœur à..." pour mieux rendre, en français, le sens de la racine נתן.

אֲשֶׁר הַצַּדִּיקִים וְהַחֲכָמִים וַעֲבָדֵיהֶם בְּיַד הָאֱלֹהִים). Dans ce verset, revient l'expression אֶת־כָּל־זֶה mentionnée en 8, 9.

Cette lecture formelle permet de délimiter une section en 8, 9–17. Au sein de cette section, se dégage une unité littéraire en 8, 9–14[64], introduite, aux v. 9 et 10, par le verbe ראה (voir = observer) et conclue, en 8, 14 par le verbe אמר (dire). Après un intermède d'exultation de joie (8, 15), la réflexion reprend, avec l'expression verbale נתן לב, autour du thème de la sagesse (8, 16). L'ensemble de ces réflexions humaines feront, ensuite, l'objet d'une relecture théologique au regard de l'action de Dieu: בְּיַד הָאֱלֹהִים (9, 1), אֶת־כָּל־מַעֲשֵׂה הָאֱלֹהִים (8, 17)[65].

Au sein de la présente unité littéraire (8, 9–14), il est possible de distinguer plusieurs péricopes selon le vocabulaire et le style employés:

- À partir 8, 9–10, l'auteur sacré s'exprime, à nouveau, à la première personne du singulier (רָאִיתִי)[66] pour signifier que son observation de l'expérience humaine dément l'application du principe de la rétribution: l'attitude perverse des méchants est bien vite oubliée. Cette description s'achève, au v. 10b, par la reprise du court refrain sur la vanité: גַּם־זֶה הָבֶל.

- En 8, 11–13, la réflexion se poursuit autour du motif de la crainte introduit par le verbe ידע (connaître = reconnaître) et débouche sur une double citation en 8, 12b-13. Deux cas de figure s'offrent au lecteur:
  - il y aura du bonheur (יִהְיֶה־טּוֹב) pour ceux qui expriment de la crainte envers Dieu: לְיִרְאֵי הָאֱלֹהִים אֲשֶׁר יִירְאוּ מִלְּפָנָיו (8, 12b)
  - il n'y aura pas de bonheur (וְטוֹב לֹא־יִהְיֶה) pour ceux qui restent dans leur méchanceté car ils sont sans crainte de Dieu: אֵינֶנּוּ יָרֵא מִלִּפְנֵי אֱלֹהִים (8, 13b).
  Ces deux versets ne s'achèvent par aucun refrain sur la vanité.

- Enfin, 8, 14 résume la différence de traitement observée entre le sort du juste et celui du méchant. Il le fait sous la forme d'une

---

[64] J. VILCHEZ LINDEZ, *Eclesiastés…*, p. 342–345; M. V. FOX, *A Time to tear down…*, p. 282–287 et *Qohelet and His Contradictions*, p. 249–253; R. MURPHY, *Ecclesiastes*, p. 79–87; L. MAZZINGHI, *Ho Cercato…*, p. 428–430; Th. KRÜGER, *Qoheleth*, p. 158–162. Pour une autre proposition de structure, voir N. LOHFINK, *Qoheleth*, p. 104–113.

[65] Pour une étude de 8, 16–17, voir H. SIMIAN-YOFRE, «Conoscere la sapienza: Qohelet e Genesi 2–3», *in Il libro del Qohelet…* (G. Bellia – A Passaro dir.), p. 314–336 (surtout p. 324–327).

[66] Il ne l'a plus fait sous une forme verbale conjuguée depuis 7, 29.

déclaration de vanité. À cet effet, le terme הבל forme, ici, une
inclusion: יֵשׁ־הֶבֶל (v. 14a) / אָמַרְתִּי שֶׁגַּם־זֶה הָבֶל (v. 14b).

En 8, 15, la parole de bonheur vient surprendre le lecteur. À la différence
des autres cas de figure, ce propos sur la joie ne contient quasiment
aucun des termes ou motifs immédiatement énoncés dans les versets
qui précèdent ou qui suivent. Toutefois, la reprise de la racine טוב, au
v. 15, permet de mettre en relation la *parole de bonheur* avec le motif
de la crainte de Dieu:

8, 11–13	8, 15
11 אֲשֶׁר אֵין־נַעֲשָׂה פִתְגָם מַעֲשֵׂה הָרָעָה מְהֵרָה עַל־כֵּן מָלֵא לֵב בְּנֵי־הָאָדָם בָּהֶם לַעֲשׂוֹת רָע 12 אֲשֶׁר חֹטֶא עֹשֶׂה רָע מְאַת וּמַאֲרִיךְ לוֹ כִּי גַּם־יוֹדֵעַ אָנִי אֲשֶׁר יִהְיֶה־טּוֹב לְיִרְאֵי הָאֱלֹהִים אֲשֶׁר יִירְאוּ מִלְּפָנָיו 13 וְטוֹב לֹא־יִהְיֶה לָרָשָׁע וְלֹא־יַאֲרִיךְ יָמִים כַּצֵּל אֲשֶׁר אֵינֶנּוּ יָרֵא מִלִּפְנֵי אֱלֹהִים	15 וְשִׁבַּחְתִּי אֲנִי אֶת־הַשִּׂמְחָה אֲשֶׁר אֵין־טוֹב לָאָדָם תַּחַת הַשֶּׁמֶשׁ כִּי אִם־לֶאֱכוֹל וְלִשְׁתּוֹת וְלִשְׂמוֹחַ וְהוּא יִלְוֶנּוּ בַעֲמָלוֹ יְמֵי חַיָּיו אֲשֶׁר־נָתַן־לוֹ הָאֱלֹהִים תַּחַת הַשָּׁמֶשׁ

Le bonheur que proclame le sage n'est donc accessible qu'à celui qui
craint Dieu[67]. Pour le reste, le contenu d'un tel bonheur reprend bon
nombre des motifs antérieurement dégagés dans les autres paroles
optimistes du sage.

Une fois encore, un bonheur est affirmé dans les activités agréables de
la vie de tous les jours (manger, boire, se réjouir). Il se laisse découvrir

---

[67] La relation entre bonheur de l'homme et crainte de Dieu a été explicitée par
L. Mazzinghi, «Qohelet tra giudaismo ed ellenismo. Un'indagine a partire da Qo 7,
15–18», *in Il libro del Qohelet*... (G. Bellia - A. Passaro dir.), p. 90–116. En particulier,
voici en quels termes l'auteur envisage cette relation à propos de 8, 11–15: «Credo però
che sia possibile dire di più: nel Qohelet, timore di Dio e gioia vanno di pari passo (3,
12–15; 8, 11–15), senza con ciò risolvere del tutto il problema dell'esistenza, che resta
alla fine incomprensibile all'uomo. Il temere Dio è tuttavia qualcosa di positivo, non è
un atteggiamento legato alla possibilità di ricompensa (8, 12–13) (...). Il temere Dio,
assieme alla gioia, è ciò che permette all'uomo di entrare in relazione con Dio; solo in
apparenza, perciò, il timore contrasta con la gioia; si tratta, in realtà, dello stesso atte-
giamento vissuto su due piani distinti. Il timore è rispetto della trascendenza e dell'opera
misteriosa di Dio, la gioia è l'accoglienza dei suoi doni in questa vita, "sotto il sole". Il
timore esprime la lontananza di Dio, la gioia, invece, la sua presenza.» (p. 110–111).

dans ou malgré la peine que prend l'homme (בַּעֲמָלוֹ). Et il est un don qui vient de Dieu (אֲשֶׁר־נָתַן־לוֹ הָאֱלֹהִים). En ce sens, la *parole de bonheur* de 8, 15 récapitule toutes les autres *paroles*. Cela se vérifie aisément à travers la lecture synoptique de cette parole de bonheur avec les quatre premières[68] :

2, 24	8, 15
אֵין־טוֹב בָּאָדָם שֶׁיֹּאכַל וְשָׁתָה וְהֶרְאָה אֶת־נַפְשׁוֹ טוֹב **בַּעֲמָלוֹ** גַּם־זֹה רָאִיתִי אָנִי כִּי מִיַּד הָאֱלֹהִים הִיא	אֵין־טוֹב לָאָדָם תַּחַת הַשֶּׁמֶשׁ כִּי אִם־לֶאֱכוֹל וְלִשְׁתּוֹת וְלִשְׂמוֹחַ וְהוּא יִלְוֶנּוּ **בַעֲמָלוֹ** יְמֵי חַיָּיו אֲשֶׁר־נָתַן־לוֹ הָאֱלֹהִים תַּחַת הַשֶּׁמֶשׁ

3, 12–13	8, 15
12 יָדַעְתִּי כִּי אֵין טוֹב בָּם כִּי אִם־לִשְׂמוֹחַ וְלַעֲשׂוֹת טוֹב בְּחַיָּיו 13 וְגַם כָּל־הָאָדָם שֶׁיֹּאכַל וְשָׁתָה וְרָאָה טוֹב בְּכָל־**עֲמָלוֹ** מַתַּת אֱלֹהִים הִיא	אֵין־טוֹב לָאָדָם תַּחַת הַשֶּׁמֶשׁ כִּי אִם־לֶאֱכוֹל וְלִשְׁתּוֹת וְלִשְׂמוֹחַ וְהוּא יִלְוֶנּוּ בַעֲמָלוֹ יְמֵי חַיָּיו אֲשֶׁר־נָתַן־לוֹ הָאֱלֹהִים תַּחַת הַשֶּׁמֶשׁ

3, 22	8, 15
וְרָאִיתִי כִּי אֵין טוֹב מֵאֲשֶׁר יִשְׂמַח הָאָדָם בְּמַעֲשָׂיו כִּי־הוּא חֶלְקוֹ כִּי מִי יְבִיאֶנּוּ לִרְאוֹת בְּמֶה שֶׁיִּהְיֶה אַחֲרָיו	אֵין־טוֹב לָאָדָם תַּחַת הַשֶּׁמֶשׁ כִּי אִם־לֶאֱכוֹל וְלִשְׁתּוֹת וְלִשְׂמוֹחַ וְהוּא יִלְוֶנּוּ בַעֲמָלוֹ יְמֵי חַיָּיו אֲשֶׁר־נָתַן־לוֹ הָאֱלֹהִים תַּחַת הַשֶּׁמֶשׁ

---

[68] Les mots communs sont indiqués en caractères gras.

5, 17–19	8, 15
17 הִנֵּה אֲשֶׁר־רָאִיתִי אָנִי טוֹב אֲשֶׁר־יָפֶה לֶאֱכוֹל־וְלִשְׁתּוֹת וְלִרְאוֹת טוֹבָה	אֵין־טוֹב לָאָדָם תַּחַת הַשֶּׁמֶשׁ כִּי אִם־לֶאֱכוֹל וְלִשְׁתּוֹת וְלִשְׂמוֹחַ וְהוּא יִלְוֶנּוּ
בְּכָל־עֲמָלוֹ שֶׁיַּעֲמֹל תַּחַת־הַשֶּׁמֶשׁ מִסְפַּר יְמֵי־(חַיָּו) [חַיָּיו] אֲשֶׁר־נָתַן־לוֹ הָאֱלֹהִים כִּי־הוּא חֶלְקוֹ	בַּעֲמָלוֹ יְמֵי חַיָּיו אֲשֶׁר־נָתַן־לוֹ הָאֱלֹהִים תַּחַת הַשֶּׁמֶשׁ
18 גַּם כָּל־הָאָדָם אֲשֶׁר נָתַן־לוֹ הָאֱלֹהִים עֹשֶׁר וּנְכָסִים וְהִשְׁלִיטוֹ לֶאֱכֹל מִמֶּנּוּ וְלָשֵׂאת אֶת־חֶלְקוֹ וְלִשְׂמֹחַ	אֵין־טוֹב לָאָדָם תַּחַת הַשֶּׁמֶשׁ כִּי אִם־לֶאֱכוֹל וְלִשְׁתּוֹת וְלִשְׂמוֹחַ וְהוּא יִלְוֶנּוּ
בַּעֲמָלוֹ זֹה מַתַּת אֱלֹהִים הִיא	בַּעֲמָלוֹ יְמֵי חַיָּיו
19 כִּי לֹא הַרְבֵּה יִזְכֹּר אֶת־יְמֵי חַיָּיו כִּי הָאֱלֹהִים מַעֲנֶה בְּשִׂמְחַת לִבּוֹ	אֲשֶׁר־נָתַן־לוֹ הָאֱלֹהִים תַּחַת הַשֶּׁמֶשׁ

Dans son contenu, 8, 15 n'apporte rien de nouveau par rapport aux déclarations antérieures sur ce qu'est le bonheur selon Qohélet. Seul est nouveau l'enthousiasme du sage: «et moi, je fais l'éloge de la joie /.../» (וְשִׁבַּחְתִּי אָנִי אֶת־הַשִּׂמְחָה)[69]. L'emploi au *pi'el* de la racine שבח, en 8, 15, pour signifier cette exultation, contraste radicalement avec son précédent emploi en 4, 2, où, dans l'une des paroles les plus désespérées du livre, l'auteur en était venu à louer (שבח) les morts de préférence aux vivants.

Sur le plan intratextuel, il est à souligner, avec quelques commentateurs récents[70], le lien de parenté entre l'environnement de cette cinquième *parole de bonheur* et la double parole en טוב de 7, 14. Bien que cette parole ne réponde pas rigoureusement aux critères habituels des passages sur le bonheur, on peut déjà noter les relations que les motifs de 7, 1–18 entretiennent avec ceux de l'ensemble de la section 8, 9–17. Outre le fait que, dans les deux cas, les versets positifs sur le bonheur détonnent par rapport au contexte thématique ambiant (7, 14a / 8, 15),

[69] J. Vilchez Lindez parle du côté "aimable et lumineux" de Qohélet faisant suite aux sombres observations et réflexions des versets précédents: «el lado más amable y luminoso de Qohélet después de las observaciones y reflexiones tenebrosas de los versos precedentes» (cf. J. VILCHEZ LINDEZ, *Eclesiastés...*, p. 346–347).

[70] C.-L. SEOW, *Ecclesiastes*, p. 293–294; M. MAUSSION, *Le mal, le bien* ..., p. 141–142; N. LOHFINK, *Qoheleth*, p. 108; Th. KRÜGER, *Qoheleth*, p. 162.

les motifs évoqués sont très connexes: l'action (עֹשֶׂה) de Dieu envers l'homme (7, 13a.14b / 8, 17a), la crainte (יֵרֵא) de l'homme envers Dieu (7, 18b / 8, 12b.13), le sort contradictoire des justes et des méchants (7, 15b / 8, 14a), l'attachement à la sagesse et à la situation du sage (7, 16.19 / 8, 16a.17b).

Ce n'est donc pas la première fois qu'en 8, 15 Qohélet prend résolument le parti du bonheur. Il le fait désormais avec conviction et énergie. Ce vibrant engagement en faveur du bonheur ne le quittera plus, au point que, dans les deux dernières *paroles de bonheur*, le maître de sagesse finira franchement par exhorter son disciple à saisir tous les instants de plaisir qu'il trouvera sur sa route, malgré les traces de "vanité" qu'il dénonce encore[71].

b) *La sixième* parole de bonheur *(9, 7–10) en son contexte*

La sixième *parole de bonheur* (9, 7–10) se présente sous la forme d'une invitation explicite à la joie[72]. Elle vient en complément de la nouvelle série d'observations qui a débuté en 9, 1 par une longue expression introductive: «oui, à tout ceci, j'ai adonné mon cœur à observer et voici: /.../» (כִּי אֶת־כָּל־זֶה נָתַתִּי אֶל־לִבִּי וְלָבוּר אֶת־כָּל־זֶה). À partir de 9, 11, une autre série d'observations est engagée par ces mots: «Je vois, à nouveau, sous le soleil /.../» (שַׁבְתִּי וְרָאֹה תַחַת־הַשָּׁמֶשׁ). Au sein de cet ensemble 9, 1–10, il est possible de délimiter deux petites unités littéraires: 9, 1–6 et 9, 7–10.

Dans la première unité (9, 1–6)[73], diverses récurrences sont repérables. Elles permettent de présenter une traduction selon une structure en chiasme:

---

[71] Cf. J. L. Crenshaw, *Ecclesiastes*, p. 156.
[72] Il s'agit là de la première du genre, selon l'ordre des paroles retenues par les commentateurs. Mais, à strictement parler, il a déjà été question d'une invitation au bonheur en 7, 14a. Dans la troisième partie, nous aurons l'occasion de revenir plus longuement sur l'étude de cette *parole de bonheur* supplémentaire.
[73] Cf. R. Murphy, *Ecclesiates*, p. 89; J. Vilchez Lindez, *Eclesiastés…*, p. 348–359; C.-L. Seow, *Ecclesiastes*, p. 302–305; Th. Krüger, *Qoheleth*, p. 167–171. Quant à N. Lohfink, il préfère intégrer ces considérations sur le bonheur dans l'ensemble de la partie éthique du livre, en 9, 7–12, 8 (cf. N. Lohfink, *Qoheleth*, p. 114–115). Dans ce cas, il propose de mettre en perspective cette *sixième parole* de bonheur avec la *septième parole* selon le schéma suivant:

A) v. 1 : Oui, à tout ceci, j'ai adonné mon cœur à observer et voici : que les justes, les sages et leurs actions sont **dans la main de (du) Dieu** (הָאֱלֹהִים בְּיַד), **ni amour, ni haine** (גַּם־אַהֲבָה גַם־שִׂנְאָה) l'homme ne connaît, tout est devant eux.

B) v. 2 : Tout est pareil pour tous, **un sort unique** (מִקְרֶה אֶחָד), pour le juste et pour le méchant, pour le bon et pour le pur et pour l'impur, pour celui qui sacrifie et pour celui qui ne sacrifie pas ; il en est du bon comme du malhabile, de celui qui prête serment comme de celui qui craint le serment.

v. 3 : C'est **un mal** (רָע) dans tout ce qui se fait sous le soleil, qu'il y ait **un sort unique pour tous** (מִקְרֶה אֶחָד לַכֹּל). Aussi, le cœur des fils de l'homme s'emplit de **mal** (רָע) et les folies sont dans leur cœur **durant leur vie** (בְּחַיֵּיהֶם), et après... **vers les morts** (אֶל־הַמֵּתִים)[74].

B') v. 4 : En effet, qui sera préféré ? Pour **tous les vivants** (כָּל־הַחַיִּים), il y a une chose certaine : un chien **vivant** (חַי) vaut mieux qu'un lion **mort** (הַמֵּת).

v. 5 : Car **les vivants** (הַחַיִּים) connaissent **qu'ils mourront** (שֶׁיָּמֻתוּ), tandis que **les morts** (וְהַמֵּתִים) ne connaissent rien du tout. Pour eux, plus de récompense, puisque leur souvenir est oublié.

A') v. 6 : Aussi bien, **leurs amours** (גַּם אַהֲבָתָם), **leurs haines** (גַּם־שִׂנְאָתָם), leurs jalousies ont déjà péri, et ils n'auront plus jamais de part à tout ce qui se fait sous le soleil.

Rapprochons, termes à termes, ces récurrences pour en comprendre le sens :

A) En 9, 1, Qohélet introduit sa thèse relative aux limites de la sagesse humaine, objet de son observation. Il le fait sous forme de deux propositions : d'une part, les œuvres des justes et des sages sont dans la main de Dieu (9, 1a) ; d'autre part, l'être humain ne peut connaître « ni l'amour, ni la haine » qui sont devant lui, car ils échappent à son contrôle[75]. Rien ne peut y faire, ni la justice, ni la sagesse qui, selon la sagesse traditionnelle en Israël, conduit l'homme à recevoir une

8, 16–9, 6	cadre A			Dieu / mort
9, 7–9		cadre B		joie dans la vie
9, 10			cadre C	effort tenace
9, 11–11, 3			CORPUS	
11, 4–6			cadre C	effort tenace
11, 7–10		cadre B		joie dans la vie
12, 1–8	cadre A			Dieu / mort

[74] Ici, le texte hébreu est obscur, donc la traduction est incertaine.

[75] En raison de l'emploi parallèle au v. 6, nous pensons qu'il ne saurait être question ici que de l'amour humain et de la haine humaine (cf. aussi C.-L. SEOW, *Ecclesiastes.*, p. 303, *contra* : R. MURPHY, *Ecclesiastes*, p. 90–91 ; J. VILCHEZ LINDEZ, *Eclesiastés...*, p. 352–353 ; M. V. FOX, *A Time to tear down...*, p. 291–292 et *Qohelet and His Contradictions*, p. 257).

bénédiction de Dieu ou à une vie préservée d'une mort prématurée[76]. Ce v. 1 rappelle les deux pôles de la dialectique de l'existence humaine selon le sage : omniprésence de Dieu et liberté humaine. Par l'emploi de l'expression מקרה אחד dans les versets suivants, le sage confirmera ainsi que les actions humaines ne peuvent influer, en aucune manière, sur la commune destinée du sage[77] et du juste[78]. À ses yeux, l'incapacité de l'homme à maîtriser sa propre vie laisse ouverte, une fois encore, la question des limites de tout de ce qui se fait *sous le soleil*[79].

A') En 9, 6, Qohélet conclut sa thèse à partir de la fin, c'est-à-dire ceux qui sont morts. Tout a maintenant disparu : « leurs amours, leurs haines ». Il ne leur reste rien, pas même *une part* (חלק). *A contrario*, qu'en est-il des vivants ? C'est ce qu'il va préciser entre-temps. En montrant en quoi la situation des vivants demeure plus avantageuse que celle des morts[80].

B) En 9, 2–3, le sage reprend une remarque faite antérieurement : la fin de tout homme est la même, car un sort unique attend tous les mortels (מקרה אחד), quels qu'ils soient et quoi qu'ils aient fait au cours de leur vie[81]. L'expression מקרה אחד désigne, chez Qohélet, la destinée commune à tous les vivants, au sujet de laquelle l'homme ne dispose d'aucun contrôle[82]. Devant la mort, aucune considération cultuelle, religieuse ou éthique ne peut faire la différence. Ce sort commun est jugé avec sévérité par Qohélet qui le qualifie de « mal (רע) dans tout ce qui se fait sous le soleil. » (v. 3) *In fine*, l'observation s'achève par cette remarque funeste : on s'en va tous vers les morts (אל־המתים).

B') En 9, 4–5, le sage poursuit sa réflexion en jetant un regard positif sur ceux qui sont encore vivants. À partir du v. 4, est clairement posée la différence de statut entre les vivants et les morts. Cette distinction n'est pas nouvelle. Déjà posée dans le livre de Qohélet jusque-là, elle l'a

---

[76] Cf. par exemple : Pr 10, 2.16 ; 11, 4.19.30 ; 12, 28.

[77] Voir également 2, 12–17.

[78] Voir également 3, 16–22.

[79] Cf. 9, 3a et 9, 6b.

[80] D. RUDMAN, "The anatomy of the wise man, wisdom, sorrow and joy in the Book of Ecclesiastes", *in Qohelet in the Context of Wisdom*, p. 465–471 (en particulier p. 469–470).

[81] Cf. 2, 14–15 et 3, 19. Sur cette relation intratextuelle, voir Th. KRÜGER, *Qoheleth*, p. 169.

[82] J. Y.-S. PAHK, « Qohelet e le tradizioni sapienziali del Vicino Oriente Antico », *in Il libro del Qohelet. Tradizione, redazione, teologia*, p. 135–136 et V. D'ALARIO, « Liberté de Dieu ou destin ? Un autre dilemme dans l'interprétation du Qohélet », p. 458–459.

été au détriment de la vie[83]. Désormais, le sage fait preuve d'un net parti pris en faveur de la vie, en raison de l'avantage de la connaissance (יֹדַע) qu'ont les vivants sur les autres. En dépit de leur ignorance humaine face à leur avenir (אֵין יֹדֵעַ הָאָדָם) (9, 1b), les vivants savent (יוֹדְעִים) au moins une chose (9, 5a): un jour ils mourront, ce qui les distingue radicalement des morts qui ne savent rien du tout (אֵינָם יוֹדְעִים מְאוּמָה) (9, 5b).

En fin de compte, le maître de sagesse récapitule ici une réflexion qui court tout au long de son œuvre: personne ne connaît son futur (3, 22a; 6, 12; 7, 14b; 8, 7; 10, 14; 11, 2), ni «son temps» (9, 12), ni ce que Dieu fera (11, 5). Pas davantage, on ne peut mettre la main sur le jour de sa mort (8, 8). L'unique conviction dont l'homme soit sûr est que les morts, eux, ne reçoivent aucune récompense de leur vie sur la terre: «/.../ pour eux, plus de récompense, puisque leur mémoire est oubliée.» (9, 5). Le propre de la mort est de conduire à l'oubli[84].

Ce qui est en cause, c'est la dimension éphémère de la vie. Par une relecture théologique, le sage encourage fortement son disciple à se réjouir de la vie présente. C'est la seule réponse apaisante qu'il soit en mesure d'espérer de son vivant. L'homme doit se réjouir, précisément parce qu'il sait que sa vie passe sur la terre comme une ombre et qu'il ne connaît rien de son avenir (6, 12). Se réjouir reste la *part* (חֵלֶק) propre que Dieu lui assure, une *part* que la mort n'emportera pas avec elle. C'est dire les raisons qui poussent alors le sage à lancer son appel pressant à jouir de la vie présente.

Sur le plan stylistique, l'invitation à la joie (9, 7–10) est formée de trois petites unités littéraires construites suivant un même schéma: une invitation faite au moyen d'un ou de plusieurs verbes à l'impératif ou au jussif (a) suivie d'une motivation introduite par la préposition כִּי (b). Au centre, la deuxième unité contient une seconde exhortation (c) qui amplifie la première. Cela peut se présenter schématiquement de la manière suivante:

---

[83] En effet, la tâche qui a été assignée à l'homme sur la terre lui faisait préférer, sans ambages, la mort à la vie (cf. 4, 2; 7, 1.2).
[84] Cf. 1, 11; 2, 16; 9, 15.

1a)	לֵךְ אֱכֹל בְּשִׂמְחָה לַחְמֶךָ וּשֲׁתֵה בְּלֶב־טוֹב יֵינֶךָ	9, 7a **Va, mange** avec joie ton pain et **bois** ton vin d'un cœur heureux
1b)	כִּי כְבָר רָצָה הָאֱלֹהִים אֶת־מַעֲשֶׂיךָ	9, 7b **car** déjà (le) Dieu prend plaisir à tes œuvres
2a)	בְּכָל־עֵת יִהְיוּ בְגָדֶיךָ לְבָנִים וְשֶׁמֶן עַל־רֹאשְׁךָ אַל־יֶחְסָר	9, 8 Qu'en tout temps, tes habits **soient** blancs, et que l'huile ne **manque** pas sur ta tête.
2a')	רְאֵה חַיִּים עִם־אִשָּׁה אֲשֶׁר־אָהַבְתָּ כָּל־יְמֵי חַיֵּי הֶבְלֶךָ אֲשֶׁר נָתַן־לְךָ תַּחַת הַשֶּׁמֶשׁ כֹּל יְמֵי הֶבְלֶךָ	9, 9a **Goûte** la vie avec la femme que tu aimes tous les jours de ta vie de vanité, puisqu'il te donne, sous le soleil, tous tes jours de vanité[85]
2b)	כִּי הוּא חֶלְקְךָ בַּחַיִּים וּבַעֲמָלְךָ אֲשֶׁר־אַתָּה עָמֵל תַּחַת הַשָּׁמֶשׁ	9, 9b **car** c'est là ta part dans ta vie et dans ta peine que tu peines sous le soleil.
3a)	כֹּל אֲשֶׁר תִּמְצָא יָדְךָ לַעֲשׂוֹת בְּכֹחֲךָ עֲשֵׂה	9, 10a Tout ce que ta main trouve à faire, avec force **fais-le**
3b)	כִּי אֵין מַעֲשֶׂה וְחֶשְׁבּוֹן וְדַעַת וְחָכְמָה בִּשְׁאוֹל אֲשֶׁר אַתָּה הֹלֵךְ שָׁמָּה	9, 10b **car** il n'y a ni œuvre, ni raison, ni connaissance, ni sagesse, dans le shéol, là où tu t'en iras.

En raison des termes employés, les trois courtes exhortations reprennent en l'amplifiant la thématique du bonheur énoncée dans les précédentes *paroles de bonheur*[86]. Dans l'exhortation en 1a), sont repris, de manière développée et sous mode impératif, les propos familiers sur le manger et sur le boire : « Va, mange avec joie ton pain et bois ton vin d'un cœur heureux » (9, 7a). Cette première exhortation en est suivie de deux autres, en 2a) et 3a), pour le moins inédites : « Qu'en tout temps, tes habits soient blancs, et que l'huile ne manque pas sur ta tête » (9, 8) ; « Tout ce que ta main trouve à faire, avec force fais-le » (9, 10a).

La deuxième exhortation à s'habiller de blanc et à se parfumer la tête, en 2a), mérite une attention particulière[87]. Elle débute, en 9, 8a,

---

[85] Cette proposition temporelle manque dans certains manuscrits de la LXX et du Targum (cf. A. SCHOORS, *The Preacher Sought to Find Pleasing Words...*, p. 188–189).

[86] G. S. OGDEN, *Qoheleth*, p. 151–155 ; Th. KRÜGER, *Qoheleth*, p. 171.

[87] Mis à part l'usage du vêtement blanc, les autres signes de réjouissances et de fêtes sont couramment attestés dans l'Ancien Testament : l'huile parfumée sur la tête (Ps 139, 2), notamment lors des banquets (Ps 23, 5), le vin qui réjouit le cœur de l'homme, le parfum qui fait luire le visage et le pain qui fortifie le cœur de l'homme sont des éléments de la fête (Ps 45, 8 ; 104, 15 ; Pr 27, 9 ; Is 61, 3). À ce sujet, certains auteurs ont vu, ici, une correspondance frappante entre le texte de Qohélet et la littérature poétique du Proche-Orient Ancien, notamment *l'Épopée de Gilgamesh* (cf. *supra*, p. 8–9, et également E. PODECHARD, *L'Ecclésiaste*, p. 414–415 ; J. L. CRENSHAW, *Ecclesiastes*, p. 162 ;

par l'expression « en tout temps » (בְּכָל־עֵת) qui n'est pas sans rappeler
le poème sur le moment favorable (3, 1–8). Cette exhortation se double
d'une deuxième, en 2a'), celle de se réjouir de la vie avec son épouse[88].
Elle est décrite au moyen d'une expression très ample : « puisqu'il te
donne, sous le soleil, tous tes jours de vanité » (9, 9a)[89]. Cette exhortation, associée à la motivation qui suit (9, 9b), interprète, à nouveau,
le sens de בְּכָל־עֵת du verset précédent : il est toujours possible de se
réjouir de l'existence en faisant la fête, nonobstant la peine constante qui
domine la vie de l'homme *sous le soleil*. Ainsi, bien qu'il passe à un mode
injonctif, Qohélet n'invite cependant pas son disciple à s'engager dans
des réjouissances démesurées qui le détourneraient de son monde.

Cette forme d'encouragement se confirme dans l'exposé de la troisième
forme d'exhortation, en 3a), en 9, 10a, qui recommande à l'homme de
"faire" tout ce qui est en son pouvoir. Ce "faire" doit être compris dans
le sens que lui donne tout le livre de Qohélet, à savoir de bénéficier
de l'expérience pour en comprendre le sens à la lumière de l'action de
Dieu.

Quant aux motivations, il est à remarquer que celles de 1b) et de
2b) sont liées entre elles : 1b) « car déjà (le) Dieu prend plaisir à tes
œuvres » (9, 7b), c'est-à-dire que Dieu se réjouit que tu te réjouisses en
mangeant et en buvant[90], et 2b) « car c'est là ta part dans ta vie et dans
ta peine que tu peines sous le soleil » (9, 9b), c'est-à-dire que faire la
fête et prendre du plaisir avec sa femme est un don de Dieu malgré les
souffrances endurées dans la vie[91].

R. Murphy, *Ecclesiastes*, p. 93 ; J. Vilchez Lindez, *Eclesiastés...*, p. 361–362 ainsi que
J. Y.- S. Pahk, *Il canto della Gioia in Dio....* et « Qohelet e le tradizioni sapienziali del
Vicino Oriente Antico », *in Il libro del Qohelet...* (G. Bellia – A Passaro dir.), p. 117–143 ;
C.-L. Seow, *Ecclesiastes.*, p. 305–306 ; N. Lohfink, *Qoheleth*, p. 119–120, *contra* : Th.
Krüger, *Qoheleth*, p. 172–174).

[88] En 9, 9, nous estimons que, malgré l'absence d'article, le terme אשה désigne bien
une femme précise, celle que l'homme a épousée, et non pas la femme en général.
À propos du sens de אשה dans ce verset, voir l'interprétation originale qu'en fait
J. Y.-S. Pahk *in* « A syntactical and contextual consideration of 'ŠH in Qo 9, 9 », *VT*
51 (2001), 370–380.

[89] Certains auteurs éliminent ce stique, pour des raisons de dittographie, et sur la
base de certains manuscrits qui ne le contiennent pas, en particulier des manuscrits
de la Peshitta et du Targum (cf. C.-L. Seow, *Ecclesiastes*, p. 302).

[90] Pourquoi viendrait-il, en effet, ruiner l'œuvre de tes mains ? (cf. 5, 5b).

[91] La présence de ces deux pôles est une constante exprimée dans toutes les paroles
de bonheur. Cependant, nous avons montré qu'en 3, 22 le motif de *part* a remplacé
celui de don de Dieu.

Quant à la motivation 3b), en 9, 10b, elle mentionne quatre termes, deux par deux : œuvre et raison (מַעֲשֶׂה וְחֶשְׁבּוֹן), connaissance et sagesse (וְדַעַת וְחָכְמָה). Alors que le deuxième binôme a été employé, à plusieurs reprises, par Qohélet[92], le premier, lui, est inconnu. Les deux binômes désignent l'action de l'homme sur la terre. Cette motivation s'accorde donc aisément à l'exhortation à pratiquer toutes les expériences humaines possibles tant que l'on est en vie, car, après la mort, on ne sera plus en mesure de se réjouir de tous ces biens que Dieu a octroyés *sous le soleil*.

La sixième *parole de bonheur* répond, en termes positifs, à l'unité précédente (9, 1–6), en reprenant les deux motifs qui l'encadrent : celui du don de Dieu (9, 1) et celui de *part* (9, 6). Il ne faut pas hésiter à nous réjouir sans tarder des bons côtés de la vie, car ils sont autant de bienfaits de Dieu (9, 7) et ils sont la *part* qu'Il nous accorde, dès maintenant, à nous qui sommes encore vivants. Cette *part*, le sage la détaille dans ce bonheur que l'on prend, malgré les difficultés de la vie, lorsque l'on fait un banquet ou lorsque l'on prend du bon temps avec son conjoint (9, 9b).

Ces trois encouragements motivés réagissent par rapport au constat des limites de l'expérience humaine éprouvées par le sage. Dans l'unité précédente (9, 1–6), il dénonçait le sort unique réservé au sage comme à l'insensé (9, 2), et finalement à tout homme (9, 3). Et même si l'homme ne connaît pas son avenir, mieux vaut vivre qu'être mort (9, 4–5). Aussi bien, face à l'inconnu de l'avenir, le disciple est fortement invité à se réjouir des bienfaits de la vie car c'est ce que Dieu veut pour lui (9.1b.7) et c'est ce que tout vivant peut expérimenter dès maintenant dans la mesure où cela lui est accordé par Dieu (9, 7.9).

c) *La septième* parole de bonheur *(11, 9–12, 1) en son contexte*

La septième *parole de bonheur* est l'ultime invitation au bonheur adressée par Qohélet à son disciple[93]. Cette *parole* se situe au seuil du poème qui clôt l'ensemble du livret (11, 7–12, 7)[94]. Une longue unité en prose sépare

---

[92] Cf, par exemple : 1, 17 ; 2, 21.26.

[93] Voir, à ce sujet, l'analyse de L. Schwienhorst-Schönberger, *Nicht im Menschen…*, p. 224 dont nous ne partageons toutefois pas le choix de son intitulé : « Koh 11, 7–8.9–12, 7.8 : carpe diem ».

[94] Voir G. S. Ogden, « Qoheleth XI 7–XII 8 : Qoheleth's summons to Enjoyment and Reflection », *VT* 34 (1984), p. 27–38. Cependant, nous rappelons que, selon nous, 12, 8 est une glose formant une inclusion avec 1, 2 ; quant à 12, 9–14, ces versets sont

le début de ce poème de la fin de la précédente exhortation au bonheur (9, 10). Il est possible de la subdiviser en plusieurs sections, selon deux critères formels: l'emploi, à nouveau récurrent, du verbe de perception ראה et le passage du mode indicatif au mode volitif (impératif ou jussif) des formes verbales employées. Partant de là, quatre unités littéraires se dégagent (9, 11–12; 9, 13–10, 4; 10, 5–19; 10, 20–11, 6):

– La première unité (9, 11–12) est introduite par: «**Je vois**, à nouveau, sous le soleil /.../» (שַׁבְתִּי וְרָאֹה תַחַת־הַשֶּׁמֶשׁ). Ces versets poursuivent le thème discuté au cours des passages précédents (9, 1–6). Étant donné que l'homme ne connaît (ידע) rien: ni l'amour, ni la haine (9, 1b), ni même son temps (9, 12a), il n'est sûr de rien. Aucun succès n'est garanti, y compris pour ceux qui *a priori* étaient avantagés (les coureurs, les héros, les sages, les intelligents, les savants), «car (כִּי) temps et contretemps leur arrivent à tous.» (9, 11b) Le sage revient sur sa réflexion initiale selon laquelle l'homme sait que son temps est compté, mais il ne connaît pas encore son heure.

– La deuxième unité (9, 13–10, 4) débute par: «**J'ai vu** également une sagesse sous le soleil /.../» (גַּם־זֹה רָאִיתִי חָכְמָה תַּחַת הַשָּׁמֶשׁ). Ce passage revient sur ce qui a été dit au sujet des limites de la sagesse (8, 16–9, 1). Maintenant, Qohélet illustre sa thèse au moyen d'un exemple, celui d'une cité assiégée qui ne doit son salut que grâce à l'intervention d'un homme «indigent et sage» (9, 15), mais dont la mémoire s'est, depuis, perdue dans le temps. S'ensuivent quelques considérations sur les avantages de la sagesse (9, 16–18a; 10, 2–4). À l'inverse, le sage expose de nouvelles considérations sur les limites de cette sagesse: les paroles du sage ne sont pas entendues (9, 16) et il suffit d'un peu de sottise pour tout ruiner (9, 18b–10, 1).

– La troisième unité (10, 5–19), qui commence par la nouvelle formule introductive: «Il y a un mal que j'ai vu sous le soleil /.../» (יֵשׁ רָעָה רָאִיתִי תַּחַת הַשָּׁמֶשׁ), contient un ensemble de situations qualifiées d'erreurs commises par un chef[95]: des sots et des serviteurs exaltés, des riches et des princes humiliés (10, 5–8); le profit de la sagesse donne de l'habileté mais elle n'empêche pas le sage

---

considérés, selon une opinion constante, comme un épilogue rédigé de la main d'un rédacteur postérieur ou d'un éditeur.

[95] Littéralement: «qui sortent de devant celui qui gouverne» (שֶׁיֹּצָא מִלִּפְנֵי הַשַּׁלִּיט).

d'ignorer son avenir (10, 9–15). Ce tableau s'achève, à nouveau, de manière contrastée, sous la forme d'une malédiction suivie d'une béatitude: malheureuse la nation gouvernée par un roi jeune et des ministres dévergondés, heureuse la nation gouvernée par un roi noble et des ministres avisés (10, 16–19).

- La quatrième unité (10, 20–11, 6) contient une suite d'instructions adressées directement au disciple. Elle s'exprime surtout au moyen de formes verbales conjuguées au mode volitif (impératif, jussif). Ces instructions se présentent soit sous forme d'invitation (en positif)[96], soit sous forme d'interdiction (en négatif)[97]. Elles portent sur un comportement à tenir en diverses occasions: envers le roi (10, 20), sur le risque dans les affaires (11, 1), sur la persévérance face à ce que l'on ne connaît pas (אֵין יֹדֵעַ / לֹא יֹדֵעַ) (11, 1–6).

Comment interpréter le sens des deux versets restants, à savoir 11, 7–8? Convient-il de les relier à la longue unité précédente ou bien à la courte exhortation qui suit? À strictement parler, l'invitation à se réjouir ne débute qu'en 11, 9 par l'emploi de verbes au mode volitif[98]. Il n'empêche qu'à partir de 11, 7, commence déjà un propos sur le bonheur, grâce à l'emploi de deux racines fréquemment rencontrées dans les autres *paroles de bonheur*: טוֹב (11, 7b) et שָׂמַח (11, 8a). De tels propos ont déjà été annoncés à la fin de l'unité précédente (10, 20–11, 6), grâce à l'indication de ce qui est bon: טוֹבִים (11, 6b)[99]. De plus, comme pour la première *parole de bonheur*, en 2, 24, le passage sur la joie est rattaché à ce qui précède en raison de l'emploi d'un *waw* de connexion qui relie 11, 7–8 à la recherche de tout ce qui peut être bon dans la vie. Sur le plan thématique, par l'emploi du motif du souvenir (זכר), cette même section rappelle que si l'homme est incapable de connaître par lui-même (אֵין יֹדֵעַ / לֹא יֹדֵעַ) ce qu'il en est de l'action de Dieu (11, 5), il est néanmoins invité à se souvenir[100]:

---

[96] Cf. 11, 1–2.6.

[97] Cf. 10, 20.

[98] Avec trois verbes à l'impératif: שְׂמַח, וְהַלֵּךְ et וְדַע et un verbe au jussif: וְיִטִיבְךָ

[99] C'est notamment le point de vue de D. Michel (cf. D. MICHEL, *Untersuchungen…*, p. 210).

[100] Cf. G. S. OGDEN, «Qoheleth XI 7–XII 8», p. 28.

11, 5 De même que tu ne connais pas (לֹא יָדַע) quel est le chemin du vent, de même les ossements dans le sein de la femme enceinte, de même tu ne connais (אֵין יָדַע) l'œuvre de (du) Dieu (הָאֱלֹהִים) qui fait tout.

11, 6 Dès le matin, sème ta semence, et jusqu'au soir ne laisse pas ta main en repos, car tu ne connais pas ce qui réussira, ceci ou cela, ou si l'un comme l'autre sont également **bons** (טוֹבִים).

11, 7 Et douce est la lumière, **et il est bon** (וְטוֹב) pour les yeux de voir le soleil.

11, 8 Car même si l'homme vit de nombreuses années, qu'en chacune d'elles il se réjouisse (שָׂמַח), et qu'il se souvienne (זָכַר) que les jours de ténèbres seront nombreux. Tout ce qui arrive est vanité.

11, 9 Réjouis-toi, jeune homme, de tes jeunes années, et que ton cœur **te rende heureux** (וִיטִיבְךָ) pendant les jours de ta jeunesse, et marche dans les voies de ton cœur, et les regards de tes yeux, mais sache que pour tout cela, **(le) Dieu** (הָאֱלֹהִים) te fera venir en jugement.

Néanmoins, de nombreuses connexions lexicales permettent de justifier le rattachement de 11, 7–8 à ce qui suit plutôt qu'à ce qui précède. Il serait, par conséquent, envisageable de faire commencer la dernière *parole de bonheur* en 11, 7, et non pas seulement en 11, 9[101] :

---

[101] Nous nous joignons ainsi à l'opinion de nombreux auteurs, dont G. Ravasi, *Qohelet*, p. 332–335; R. Murphy, *Ecclesiastes*, p. 114; C.-L. Seow, *Ecclesiastes*, p. 368–369; Th. Krüger, *Qoheleth*, p. 195–205 et surtout A. J. O. Van Der Wal, «Qohelet 12, 1a: A relatively unique statement in Israel's wisdom tradition», *in Qohelet in the Context of Wisdom*, p. 413–418) et N. Lohfink, *Qoheleth*, p. 136–137 qui montrent, à partir de mots-crochets, comment le poème final est préparé par 11, 7–8. À ce propos, N. Lohfink en conclut que: "Therefore the play of repeated linkwords between 11, 7–8 and the poem is meaningful. Now many of the linkwords in 11, 7–8 are related to life, but in the poem are related to illness and to age. Therefore 11, 7–8 presents itself as a prior interpretation of the poem." (p. 137). Cependant, J. Vilchez Lindez, C.-L. Seow et M. V. Fox séparent 11, 7–10 du reste du poème et font de ces quatre versets une péricope en soi. J. Vilchez Lindez l'intitule: «Disfruta de la juventud, mientras puedes» (cf. J. Vilchez Lindez, *Eclesiastés…*, p. 394–401), C.-L. Seow: «Enjoy while there is still time» (cf. C.-L. Seow, *Ecclesiastes*, p. 369–371) et M. V. Fox: «The

11, 7 Et douce est **la lumière** (הָאוֹר), **il est bon** (וְטוֹב) **pour les yeux** (לַעֵינַיִם) *de voir* **le soleil** (הַשָּׁמֶשׁ).

11, 8 **Car** (כִּי), même si l'homme vit de nombreuses années, qu'en chacune d'elles **il se réjouisse** (יִשְׂמָח), **et qu'il se souvienne** (וְיִזְכֹּר) que **les jours** (יְמֵי) **de ténèbres** (הַחֹשֶׁךְ) seront nombreux. Tout ce qui arrive est vanité.

11, 9 **Réjouis-toi** (שְׂמַח), jeune homme, de tes jeunes années, et que ton cœur **te rende heureux** (וִיטִיבְךָ) pendant les jours de ta jeunesse, et marche dans les voies de ton cœur, et les regards de **tes yeux** (עֵינֶיךָ), mais sache que, pour tout cela, (le) Dieu te fera venir en jugement.

11, 10 Écarte de ton cœur le chagrin, et de ta chair le mal, **car** (כִּי) jeunesse et fraîcheur sont vanité.

12, 1 **Et souviens-toi** (וּזְכֹר) de ton Créateur, **aux jours** (בִּימֵי) de ta jeunesse, avant que viennent **les jours** (יְמֵי) mauvais et qu'arrivent les années dont tu diras : je n'en ai aucun plaisir, 12, 2 avant que ne **s'obscurcissent** (תֶחְשַׁךְ) **le soleil** (הַשָּׁמֶשׁ) et **la lumière** (הָאוֹר) /.../

S'agissant plus précisément des paroles d'encouragement, le mode volitif des formes verbales change entre 11, 7–8 et 11, 9–12, 1. Après une brève proclamation de bonheur, sous la forme d'une proposition nominale (11, 7), s'ajoute une double invitation :

- d'abord en style indirect, en 11, 8, avec deux verbes qui se suivent, au jussif : « qu'il se réjouisse (יִשְׂמָח) » ; « qu'il se souvienne » (וְיִזְכֹּר)[102].

---

light : carpe diem » (cf. M. V. Fox, *A Time to tear down...*, p. 315–319). Or, nous pensons que, pour des raisons morphologiques et syntaxiques sur lesquelles nous nous expliquerons ultérieurement, il n'y a pas lieu de subdiviser à nouveau 11, 9–12, 7 en deux péricopes : 11, 9–10 et 12, 1–7. Tout en maintenant sa distinction, J. Vilchez Lindez est contraint de reconnaître, au début de son analyse de 12, 1–7, que « 12, 1ss está intímamente ligato a la perícopa anterior » (cf. J. VILCHEZ LINDEZ *Eclesiastés...*, p. 401) !

[102] Comme certains commentateurs (cf. J. VILCHEZ LINDEZ, *Eclesiastés...*, p. 395 ; Th. KRÜGER, *Qoheleth*, p. 195–196), nous interprétons ces deux verbes comme des jussifs et nous les traduisons comme tels. G. S. Ogden note avec justesse que les deux verbes

– ensuite en style direct, en 11, 9–12, 1, à l'impératif: «*réjouis-toi* (שְׂמַח)»; «*marche* (וְהַלֵּךְ)»; «*mais sache* (וְדַע)»; «et écarte (וְהָסֵר)»; «et souviens-toi (וּזְכֹר)»[103].

Se trouvent réunies, dans cette ultime *parole de bonheur*, les deux tournures littéraires qui ont couru tout au long du thème du bonheur chez Qohélet: la proclamation d'une joie de vivre (2, 24–26; 3, 12.22; 5, 17–19; 8, 15) et l'invitation à se réjouir (9, 7–10).

Concernant les formes verbales mentionnées dans les motivations du bonheur, s'opère ici une accentuation littéraire par rapport aux précédentes déclarations, proclamations ou invitations au bonheur. Dans les paroles précédentes, la forme déclarative ou volitive était parfois accompagnée d'une motivation introduite par la conjonction כִּי suivie d'une proposition nominale ou d'une proposition verbale à la forme indicative[104]. Maintenant, en 11, 7–12, 1, la déclaration de bonheur du v. 7 est suivie, au v. 8, d'une motivation (כִּי) décrite à la forme volitive: «/.../ qu'en chacune d'elles il se réjouisse, et qu'il se souvienne que les jours de ténèbres seront nombreux /.../» (בְּכֻלָּם יִשְׂמָח וְיִזְכֹּר אֶת־יְמֵי הַחֹשֶׁךְ כִּי־הַרְבֵּה יִהְיוּ). La lumière du soleil est donc une bonne chose parce qu'il est de la volonté de Dieu, son Créateur, que l'homme se réjouisse durant sa vie. Et, par le jeu des contrastes propres à Qohélet, la volonté de Dieu réside aussi dans le fait que l'homme se souvienne (זכר) de la multitude des jours sombres de son existence.

שׂמח et זכר sont les mots-clés de la section conclusive du livre: שׂמח pour 11, 9–10 et זכר pour 12, 1–8 (cf. G. S. OGDEN, *Qoheleth.*, p. 193–194). À ce propos, il est intéressant de remarquer que la seule autre fois où, dans la *BH*, ces deux formes verbales sont employées conjointement, est à propos de la fête de *Sukkôt* (Dt 16, 11–12): «Tu te réjouiras (וְשָׂמַחְתָּ) devant le Seigneur ton Dieu, avec ton fils, ta fille, ton serviteur, ta servante, le lévite qui est dans tes villes, l'émigré, l'orphelin et la veuve qui sont au milieu de toi, au lieu que le Seigneur ton Dieu a choisi pour y faire demeurer son nom. Et tu te souviendras (וְזָכַרְתָּ) qu'en Égypte, tu étais esclave, tu garderas ces lois et tu les mettras en pratique.»

[103] Notons, toutefois, en 11, 9a, la présence du verbe יִיטִיבְךָ au jussif.

[104] Cf. *supra*, p. 114–116.
– en 5, 18–19: «De plus, tout homme à qui (le) Dieu donne [...], en effet (כִּי) il ne se souvient pas beaucoup (לֹא הַרְבֵּה יִזְכֹּר) des jours de sa vie /.../»
– en 9, 7–10: «Va, mange [...], bois [...], car (כִּי) déjà (le) Dieu prend plaisir (רָצָה) à tes œuvres
«Goûte la vie [...], car (כִּי) c'est là ta part (הוּא חֶלְקְךָ) dans ta vie /.../
«Tout ce que ta main trouve à faire [...], car (כִּי) il n'y a ni œuvre (אֵין מַעֲשֶׂה), ni raison /.../»

Sur le plan thématique, l'exhortation au bonheur en 11, 9–12, 1 se présente suivant deux mouvements distincts, selon qu'est en cause la personne du disciple a) ou bien sa relation à Dieu b). Il serait alors possible de diviser cette section en deux petites péricopes (11, 9 et 11, 10–12, 1) :

a) 11, 9 «Réjouis-toi, jeune homme, de tes jeunes années, et que **ton cœur** (לֵב) te rende heureux pendant tes jours de ta jeunesse, et marche dans les voies de **ton cœur** (לֵב), et les regards de tes yeux, b) mais sache (יְדַע) que pour tout cela, **(le) Dieu** te fera venir en jugement.»	a) 11, 10 «Écarte **de ton cœur** (לֵב) le chagrin, et de ta chair le mal, car jeunesse et fraîcheur sont vanité. b) 12, 1 «Et souviens-toi (זְכֹר) de **ton Créateur**, aux jours de la jeunesse, avant que viennent les jours mauvais et qu'arrivent les années dont tu diras : je n'en ai aucun plaisir.»

Dans ces deux péricopes, il n'est plus question d'un homme en général (אדם), comme cela avait été le cas dans quelques-unes des paroles de bonheur précédentes[105]. Le sage s'adresse maintenant à quelqu'un dans la pleine vigueur de sa jeunesse. L'emploi du terme בָּחוּר au vocatif désigne le jeune homme auquel enseigne ce maître de sagesse. L'absence d'article s'explique en raison du caractère plus ou moins personnel de ce genre de destinataire[106]. La racine בחור sera reprise, par deux fois, dans le sens abstrait de "jeunesse" dans l'expression : בִּימֵי בְחוּרוֹתֶךָ (11, 9a et 12, 1a).

Parallèlement à l'emploi de ces termes, apparaît le vocable יַלְדוּת (11, 9a et 11, 10b)[107]. Sur le plan sémantique, il se distingue difficilement de בְּחוּרוֹת[108]. En théorie, la mention de la racine יֶלֶד pourrait renvoyer à une étape de la vie antérieure à celle de la jeunesse, soit l'enfance, soit la préadolescence. Sur le plan syntaxique, l'emploi des deux substantifs est indifférencié. Dans trois cas, le verbe (שָׂמַח ou זְכֹר) au mode volitif est suivi d'une proposition temporelle introduite par la préposition בְּ accompagnée tantôt de יַלְדוּת, tantôt de בְּחֻר :

---

[105] Cf. 2, 24; 3, 13.22; 5, 18; 8, 15.
[106] P. Joüon, *Grammaire de l'Hébreu Biblique*, § 137g.
[107] Ce terme n'est employé que trois fois dans la *BH* : deux fois en Qohélet (11, 9.10), une fois dans les Psaumes (Ps 110, 3).
[108] Pour les auteurs, ces deux termes sont pratiquement synonymes (cf. par exemple : L. Di Fonzo, *Ecclesiaste*, p. 312).

- soit שׂמח בחור בילדותיך (11, 9a)
- soit ויטיבך לבך בימי בחורותך (11, 9a)
- soit וזכר את־בוראיך בימי בחורתיך (12, 1a)[109]

Dans l'épilogue, en 12, 12, la désignation du jeune destinataire de l'enseignement du sage se fera encore plus précise. Il sera appelé "mon fils" (בְּנִי). Cette appellation est unique dans le livre de Qohélet, alors qu'elle est courante dans le livre des Proverbes (surtout en Pr 1–9) pour désigner le disciple de la sagesse[110].

L'examen sur les propos positifs du sage pris dans leur environnement immédiat confirme deux convictions dégagées jusque-là :
- d'une part, il est de moins en moins pertinent d'employer le terme de "refrains" à propos des quelques passages positifs du livre, non seulement en raison de l'amplification littéraire voulue par l'auteur sacré, mais plus encore en raison des circonstances littéraires qui entourent chacune de ces paroles. Les *paroles de bonheur*, loin d'être d'une seule facture, répondent au contexte littéraire et thématique qui les porte.
- d'autre part, l'étude contextuelle a confirmé cette tendance du sage à distinguer deux grandes séries de propos selon que l'on se situe dans la première moitié du livre (chapitres 1 à 6) ou dans la seconde moitié (chapitres 7 à 12). Il y a, d'abord, ces *paroles de bonheur* en forme de réponse immédiate du sage face à un constat ou à une expérience humaine insaisissable, en raison de son caractère injuste ou incompréhensible (paroles 1 à 4). Il y a, ensuite, ces *paroles de bonheur*, en forme d'encouragements ou d'exhortations à saisir sans tarder ce qui est matière à procurer du plaisir (paroles 5 à 7)[111].

---

[109] Remarquer au passage le jeu de mots entre les phonèmes בוראיך (concernant Dieu) et בחורתיך (concernant le jeune disciple).

[110] Selon la tradition, dans la trilogie de l'œuvre salomonienne, le Cantique des cantiques aurait été écrit par Salomon au cours de sa jeunesse, le livre des Proverbes serait l'œuvre d'un homme mûr, et le livre de Qohélet serait l'ouvrage d'un homme au soir de sa vie.

[111] Nous faisons nôtres la bonne remarque de M. Maussion : « Il est symptomatique que ce *crescendo* passe de l'impersonnel à l'exhortation par l'intermédiaire d'une implication de Qohélet lui-même : comment, en effet, pourrait-il enjoindre le jeune homme ou le lecteur à se réjouir, s'il ne s'était lui-même porté garant de cette joie dont il fait l'éloge et qu'il conseille ? Que Qohélet ait "testé" cette joie lui permet ensuite, et seulement ensuite, de convaincre le destinataire de son œuvre d'en profiter. » (M. MAUSSION, *Le mal, le bien...*, p. 144). Plus généralement, sur l'alternance de propos d'observation et de propos d'instruction dans l'œuvre de Qohélet, voir S. DE JONG, « A Book on Labour... ».

À partir du thème général du bien et du bonheur, diverses variations ont été écrites par le sage Qohélet. Mais, de l'une à l'autre, c'est bien la même mélodie anthropologique et théologique qui est jouée : le bonheur, un don de Dieu et une action de l'homme. Le mouvement de ces variations se comprend d'autant mieux si l'on consent à prendre du recul par rapport au thème étudié, et si l'on accepte de confronter ces résultats avec les variations sur d'autres thèmes connexes aux *paroles de bonheur*.

CHAPITRE 6

LES THÈMES CONNEXES AUX *PAROLES DE BONHEUR*

La lecture d'ensemble des douze chapitres du livre de Qohélet ne manque pas d'attirer l'attention du lecteur sur la manière dont sont répétés, sous des formes variées, bon nombre de mots ou expressions. Bien que partie intégrante de la réflexion du sage, le bonheur est loin d'être le seul thème à traverser toute cette œuvre de sagesse.

Dès les premiers versets, le lecteur est frappé par la répétition, quasi obsédante, de paroles négatives sur la "vanité" et la poursuite du vent. Entre le constat amer d'une certaine "vanité" des choses de la vie et l'affirmation puis l'exhortation à jouir des bienfaits de cette vie, viennent s'intercaler d'autres thèmes transversaux, tels que celui du profit, de la sagesse, de l'œuvre qui se fait *sous le soleil* et de la crainte de Dieu…, autant de thèmes qui s'entrecroisent fréquemment avec les *paroles de bonheur*.

Appréhender ces thèmes connexes au bonheur impose de vérifier comment ils évoluent dans leur propre contexte littéraire, et comment ces variations interagissent, elles aussi, sur le sujet du bien et l'énigme du bonheur. Aborder ces thèmes chers au sage de Jérusalem revient à se poser quelques questions : qu'est-ce que veut dire « tout est vanité » ? Quel profit pour l'homme ? Que vaut la sagesse ? Qu'en est-il de l'œuvre qui se fait *sous le soleil* ? Et la crainte de Dieu dans tout cela ?

1. *Tout est vanité*

« Vanité des vanités, dit Qohélet, vanité des vanités, tout est vanité. » (1, 2). C'est par cette sentence célèbre que s'ouvre le livre de Qohélet[1]. Au moyen des cinq emplois de la racine hébraïque הבל en un seul verset, le rédacteur introduit ce qui sera le *Leitmotiv* de toute son œuvre : tout

---

[1] Cette sentence se situe après l'énoncé en 1, 1 du titre du livre donné par un rédacteur ultérieur. Les paroles en 1, 1–2 et 12, 8–14 sont des paroles d'encadrement du livre. C'est pourquoi, il est préférable d'employer le terme de "livret" pour désigner l'œuvre de Qohélet proprement dite, hors ces paroles d'encadrement.

est vanité. Une autre déclaration, à peu près à l'identique, viendra, en 12, 8, clore l'ensemble de la réflexion à la fin du livre, juste avant l'épilogue (12, 9–14)[2].

Entre ces deux sentences, le mot הבל apparaît trente fois dans l'ensemble du livret[3], c'est dire combien la "vanité" est, de loin, le thème qui revient le plus fréquemment. Sans faire un état des lieux complet de ses emplois et de ses traductions[4], il importe de dégager quelques connotations suscitées par le contexte des paroles positives du sage sur le bonheur.

a) *Approche morphologique et syntaxique*

L'expression הֲבֵל הֲבָלִים («vanité des vanités»)[5] qui introduit et conclut les propos du sage ne se retrouve nulle part ailleurs dans le corpus du livret. Dès les premiers versets, en 1, 2, le thème de la "vanité" est introduit, avec une certaine solennité, au moyen d'une formule redondante bien connue: «**Vanité des vanités**, dit Qohélet, vanité des vanités, tout est vanité» (הֲבֵל הֲבָלִים אָמַר קֹהֶלֶת הֲבֵל הֲבָלִים הַכֹּל הָבֶל). Cette sentence est reprise, en fin de livre, dans la version abrégée de 12, 8 où l'expression הֲבֵל הֲבָלִים n'est citée qu'une seule fois: הֲבֵל הֲבָלִים אָמַר הַקּוֹהֶלֶת הַכֹּל הָבֶל («**Vanité des vanités**, dit le Qohélet, tout est vanité»).

Ainsi, ces premiers mots servent-ils non seulement à introduire la question du profit (1, 3), mais également à dévoiler, de manière proleptique, l'issue de sa réflexion. C'est dire la gravité du contexte dans lequel

---

[2] En 12, 8, le syntagme הֲבֵל הֲבָלִים n'est pas doublé au début du verset comme il l'est en 1, 2.

[3] Soit un total de 38 occurrences selon le TM. Mais le point de vue des auteurs diverge sensiblement sur le nombre exact d'occurrences du terme הבל (par exemple: 23 occurrences selon A. Bonora *in Qohelet*, p. 67; 41 occurrences selon P. Iovino *in* «"Omnia vanitas" da Qohelet a Paolo», *in Il libro del Qohelet…* (G. Bellia – A. Passaro dir.), p. 341; 20 occurrences selon M. V. Fox *in A Time to tear down….*, p. 27). Mais G. Ravasi (*Qohelet*, p. 21), J. Vilchez Lindez (*Eclesiastés…*, p. 433), C.-L. Seow (*Ecclesiastes*, p. 47), L. Mazzinghi (*Ho Cercato…*, p. 125 et 368), Fr. Laurent (*Les biens pour rien…*, p. 54) et M. Maussion (*Le mal, le bien…*, p. 178) parviennent au nombre 38.

[4] Pour cela, voir D. B. Miller, *Symbol and Rhetoric in Ecclesiastes. The Place of* Hebel *in Qohelet's Work*, (Academia Biblica 2), SBL, Atlanta, 2002 et D. Ingram, *Ambiguity in Ecclesiastes*, p. 92–105.

[5] L'expression «vanité des vanités» est la forme hébraïque du superlatif. Cet emploi se retrouve ailleurs dans la littérature biblique, ainsi dans: "cantique des cantiques" (Ct 1, 1), "saint des saints" (Ex 26, 33), "roi des rois" (Ez 26, 7), ou bien encore "cieux des cieux" (1 R 8, 27). Grammaticalement, cette formule peut être rendue, en français, par l'expression «parfaitement vain». Sur ce sujet, voir P. Joüon, *Grammaire de l'Hébreu Biblique*, § 141*l*; G. Ravasi, *Qohelet*, p. 27–28; J. Vilchez Lindez, *Eclesiastés…*, p. 145 (note 22); C.-L. Seow, *Ecclesiastes*, p. 101.

le sage énonce sa prétention et la soutient[6]. Par la suite, le thème de la "vanité" reviendra très régulièrement dans le cours du livret. À cette fin, l'auteur sacré emploie le terme הבל de multiples manières :

- soit seul et à l'état absolu (2, 1b.15b.19b.21b.23b.26b; 4, 4b.7.8b.16b; 5, 9b; 6, 2b.9b.11a; 7, 6b; 8, 10b.14a.14b; 11, 8b.10b)[7]
- soit accompagné d'un suffixe : à la 1re personne du singulier (7, 15a), à la 2e personne du masculin-singulier (9, 9a [bis]), ou à la 3e personne du masculin-singulier (6, 12)[8]
- soit au pluriel : הבלים (5, 6a)
- soit précédé de la preposition ב (6, 4a)
- soit complété par le nom כל précédé de l'article (1, 14b; 2, 11b.17b; 3, 19b).

En outre, les formules en הבל sont parfois renforcées par l'ajout d'une expression connexe : וְרַעְיוֹן רוּחַ ou וּרְעוּת רוּחַ («et poursuite de vent»)[9]. Ces refrains longs sur la "vanité" se retrouvent sept fois dans le texte : 1, 14b; 2, 11b.17b.26b; 4, 4b.16b; 6, 9b. La métaphore du vent (רוח)

---

[6] En raison du poème qui suit (1, 4–11), les auteurs affirment que la déclaration initiale de l'omniprésence de la vanité (הַכֹּל הָבֶל) ne saurait constituer une déclaration de principe mais plutôt l'énoncé d'un "programme de travail" (L. MAZZINGHI, *Ho Cercato...*, p. 127) ou bien d'une thèse que l'auteur sacré entend valider par la suite (M. V. Fox, *Qohelet and His Contradictions*, p. 168).

[7] Plusieurs expressions sont utilisées :
- וְהִנֵּה גַם־הוּא הָבֶל («et voici : cela aussi est vanité») (2, 1b)
- גַּם־זֶה הָבֶל («cela aussi est vanité») (2, 15b.19b.26b; 3, 15b; 4, 4b.16b.8b; 5, 9b; 6, 9b.7, 6b; 8, 10b.14b)
- גַּם־זֶה הָבֶל הוּא («cela aussi est vanité») (2, 23b).

[8] בִּימֵי הֶבְלֶךָ / כָּל־חַיֵּי הֶבְלֶךָ («dans mes jours de vanité») (7, 15a); בַּחַיִּים מִסְפַּר («tous les jours de ta vie de vanité / tous tes jours de vanité») (9, 9a [bis]); יְמֵי־חַיֵּי הֶבְלוֹ («durant le nombre de jours de sa vie de vanité») (6, 12).

[9] À deux reprises, les expressions וְרַעְיוֹן רוּחַ et וּרְעוּת רוּחַ sont employées de manière dissociée du terme הבל (1, 17b; 4, 6b). À ce sujet, il est à remarquer la différence de morphologie entre les deux termes : רְעוּת et רַעְיוֹן. Proviennent-ils de la même racine ? Et si oui, laquelle ? Pour la Vulgate, le Targum, la Peshitta et pour Rashi, il s'agirait de la racine רעע "rompre" (cf. A. J. ROSENBERG, *The Five Megilloth*, vol. 2 : *Lamentations, Ecclesiastes*, New York, 1992, p. 10–11). Mais il peut également s'agir de la racine רעה qui possède trois types de sens : I "paître / faire paître, garder", II "s'associer avec, être ami", III (aramaïsme) "prendre plaisir à, désirer, choisir". La traduction de רְעוּת / רַעְיוֹן que nous retenons s'appuie sur la racine II dont le sens premier est "suivre, marcher derrière" (cf. la BJ à partir de l'édition de 1951, *La Bible de la Pléiade*, *La Bible* d'Osty-Trinquet). La LXX, quant à elle, semble privilégier la racine III étant donné que l'expression grecque καὶ προαίρεσις πνεύματος pourrait se traduire par "et désir de vent". Les traducteurs de *La Bible d'Alexandrie* préfèrent la traduire par l'expression "et choix de vent". Pour un récent état des lieux de la question, voir D. INGRAM, *Ambiguity in Ecclesiastes*, p. 112–115. Au sujet de l'emploi de ces terminaisons en וֹת et en וֹן chez Qohélet, voir M. HADAS-LEBEL, *Histoire de la langue Hébraïque. Des origines à l'époque de la Mishna*, (Collection de la Revue des Études Juives), Peeters, Paris / Louvain, [4]1995, p. 111.

vient renforcer l'idée de fugacité déjà contenue dans le phonème הבל[10]:
soit en s'ajoutant purement et simplement au terme הבל seul (2, 26b;
4, 4b.16b; 6, 9b), soit en complétant le syntagme הכל הבל (1, 14b;
2, 11b.17b). Dans deux occurrences, le vocable הבל est associé à une
expression moins figurative que celle du vent mais non moins négative
en raison de l'emploi de la racine רע: גַּם־זֶה הֶבֶל וְרָעָה רַבָּה («cela aussi
est vanité et grand *mal*») (2, 21b) et הֶבֶל וָחֳלִי רָע הוּא («cela est vanité
et douleur *mauvaise*») (6, 2b)[11].

Ces différents emplois de la racine הבל se présentent ainsi dans le
livre:

הבל	2, 1b.15b.19b.23b; 4, 7.8b; 5, 9b; 6, 11a; 7, 6b; 8, 10b.14a.14b; 11, 8b.10b
+ suff. 1er s.	7, 15a
+ suff. 2e m. s.	9, 9a (bis)
+ suff. 3e m. s.	6, 12
הכל הבל	1, 2; 3, 19b; 12, 8

---

[10] Dans la Bible, הֶבֶל signifie d'abord littéralement le souffle, la vapeur (Is 57, 13; Pr 21, 6), d'où, au sens figuré, ce qui est évanescent ou éphémère (Ps 144, 4), inutile (Is 49, 4), illusoire (Is 30, 7). Certains auteurs conservent le sens imagé et traduisent הֶבֶל par "buée" (cf. H. MESCHONNIC, *Les cinq rouleaux. Le Chant des chants, Ruth, Comme ou les Lamentations, Paroles du Sage, Esther*, Gallimard, ²1986, p. 135–184; N. LOHFINK, *Qoheleth*, p. 19: «a breath, a puff of breath...»). La LXX s'éloigne du sens métaphorique du TM puisqu'elle traduit systématiquement le terme הֶבֶל par ματαιότης qui possède le sens moral de "vanité, chose vaine ou frivole". Les traducteurs de *La Bible d'Alexandrie* traduisent par "folies". Ainsi, les expressions introductives et conclusives de 1, 2 et 12, 8 (ματαιότης ματαιοτήτων τὰ πάντα ματαιότης) sont-elles rendues par «Folie, folies! Tout est folie!». À ce sujet, il est à noter que la version grecque de la LXX contient un emploi supplémentaire de ματαιότης, en 9, 2a, qui n'a pas son équivalent dans le TM. Un tel écart syntaxique s'expliquerait en raison d'une confusion de lettres entre le ב et le כ dans la lecture du vocable הבל de la proposition nominale הכל כאשר (cf. *La Bible d'Alexandrie*, p. 155-156). En traduisant הבל par *vanitas*, la Vulgate semble avoir consacré le sens moral de ce terme, sens qui est repris dans bon nombre de bibles en français (*TOB, BJ, la Bible de la Pléiade* et celle d'Osty-Trinquet). En revanche, les versions d'Aquila, Symmaque et Théodotion sont plus fidèles au sens métaphorique de הבל puisqu'elles le traduisent par le terme ἀτμὶς qui signifie "vapeur, souffle". Au sujet de l'usage de הבל dans le livre de Qohélet, voir J. E. McKENNA, «The concept of *hebel* in the Book of Ecclesiastes», *SJT* 45 (1992), p. 19–28; et pour des études récentes de la question, voir: D. B. MILLER, «Qohelet's symbolic use of הבל», *JBL* 117 (1998), p. 437–454; W. H. U. ANDERSON, «The semantic implications of הבל and רעות רוח in the Hebrew Bible and for Qoheleth», *JNSL* 25 (1999), p. 59–73; C.-L. SEOW, «Beyond Mortal Grasp: the Usage of *hebel* in Ecclesiastes», *ABR* 48 (2000), p. 1–16; J. AZIZE, «The Genre of Qohelet», *DavarLogos* 2 (2003), p. 123–138 (surtout p. 134–138); L. SCHWIENHORST-SCHÖNBERGER, *Kohelet*, p. 82–91.

[11] Pour une explication de ce stique, voir Fr. LAURENT, *Les biens pour rien...*, p. 101–102. L'auteur s'interroge notamment sur le sens pléonastique de cette expression.

בהבל	6, 4a
הבלים	5, 6a
הבל הבלים	1, 2 (bis) ; 12, 8
+ ורעות רוח / ורעיון רוח	2, 26b ; 4, 4b.16b ; 6, 9b
+ הבל ורעות רוח	1, 14b ; 2, 11b.17b
+ ורעה רבה	2, 21b
+ וחלי רע הוא	6, 2b

b) *Approche littéraire*

	chap. 1	chap. 2	chap. 3	chap. 4	chap. 5	chap. 6	chap. 7	chap. 8	chap. 9	chap. 11	chap. 12
הבל		2,1b.15b.19b.23b		4,7.8b	5, 9b	6, 11a	7, 6b	8, 10b.14a.14b		11,8b.10b	
+ suff. 1er s.							7, 15a				
+ suff. 2e m. s.									9, 9a (bis)		
+ suff. 3e m. s.						6, 12					
הכל הבל	1, 2		3,19b								12, 8
בהב						6, 4a					
הבלים					5, 6a						
הבל הבלים	1, 2 (bis)										12, 8
הבל ורעות רוח / ורעיון רוח		2, 26b		4,4b.16b		6, 9b					
הכל הבל ורעות רוח	1, 14b	2, 11b.17b									
הבל ורעה רוח		2, 21b									
הבל וחלי רע הוא						6, 2b					

Il ressort de ce tableau que les refrains sur la "vanité" sont présents dans la quasi-totalité des chapitres du livre, soit dans onze chapitres sur douze. Seul le chapitre 10 ne contient aucun terme en הבל. Dans tous les autres cas, le mot est présent, au minimum une fois (au chapitre 3) et au maximum huit fois (au chapitre 2)[12].

À la lecture de ces occurrences, il apparaît que les refrains sur la "vanité" sont très majoritairement présents dans la première moitié du livre. En effet, les chapitres 1 à 6 contiennent 26 des 38 occurrences de הבל tandis que les chapitres 7 à 12 n'en contiennent que 12. De plus, le syntagme הכל הבל—seul ou accompagné du refrain sur la poursuite du vent—n'est mentionné que dans la première moitié du livret.

S'agissant des variations sur le refrain de la "vanité", les diverses amplifications littéraires autour du terme הבל—aussi bien celles relatives au vent (רוח) («et poursuite du vent»)[13], que celles relatives au mal (רע) «cela aussi est vanité et grand mal» (2, 21b) ou bien «cela est vanité et douleur mauvaise» (6, 2b)—se situent exclusivement dans la première moitié du livre.

En finale, la reprise des expressions הבל הבלים et הכל הבל reste fortement sujette à discussion. Bon nombre de commentateurs voient en 12, 8 le signe manifeste d'une inclusion avec 1, 2, que celle-ci soit du fait de l'auteur principal[14] ou de l'un de ses disciples[15].

c) *Incidences sur les* paroles de bonheur

De quelle manière interpréter les incidences du thème de la "vanité" sur l'ensemble de l'œuvre du sage de Jérusalem? En particulier, comment concilier la cohabitation de tant de déclarations sombres sur l'existence humaine avec les quelques affirmations enthousiastes? Autrement dit, quel sens précis donner à ce terme-clé de הבל pour qu'il reste compréhensible au regard des paroles bienveillantes du sage?

---

[12] Pour une autre présentation de la répartition des occurrences du terme הבל entre les chapitres du livre de Qohélet, voir les schémas *in* D. INGRAM, *Ambiguity in Ecclesiastes*, p. 127–128.

[13] Cf. 1, 14b; 2, 11b.17b.21b.26b; 4, 4b.16b; 6, 9b

[14] Sur ce point de vue, voir en particulier les positions de M. V. FOX, «Frame-Narrative and Composition in the Book of Qohelet», p. 83–106; A. SCHOORS, «La structure littéraire de Qohélet», p. 99; G. RAVASI, *Qohelet,* p. 25 (note 16); J. VILCHEZ LINDEZ, *Eclesiastés...,* p. 412; W. H. U. ANDERSON, «The poetic inclusio of Qoheleth in relation to 1, 2 and 12, 8», *SJOT* 12 (1998), p. 203–213; L. MAZZINGHI, *Ho Cercato...,* p. 124 et 302–303; G. BELLIA, «Il libro del Qohelet e il suo contesto...», p. 196; P. IOVINO, «"Omnia vanita"...», p. 340–341.

[15] Cf., F. ELLERMEIER, *Qohelet, I/1.Untersuchungen zum Buche Qohelet,* Erwin Jungfer, Herzberg am Harz, Herzberg, 1967, p. 100; M. V. Fox, *Qohelet and His Contradictions,* p. 310–321.

Ces apparentes contradictions internes dans la pensée de Qohélet constituent un problème majeur. Parmi les auteurs, il en est qui valorisent à l'excès le constat de "vanité" au point d'en faire l'unique thème de l'œuvre. Ces commentateurs portent uniformément sur le mot הבל un jugement de valeur en le traduisant par "absurdité"[16] ou par "futilité"[17]. Certes, le terme de "futilité" semble rendre compte de l'idée de fugacité et d'évanescence suggérée par l'image du vent. Mais opter pour une telle interprétation n'est pas sans incidence sur la portée des affirmations et des invitations à la joie. Force est de reconnaître que les commentateurs sont contraints de considérer les *paroles de bonheur*, au mieux, comme un *carpe diem* aidant l'homme à supporter les réalités absurdes ou futiles de la vie qu'il mène ou, selon l'opinion d'A. Schoors, comme une drogue donnée par Dieu pour lui faire oublier les affres d'une existence apparemment dénuée de sens.

Sur ce point, N. Lohfink remarque, à juste titre, que les affirmations de "vanité" ne se réfèrent jamais ni à Dieu, ni à l'existence de l'homme, mais à ses actions et aux choses, situations et événements qui émaillent sa vie[18]. Dans ces conditions, faut-il encore persister à interpréter systématiquement le mot הבל par "absurdité" ou "futilité" dans le contexte de chacune des *paroles de bonheur*?[19]

i. *Le contexte de la première* parole de bonheur *(2, 20–26)*

Au début de la section de réflexion, en 2, 11 et jusqu'à la fin de la première *parole de bonheur*, en 2, 26, le terme הבל est employé à sept reprises[20], à intervalles réguliers[21]. Dans le contexte plus immédiat—soit

---

[16] A. BARUCQ, *Ecclésiaste-Qohélet*, p. 27.55; D. MICHEL, *Untersuchungen…*, p. 40–51; M. V. FOX, «The meaning of *Hebel* for Qohelet», *JBL* 105 (1986), p. 409–427, *Qohelet and His Contradictions*, p. 29–46; V. D'ALARIO, *Il libro del Qohelet…*, p. 208; M. V. FOX, *A Time to tear down…*, p. 30–33 et 35–42 et «The Inner Structure of Qohelet's Thought», *in Qohelet in the Context of Wisdom*, p. 226–227. Et dans une certaine mesure C.-L. SEOW, *Ecclesiastes*, p. 101–102.112–113 et L. MAZZINGHI, *Ho Cercato…*, p. 365–388.

[17] Th. KRÜGER, *Qoheleth*, p. 42.

[18] Cf. N. LOHFINK, «Ist Kohelets הבל-Aussage erkenntnistheorisch gemeint?», *in Qohelet in the Context of Wisdom*, p. 41–59.

[19] Comme le dit avec justesse Fr. Laurent: «La signification de ce mot clef [הבל] provient de la rencontre entre une valeur lexicale reçue et son insertion dans un contexte.» (cf. Fr. LAURENT, *Les biens pour rien…*, p. 54).

[20] Cf. 2, 11b.15b.17b.19b.21b.23b.26b.

[21] Plus largement, N. Lohfink démontre qu'entre 1, 1 et 3, 15, le terme הבל apparaît 14 fois sous des sens les plus variés: "vergänglich" (éphémère), "sinnlos" (dépourvu de sens), "absurd" (absurde), "böse" (méchant), (cf. N. LOHFINK, «Zu הבל im Buch Kohelet», *in Studien zu Kohelet*, (SBAB 26), Katholisches Bibelwerk, Stuttgart, 1998, p. 226).

de 2, 20 à 2, 26—, le refrain sur la vanité revient par trois fois, dont deux sous forme de refrains longs :

21b גַּם־זֶה הֶבֶל וְרָעָה רַבָּה («cela aussi est **vanité** et grand mal»)

23b גַּם־זֶה הֶבֶל הוּא («cela aussi est **vanité**»)

26b גַּם־זֶה הֶבֶל וּרְעוּת רוּחַ («cela aussi est **vanité** et poursuite de vent»)

Au sujet de quels domaines de la vie portent autant de déclarations de "vanité"? En 2, 20, le sage introduit son propos par un constat amer sur la peine qu'il s'est donnée dans l'existence : « Alors, j'en suis venu à désespérer en mon cœur pour toute la peine que j'ai peinée sous le soleil » (וְסַבּוֹתִי אֲנִי לְיַאֵשׁ אֶת־לִבִּי עַל כָּל־הֶעָמָל שֶׁעָמַלְתִּי תַּחַת הַשָּׁמֶשׁ). La déclaration de "vanité" a, ici, partie liée avec la problématique de l'action de l'homme et son travail[22], le motif de la peine (עמל) revenant six fois, auxquelles s'ajoutent d'autres termes appartenant au même champ sémantique : effort (רעיון) au v. 22, douleurs (מכאבים) et chagrin (כעס) au v. 23.

Dans ces versets, sont en cause les conséquences néfastes auxquelles aboutit l'accumulation des richesses. Le sage les présente en trois étapes introduites, chacune, par כִּי :

21 כִּי־יֵשׁ אָדָם שֶׁעֲמָלוֹ בְּחָכְמָה וּבְדַעַת וּבְכִשְׁרוֹן
וּלְאָדָם שֶׁלֹּא עָמַל־בּוֹ יִתְּנֶנּוּ חֶלְקוֹ גַּם־זֶה הֶבֶל וְרָעָה רַבָּה

Car voici un homme qui a peiné avec sagesse, connaissance et succès, et c'est à un homme qui n'a pas peiné qu'il donnera sa part. **Cela aussi est vanité et grand mal.**

23 כִּי כָל־יָמָיו מַכְאֹבִים וָכַעַס עִנְיָנוֹ גַּם־בַּלַּיְלָה לֹא־שָׁכַב לִבּוֹ
גַּם־זֶה הֶבֶל הוּא

Car tous ses jours ne sont que douleurs, et son occupation [n'est que] chagrin ; même la nuit son cœur est sans repos. **Cela aussi est vanité.**

26 כִּי לְאָדָם שֶׁטּוֹב לְפָנָיו נָתַן חָכְמָה וְדַעַת וְשִׂמְחָה
וְלַחוֹטֶא נָתַן עִנְיָן לֶאֱסוֹף וְלִכְנוֹס לָתֵת לְטוֹב לִפְנֵי הָאֱלֹהִים
גַּם־זֶה הֶבֶל וּרְעוּת רוּחַ

---

[22] Cf. *supra*, p. 84–91.

Car, à l'homme qui est habile devant sa face il donne sagesse, connaissance et plaisir, et, au malhabile, il donne comme occupation de rassembler et d'amasser pour donner à celui qui est habile devant la face de (du) Dieu.
Cela aussi est vanité et poursuite de vent.

Chacun des trois constats de "vanité" se situe dans le prolongement d'une réflexion sur les effets aléatoires de l'enrichissement personnel :

- Un homme a peiné (יֵשׁ אָדָם שֶׁעֲמָלוֹ) pour acquérir, par la sagesse, la connaissance et le succès, des biens dont il ne profitera pas, mais c'est un autre homme, qui n'a pas peiné (לְאָדָם שֶׁלֹּא עָמַל־בּוֹ), qui en profitera : « cela aussi est vanité et poursuite de vent. » (v. 21).
- C'est pour rien que cet homme a peiné tous les jours de sa vie et s'est privé de la jouissance des fruits de sa peine : « cela aussi est vanité. » (v. 22.23).
- Finalement, mieux vaut jouir du bonheur de la vie, quand Dieu le donne, car son attitude paraît incompréhensible, puisqu'il semble accorder aux uns des biens aux dépens des autres : « cela aussi est vanité et poursuite de vent. » (v. 24–26)[23].

Au cours de ces déclarations de "vanité", le sage exprime son écœurement devant tant de travail pénible et le peu de fruit que lui procure la sagesse[24]. Le maintien des richesses n'est pas garanti pour celui qui les a accumulées. Il peut tout perdre au profit d'un autre. Le הבל pèse donc, ici, du côté de celui qui se trouve dépouillé des richesses amassées pendant toute une vie[25]. Malgré tant de déception, le sage est encore en mesure d'apprécier les bons aspects de la vie qui lui sont donnés, et il le reconnaît maintenant ouvertement.

ii. *Le contexte de la troisième parole de bonheur (3, 16–22)*
Dans le contexte littéraire de la troisième *parole de bonheur*[26], le terme הבל n'apparaît qu'une seule fois, en 3, 19b, à travers l'expression : הַכֹּל הָבֶל (« tout est vanité ») :

---

[23] La compréhension de ce v. 26 est difficile. Pour des tentatives d'interprétation, voir J. Vilchez Lindez, *Eclesiastés...*, p. 220–222 ; Th. Krüger, *Qoheleth*, p. 72–73 ; N. Lohfink, *Qoheleth*, p. 56–57.

[24] M. V. Fox résume bien la situation : « It is not the thought of losing wealth that pains Qohelet so much as the affront to his sense of propriety and justice. This criss-crossing of effort and result is unfair and absurd, and it is God's doing. » (cf. M. Fox, *A Time to tear down...*, p. 37).

[25] Cf. N. Lohfink, *Qoheleth*, p. 57.

[26] Celui de la deuxième *parole de bonheur* ne fait état d'aucun refrain sur la *vanité*.

וּמוֹתַר הָאָדָם מִן־הַבְּהֵמָה אָיִן כִּי הַכֹּל הָבֶל

et l'avantage de l'homme sur la bête est nul, car **tout est vanité**.

Ici, est mise en évidence la démarche didactique du sage[27] qui débute, en 3, 16, par une nouvelle observation : «j'ai encore vu sous le soleil /.../» (וְעוֹד רָאִיתִי תַּחַת הַשָּׁמֶשׁ), suivie de deux réflexions en 3, 17 et 3, 18, introduites, chacune, par l'expression : «j'ai dit, moi, en mon cœur /.../» (אָמַרְתִּי אֲנִי בְּלִבִּי). Puis revient le refrain court sur la vanité du v. 19b. Dans le cadre de cette reprise, est abordé le motif du sort (מקרה)[28]. La mort est le sort unique qui attend tous les êtres vivants, hommes et bêtes. Cette conviction sera reprise en 3, 20–22 : la vie s'achève devant un même lieu (la poussière)[29] et, sur ce point, l'homme ne bénéficie d'aucun privilège sur les autres vivants. Au-delà de la mort, il ignore tout (v. 22b). Ce dont il est sûr, c'est de pouvoir jouir des œuvres de ses mains car telle est sa part dès maintenant[30].

La troisième *parole de bonheur* se présente, elle aussi, comme une alternative concrète par rapport à un contexte de "vanité" dénoncé par le sage. Ce qui procure du bonheur apparaît donc comme la seule issue favorable par rapport au destin final qui attend tous les vivants sur cette terre[31]. Si le cours de la vie est éphémère, le bonheur, lui, est effectif et immédiat. L'interprétation de הבל dans ce contexte prolonge celle de la première *parole de bonheur*. Il en ira différemment dans le cadre des autres *paroles de bonheur* où le terme sera employé dans un contexte beaucoup plus équivoque[32].

iii. *Le contexte de la quatrième* parole de bonheur *(5, 12–6, 2)*
La quatrième *parole de bonheur* est encadrée par deux grands ensembles littéraires portant sur l'observation de situations mauvaises (רעה) qui se produisent *sous le soleil* :

5, 12   יֵשׁ רָעָה חוֹלָה רָאִיתִי תַּחַת הַשָּׁמֶשׁ

Il y a **un mal** douloureux que j'ai vu sous le soleil /.../

---

[27] Voir *supra*, p. 95–98.

[28] Voir *supra*, p. 96–98.

[29] Cf. le poème introductif 1, 4–11 et la référence à Gn 2–3.

[30] «La conclusion, concernant le rôle de l'homme dans la vie, reconduit au présent, la seule réalité qui justifie l'existence (3, 22).» (V. D'ALARIO, «Liberté de Dieu ou destin?...», *in Qohelet in the Context of Wisdom*, p. 458).

[31] À ce propos, M. V. Fox n'exclut pas que הבל, en 3, 19, désigne ici, ce qui est éphémère, plutôt que ce qui est absurde (cf. M. V. FOX, *A Time to tear down...*, p. 39).

[32] L. MAZZINGHI, *Ho Cercato...*, p. 378.

6, 1   יֵשׁ רָעָה אֲשֶׁר רָאִיתִי תַּחַת הַשָּׁמֶשׁ

Il y a **un mal** que j'ai vu sous le soleil /…/

Le premier ensemble (5, 12–19) débute, au v. 12, par l'expression nominale: רעה חולה (mal douloureux). Cette expression introduit un cas
de faillite familiale affectant un père et son fils. Elle est reprise au v.
15a pour décrire l'état ruineux vécu par le père[33]. Au bout du compte,
celui-ci ne disposera plus de rien. Sa funeste situation est marquée par
bien des souffrances exprimées, au v. 16b, par une accumulation de
substantifs: וְכַעַס הַרְבֵּה וְחָלְיוֹ וָקָצֶף («chagrin extrême, souffrance et
irritation»)[34]. Ce premier ensemble n'est conclu par aucun refrain de
"vanité". Il débouche seulement sur une parole positive du sage appelant à jouir, dès maintenant, d'une *part* de bonheur que Dieu accorde
(5, 17–19). Le sage nous a précédemment enseigné que ces instants de
bonheur sont à saisir comme un privilège accordé par Dieu face à un
avenir humain qui reste insaisissable.

Dans le second ensemble (6, 1–2), il n'est plus question d'un malheur
du fait de l'homme mais du fait de Dieu. Le sage évoque non pas une
hypothèse future, mais la situation présente dans laquelle se trouve un
homme privé de la faculté de jouir de ses propres biens. En 5, 18, le
sage exposait le cas de l'homme qui recevait de la part de Dieu la faculté
(שׁלט) de jouir des ressources accumulées. Voici maintenant décrite, en
6, 2, la situation contraire selon laquelle Dieu ne laisse plus l'homme
maître (לֹא שׁלט) de la jouissance de ses ressources. C'est un étranger
qui en bénéficiera. Revient alors en force le thème de la "vanité", au
moyen de l'un des refrains les plus sombres de tout le livre: «cela est
vanité et douleur mauvaise» (זֶה הֶבֶל וָחֳלִי רָע הוּא) (6, 2b). En raison
de la reprise du substantif חלי, on peut en déduire que la douleur de
cet homme s'apparente à celle de l'homme ruiné de 5, 15–16. Contrairement à ce que soutenait le sage dans la première série d'observations,
la satisfaction du moment présent n'est même plus garantie. Dans ces
conditions, quel sens donner au terme הבל?

La première série d'observations (5, 12–19) ferait écho aux déclarations fortement désabusées de 2, 18–23 au terme desquelles la répétition
du mot הבל exprimait déjà le caractère éphémère de l'acquisition des

---

[33] Cf. *supra*, p. 99–101.
[34] Le terme חלי sera repris ensuite en 6, 2b.

richesses[35]. En revanche, la seconde série d'observations (6, 1–2) rappellerait davantage la situation décrite en 2, 24–26 relative à l'action de Dieu qui semble incompréhensible aux yeux humains[36]. De nouveau, en 6, 1–2, à travers la soudaine reprise du thème de la "vanité", se dessine l'interrogation de l'homme devant le plan de Dieu qui le dépasse[37]. Et pour exprimer tant d'incompréhensions, voire tant d'absurdité, le sage recourt, en 6, 2b, à ce sombre refrain sur la "vanité".

iv. *Le contexte de la cinquième* parole de bonheur *(8, 14–15)*

À partir de la cinquième *parole de bonheur*, le vocabulaire sur la "vanité" se raréfie, au moment même où s'amplifient les propos positifs. Dorénavant, il ne sera plus question de refrains longs sur la "vanité". En 8, 14, le terme הבל est employé, seul, par deux fois:

- D'entrée de jeu, le thème de la "vanité" est introduit, au v. 14a, de manière solennelle, au moyen du segment suivant: « Il est **une vanité** qui se produit sur la terre /… / » (יֶשׁ־הֶבֶל אֲשֶׁר נַעֲשָׂה עַל־הָאָרֶץ). Désormais, la circonstance de "vanité" est énoncée par avance. Elle porte sur une double situation d'injustice: des justes traités comme des méchants et des méchants traités comme des justes. Cette dénonciation vient après une distinction entre le bonheur accordé à ceux qui craignent Dieu et l'absence de bonheur pour les méchants qui n'ont aucune crainte de Dieu (8, 11–13).

- La situation d'injustice ainsi dénoncée est conclue, au v. 14b, par ce refrain court sur la "vanité": גַּם־זֶה הֶבֶל («cela aussi est **vanité**.»).

Au verset suivant, il est aussitôt fait l'éloge de la joie. En réaction devant la situation d'injustice, le sage invite donc à s'en tenir aux occasions favorables que Dieu accorde aux hommes. À partir de là, l'affirmation de la "vanité" porte moins sur la question de la durée de la vie (plus ou moins longue selon les justes ou les méchants)[38] que sur l'incompréhension devant une telle situation d'injustice[39].

---

[35] Voir, dans chacun de ces deux passages, l'emploi en commun de nombreux termes négatifs ענין (2, 23a; 5, 13a), עמל (2, 18–23; 5, 14b.15b.17.18a) et כעס (2, 23; 5, 16).

[36] Voir dans les deux passages l'emploi en commun de האלהים (2, 24b.26b; 6, 2a) et du verbe נתן ayant האלהים pour sujet (2, 26; 6, 2).

[37] M. V. Fox persiste néanmoins à ne retenir que le sens d'absurdité.

[38] Comme le fait M. V. Fox, *A Time to tear down…*, p. 287.

[39] Cf. C.-L. SEOW, *Ecclesiastes*, p. 295.

v. *Le contexte de la sixième* parole de bonheur *(9, 7–10)*
Un pas de plus est fait dans l'emploi du terme הבל. Celui-ci n'est plus
mentionné au cours des versets qui précèdent ou qui suivent la sixième
parole de bonheur, mais c'est dans le texte même des propos sur le bonheur qu'il faut le trouver. En 9, 9a, il est question, deux fois de suite, du
syntagme הֶבְלֶךָ avec suffixe à la 2ᵉ personne du masculin-singulier[40]:

$$\text{רְאֵה חַיִּים עִם־אִשָּׁה אֲשֶׁר־אָהַבְתָּ כָּל־יְמֵי חַיֵּי הֶבְלֶךָ}$$
$$\text{אֲשֶׁר נָתַן־לְךָ תַּחַת הַשֶּׁמֶשׁ כֹּל יְמֵי הֶבְלֶךָ}$$

> Goûte la vie avec la femme que tu aimes, **tous les jours de ta vie de
> vanité**[41]
> puisqu'il te donne, sous le soleil, **tous tes jours de vanité**[42].

Maintenant, c'est au sein de ce qui est décrit comme "vanité" dans
l'existence humaine que surgit l'appel au bonheur. En encourageant le
jeune disciple à cueillir ces brefs instants de bonheur, le sage enseigne,
dans le même temps, que ce qui est éphémère ou incompréhensible dans
le monde fait partie de la vie de tous les jours. *Sous le soleil* de Qohélet, il y a du bonheur à saisir, il y a aussi de l'insaisissable à constater.
Cette conviction réaliste, en demi-teinte, sera reprise et amplifiée dans
l'ultime *parole de bonheur.*

vi. *Le contexte de la septième* parole de bonheur *(11, 7–12, 1)*
Dans le poème final, le thème du bonheur côtoie, une dernière fois,
celui de la vanité. En particulier, dans les versets invitant au bonheur (11, 7–12, 1), le terme הבל revient, à deux reprises, de manière
singulière:
  – en 11, 8b, le mot הבל est employé sous forme d'une proposition
    verbale: כָּל־שֶׁבָּא הָבֶל («Tout ce qui arrive est **vanité**.»).
  – en 11, 10b, ce mot est employé sous forme d'une proposition
    nominale: כִּי־הַיַּלְדוּת וְהַשַּׁחֲרוּת הָבֶל («car jeunesse et fraîcheur
    sont **vanité**.»).

En 11, 8, le terme הבל est mentionné dans le cadre d'une proposition
indépendante, formant une apposition par rapport à la combinaison

---

[40] L'expression יְמֵי חַיֵּי הֶבְלֶךָ était déjà présente en 6, 12a (avec un suffixe à la 3ᵉ
personne du masculin-singulier); l'expression יְמֵי הֶבְלֶךָ était présente en 7, 15a (avec
suffixe à la 1ʳᵉ personne du singulier).
[41] Littéralement: «tous les jours de la vie de ta vanité /.../»
[42] Littéralement: «tous les jours de ta vanité.»

de paroles bonnes et mauvaises que contient ce verset. En 11, 10, les thèmes de vanité et bonheur sont, pour la première fois, articulés l'un par rapport à l'autre au moyen de la conjonction כִּי. Entre les deux séries de propos sur le plaisir (11, 8 et 11, 9–10), la progression s'opère de la manière suivante :

11, 8   כִּי אִם־שָׁנִים הַרְבֵּה יִחְיֶה הָאָדָם בְּכֻלָּם יִשְׂמָח
           וְיִזְכֹּר אֶת־יְמֵי הַחֹשֶׁךְ כִּי־הַרְבֵּה יִהְיוּ כָּל־שֶׁבָּא הָבֶל

Car, même si l'homme vit de nombreuses années, qu'en chacune d'elles *il trouve son plaisir*,
et qu'il se souvienne que les jours de ténèbres seront nombreux : tout ce qui arrive est **vanité**.

11, 9–10a   שְׂמַח [...] וִיטִיבְךָ לִבְּךָ

Prends plaisir [...] que ton cœur te rende heureux /.../

11, 10b   כִּי־הַיַּלְדוּת וְהַשַּׁחֲרוּת הָבֶל

car jeunesse et fraîcheur sont **vanité**.

Tout en exhortant le jeune disciple à saisir les moments de bonheur que lui offre sa jeunesse, le maître de sagesse le met aussitôt en garde : il y a de la "vanité", car l'obscurité recouvre parfois la vie, et l'ignorance de l'avenir est le propre de l'homme. Une fois de plus, est mis en évidence, avec encore plus d'acuité, le fait que les considérations de Qohélet s'inscrivent dans le cadre de la vie sur la terre et ne se limitent qu'à cela.

Dans l'ensemble, le contexte de la "vanité" associé aux *paroles de bonheur* révèle que le terme הבל possède une certaine pluralité de sens. Devant cette polysémie, faut-il choisir ? Si oui, en faveur de quelle interprétation ? Les rapprochements littéraires avec les sept *paroles de bonheur* interdisent de retenir systématiquement le mot "absurdité". Ce n'est pas un jugement de valeur que porte le sage sur la réalité du monde ou sur la nature de la création, qui est l'œuvre de Dieu et mérite, pour cela, son respect. À partir de ce qui se fait *sous le soleil*, Qohélet dresse un constat : il est des choses de la vie qui, bonnes en soi, sont qualifiées de "vanité" car elles sont provisoires et éphémères. Elles existent pour un temps puis elles s'estomperont, à la différence de l'œuvre de Dieu qui, elle, durera pour toujours. Tel est, par exemple, le cas de la jeunesse et de la fraîcheur qui, pour le jeune homme, sont "vanité" car, de toutes façons, elles passeront (11, 10). Ainsi, en est-il également de la sagesse qui est "vanité" car un même sort attend le sage et le sot : un jour ou l'autre, ils mourront (2, 15–16).

À côté du sens métaphorique, le terme הבל laisse aussi apparaître un sens, épistémologique, fondé sur une volonté d'appréhender le monde, et la place de l'homme dans ce monde. Là, le sage dresse un bilan d'incompréhension[43]. À plusieurs reprises, il dénonce nombre de situations injustes qui le dépassent, et il reconnaît que ce qui vient après—après la mort—l'homme ne peut le connaître. C'est dans ce contexte d'une vie empreinte de limites et de fragilités que se concentre la réflexion de Qohélet. Sur ce terrain-là, quel profit cet homme sage est-il en droit d'espérer?

2. *Quel profit pour l'homme?*

La question du *profit* est la première question posée par le sage au début du livret, en 1, 3 : « **Quel profit** y a-t-il pour l'homme dans toute la peine qu'il peine sous le soleil? » (מַה־יִּתְרוֹן לָאָדָם בְּכָל־עֲמָלוֹ שֶׁיַּעֲמֹל תַּחַת הַשָּׁמֶשׁ). Cette question sera renouvelée, quelques chapitres plus loin, en 3, 9, au moyen d'une formulation en יתרון beaucoup plus concise: « **Quel profit** celui qui fait tire-t-il de ce à quoi il peine? » (מַה־יִּתְרוֹן הָעוֹשֶׂה בַּאֲשֶׁר הוּא עָמֵל). Elle restera l'un des thèmes lancinants de tout le livret (5, 15b; 6, 8.11b).

a) *Approche morphologique et syntaxique*

Sur le plan morphologique, la racine יתר, signifiant "rester", est employée sous trois formes substantivées: יתרון, יתר / יותר et מותר. Sur les dix-huit occurrences que compte cette racine dans le livre de Qohélet, le terme יתרון[44] apparaît dix fois (1, 3a; 2, 11b.13 [bis]; 3, 9; 5, 8a.15b; 7, 12b; 10, 10b.11b), tandis que יתר / יותר n'apparaît que sept fois (2, 15a;

---

[43] C.- L. Seow note, lui aussi, une différence de régime selon que le terme הבל est employé dans la première moitié du livre ou dans la seconde (cf. C.-L. Seow, « Beyond Mortal Grasp... », p. 14: « Indeed, whereas in the first half of the book he tends to use the metaphor of *hebel* and the imagery of the pursuit of wind, in the second half, he is less metaphorical in this regard, preferring to speak more explicitly of not knowing and not grasping. The two halves mirror one another. »). Certains auteurs accentuent ce sens 'ontologique' au point de vocaliser de manière suggestive la racine הבל en *Abel* (cf. A. Neher, *Notes sur Qohélet (l'Ecclésiaste)*, Les Éditions de Minuit, Paris, 1951, p. 71–91; J. Chopineau, « Une image de l'homme. Sur Ecclésiaste 1, 2 », *ETRel* 3 (1978), p. 366–370). Ces deux sens métaphoriques de הֶבֶל ont été résumés par A. Bonora *in Qohelet*, p. 67 et R. N. Whybray *in* « Qohelet as a Theologian », *in Qohelet in the Context of Wisdom*, p. 262.

[44] À propos de l'usage de la terminaison en ן chez Qohélet, voir M. Hadas-Lebel, *Histoire de la langue Hébraïque...*, p. 111.

6, 8a.11b ; 7, 11b.16a ; 12, 9a.12a) et מותר une seule fois (3, 19b). Si les termes יתר / יותר et מותר sont parfois employés dans d'autres livres du corpus biblique[45], le terme יתרון, lui, est propre au livre de Qohélet.

Sur le plan syntaxique, la forme participiale יתר / יותר[46] est employée dans deux fonctions particulières : une fonction adverbiale (2, 15a ; 7, 16a) signifiant "beaucoup, excessivement"[47] et une fonction de conjonction (12, 9a.12a) pouvant se traduire par "de plus, en outre"[48]. Mis à part ces emplois spécifiques, il est des termes יתרון et יתר / יותר qui sont employés sans aucune préposition (2, 11 ; 7, 12b[49] ; 10, 10b). En revanche, il en est d'autres qui sont suivis d'une préposition : soit ל (5, 15b ; 6, 11b ; 7, 11b ; 10, 11b), soit ב (3, 9 ; 5, 8a), soit מן (2, 13b). Le terme מותר, en 3, 19b, est suivi de la préposition מן. Dans quelques cas également, יתרון et יותר sont suivis d'une double préposition : soit ל + ב (1, 3), soit ל + מן (2, 13a ; 6, 8a). Les différentes combinaisons syntaxiques peuvent se résumer ainsi :

	יתרון	יתר / יותר	מותר
Ø	2, 11b ; 7, 12b ; 10, 10b	2, 15a (adv.) ; 7, 16a (adv.) ; 12, 9a (conj.)	
+ ל	5, 15b ; 10, 11b	6, 11b ; 7, 11b	
+ ב	5, 8a	3, 9	
+ מן	2, 13b	12, 12a (conj.)	3, 19b
+ ב + ל	1, 3		
+ מן + ל	2, 13a	6, 8a	

En règle générale, les termes יתרון et יותר / יתר désignent le profit et doivent se traduire comme tels. Certains auteurs opèrent une distinction entre ces deux termes : le substantif יתרון aurait une connotation commerciale, désignant le profit au sens d'excédent, ou de bénéfices

---

[45] Ainsi יותר en Est 6, 6 et מותר en Pr 14, 23a ; 21, 5a. Dans les deux références du livre des Proverbes, le substantif מותר est systématiquement employé en opposition au terme מחסור signifiant "besoin, pauvreté".

[46] Le mot יותר est la forme du participe actif *qal* du verbe יתר.

[47] A. SCHOORS, *The Preacher Sought to Find Pleasing Words…*, p. 115 et *The Preacher Sought to Find Pleasing Words…, Part II : Vocabulary*, p. 216.

[48] Cf. M. V. Fox, *A Time to tear down…*, p. 112, note 6 et A. SCHOORS, *The Preacher Sought to Find Pleasing Words…*, p. 116 ; *The Preacher Sought to Find Pleasing Words…, Part II : Vocabulary*, p. 217 qui les traduisent comme des adverbes.

[49] En 7, 12b, si le mot יתרון n'est suivi d'aucune préposition, il est toutefois employé comme *nomen regens* du *nomen rectum* de דעת.

que l'on retire d'une affaire, tandis que la forme participiale יתר / יותר désignerait le profit dans le sens de ce dont on dispose ou dont on profite[50]. Le terme יתרון revêt, dans quelques cas, un sens économique (1, 3; 2, 11; 3, 9; 5, 8.15) mais pas dans d'autres (2, 13; 10, 10b.11). Il n'y a donc pas lieu, selon nous, de systématiser cette distinction.

En revanche, s'ils sont suivis de la préposition מן, les termes יתרון et יתר / יותר servent à indiquer une comparaison[51] et doivent, dès lors, être traduits par *avantage*. C'est le cas pour les trois occurrences suivantes: 2, 13 (bis), 6, 8a auxquelles il faut ajouter l'unique emploi de מותר (3, 19b). En dehors de ces comparaisons explicites en מן, il est d'autres versets pour lesquels le contexte invite à traduire également יתרון et יתר / יותר par *avantage*. On doit alors sous-entendre la préposition מן et considérer comme implicite le second terme de la comparaison. Ainsi en est-il de la question relative à l'avantage des flots de paroles de "vanité" par rapport à l'avantage du silence (6, 11b) ou de celui d'une catégorie de personnes par rapport à d'autres: l'avantage de la sagesse pour ceux qui voient le soleil (7, 11), l'avantage de celui qui sait que la sagesse fait vivre ceux qui la possèdent (7, 12).

À partir de ces hypothèses de comparaison implicite dont le sens n'est guère discutable, M. V. Fox en ajoute deux:

– Il y a d'abord le cas de 5, 8 difficile à interpréter. Comment faut-il comprendre le sens du mot יתרון dans ce verset: וְיִתְרוֹן אֶרֶץ בַּכֹּל (הִיא) [הוּא] מֶלֶךְ לְשָׂדֶה נֶעֱבָד? Pour M. V. Fox, il conviendrait de conserver le sens de la comparaison implicite entre le produit d'une terre fertile et l'oisiveté d'un état dépourvu d'autorité[52]. Toutefois, nous estimons qu'en dépit du contexte, la volonté de comparaison de l'auteur sacré n'est pas clairement exprimée. Il est alors préférable de conserver au terme יתרון son sens premier de *profit*, et traduire ce verset de la manière suivante: «et à tous égards, c'est **un profit** pour un pays: un roi avec des terres cultivées.»[53]

– Il y a ensuite le cas de 10, 10b pour lequel M. V. Fox donne également au terme יתרון un sens comparatif en se fondant sur le contexte introduit par les versets précédents (10, 8–10a): il y aurait

---

[50] Cf. M. V. Fox, *A Time to tear down…*, p. 112; W. H. U. ANDERSON, «A note on יתר for Qoheleth», *JNSL* 26 (2000), p. 133–136; L. MAZZINGHI, *Ho Cercato…*, p. 129–130.

[51] Cf. P. JOÜON, *Grammaire de l'Hébreu Biblique* § 141g.

[52] M. V. Fox, *A Time to tear down…*, p. 112.

[53] C'est ainsi que traduisent certaines de nos bibles en français: *BJ, TOB, La Bible* d'Osty-Trinquet.

un avantage pour l'homme qui fait preuve de sagesse par rapport à celui qui recourt à la force. Cette interprétation est confirmée par J. Vilchez Lindez qui s'appuie sur un parallèle antithétique avec le verset suivant (10, 11)[54], c'est-à-dire entre l'avantage qu'il y a à exercer la sagesse et l'absence d'avantage pour le charmeur, qui se fait mordre par son serpent, à exercer son talent[55]. Cependant, lorsque le sens de la comparaison n'est pas immédiatement perceptible dans le texte ou dans le contexte, nous préférons maintenir le sens absolu de *profit*. Dans ces conditions, il nous semble préférable de traduire le stique en question de la façon suivante : « **mais il y a profit** à faire aboutir la sagesse. » (וְיִתְרוֹן הַכְשֵׁיר חָכְמָה)[56].

b) *Approche littéraire*

Sous quelles formes littéraires la thématique du *profit-avantage* se manifeste-t-elle dans le livre de Qohélet ? Et comment s'énonce-t-elle dans le contexte général de l'œuvre ?

Sur le plan du stylistique, les substantifs יתרון, יוֹתר et מוֹתר se présentent[57] :

- Soit sous forme d'une interrogation introduite par le pronom interrogatif מה. De la sorte, la question du *profit-avantage* se pose à plusieurs reprises en ces termes : מה־יתרון (1, 3a ; 3, 9a ; 5, 15b) ou מה־יוֹתר (6, 8a.11b). Et comme pour la question de la "vanité", la question du *profit* en מה־יתרון s'exprime au moyen d'un refrain long (1, 3) suivi de deux refrains courts (3, 9 ; 5, 15b)[58] :

1, 3

מַה־יִּתְרוֹן לָאָדָם בְּכָל־עֲמָלוֹ שֶׁיַּעֲמֹל תַּחַת הַשָּׁמֶשׁ

Quel profit pour l'homme dans toute la peine qu'il peine sous le soleil ?

---

[54] Cf. J. VILCHEZ LINDEZ, *Eclesiastés...*, p. 377.

[55] De même nous préférons traduire l'expression אֵין יִתְרוֹן de 10, 11 par « il n'y a pas de profit /.../ ».

[56] C'est ainsi encore que traduisent certaines de nos bibles françaises, telles que la *BJ* ou la *TOB*. *La Bible de la Pléiade* traduit : « /.../ mais le profit qu'il y a à l'affûter est sagesse », tandis que *La Bible* d'Osty-Trinquet traduit : « /.../ mais sagesse assure profit. »

[57] Sont volontairement mis de côté les emplois particuliers de יוֹתר comme adverbe (2, 15a ; 7, 16a) ou comme conjonction (12, 9a.12a).

[58] Pour un aperçu des questions contenues dans les versets 1, 3 et 3, 9, voir D. MICHEL, *Untersuchungen...*, p. 57 ; L. SCHWIENHORST-SCHÖNBERGER, *Nicht im Menschen...*, p. 17 et A. SCHOORS, *The Preacher Sought to Find Pleasing Words...*, p. 206. Et pour une étude détaillée du verset 5, 15b, voir Fr. LAURENT, *Les biens pour rien...*, p. 78–80.

3, 9

מַה־יִּתְרוֹן הָעוֹשֶׂה בַּאֲשֶׁר הוּא עָמֵל

Quel profit, celui qui fait, tire-t-il de ce à quoi il peine?

5, 15b

וּמַה־יִּתְרוֹן לוֹ שֶׁיַּעֲמֹל לָרוּחַ

Quel profit pour lui que d'avoir peiné pour du vent?

Chacun de ces "refrains" sur le profit introduit le motif de la peine (עמל), auquel s'ajoute, dans le troisième "refrain", celui du vent (רוח), le tout souvent employé conjointement avec la thématique de la "vanité":

- Soit sous forme d'une réponse négative: אין יתרון. Il n'y a pas de *profit* en général *sous le soleil* (2, 11b), de même qu'il n'y a pas de *profit*, en particulier, pour le charmeur de serpent qui se fait mordre (10, 11b).
- Soit sous forme d'un constat introduit par la racine verbale ראה: «Et, moi, j'ai vu qu'**il y a avantage** /.../» (וְרָאִיתִי אָנִי שֶׁיֵּשׁ יִתְרוֹן) à propos de l'*avantage* de la sagesse sur la sottise (2, 13a) comme de l'*avantage* de la lumière sur l'obscurité (2, 13b); le contexte général invite également à retenir l'idée de constat à propos du *profit* d'un pays dans lequel le roi a des terres cultivées (5, 8a)[59] ou encore le *profit* qu'il y a à faire aboutir la sagesse (10, 10b)[60].
- Soit sous forme d'une conviction introduite par une expression verbale, comme en 3, 18a: «j'ai dit, moi, en mon cœur» (אָמַרְתִּי אָנִי בְּלִבִּי) à propos de l'absence d'*avantage* de l'homme sur la bête face à la mort (3, 19b), ou bien par une courte sentence, telle l'*avantage* de la sagesse pour ceux qui voient le soleil (7, 11b) ou l'*avantage* de la connaissance (7, 12b).

Sur le plan littéraire, les formes substantivées de la racine יתר, qui sont réparties très inégalement selon les chapitres du livre, peuvent être présentées de la manière suivante:

---

[59] Ce verset est rattaché au verbe ראה du verset précédent.
[60] Ce stique est rattaché aux versets précédents qui mentionnent le verbe ראה, d'abord sous une forme solennelle: יֵשׁ רָעָה רָאִיתִי תַּחַת הַשָּׁמֶשׁ (10, 5a), puis sous la forme verbale plus simple de רָאִיתִי (10, 7a).

	Chap. 1	Chap. 2	Chap. 3	Chap. 5	Chap. 6	Chap. 7	Chap. 10
question	1, 3a		3, 9a	5, 15b	6, 8a.11b		
réponse négative		2, 11b					10, 11b
constat		2, 13		5, 8a			10, 10b
conviction			3, 19b			7, 11b.12b	

Il ressort de l'ensemble de ces données lexicales et syntaxiques que la racine יתר apparaît majoritairement dans la première moitié de l'œuvre. Quelles incidences cela a-t-il sur le thème du bonheur?

c) *Incidences sur les* paroles de bonheur

Les substantifs afférents au thème du *profit* reviennent plus fréquemment dans la première moitié du livre que dans la seconde: dix occurrences entre les chapitres 1 à 6 (auxquelles il faut ajouter l'adverbe יותר de 2, 15a) et quatre occurrences entre les chapitres 7 à 12 (auxquelles il faut ajouter les trois emplois particuliers de יותר: un adverbe en 7, 16a et deux conjonctions en 12, 9a.12a). Les relations entre les thèmes de *profit*, *vanité* et *bonheur* varient selon l'une ou l'autre moitié du livre:
- – C'est exclusivement dans la première moitié du livre (chapitres 1 à 6) que se pose la question fondamentale de savoir quel *profit-avantage* revient à l'homme sur cette terre à l'occasion du travail qu'il effectue (1, 3a; 3, 9a; 5, 15b; 6, 8a.11b). À cette question, il est d'abord répondu par la négative: il n'y a pas de profit (2, 11b). Puis, il est constaté la présence ou l'absence d'un *profit-avantage* à l'occasion de situations bien ciblées: l'avantage de la sagesse sur la sottise comme de la lumière sur les ténèbres (2, 13), l'absence d'avantage de l'homme sur la bête devant la mort (3, 19b), le profit d'un roi ayant des terres cultivées (5, 8a). Les instants de bonheur (2, 24–26; 3, 12–14; 5, 17–19) sont alors perçus comme une alternative ponctuelle offerte à l'homme face à une situation générale qui n'est pas profitable (1, 3a; 3, 9a; 5, 15b). Les moments de réjouissances se présentent comme une réponse favorable au sein d'une existence qui ne l'est pas (2, 26b; 6, 9b).
- – Dans la seconde moitié du livre (chapitres 7 à 12), le sage réintroduit le thème du *profit* sous forme de fortes convictions portant sur quelques situations profitables procurées par la sagesse et la connaissance (7, 11b.12b), renforcées par celles concernant les

plaisirs de la vie (8, 15) et débouchant sur une première exhortation au bonheur à l'adresse de son disciple (9, 7–10). Ces convictions sont doublées d'un ferme constat en faveur du profit de la sagesse (10, 10b) et conduisent à la seconde exhortation au bonheur (11, 9–12, 2).

1, 3	question	Quel *profit* pour l'homme dans sa peine ?
2,11b	réponse	**Tout est vanité et poursuite de vent**, il n'y a pas de *profit*.
2, 13		Il y a *avantage* de la sagesse sur la sottise.
2, 15–17	constats	La commune situation du sage et de l'insensé devant la mort : **vanité et poursuite de vent**.
2, 19		La transmission incertaine du patrimoine du sage :
2, 21		**vanité**.
2, 23		La fatigue non récompensée de l'homme sage : **vanité et grand mal**.
		Il ne lui reste que douleur et chagrin : **vanité**.
2,24–26	constats	« Il n'y a rien de *bon* pour l'homme sinon /…/ »
		Sur l'incompréhension devant l'action de Dieu : **vanité et poursuite de vent**.
3, 9	question	Quel *profit* dans la peine ?
3, 12	réponse	« J'ai reconnu qu'il n'y a rien de *bon* pour eux sinon /…/ »
3, 19b	conviction	L'*avantage* de l'homme sur la bête est nul.
5, 15a	question	Quel *profit* [pour un homme riche] que d'avoir peiné pour du vent ?
5,17–19	réponse	« Voici ce que, moi, je vois : le *bon* qui est agréable /…/ »
6, 8	questions	Quel *profit* a le sage sur l'insensé ? Quel *profit* pour le pauvre ?
6, 9b	constat	**Vanité et poursuite de vent**
6, 11	questions	Quel *avantage* pour l'homme que des paroles nombreuses qui ne font qu'abonder la **vanité** ?
		Qui connaît ce qui est *bon* pour l'homme dans ses jours de **vanité** ?
7, 11b	conviction	La sagesse est un *avantage* pour ceux qui voient le soleil
7, 12b	conviction	Le *profit* de la connaissance de la sagesse est de faire vivre ceux qui en sont maîtres
8, 15	conviction	« Et moi, je célèbre le plaisir /…/ »
9, 7–9	exhortation	« Va, mange avec joie ton pain et bois ton vin d'un cœur heureux /…/ »
10, 10b	constat	Il y a *profit* à faire aboutir la sagesse
11,9–12, 2	exhortation	« Prends plaisir, jeune-homme, de tes jeunes années, /…/ »

Si l'affirmation puis l'invitation à jouir des bonnes choses du quotidien sont une réponse immédiate à la question du profit que l'homme se pose, elles n'enlèvent rien à sa lassitude générale. Le profit qu'il peut retirer de son travail est limité. Le poids de la peine est partie prenante de toute vie, et donc de toute expérience de sagesse.

3. Que vaut la sagesse?

À l'instar des thèmes précédents, celui de la sagesse couvre tout le livre de Qohélet. Quelques commentateurs familiers de ce livre le considèrent volontiers comme l'un des thèmes fondamentaux de la pensée du sage de Jérusalem[61].

a) Approche morphologique et syntaxique

La racine חכם se trouve mentionnée dans les deux tiers des chapitres du livre[62], sous trois formes différentes: le nom חכמה, l'adjectif חכם et le verbe חכם:

	Chap. 1	Chap. 2	Chap. 4	Chap. 6	Chap. 7	Chap. 8	Chap. 9	Chap. 10	Chap. 12
חכמה	1,13a.16 (bis). 17a.18a	2, 3b.9b. 12a.13a. 21a.26a			7, 10b.11a.12 (bis).19a.23a.25a	8, 1b.16a	9, 10b.13a. 15a.16(bis).18a.	10, 1b.10b	
חכם (adj.)		2, 14a.16a.19a	4, 13a	6, 8a	7, 4.5a7a.19a	8, 1a.5b.17b	9, 1a.17a	10, 2.12a	12, 9a
חכם (verbe)		2, 15a.19b			7, 16a.23b				

C'est le substantif חכמה qui recèle la plus grande diversité de combinaisons syntaxiques, surtout entre les chapitres 7 et 10:

---

[61] M. V. Fox, «Qohelet's Epistemology», *HUCA* 58 (1987), p. 137–156 et *A Time to tear down…*, p. 71–86; L. MAZZINGHI, *Ho Cercato…*, p. 171–187.

[62] À l'exception des chapitres 3, 5 et 6.

	Chap. 1	Chap. 2	Chap. 7	Chap. 8	Chap. 9	Chap. 10
חכמה	1, 16 (bis)	2, 12a.26a	7, 12b.19a.25a		9, 10b.13a	10, 10b
ב +	1, 13a	2, 3b.21a	7, 23a		9, 15a	
ל +		2, 13a				
מן +			7, 10b			10, 1b
+ suff.		2, 9b (1er s.)			9, 15a (3e m. s.)	
טוב +			7, 11a		9, 16a.18a	
nomen rectum	1, 17a (דעת) 18a (רב)		7, 12a	8, 16a (רעת)		
nomen regens				8, 1b (אדם)	9, 16b (מסכן)	

Qohélet n'utilise donc le terme de "sagesse" que dans les chapitres 1 et 2 et 7 à 10[63]. C'est, une fois encore, dans la seconde moitié du livre que s'exprime la plus grande diversité de formes syntaxiques. Dans certains cas, la sagesse est appréhendée en tant que telle. Dans d'autres cas, elle sert de moyen de recherche. Dans trois occurrences précises, la sagesse est abordée sous un angle positif grâce à la racine טוב : la sagesse est qualifiée de "bonne" (7, 11a), elle est même considérée comme ce qu'il y a de "meilleur" (9, 16a.18a).

b) *Approche littéraire et incidences sur les* paroles de bonheur

Dans les deux premiers chapitres du livre, la sagesse est le moyen et l'objet d'une exploration démesurée de la part de Qohélet :
- En 1, 13–15, la sagesse est l'attitude fondamentale par laquelle Qohélet entame sa vaste entreprise de recherche et d'exploration (לִדְרוֹשׁ וְלָתוּר בַּחָכְמָה) de tout ce qui se fait *sous le soleil*. Mais le constat est sévère : *tout est vanité et poursuite de vent* (1, 14b).
- En 1, 16–18, la sagesse est recherchée pour elle-même, comme objet de connaissance. Mais cela n'aboutit qu'à un constat semblable de *poursuite de vent* (1, 17b).
- En 2, 1–10, c'est tout ce qui relève du plaisir, de la joie et du bonheur qui est exploré avec sagesse (בחכמה).
- À partir de 2, 11, une synthèse de réflexion, introduite par le verbe סבב (tourner, se tourner), débouche sur un constat sans appel :

---

[63] Cf. M. GILBERT, « Qu'en est-il de la sagesse ? », *in La sagesse biblique. De l'Ancien au Nouveau Testament*, (J. Trublet dir.), (LD 160), Cerf, Paris, 1995, p. 34.

tout est vanité et poursuite de vent. Il n'y a pas de profit (אין יתרון) *sous le soleil* (2, 11b).

- En 2, 12–23, un retour sur l'exploration de la sagesse (לראות חכמה), de la sottise et de la folie est suivi d'une réflexion (ואמרתי אני בלבי) :
  - v. 13 : la sagesse est un avantage sur la folie (יתרון לחכמה מן־הסכלות).
  - v. 14–16 : cependant, un même sort attend le sage et l'insensé. Tous deux seront vite oubliés.
  - v. 17–19 : le sage en vient à détester la vie qui se présente *sous le soleil. Tout est vanité et poursuite de vent* (v. 17b). Et il déteste aussi l'effort qu'il a effectué pour rien.
  - v. 20–23 : la conclusion, introduite par le verbe סבב, est fortement négative. La peine prise avec sagesse (בחכמה) n'est pas couronnée de succès. Ce n'est que *vanité et grand mal* (v. 21b). Les jours de l'homme ne sont que douleurs, et son occupation n'est que chagrin.
- En 2, 24–26, se dessine une ouverture positive dans les moments de bonheur que le sage découvre à portée d'homme. De plus, la sagesse (חכמה), le savoir (דעת) et le plaisir (שמחה) sont reconnus comme venant de Dieu, seulement pour l'homme qui est habile devant lui. Tout cela reste *vanité et poursuite de vent* (v. 26).

Le bilan que le sage en retire est dans l'ensemble très négatif. Les refrains longs sur la vanité de la vie sont là pour le signifier. À la question du profit posée en exergue de sa recherche (1, 3), le sage répond que la sagesse ne lui a été d'aucun secours. Tout au plus, est-elle un avantage face à la folie. Mais cet avantage reste fragile et limité, comme l'est l'avantage de la lumière sur les ténèbres (2, 13). La sagesse n'a-t-elle pas le même statut que le bonheur : un don accordé par Dieu pour celui qui est habile devant sa face (2, 26)[64] ?

Le thème de la sagesse s'efface pour ne réapparaître qu'au chapitre 6, c'est-à-dire à la fin de la première moitié du livre[65]. En 6, 8a, revient le motif concernant le sage (לחכם) sous la forme d'une question rhétorique : « Car quel avantage a **le sage** sur l'insensé ? » qui relance l'affirmation soutenue en 2, 13. La question de la pertinence de la sagesse

---

[64] À ce propos, il est intéressant de noter, en 2, 26, l'emploi conjoint de חכמה et de שמחה dans l'énumération des dons de Dieu.

[65] À l'exception d'un aphorisme concernant le gamin pauvre et sage en 4, 13.

est donc loin d'être réglée, d'autant qu'elle est, à nouveau, suivie d'un long refrain sur *la vanité et la poursuite de vent* (6, 9b).

La première moitié du livre s'achève avec deux types de question qui recevront un commencement de réponse au cours du chapitre 7 :

- une question introduite par le pronom interrogatif מה (quoi). En 6, 11, se pose la question du profit-avantage : « quel profit (יתר) pour l'homme ? »
- deux questions introduites par le pronom interrogatif מי (qui). En 6, 12a : « Car qui connaît ce qui est bon (טוב) pour l'homme dans la vie, durant le nombre de jours de sa vie de vanité qui passe comme l'ombre ? » En 6, 12b : « Qui révèlera à l'homme ce qui arrivera par la suite (אחריו) sous le soleil ? »

Dans les premiers versets du chapitre 7, les thèmes de bon / bonheur (טוב), de profit / avantage (יתר / יתרון) et d'avenir de l'homme (אחריו) deviennent étroitement associés à celui de sagesse (חכמה). À la suite de la série des sentences proverbiales en טוב + מן (7, 1–10), le thème de la sagesse est introduit, en 7, 11, sous forme d'un aphorisme élogieux en טוב + עם : « Bonne est **la sagesse** avec un héritage, ***elle est un avantage*** pour ceux qui voient le soleil. » (טוֹבָה חָכְמָה עִם־נַחֲלָה וְיֹתֵר לְרֹאֵי הַשָּׁמֶשׁ). Cette sentence reprend, dans la motivation en כי du v. 12, un terme familier à Qohélet (יתרון) :

כִּי בְּצֵל הַחָכְמָה בְּצֵל הַכָּסֶף
וְיִתְרוֹן דַּעַת הַחָכְמָה תְּחַיֶּה בְעָלֶיהָ

Car, [être] à l'ombre de **la sagesse**, [c'est être] à l'ombre de l'argent,
et *l'avantage* du savoir, [c'est que] **la sagesse** fait vivre ceux qui la possèdent.

Le thème de la sagesse réapparaîtra ensuite, en 7, 15–18, en relation avec ceux de la vanité et de la crainte de Dieu, autres thèmes chers au sage de Jérusalem[66] :

A) 7, 15a : « j'ai *tout* vu (אֶת־הַכֹּל רָאִיתִי) dans les jours de ma vanité (…) »
7, 15b : il y a tel juste (צדיק) qui périt et tel méchant (רשע) qui prospère.

---

[66] Pour une analyse plus détaillée, voir L. MAZZINGHI, « Qohelet tra Giudaismo ed Ellenismo. Un'indagine a partire da Qo 7, 15–18 », *in Il Libro del Qohelet…*, (G. Bellia – A. Passaro dir.), p. 90–116.

B) 7, 16 : exhortation à ne pas être juste à l'extrême (אל־תהי צדיק הרבה), ni **sage** à l'excès, pourquoi (למה) se détruire ?

B') 7, 17 : exhortation à ne pas être méchant à l'extrême (אל־תרשע הרבה), ni insensé, pourquoi (למה) mourir avant son temps ?

A') 7, 18 : « il est bon que tu tiennes à ceci sans laisser ta main lâcher cela, car celui qui craint Dieu les fera *toutes* aboutir (יצא את־כלם). »

Entre ces deux types de déclaration sur la sagesse, se tient la double exhortation : observer l'œuvre de Dieu (7, 13.14b) ; saisir le bonheur et tenir face au malheur (7, 14a).

Sur le plan thématique, il est à remarquer que ces circonstances de bonheur ou de malheur se situent au cœur même de l'œuvre de Dieu :

A) 7, 13 :   invitation à regarder *l'œuvre de Dieu* (מעשׂה האלהים)

B) 7, 14a : *au jour de bonheur accueillir le bonheur* (ביום טובה היה בטוב) et au jour de malheur, regarder (וביום רעה ראה)

A') 7, 14b :   car l'un et l'autre, *Dieu les a faits* (עשׂה האלהים)

En raison de la thématique commune afférente à la sagesse, il est possible de rapprocher ces trois passages 7, 11–12 ; 7, 13–14 et 7, 15–18 pour ne lire qu'un seul et même contexte d'exhortation, se présentant sous la forme concentrique suivante :

A) v. 11 :   la **sagesse** (חכמה) est **bonne** (טובה) et elle est un *avantage* (יתר) car (כי) être à l'ombre de la **sagesse**, c'est comme être à l'ombre de l'argent.

B) v. 13 :   invitation à regarder *l'œuvre de Dieu* (ראה את־מעשׂה האלהים)

C) v. 14a : *au jour de bonheur, accueillir le bonheur*, au jour de malheur, regarder (ביום טובה היה בטוב וביום רעה ראה)

B') v. 14b–15 : tant l'un que l'autre, *Dieu les a faits* (עשׂה האלהים). L'homme ne peut rien trouver de ce qui sera après lui.

A') v. 16–18 : invitation à ne pas être juste à l'extrême, ni à **être sage** de *manière excessive* (ואל־תתחכם יותר), il est **bon** (טוב) de tenir à ceci sans laisser cela, car (כי) celui qui craint Dieu (כי־ירא אלהים) fera tout aboutir.

En conséquence, l'ensemble de ces versets de 7, 11–18 paraît déterminante pour interpréter la progression de la pensée de Qohélet. L'objet de sa recherche et de sa réflexion, qui le conduisait jusque-là à une impasse, est repris sous un jour plus favorable, grâce à la reconnaissance du bienfait que la sagesse est à même de procurer :

- La sagesse, envisagée comme bonne et avantageuse, n'a pas à être recherchée par l'homme de manière absolue, au contraire elle commence avec celui qui craint Dieu[67] [A-A'].
- C'est pourquoi, l'homme sage est invité à s'en remettre à Dieu qui peut tout et connaît tout, tandis qu'il ignore ce qui adviendra après lui selon le plan de Dieu [B-B'].
- Dans ces conditions, le meilleur moyen pour l'homme de s'en remettre à Dieu n'est pas de s'évader du réel, mais, au contraire, de s'y attacher en saisissant le bonheur tangible qui se présente à lui [C]. Là est la position originale de Qohélet. Cette première invitation au bonheur en annonce d'autres.

La péricope 7, 11–18 apporte donc un commencement de réponse à la question en מה sur l'avantage (יותר) du sage par rapport à l'insensé de 6, 8, question reprise en 6, 11b. Elle commence également à répondre à la question en מי de 6, 12, relative au fait de connaître qui sait ce qui est bon (טוב) pour l'homme maintenant, malgré les jours de sa vaine existence, et celui qui lui révèlera son avenir (אחריו). Finalement, seul Dieu sait. Dans ces conditions, il ne reste plus à l'homme épris de sagesse, qu'à s'en tenir à une attitude de crainte respectueuse envers Dieu et à jouir, quand cela est possible, du bonheur qui lui revient.

Dans ces versets 7, 11–18, est concentrée la majeure partie des thèmes ou motifs transversaux précédemment étudiés: le bonheur (v. 14a), le profit-avantage (v. 11b), la sagesse (v. 11a.12.16a), la vanité (v. 15a). À ceux-là, s'ajouteront d'autres motifs: l'œuvre de Dieu (v. 13.14b) et la crainte de Dieu (v. 18b).

Un tel enthousiasme en faveur de la sagesse constitue un tournant significatif dans la démarche de Qohélet, au moment même où débute la seconde moitié de son œuvre. Désormais, la sagesse vaut son pesant d'or. Cela sera confirmé sous peu: le sage face aux dix gouverneurs d'une ville en sait quelque chose (7, 19). Cependant, cet enthousiasme sera de courte durée puisque Qohélet reconnaît le caractère limité de toute sagesse:

- En 7, 23–25, le sage retourne à ses investigations en mettant à l'épreuve (נסה) le réel par la sagesse (בחכמה), et avec cette volonté

---

[67] En reliant la sagesse à la crainte du Seigneur, Qohélet rejoint ici une position traditionnelle dans les livres sapientiaux (cf. Pr 1, 7; 9, 10; 15, 33; Si 1, 14; 15, 1; 19, 20; 21, 11; 25, 10–11; Jb 28, 28).

de connaître, d'explorer (תור)[68] et de chercher la sagesse pour elle-même.

– En 8, 16–17, le bilan des investigations reste décevant malgré les atouts dont l'homme bénéficie de la part de la sagesse[69]. Preuve en est que son action est, de nouveau, décrite comme une occupation (ענין)[70]. Quant à l'œuvre de Dieu, Qohélet constate (ראה) que, malgré son désir de s'adonner (נתן את־לב) à la connaissance de la sagesse (לדעת חכמה), celle-ci n'est que douleur et fatigue, étant donné que l'homme est incapable de la trouver (לא מצא). L'action de l'homme achoppe donc face à une œuvre de Dieu qui le dépasse et pour laquelle la sagesse ne lui est d'aucun secours.

– En 9, 1, le sage continue à s'adonner (נתן אל־לב) à l'observation de la situation selon laquelle tous (les justes comme les sages) sont dans la main de Dieu.

– En 9, 13–10, 4, le sage observe (ראה) la sagesse en ses limites. Il constate que, même si celle-ci vaut mieux (מן + טובה) que la force, la sagesse de l'indigent est néanmoins méconnue. Mais, la sagesse vaut mieux (מן + טובה) que des engins de guerre, même si un rien peut facilement ruiner beaucoup de bien.

– En 10, 5–14, au cours de ces ultimes phases d'observation (ראה), Qohélet confirme que la sagesse est profitable pour qui l'exerce. C'est ainsi qu'en 10, 10b, il en vient à reconnaître, au milieu d'aphorismes, qu'il y a profit (יתרון) à faire aboutir la sagesse : וְיִתְרוֹן הַכְשֵׁיר חָכְמָה[71].

Le sage a eu beau procéder à de nombreuses observations et s'adonner à la recherche de la sagesse—et, à travers elle, à la recherche du sens de la vie—cela ne lui a pas donné entière satisfaction. Chercher à comprendre ce qu'il a expérimenté, lui a déjà valu de la fatigue et des

---

[68] Cf. 1, 13a.

[69] Notamment celui d'illuminer le regard (8, 1b).

[70] Cf. 1, 13b où, dans l'exploration initiale du sage-roi, l'occupation (ענין) était qualifiée de mauvaise (רע).

[71] La traduction de ce stique est difficile en raison de l'interprétation obscure de la forme verbale הכשיר. Toutes les versions ont retenu la racine כשר signifiant "être avantageux, prospérer". Cette racine verbale est propre au livre de Qohélet. Nous préférons conserver à la forme *hiph'il* son sens factitif et traduire littéralement, comme le fait la *BJ*, par «mais il y a profit à faire aboutir la sagesse.» La *TOB* traduit un peu différemment: «il y a profit à exercer comme il convient la sagesse.», et D. Lys: «il y a un avantage qui fait succès d'être sage.» (D. Lys, *L'Ecclésiaste ou que vaut la vie?...*, p. 27).

souffrances. Certes, il est conscient du caractère avantageux de la sagesse dans bien des domaines, mais celle-ci reste fragile, comme le parfum qu'une mouche gâte en s'y noyant (10, 1). La réflexion de Qohélet bute surtout devant ce qui est incompréhensible : non seulement l'homme ne peut connaître son avenir, mais encore la totalité de l'œuvre de Dieu reste obscure. Franchir de telles limites restera toujours pour lui hors de portée (7, 24), ce qui l'affectent profondément.

Or, Qohélet ne renonce pas à reconnaître une réelle valeur à la sagesse. Conformément à la tradition d'Israël, elle reste pour lui une valeur de choix pour affronter les limites de l'expérience humaine[72]. Une fois de plus, s'affinent les traits de celui que l'on a si souvent étiqueté comme sceptique[73]. Déjà, dans la première moitié de son œuvre, au sein d'un état des lieux particulièrement obéré sur l'existence humaine, il observe que la sagesse est un avantage par rapport à la folie (2, 13) et à la sottise (6, 8). C'est surtout dans la seconde moitié du livre qu'il met en valeur tous les bénéfices d'une sagesse qui lui paraît bonne et profitable (7, 11–12)[74], meilleure que la force (9, 16a) et les autres engins de guerre (9, 18a). Et, dans certaines occasions, l'action du sage, même pauvre, possède une réelle efficacité (9, 13–16).

De la première à la seconde moitié du livre, se confirme le changement d'attitude de Qohélet. À la fin de l'ouvrage, il n'est plus ce qu'il a été au départ : un sage au regard frustré et au jugement souvent acide voire désabusé sur une réalité qui lui échappe des mains. Il se découvre progressivement partie prenante d'une création dans laquelle coexistent du bien et du mal. Devant cette réalité difficile à déchiffrer et malgré son état limité de créature, Qohélet finit par apprécier une sagesse et

---

[72] Voir à ce propos M. ROSE, «De la "crise de la sagesse" à la "sagesse de la crise"», *RTP* 131 (1999), p. 115–134 et de Th. KRÜGER, «Le Livre de Qohéleth dans le contexte de la littérature juive des IIIe et IIe siècles avant Jésus-Christ», p. 135–162 (notamment p. 144 : «Outre toutes les critiques envers les attentes exagérées vis-à-vis de la sagesse et envers les prétentions des sages, on trouve également dans le livre de Qohéleth des formulations positives au sujet de la valeur relative de la sagesse (…). La sagesse n'est donc rien d'autre que le "savoir-faire" de l'expert pour exécuter ses travaux. Elle lui permet d'éviter certains dangers et des efforts inutiles ; mais elle ne peut en aucun cas lui assurer la réussite dans l'accompagnement de son œuvre.»).

[73] Sur cette question du prétendu scepticisme de Qohélet, voir J. BARNES, «L'ecclésiaste et le scepticisme grec», *RTP* 131 (1999), p. 103–114. Pour l'auteur, Qohélet n'est pas un sceptique à la manière dont l'entendent les philosophes grecs. Tout au plus, reconnaît-il en lui un pessimisme modéré qui n'est «rien d'autre qu'un réalisme prudent.» (p. 113).

[74] W. ZIMMERLI, *Das Buch des Predigers*, p. 202 ; J. VILCHEZ LINDEZ, *Eclesiastés…*, p. 311–312.

un bonheur simple, comme autant de bienfaits capables de lui redonner goût à la vie.

4. *Qu'en est-il de* l'œuvre qui se fait sous le soleil ?

Aborder cette question revient à s'intéresser aux diverses occurrences de la racine עשׂה dans le livre de Qohélet. D'une manière générale, cette racine se présente soit sous une forme verbale (conjuguée au *qal* ou au *niph'al*), soit sous la forme du substantif מַעֲשֶׂה[75].

Au début du livret, en 1, 13, le sage de Jérusalem énonce le champ de son enquête "royale" : « au sujet **tout ce qui se fait** *sous le ciel*» (עַל כָּל־אֲשֶׁר נַעֲשָׂה תַּחַת הַשָּׁמָיִם) (v. 13a). *L'œuvre qui se fait sous le ciel / le soleil* est le résultat conjoint d'un don de Dieu (נתן) et d'une occupation humaine (ענה) : « c'est une occupation mauvaise que Dieu a donnée aux fils d'homme pour qu'ils s'y occupent. » (הוּא עִנְיַן רָע נָתַן אֱלֹהִים לִבְנֵי הָאָדָם לַעֲנוֹת בּוֹ) (v. 13b). Cette observation critique le conduit à énoncer le premier refrain long sur la vanité (1, 14) : « j'ai vu **toutes les œuvres qui se font** sous le soleil, mais voici : tout est vanité et poursuite de vent. » (רָאִיתִי אֶת־כָּל־הַמַּעֲשִׂים שֶׁנַּעֲשׂוּ תַּחַת הַשָּׁמֶשׁ וְהִנֵּה הַכֹּל הֶבֶל וּרְעוּת רוּחַ). Puis, en 2, 17–18, le sage conclut par un double aveu introduit par le verbe שׂנא (détester) :

> 17 וְשָׂנֵאתִי אֶת־הַחַיִּים כִּי רַע עָלַי הַמַּעֲשֶׂה שֶׁנַּעֲשָׂה תַּחַת הַשָּׁמֶשׁ
> כִּי־הַכֹּל הֶבֶל וּרְעוּת רוּחַ
> 18 וְשָׂנֵאתִי אֲנִי אֶת־כָּל־עֲמָלִי שֶׁאֲנִי עָמֵל תַּחַת הַשָּׁמֶשׁ
> שֶׁאַנִּיחֶנּוּ לָאָדָם שֶׁיִּהְיֶה אַחֲרָי

> 17 *Et je déteste* la vie, car *mauvaise* à mon égard **l'œuvre qui se fait** sous le soleil :
> car tout est vanité et poursuite de vent.
> 18 *Je déteste*, moi, toute la peine que j'ai peinée sous le soleil
> puisque je laisserai cela à l'homme qui arrivera après moi.

En qualifiant ici de mauvaise (רע) *l'œuvre qui se fait sous le soleil*, Qohélet confirme sa thèse initiale relative à l'occupation mauvaise confiée

---

[75] Pour les références précises de chacun de ces emplois, voir M. V. Fox, *A Time to tear down…*, p. 106 ; A. Schoors, « God in Qoheleth », p. 251–256.

aux hommes (1, 13b). Du côté de l'homme, il n'y a rien à attendre de
bon de ce qui est observé ici-bas, tout n'est que peine et souffrance (2,
18–23)[76], sauf à se réjouir des bons moments de la vie que Dieu nous
accorde (2, 24–26)[77]. Qu'elle vienne d'une offre de Dieu et / ou du travail
de l'homme, *l'œuvre qui se fait sous le ciel / le soleil* se révèle, de toute
manière, décevante.

Au tout début du chapitre 4, Qohélet reprend son observation : « Et,
de nouveau, moi, j'ai vu /…/ » (וְשַׁבְתִּי אֲנִי וָאֶרְאֶה). Celle-ci porte sur
des circonstances d'oppression « *qui* **se font** *sous le soleil* (אֲשֶׁר נַעֲשִׂים
תַּחַת הַשָּׁמֶשׁ) » (4, 1a). Au-delà de la différence de situations entre ceux
qui sont morts et ceux qui sont encore vivants, le sage aborde, au v. 3,
le cas de ceux qui ne sont même pas nés :

וְטוֹב מִשְּׁנֵיהֶם אֵת אֲשֶׁר־עֲדֶן לֹא הָיָה
אֲשֶׁר לֹא־רָאָה אֶת־הַמַּעֲשֶׂה הָרָע אֲשֶׁר נַעֲשָׂה תַּחַת הַשָּׁמֶשׁ

> Et plus heureux que les deux, celui qui n'a pas encore été,
> parce qu'il n'a pas vu **l'œuvre** *mauvaise* **qui se fait** sous le soleil.

En qualifiant une nouvelle fois de *mauvaise* (רע) *l'œuvre qui se fait
sous le soleil*, Qohélet en revient au point de départ (1, 13 et 2, 17).
Son observation sera même renforcée, au v. 4, par une constatation
supplémentaire portant sur la jalousie :

וְרָאִיתִי אֲנִי אֶת־כָּל־עָמָל וְאֵת כָּל־כִּשְׁרוֹן הַמַּעֲשֶׂה כִּי הִיא קִנְאַת־אִישׁ מֵרֵעֵהוּ
גַּם־זֶה הֶבֶל וּרְעוּת רוּחַ

> *Et j'ai vu, moi*, toute la peine et tout le succès *d'une œuvre*, c'est jalousie
> de l'un envers l'autre,
> cela aussi est vanité et poursuite de vent.

Dans le cours de sa réflexion, le sage sera amené à s'expliquer sur
les raisons de tant de désillusions, qu'elles viennent de Dieu ou des
hommes.

---

[76] Dans ces versets, la peine et la souffrance sont exprimées grâce à la répétition
incessante de la racine עמל et à l'emploi de termes tels que מכאבים (douleurs) et
כעס (chagrin).

[77] M. V. Fox insiste sur les deux phases du raisonnement de Qohélet : « For a moment
he came to deteste life. But this is Qohelet looking back. As his account moves forward,
he tempers his frustration with discoveries of good things, and his affirmation of life
grows stronger. » (M. V. Fox, *A Time to tear down…*, p. 184).

a) *L'œuvre de Dieu* sous le soleil

Les affirmations de 1, 13b et 3, 10 sont construites en parallèle:

1, 13b   הוּא עִנְיַן רָע נָתַן אֱלֹהִים לִבְנֵי הָאָדָם לַעֲנוֹת בּוֹ

3, 10   רָאִיתִי אֶת־הָעִנְיָן אֲשֶׁר נָתַן אֱלֹהִים לִבְנֵי הָאָדָם לַעֲנוֹת בּוֹ

En 3, 10–15, Qohélet développe la question de l'attitude de l'homme face à l'action de Dieu. Les v. 10 à 15 constituent un commencement de réponse à la question que se pose, à nouveau, le sage à propos de l'agir de l'homme: «Quel profit **celui qui fait** (עֹשֶׂה) tire-t-il de ce à quoi il peine?» (3, 9). Partant de cette question rhétorique, l'auteur sacré annonce toute la problématique de l'attitude de l'homme face à l'agir de Dieu:

10 רָאִיתִי אֶת־הָעִנְיָן אֲשֶׁר נָתַן אֱלֹהִים לִבְנֵי הָאָדָם לַעֲנוֹת בּוֹ

11 אֶת־הַכֹּל עָשָׂה יָפֶה בְעִתּוֹ
גַּם אֶת־הָעֹלָם נָתַן בְּלִבָּם מִבְּלִי אֲשֶׁר לֹא־יִמְצָא הָאָדָם אֶת־הַמַּעֲשֶׂה אֲשֶׁר־עָשָׂה הָאֱלֹהִים מֵרֹאשׁ וְעַד־סוֹף

12 יָדַעְתִּי כִּי אֵין טוֹב בָּם כִּי אִם־לִשְׂמוֹחַ וְלַעֲשׂוֹת טוֹב בְּחַיָּיו

13 וְגַם כָּל־הָאָדָם שֶׁיֹּאכַל וְשָׁתָה וְרָאָה טוֹב בְּכָל־עֲמָלוֹ מַתַּת אֱלֹהִים הִיא

14 יָדַעְתִּי כִּי כָּל־אֲשֶׁר יַעֲשֶׂה הָאֱלֹהִים הוּא יִהְיֶה לְעוֹלָם עָלָיו אֵין לְהוֹסִיף וּמִמֶּנּוּ אֵין לִגְרֹעַ וְהָאֱלֹהִים עָשָׂה שֶׁיִּרְאוּ מִלְּפָנָיו

15 מַה־שֶּׁהָיָה כְּבָר הוּא וַאֲשֶׁר לִהְיוֹת כְּבָר הָיָה וְהָאֱלֹהִים יְבַקֵּשׁ אֶת־נִרְדָּף

10 *J'ai vu* l'occupation que Dieu a donnée aux fils d'homme pour qu'ils s'y occupent.

11 **Il fait** *toute chose agréable en son temps;*
à leur cœur, il donne *même [la pensée] de l'éternité, sans que l'homme puisse trouver* **l'œuvre que (le) Dieu fait** *du début jusqu'à la fin.*

12 *J'ai reconnu* qu'il n'y a rien de bon pour eux, sinon de trouver du plaisir et de faire le bien durant leur vie.

13 *Mais aussi, tout homme qui mange, boit et goûte au bonheur en toute sa peine, cela est* un don de Dieu.

14 *J'ai reconnu* que **tout ce que fait (le) Dieu**, cela durera toujours; il n'y a rien à y ajouter, rien à y retrancher, **c'est (le) Dieu qui fait** *en sorte* **qu'on ait de la crainte** *devant sa face.*

15 Ce qui est arrivé, c'est ce qui est déjà, et ce qui arrivera existe déjà, mais (le) Dieu va rechercher ce qui a fui.

L'examen des formes verbales conjuguées à la 1re personne du singulier permet déjà de remarquer que l'observation de l'action de Dieu est suivie d'une double conviction (ידע). En effet, l'observation (ראה) de l'activité

divine se heurte à l'incapacité dans laquelle est l'homme de trouver
(מצא)—c'est-à-dire de découvrir—l'intégralité de l'agir de Dieu[78]. Pour
surmonter une telle déception, le sage énonce sa double conviction :

- d'une part, il sait (יָדַעְתִּי) qu'il y a du bonheur à se réjouir et à
  faire le bien (עשׂה טוב) puisque c'est Dieu qui le lui accorde (3,
  12–13).
- d'autre part, il sait (יָדַעְתִּי) que Dieu est fidèle en ses œuvres
  (לעולם) et que, malgré tant d'incompréhensions face à l'agir de
  Dieu, l'homme est appelé à s'en remettre humblement à lui dans
  une attitude de crainte (ירא) (3, 14).

Se réjouir et craindre Dieu sont les deux voies accessibles à l'homme
devant le mystère de l'action de Dieu et devant les interrogations sur
le maigre profit de toute activité humaine. Ces deux voies seront, à
nouveau, tracées au cours de la seconde moitié du livre.

En 7, 13–14, le maître de sagesse ordonne expressément à son disciple
de faire, à son tour, ce que lui-même a fait, c'est-à-dire observer (ראה)
ce qui sépare l'action de Dieu de celle de l'homme, et ainsi prendre ses
distances par rapport aux maximes de sagesse qui précèdent (7, 1–12) :

13 רְאֵה אֶת־מַעֲשֵׂה הָאֱלֹהִים כִּי מִי יוּכַל לְתַקֵּן אֵת אֲשֶׁר עִוְּתוֹ
14 בְּיוֹם טוֹבָה הֱיֵה בְטוֹב וּבְיוֹם רָעָה רְאֵה
גַּם אֶת־זֶה לְעֻמַּת־זֶה עָשָׂה הָאֱלֹהִים עַל־דִּבְרַת שֶׁלֹּא יִמְצָא
הָאָדָם אַחֲרָיו מְאוּמָה

13 *Regarde* **l'œuvre du Dieu** :
qui peut redresser ce que lui a courbé ?
14 Au jour de bonheur, accueille le bonheur, et au jour de malheur,
regarde :
aussi bien l'un que l'autre **(le) Dieu les a faits**,
de sorte que l'homme ne puisse rien TROUVER de ce qui sera par la suite.

Ce que Dieu fait (עשׂה), l'homme ne pourra le trouver (לא מצא). Tout
en le prenant à témoin, Qohélet partage cette conviction avec son jeune
disciple, d'où l'invitation pressante au bonheur, relayée, en 7, 18, par la
crainte de Dieu.

---

[78] Selon M. V. Fox, l'expression מעהשׂ יהלאהם désigne non pas une activité divine
particulière mais l'activité de Dieu dans son ensemble : « What God does, what happens
on earth, is not just a collection of scattered deeds, but constitutes a single ma'aśeh,
which is, in a sense, the universe : all that God causes to be or happen. » (M. V. Fox,
A Time to tear down…, p. 104).

Ultérieurement, le maître de sagesse reviendra sur cette difficile relation entre ce que Dieu fait (עשׂה) et ce que l'homme est à même ou non de trouver (לא מצא / מצא). Il le fera notamment en 7, 27–29 en attirant l'attention du disciple avec l'impératif רְאֵה («vois»):

27 רְאֵה זֶה מָצָאתִי אָמְרָה קֹהֶלֶת אַחַת לְאַחַת לִמְצֹא חֶשְׁבּוֹן
28 אֲשֶׁר עוֹד־בִּקְשָׁה נַפְשִׁי וְלֹא מָצָאתִי אָדָם אֶחָד מֵאֶלֶף מָצָאתִי
וְאִשָּׁה בְכָל־אֵלֶּה לֹא מָצָאתִי
29 לְבַד רְאֵה־זֶה מָצָאתִי אֲשֶׁר עָשָׂה הָאֱלֹהִים אֶת־הָאָדָם יָשָׁר
וְהֵמָּה בִקְשׁוּ חִשְּׁבֹנוֹת רַבִּים

27 *Vois* cela que J'AI TROUVÉ—a dit Qohélet—
[en considérant les choses] une à une pour [en] TROUVER la raison,
28 que mon âme cherche encore et que JE N'AI PAS TROUVÉ:
un seul homme sur mille, J'AI TROUVÉ, mais une femme parmi elles
toutes, JE N'AI PAS TROUVÉ".
29 *Vois* seulement ce que J'AI TROUVÉ: que **(le) Dieu a fait** l'homme droit,
mais eux cherchent bon nombre de raisonnements.

Malgré son incapacité à tout comprendre, Qohélet ne se décourage pas. Au contraire, il poursuit son investigation en s'y impliquant totalement. Et cela porte du fruit puisqu'il a trouvé au moins pourquoi il ne peut pas trouver! La différence entre Dieu et l'homme est radicale: Dieu a fait l'homme droit tandis que ce dernier cherche des complications.

En 8, 17, en cherchant à dépasser les limites humaines de la connaissance de Dieu, le sage éprouve sa propre incapacité à comprendre:

וְרָאִיתִי אֶת־כָּל־מַעֲשֵׂה הָאֱלֹהִים
כִּי לֹא יוּכַל הָאָדָם לִמְצוֹא אֶת־הַמַּעֲשֶׂה אֲשֶׁר נַעֲשָׂה תַחַת־הַשֶּׁמֶשׁ
בְּשֶׁל אֲשֶׁר יַעֲמֹל הָאָדָם לְבַקֵּשׁ וְלֹא יִמְצָא
וְגַם אִם־יֹאמַר הֶחָכָם לָדַעַת לֹא יוּכַל לִמְצֹא

Alors *j'ai vu*, au sujet de **toute l'œuvre** de (du) Dieu,
que l'homme NE PEUT TROUVER **l'œuvre qui se fait** sous le soleil,
quelque peine que l'homme se donne à chercher, IL NE TROUVE PAS;
et même si le sage affirme connaître, IL NE PEUT TROUVER.

La conclusion de Qohélet est sans appel: plus il observe *l'œuvre qui se fait sous le soleil*, plus il bute devant le mystère de l'œuvre de Dieu, si bien que ces deux formes d'œuvre finissent par n'en faire plus qu'une[79].

---

[79] Sur l'action *sous le soleil* qui devient l'équivalent de l'action de Dieu, voir l'étude de M. V. Fox qui analyse en parallèle 8, 16–17 avec 1, 13–14 (M. V. Fox, *A Time to tear down…*, p. 104–105).

Le sage en prend donc son parti avec réalisme, ce qui l'autorise maintenant à transmettre cette conviction à son disciple en lui ouvrant une perspective encourageante. En 11, 5, à l'occasion de cette dernière apparition du motif de l'œuvre de Dieu dans le livret—et avant de le retrouver dans l'épilogue, en 12, 14a—le sage adresse à son disciple ses conclusions :

כַּאֲשֶׁר אֵינְךָ יוֹדֵעַ מַה־דֶּרֶךְ הָרוּחַ כַּעֲצָמִים בְּבֶטֶן הַמְּלֵאָה
כָּכָה לֹא תֵדַע אֶת־מַעֲשֵׂה הָאֱלֹהִים אֲשֶׁר יַעֲשֶׂה אֶת־הַכֹּל

> De même que *tu ne connais* pas quel est le chemin du vent, de même les ossements dans le ventre de la femme enceinte,
> de même *tu ne connais pas* **l'œuvre de (du) Dieu qui fait** tout.

Face à l'impossibilité de saisir entièrement l'agir de Dieu, le disciple est invité à emprunter la voie que son maître a explorée avant lui : profiter du bonheur tant qu'il en est encore temps (11, 7–12, 1). Celle-ci sera relayée, dans l'épilogue, par l'invitation à craindre Dieu par dessus tout (12, 13b). Se réjouir tant que dure la jeunesse et craindre Dieu sont ce que l'on est à même de tenir le plus sûrement de la part de Dieu.

b) *L'œuvre de l'homme* sous le soleil

Il est des occurrences dans lesquelles la racine עשה renvoie exclusivement à ce que fait l'homme. Dans le champ immense de sa recherche, Qohélet s'efforce de donner du sens à la sagesse[80], aux réjouissances (שׂמחה / טוב ראה)[81]. Mais lorsqu'il dresse le bilan de *tout ce qui se fait sous le soleil*, sa déception est grande. Non seulement l'homme ne trouve aucun profit à se dépenser sans relâche dans son travail[82], mais en outre, son action est qualifiée de mauvaise (רע), et toute sa recherche n'est que peine et fatigue. Il suffit de noter les relations syntaxiques qu'entretiennent עשה et עמל au début du livret, pour conclure que les motifs de l'action et de la peine deviennent quasiment équivalents[83].

En 2, 11, en effet, le sage énonce sa réflexion sur *ce qui se fait sous le soleil*. La racine עשה se réfère, à trois reprises, à la recherche éperdue de plaisirs que le roi-sage a projeté de faire aux v. 1 et 3[84] et qu'il s'est

---

[80] Cf. 1, 16–18.
[81] Cf. 2, 1–10.
[82] Voir à ce sujet le lien entre 1, 3 et 2, 11b.
[83] Cf. M. V. Fox, *A Time to tear down…*, p. 105.
[84] Notamment en 2, 3b : « /…/ jusqu'à ce que je vois ce qui est bon pour les fils d'homme de faire (יעשׂו) sous le ciel /…/ »

a ensuite efforcé de mettre en œuvre dans les v. 5 à 10[85]. Au v. 11a, les propositions contenant les racines עשׂה et עמל sont reliées à l'unique verbe פנה:

וּפָנִיתִי אֲנִי בְּכָל־מַעֲשַׂי שֶׁעָשׂוּ יָדַי וּבֶעָמָל שֶׁעָמַלְתִּי לַעֲשׂוֹת

Alors, je me suis tourné, moi, **vers toutes les actions que mes mains ont faites**, *et la peine que j'ai peinée* **pour le faire** /.../

Sa vaste et méticuleuse quête sur le plaisir et le bonheur le conduit finalement à porter, au v. 11b, un jugement négatif sous la forme d'un refrain long sur la vanité de la vie et sur l'absence de tout profit *sous le soleil*: « Et voici: tout cela est vanité et poursuite de vent, il n'y a pas de profit sous le soleil. » (וְהִנֵּה הַכֹּל הֶבֶל וּרְעוּת רוּחַ וְאֵין יִתְרוֹן תַּחַת הַשָּׁמֶשׁ).

Par la suite, mention est faite de l'activité de l'homme dans le cadre de la question du profit de 3, 9 qui reprend, en l'affinant, la question introductive de 1, 3:

1, 3   מַה־יִּתְרוֹן לָאָדָם בְּכָל־עֲמָלוֹ שֶׁיַּעֲמֹל תַּחַת הַשָּׁמֶשׁ

Quel profit y a-t-il pour l'homme dans toute la peine qu'il peine sous le soleil?

3, 9   מַה־יִּתְרוֹן הָעוֹשֶׂה בַּאֲשֶׁר הוּא עָמֵל

quel profit **celui qui fait** *tire-t-il de ce à quoi il peine?*

Devant l'absence avérée de tout profit, celui qui agit[86] se tourne alors vers le Dieu qui agit (3, 10–11). Bien que lui échappe le sens plénier de l'action divine, il lui est bon de s'engager concrètement en prenant le plaisir que Dieu lui procure (3, 12–13). Ainsi, le bénéfice de l'action de l'homme est-il évalué en rapport avec celui de l'action de Dieu[87].

---

[85] Cf. les récurrences de la forme verbale עָשִׂיתִי en 2, 5a.6a et 8b.

[86] Remarquer, en 3, 9, la substitution du nom générique de l'homme (אדם) par « *celui qui fait* » (הָעוֹשֶׂה).

[87] En 3, 16–17, le sage fait part d'une nouvelle observation (עוֹד רָאה) *sous le soleil*. Elle porte sur un cas particulier: la perversion de la vie judiciaire. Il en conclut (אמר בלב) que toute chose—quelle soit juste ou non—sera jugée en son temps (ce point de vue sera repris dans l'épilogue en 12, 14a). Voici comment se présentent ces deux versets:

16 וְעוֹד רָאִיתִי תַּחַת הַשָּׁמֶשׁ מְקוֹם הַמִּשְׁפָּט שָׁמָּה הָרֶשַׁע
וּמְקוֹם הַצֶּדֶק שָׁמָּה הָרָשַׁע
17 אָמַרְתִּי אֲנִי בְּלִבִּי אֶת־הַצַּדִּיק וְאֶת־הָרָשָׁע יִשְׁפֹּט הָאֱלֹהִים
כִּי־עֵת לְכָל־חֵפֶץ וְעַל כָּל־הַמַּעֲשֶׂה שָׁם

16 *J'ai encore vu sous le soleil qu'au siège du jugement, là est la méchanceté, et qu'au siège du jugement, là est la méchanceté.*

Dans la seconde moitié du livre, le ton change. Le sage s'engage dans un style plus incitatif qui prend place au sein de l'invitation à la joie de la sixième *parole de bonheur* (9, 7–10). Cette invitation au bonheur est construite autour de trois séries d'exhortations motivées par la conjonction כִּי dont deux contiennent la racine עשׂה :

- En 9, 7, après avoir ouvertement invité le disciple à se réjouir des bons moments de la vie, le sage motive son exhortation (כִּי) par l'approbation divine de ces œuvres humaines agréables :

$$\text{לֵךְ אֱכֹל בְּשִׂמְחָה לַחְמֶךָ וּשֲׁתֵה בְלֶב־טוֹב יֵינֶךָ}$$
$$\text{כִּי כְבָר רָצָה הָאֱלֹהִים אֶת־מַעֲשֶׂיךָ}$$

Va, mange avec plaisir ton pain et bois ton vin d'un cœur heureux,
car déjà (le) Dieu a agréé **tes œuvres**.

- En 9, 10, l'encouragement vise toutes les actions que l'homme est en mesure d'accomplir tant que sa jeunesse le lui permet. Cette dernière injonction qui porte sur le thème du "faire" se présente de la manière suivante :

$$\text{כֹּל אֲשֶׁר תִּמְצָא יָדְךָ לַעֲשׂוֹת בְּכֹחֲךָ עֲשֵׂה}$$
$$\text{כִּי אֵין מַעֲשֶׂה וְחֶשְׁבּוֹן וְדַעַת וְחָכְמָה}$$

Tout ce que ta main TROUVE **à faire**, avec force **fais-le**,
car il n'y a **ni œuvre**, ni raison, ni connaissance, ni sagesse
dans le shéol, là où tu t'en iras.

En exhortant son disciple à mettre en pratique ce qui s'offre de bon pour lui aussi bien que ce qu'il est capable de faire par lui-même, le maître de sagesse lui enseigne un art de vivre empreint de réalisme. Malgré la fatigue et la peine, il y a des moments agréables à recueillir dans la vie. Cependant, cette injonction reste motivée par l'urgence à les saisir sans tarder, en raison de l'issue fatale qui engloutit tout sur son passage. L'invitation au bonheur est donc restreinte en raison des limites naturelles que sont la vieillesse et la mort. Mais, bien que réaliste, le sage ne se détourne pas de Dieu. Il prend appui sur sa foi en un Dieu qui agit en faveur de l'homme en approuvant ses initiatives bienfaitrices (9, 7a), tout en lui donnant les moyens de son action (9, 9a).

Agir avec pragmatisme, à la mesure de ses capacités, est la meilleure expression de cet attachement à un Dieu dont on consent à ne pas

---

17 *Et j'ai dit, moi, en mon cœur* : le juste et le méchant, (le) Dieu les jugera car il y a un temps pour chaque chose et sur **toute œuvre**, un jugement.

tout comprendre mais dont on sait qu'il offre à l'homme de jouir en son temps des bons côtés de la vie. Affirmer cela n'est pas faire l'aveu d'un échec de l'intelligence à déchiffrer une œuvre qui, humainement, dépasse l'homme. Ce n'est pas non plus démissionner face à Dieu, c'est encore moins faire preuve de scepticisme radical face à tout ce qui se fait en ce monde. Si l'homme ne peut tout comprendre du réel, il peut toutefois en percevoir une *part*, celle qui lui est accordée par Dieu pour égayer sa vie.

L'attitude réaliste de l'homme dans le monde est donc à évaluer à l'aune de l'attitude de Dieu à son égard. Devant ce Dieu, à la fois incompréhensible et bienfaisant, l'être humain a de quoi être dérouté, mais il n'est jamais abandonné à son triste sort si, au-delà des occasions ponctuelles de réjouissances, il est disposé, par-dessus tout, à manifester de la crainte à son égard.

5. *Craindre Dieu*

Pour un certain nombre d'auteurs contemporains[88], la crainte de Dieu est un thème majeur de la pensée de Qohélet. Cette opinion s'explique moins en raison des occurrences de la racine ירא—qui n'apparaissent finalement que peu souvent dans le livre[89] en comparaison d'autres thèmes transversaux—qu'en raison des passages au cours desquels elle s'inscrit, soit sous forme de déclaration (3, 14b; 7, 18b; 8, 12b [bis].13b), soit sous forme d'exhortation: « crains Dieu » (5, 6b; 12, 13b).

Ces déclarations sur la crainte de Dieu se manifestent, à plusieurs reprises, dans le contexte littéraire et thématique entourant les *paroles de bonheur*.

La première mention de la crainte de Dieu (3, 14b) intervient dans l'environnement littéraire de la deuxième *parole de bonheur* (3, 10–15). Après avoir posé à nouveau, en 3, 9, la question rhétorique d'un éventuel profit que l'homme serait en droit d'attendre de ses efforts, le sage répond en trois temps:

---

[88] Par exemple: A. BONORA, *Qohelet…*, p. 73–75; G. BELLIA – A. PASSARO, « Qohelet, ovvero la fatica di conoscere », *in Il libro del Qohelet…*(G. Bellia – A. Passaro dir.), p. 357–390, (surtout p. 364–365); L. MAZZINGHI, « Qohelet tra Giudaismo ed Ellenismo. Un'indagine a partire da Qo 7, 15–18 », *in Il libro del Qohelet…*(G. Bellia – A. Passaro dir.), p. 90–116 et *Ho Cercato…*, p. 408–432 (principalement p. 427–432); M. SNEED, « (Dis)closure in Qohelet: Qohelet Deconstructed », *JSOT* 27 (2002), p. 115–126, (surtout p. 120–122).

[89] La racine ירא est répété neuf fois à travers tout le livre. Cependant, deux occurrences ne concernent pas Dieu et doivent se traduire par "peur": 9, 2b (peur de prêter serment) et 12, 5a (peur d'effectuer la montée).

– v. 10–11 : « j'ai vu » (רָאָה) que l'homme ignore tout de l'action de Dieu (עֹשֶׂה הָאֱלֹהִים).

– v. 12–13 : « j'ai reconnu » (יָדַע) qu'il y a de quoi se réjouir, malgré la fatigue éprouvée car cela est un don de Dieu (מַתַּת אֱלֹהִים הִיא).

– v. 14–15 : « j'ai reconnu » (יָדַע) que le gouvernement du monde par Dieu est permanent et parfait, et que « (le) Dieu fait en sorte **qu'on ait de la crainte** devant sa face (עָשָׂה שֶׁיִּרְאוּ מִלְּפָנָיו) ».

Reconnaître les limites de sa recherche n'est pas seulement avouer son incapacité à tout connaître par soi-même mais encore reconnaître que les bons moments de la vie trouvent leur origine en Dieu. Craindre Dieu revient, par conséquent, à accepter d'en jouir gratuitement[90]. C'est aussi accepter d'entrer en relation avec celui-là seul qui sait tout. Cette connexité entre le bonheur et la crainte de Dieu se trouvera réaffirmée au chapitre 7.

En 7, 16–18, la relation suscitée par la crainte de Dieu permet de maintenir un équilibre entre l'excès de sagesse et celui de la méchanceté :

16 (אַל) ne pas être trop juste (צַדִּיק), (אַל) ni trop sage (חָכָם)
17 (אַל) ne pas être trop méchant (רָשָׁע), (אַל) ni insensé (סָכָל)
18 טוֹב אֲשֶׁר תֶּאֱחֹז בָּזֶה וְגַם־מִזֶּה אַל־תַּנַּח אֶת־יָדֶךָ
כִּי־יְרֵא אֱלֹהִים יֵצֵא אֶת־כֻּלָּם

il est bon[91] que tu tiennes à ceci sans laisser ta main lâcher cela,
car **celui qui craint Dieu** les fera toutes aboutir[92].

---

[90] A. BONORA, *Il libro di Qoèlet* (Guide Spirituali all'Antico Testamento), Città Nuova Editrice, Rome, 1992, p. 66–67 ; L. MAZZINGHI, *Ho Cercato...*, p. 430 : « ...il temere Dio colma quella frattura drammatica tra la scoperta dello *hebel* del vivere e la certezza che esiste la possibilità di avere una "parte" di gioia da Dio. » Cependant, certains auteurs n'excluent pas que le concept de crainte de Dieu puisse désigner, dans ce verset, la peur de l'homme face à l'insondable mystère de Dieu (cf. L. DEROUSSEAUX, *La crainte de Dieu dans l'Ancien Testament*, (LD 63), Cerf, Paris, 1970, p. 341 ; A. SCHOORS, « God in Qoheleth », p. 263).

[91] Certains auteurs voient dans ce verset la forme d'un proverbe en טוֹב apportant le point de vue personnel de Qohélet (G. S. OGDEN, *Qoheleth*, p. 115 ; M. V. FOX, *Qohelet and His Contradictions*, p. 233), ce que critique L. Mazzinghi arguant du fait qu'il n'y a pas ici la marque du comparatif (L. MAZZINGHI, « Qohelet tra Giudaismo ed Ellenismo. Un'indagine a partire da Qo 7, 15–18 », p. 103). Cependant, il existe dans l'œuvre de Qohélet d'autres formules proverbiales sans comparatif, telles que, par exemple, celle que nous avons déjà interprétée dans la quatrième *parole de bonheur*, en 5, 17 (אֲשֶׁר טוֹב), formule que nous retrouvons précisément ici en 7, 18.

[92] La traduction de la proposition כִּי־יְרֵא אֱלֹהִים יֵצֵא אֶת־כֻּלָּם pose problème dans ce verset. En l'espèce, comment rendre le verbe יָצָא ? Plusieurs hypothèses ont été avancées :

À partir du chapitre 7, la crainte de Dieu est présentée comme cette attitude qui incite l'homme à se tenir entre la sagesse qui le pousse à rechercher le sens de la réalité des choses de ce monde et la sottise qui le pousse à se réjouir de tout sans se poser de question. Être dans une attitude de crainte conduit, d'abord, à s'ouvrir à un autre que soi, qui le précède et le dépasse car il est plus fort que lui (7, 13–14)[93]. C'est ensuite accueillir ce déséquilibre entre ce que l'on ne peut savoir de l'avenir, sauf

---

- certains préfèrent conserver au verbe son sens premier de "sortir", avec, éventuellement, une insistance se traduisant par "laisser derrière soi, distancer" (J. Vilchez Lindez, *Eclesiastés...*, p. 318 ; M. Rose, *Rien de nouveau...*, p. 219–220 ; C.-L. Seow, *Ecclesiastes*, p. 255), mais la présence de la particule את de l'accusatif est difficile à justifier dans ce cas. Ces auteurs ont en leur faveur la version grecque de la LXX qui traduit : ὅτι φοβούμενος τὸν θεὸν ἐξελύσεται τὰ πάντα.
- d'autres préfèrent s'attacher au sens dérivé d'"échapper" (A. Barucq, *Ecclésiaste*, p. 132–133 ; D. Lys, *L'Ecclésiaste ou que vaut la vie?...*, p. 21 ; W. Zimmerli, *Das Buch des Predigers Salomo...*, p. 205 ; L. Mazzinghi, *Ho Cercato...*, p. 97.105–106 ; N. Lohfink, *Qoheleth*, p. 96). Mais cela oblige à interpréter la particule את de l'accusatif dans un sens de provenance qu'elle n'a pas.
- des commentateurs anciens ont proposé, enfin, de conserver à יצא le sens qu'il a en hébreu tardif, c'est-à-dire "satisfaire à une obligation" (F. Delitzsch, *Koheleth*, p. 321), "accomplir un devoir" (E. Podechard, *L'Ecclésiaste*, p. 377–378) ou s'acquitter d'une charge. Cette explication se fonde sur l'interprétation formulée par le Targum : « car un homme qui craint le Seigneur s'acquitte des deux » (selon la traduction française de Ch. Mopsik *in L'Ecclésiaste...*, p. 69 que rejoignent *La Bible de la Pléiade* et les traductions anglaises d'E. Levine *in The Aramaic Version of Qoheleth*, Sepher-Hermon Press, New York, ²1981, p. 39 : « for a man fearing before the Lord performs the duty of both. » et celle de P. S. Knobel *in The Targum of Qohelet*, (The Aramaic Bible, 15), Clark, Edinburgh, 1991, p. 40 : « for a man who fears the Lord does his duty of both. ») et également par Rashbam (*The commentary of R. Samuel Ben Meir Rashbam on Qoheleth*, (S. Japhe – R. B. Salters dir.), The Magnes Press, The Hebrew University, Brill, Jérusalem, 1985, p. 160 : « For that man who is pious does his duty in both. »). Cette interprétation est, à nouveau, soutenue dans un certain nombre de traductions et de commentaires : R. Gordis, *Koheleth – The Man and His World*, p. 277–278 ; *Les cinq rouleaux. Le Chant des chants, Ruth, Comme ou les Lamentations, Paroles de Sage, Esther*, (H. Meschonnic dir.), Gallimard, ²1986, p. 161 ; M. V. Fox, *Qohelet and His Contradictions*, p. 233–236 ; R. E. Murphy, « On Translating Ecclesiastes », p. 576–577 qui reconnaît toutefois qu'aucune traduction n'est certaine. L. Schwienhorst-Schönberger, « Via media : Koh 7, 15–18 und die griechisch-hellenistische Philosophie », *in Qohelet in the Context of Wisdom*, p. 191–192. Dans son commentaire sur le livre de Qohélet, L. Schwienhorst-Schönberger traduit le v. 18b comme suit : « Ja, wer (einen) Gott fürchtet, wird sich in jedem Fall recht verhalten [entgeht beidem]. » (L. Schwienhorst-Schönberger, *Koheleth*, p. 386–390). C'est l'interprétation que retient également la *BJ* que nous suivons.

Pour une synthèse de la question, voir L. Mazzinghi, *Ho Cercato...*, p. 103–106.

[93] L. Mazzinghi, *Ho Cercato...*, p. 431 : « Davanti all'incapacità dell'uomo di conoscere sino in fondo il proprio comportamento e quindi di saperlo valutare, il Qohelet

la mort, et cet autre qui est Dieu (7, 16–18), qui ne semble être perçu qu'à travers ces temps de bonheur.

De la sorte, en découvrant par la sagesse comment Dieu agit au quotidien[94], celui qui éprouve de la crainte envers Lui est en mesure de mener à bonne fin cette sagesse prudente qui l'oriente vers un bonheur au jour le jour (7, 14).

C'est également en ce sens qu'est à comprendre la manière dont Qohélet résume la relation entre le *bonheur* et la *crainte de Dieu* en 8, 12b-13[95] :

כִּי גַם־יוֹדֵעַ אָנִי אֲשֶׁר יִהְיֶה־טּוֹב 12b
לְיִרְאֵי הָאֱלֹהִים אֲשֶׁר יִירְאוּ מִלְּפָנָיו
וְטוֹב לֹא־יִהְיֶה לָרָשָׁע 13
וְלֹא־יַאֲרִיךְ יָמִים כַּצֵּל
אֲשֶׁר אֵינֶנּוּ יָרֵא מִלִּפְנֵי אֱלֹהִים

12b Assurément, je sais, moi aussi, qu'*il y aura du bonheur*
pour ceux qui craignent (le) Dieu, parce qu'ils sont **dans la crainte** envers Lui.
13 *Mais il n'y aura pas de bonheur* pour le méchant,
et comme l'ombre, il ne prolongera pas ses jours,
parce **qu'il ne craint pas** devant la face de Dieu.

En 7, 16–18, la manière d'être juste (צדיק) et d'être sage (חכם) étaient situés en opposition à celle du méchant (רשע) et de l'insensé (סכל) dont les jours seront abrégés. En 8, 12b-13, le craignant-Dieu (יראי האלהים), qui connaîtra le bonheur, est maintenant mis en opposition au méchant (רשע) qui, lui, ne connaîtra pas le bonheur et dont les jours de sa vie ne se prolongeront pas plus que l'ombre. Ainsi, entre ces citations, est sous-jacente la pensée traditionnelle selon laquelle la sagesse commence avec la crainte du Seigneur[96].

Dès le verset suivant, en 8, 14, le sage remet en cause non pas le principe de la crainte de Dieu mais son application eu égard à la

---

non raccomanda il "giusto mezzo", ma, appunto, il temere Dio.» Nous reviendrons, dans la troisième partie, sur l'étude complète de la parole de bonheur de 7, 14.

[94] Cf. les deux emplois de l'expression עשה האלהים en 7, 13a.14b.

[95] Sur la question de l'insertion de ces versets dans leur contexte littéraire, voir M. Sneed, «A Note on Qoh 8, 12b–13», *Bib* 84 (2003), p. 412–416.

[96] Pensée énoncée dans le livre des Proverbes (Pr 1, 7 ; 9, 10) et reprise dans le livre de Job (28, 28) ainsi que dans le livre de Ben Sira (Si 1, 11–21 notamment au v. 12 où «la crainte du Seigneur réjouit le cœur, donne gaîté, joie et longue vie.», ainsi qu'en Si 12, 20).

situation observée chez les justes (הַצַּדִּיקִים) et chez les méchants (הָרְשָׁעִים)[97]. Cette dénonciation se fait sous la forme d'un strict parallélisme encadré par une déclaration de *vanité* :

יֶשׁ־הֶבֶל אֲשֶׁר נַעֲשָׂה עַל־הָאָרֶץ
אֲשֶׁר יֵשׁ צַדִּיקִים אֲשֶׁר מַגִּיעַ אֲלֵהֶם כְּמַעֲשֵׂה הָרְשָׁעִים
וְיֵשׁ רְשָׁעִים שֶׁמַּגִּיעַ אֲלֵהֶם כְּמַעֲשֵׂה הַצַּדִּיקִים
אָמַרְתִּי שֶׁגַּם־זֶה הָבֶל

> *Il est une vanité* qui se produit sur la terre :
> il y a des **justes** qui subissent le sort que mérite l'œuvre des **méchants**,
> il y a des **méchants** qui subissent le sort que mérite l'œuvre des **justes**.
> Je dis que cela aussi est *vanité*.

Devant tant d'incompréhension, la crainte de Dieu ne serait-elle pas le remède qui ferait passer d'une recherche orgueilleuse de la sagesse à une sagesse qui sait jouir humblement des moments agréables de la vie ? L'affirmation de la cinquième *parole de bonheur* qui s'ensuit est déjà cette réponse positive immédiate face aux aberrations de la vie.

À côté de l'affirmation des bienfaits de la *crainte de Dieu* entrant dans le cadre des *paroles de bonheur*, Qohélet ajoute les deux exhortations suivantes :

- celle de 5, 6, prise dans le contexte religieux du culte et du serment, au sujet duquel abonde quantité de paroles pieuses et de promesses non tenues. Mais ce qui compte le plus est de craindre Dieu : « Quand il y a abondance de rêves et de vanité, et abondance de paroles, alors **crains** *(le)* Dieu (כִּי אֶת־הָאֱלֹהִים יְרָא). »
- cette injonction revient sous forme lapidaire à la fin du livre, dans la conclusion éditoriale (12, 13–14) :

13 Fin du discours, tout a été entendu.
Crains (le) Dieu (אֶת־הָאֱלֹהִים יְרָא) et garde ses commandements, c'est là tout l'homme.
14 Car (le) Dieu fera venir toute œuvre en jugement au sujet de tout ce qui est caché, que ce soit bon ou mauvais.[98]

---

[97] La critique de cette sagesse s'est déjà exprimée dans plusieurs écrits de sagesse : Ps 73 (72), Jb 21, 7–26).

[98] Pour une interprétation sévère de 12, 13b, voir Y. LEIBOVITZ, « Qohélet / Paroles du sage », *in Devant Dieu. Cinq livres de foi*, (Histoires et Judaïsmes), Cerf, Paris, 2004, p. 53–72.

La conclusion à laquelle parvient le rédacteur postérieur n'entre pas en contradiction avec le reste de la pensée de Qohélet[99]. Au contraire, la *crainte de Dieu* est bien apparue comme un thème unissant de manière cohérente la pensée du sage sur le bonheur avec les autres thèmes transversaux de l'ouvrage. Au fur et à mesure de l'examen de chacun d'eux, selon leur contexte littéraire, s'est affinée notre prétention de départ sur la place originale des *paroles de bonheur* dans la problématique générale du livre.

L'étude des thèmes connexes au bonheur met en évidence le passage 7, 11–18 où se recoupent des indices thématiques et littéraires autour de la double invitation du sage à regarder l'œuvre de Dieu (v. 13) et à être heureux (v. 14).

Les auteurs qui débattent du statut du bonheur chez Qohélet ne se sont guère attardés sur cette invitation explicite au bonheur de 7, 14 qui établit pourtant une ligne de partage significative entre les deux séries de *paroles de bonheur* : les quatre premières, puis les trois dernières. L'étude détaillée des thèmes entrant en concours avec la problématique du bonheur confirme ce mouvement binaire du livre.

Aborder la question de l'organisation du livre suppose d'avoir réglé celle de l'identification et de la portée des propos sur le bonheur dans le déroulement de la pensée du sage de Jérusalem. Or, en l'état actuel, l'énigme relative au statut précis des *paroles de bonheur* chez Qohélet est loin d'être résolue. Restent en suspens certaines des interrogations relatives à l'exhortation au bonheur du chapitre 7 : quel est le statut précis de l'invitation au bonheur qui se présente en 7, 14a ? Un tel propos positif pourrait-il être compté au titre des *paroles de bonheur* telles que précédemment analysées ? De quelle manière cet encouragement peut-il contribuer à éclairer l'interprétation de l'ensemble du septénaire des *paroles de bonheur* défendue, jusque-là, par les commentateurs ?

---

[99] Cf. J.-M. AUWERS, « Problèmes d'interprétation de l'épilogue de Qohélet », notamment p. 281 (note 86).

TROISIÈME PARTIE

LE BONHEUR: UNE ÉNIGME EN VOIE DE RÉSOLUTION

La confrontation du bonheur avec d'autres thèmes chers à Qohélet—
vanité, profit, sagesse, œuvre de Dieu, crainte de Dieu—a considérablement élargi le champ de l'investigation initiale, notamment en direction
des nombreuses paroles en טוב du début du chapitre 7 du livre.

En particulier, l'exhortation de 7, 14 laisse entière l'énigme du bonheur: «Au jour de bonheur (ביום טובה), sois dans le bonheur (היה
בטוב) [= accueille le bonheur], et au jour de malheur, regarde: aussi
bien l'un que l'autre, Dieu les a faits, de sorte que l'homme ne puisse
rien trouver de ce qui sera par la suite.»

Comment interpréter une telle injonction en טוב? Ne pourrait-elle
pas, à son tour, constituer une *parole de bonheur* supplémentaire, la
quatrième selon l'ordre des chapitres du livre?

Une étude contextuelle de ce verset s'impose (chapitre 7). Elle est
d'autant plus déterminante que 7, 14 se situe au seuil de la seconde moitié
du livre. L'interprétation de cette brève exhortation au bonheur—la
première du genre selon une lecture synchronique de l'œuvre—pourrait
alors contribuer à élucider, par voie de conséquence, une autre énigme,
celle de la délimitation de l'œuvre de Qohélet en deux mouvements
distincts (chapitre 8). Qu'en disent, en définitive, les commentateurs qui
se sont penchés sur la structure binaire de l'ouvrage? (chapitre 9)

CHAPITRE 7

UNE *PAROLE DE BONHEUR* SUPPLÉMENTAIRE

Un examen attentif du chapitre 7 du livre de Qohélet laisse entrevoir, en 7, 14a, l'existence d'une injonction en טוב à recueillir le bonheur qui vient : « *au jour de* bonheur (בְּיוֹם טוֹבָה), *sois dans le* bonheur (בְּטוֹב הֱיֵה), *et au jour de malheur, regarde.* »

À quelques exceptions près[1], cette injonction n'est pas retenue par les commentateurs au titre des *paroles sur le bonheur*. Il est certain qu'en raison de sa concision, cette invitation au bonheur est loin d'en présenter toutes les caractéristiques communes. Faut-il, pour autant, en rester là ? L'étude du "septénaire" des *paroles de bonheur* selon le contexte littéraire nous a appris à prendre nos distances par rapport au strict cadre des propos enthousiastes du sage.

À l'instar des précédentes *paroles*, ce verset 7, 14a est à considérer d'abord pour lui-même, puis dans son contexte littéraire immédiat, avant de considérer qu'au seuil de la seconde moitié du livre, la péricope 7, 11–14 introduit ce qui sera développé en 7, 15–8, 17, autour des thèmes connexes au bonheur que sont, notamment, la sagesse, l'œuvre de Dieu et la crainte de Dieu.

1. *La* parole de bonheur *de 7, 14 et son contexte immédiat*

Un premier aperçu du v. 14 du chapitre 7 ne manque pas d'attirer l'attention du lecteur tant soit peu familier des propos bienveillants de Qohélet :

בְּיוֹם טוֹבָה הֱיֵה בְטוֹב וּבְיוֹם רָעָה רְאֵה
גַּם אֶת־זֶה לְעֻמַּת־זֶה עָשָׂה הָאֱלֹהִים
עַל־דִּבְרַת שֶׁלֹּא יִמְצָא הָאָדָם אַחֲרָיו מְאוּמָה

---

[1] En particulier, A. G. WRIGHT, « The riddle of the sphinx : the structure of the Book of Qoheleth », *CBQ* 30 (1968), p. 334 et A. NICCACCI, *Qohelet o la gioia come fatica e dono di Dio…*, p. 68–80 ; E. P. LEE, *The Vitality of Enjoyment in Qohelet's Theological Rhetoric*, p. 50–57.

> Au jour de bonheur, accueille le bonheur, et au jour de malheur, regarde :
> aussi bien l'un que l'autre, (le) Dieu les a faits,
> de sorte que l'homme ne puisse rien trouver de ce qui sera par la suite.

Ce v. 14a, riche en répétitions et en allitérations[2], contient deux formes verbales à l'impératif établissant une double exhortation adressée au disciple, selon les circonstances de la vie qui s'offrent à lui :

- une exhortation au bonheur (הֱיֵה בְטוֹב : littéralement, "sois dans le bonheur") pour le jour de bonheur (בְּיוֹם טוֹבָה)
- une exhortation à tenir bon (רְאֵה littéralement, "regarde" dans le sens psychologique de "réfléchir"[3]) pour le jour de malheur (בְיוֹם רָעָה).

L'invitation au bonheur n'est pas énoncée de manière absolue. Elle est tributaire d'un temps donné, fait d'une succession de jours fastes et de jours néfastes[4]. Cette référence aux jours de la vie est une des caractéristiques des propos sur le bonheur à compter de 5, 17–19. Dans cette quatrième *parole de bonheur*, il est fait mention du «nombre de jours de sa vie» (מִסְפַּר יְמֵי־(חַיּוֹ) [חַיָּיו]) que Dieu donne à l'homme (5, 17). Dans la sixième *parole de bonheur* (9, 7–10), l'homme est invité, «durant tous les jours de sa vie de vanité» (כָּל־יְמֵי חַיֵּי הֶבְלֶךָ), à réaliser ce qu'il peut tant qu'il en a encore la possibilité (9, 9), et la septième *parole de bonheur* s'achève par une évocation poétique des vieux jours et de la mort (12, 1–7).

Dans le chapitre 7, le v. 14b contient deux verbes au *qal* : l'un (עשׂה) conjugué à la forme *qatal* ayant pour sujet (le) Dieu (האלהים), l'autre (מצא) conjugué à la forme *yiqtol* ayant pour sujet l'être humain (האדם). Ce stique prolonge, sous forme d'une explicitation d'ordre théologique, la double exhortation précédente : Dieu est le maître du temps, tandis que l'homme est limité dans sa capacité de prévoir l'avenir. Seul l'instant présent est à sa portée. Prendre au sérieux le bonheur immédiat, avec son corollaire aux jours de tristesse, est la seule opportunité raisonnable qui s'offre à lui, sachant que ce temps, quel qu'il soit, est le fruit d'une action de Dieu.

---

[2] Ainsi : בים / ובים; טובה / בטוב; רעה / ראה.

[3] C'est ce que soutiennent également certains commentateurs tels que E. PODECHARD, *L'Ecclésiaste*, p. 373 ; L. DI FONZO, *Ecclesiaste*, p. 232–233.

[4] Cette invitation à profiter du bonheur au temps présent se trouve exprimée dans d'autres livres de sagesse, en particulier dans le livre de Ben Sira (par exemple : Si 14, 11–19).

a) *L'exhortation au bonheur*

Dans l'exhortation au bonheur de 7, 14a, la racine טוב est mentionnée à deux reprises: בְּיוֹם טוֹבָה הֱיֵה בְטוֹב וּבְיוֹם רָעָה רְאֵה («dans le jour **de bonheur**, *sois* **dans le bonheur**, *et dans le jour de malheur, regarde*[5] /.../»). Dans la première occurrence, le substantif féminin טובה est employé comme *nomen rectum* du *nomen regens* יום. Il qualifie le jour en "jour de bonheur" (יום טובה) par opposition au "jour de malheur" (יום רעה). Dans la seconde occurrence, le substantif masculin טוב est employé dans la locution verbale à l'impératif: הֱיֵה בְטוֹב («sois dans le bonheur»). À cet égard, les versions grecques de la Septante, d'Aquila et de Théodotion traduisent הֱיֵה בְטוֹב par "ζῆθι ἐν ἀγαθῷ". Pour expliquer cette divergence, deux hypothèses s'offrent à nous: ou bien ces versions lisent le verbe חיה (vivre) au lieu de היה (être) ou bien elles ne traduisent pas littéralement le TM.

Cette formulation en היה + בטוב ne se retrouve nulle part ailleurs en hébreu biblique. La préposition בּ peut, chez Qohélet, exprimer une idée d'accompagnement[6]. Ainsi, le syntagme בטוב pourrait-il désigner cet état de bonheur, même passager, éprouvé par l'homme dans le cours de sa vie terrestre. L'expression verbale היה בטוב pourrait alors signifier "accueillir le bonheur"[7].

Cependant, entre les jours de bonheur et ceux de malheur, le parallélisme antithétique n'est pas complet. À l'injonction en טוב pour le jour de bonheur, ne correspond pas, en retour, une injonction en רע pour le jour de malheur. Au lieu de l'expression équivalente en היה ברע, est mentionné l'impératif רְאֵה. («regarde [= réfléchis]»). Selon une dialectique familière à Qohélet, il y a donc, dans la vie, un moment pour le bonheur et un moment pour le malheur[8]. Mais l'attitude requise au cours de ces deux moments n'est pas symétrique. C'est pourquoi, le

---

[5] Cette traduction mot à mot rend plus explicite la répétition de la racine טוב ainsi que celle de la préposition בּ.

[6] Cf. D. CLINES, *The Dictionary of Classical Hebrew*, Sheffield Academic Press, Sheffield, 1996, vol. 3, p. 355; P. JOÜON, *Grammaire de l'Hébreu Biblique*, § 133c.

[7] La plupart des bibles en français (*BJ, TOB, La Bible de la Pléiade* et celle d'Osty-Trinquet) traduisent de manière plus neutre: «au jour de bonheur, sois heureux». E. Podechard traduit librement הֱיֵה בְטוֹב par «sois dans la joie» (E. PODECHARD, *L'Ecclésiaste*, p. 373); D. Lys, quant à lui, conserve une traduction littérale de ce stique: «au jour de bonheur, sois dans le bonheur» (cf. D. LYS, *L'Ecclésiaste ou que vaut la vie?...*, p. 21).

[8] Cf. le poème sur le temps favorable (3, 1–8).

sage est d'autant plus invité à apprécier les moments agréables de la vie qu'aux jours d'épreuves il lui faudra tenir bon.

Cette double mention en טוב permet, à titre opératoire, de rapprocher l'appel au bonheur de 7, 14a des sept autres *paroles de bonheur* en טוב, d'autant que ce terme a été, en son temps, un critère décisif parmi les commentateurs pour délimiter leurs "refrains" de bonheur. De plus, l'emploi de l'expression היה בטוב au mode impératif autorise à mettre cette exhortation en relation avec les autres invitations de la seconde moitié du livre (chapitres 7 à 12). Dans la *parole de bonheur* de 9, 7–9, l'encouragement à se réjouir est rendu grâce à l'emploi d'une série de verbes au mode impératif : לֵךְ («va!»), אֱכֹל («mange /.../»), וּשֲׁתֵה («et bois /.../») et רְאֵה («vois /.../»). Mais, c'est surtout dans le cadre de la dernière *parole de bonheur* (11, 9–12, 1) que le rapprochement est le plus significatif, puisqu'en 11, 9 la racine טוב conjuguée au *hiph'il* est employée sous la forme volitive du jussif : וִיטִיבְךָ לִבְּךָ («et que ton cœur te rende heureux /.../»).

À l'exemple des autres *paroles*, l'exhortation de 7, 14a ne survient pas sans avoir été préparée par un certain contexte littéraire et thématique. Elle est précédée par d'abondants développements en טוב, terme contenu non seulement dans les v. 11–12 relatifs à la sagesse mais aussi affirmé, à plusieurs reprises, dans la série des sentences traditionnelles des v. 1 et 10. À ce propos, quelques commentateurs ont cru voir en 7, 1–14 une seule et même unité littéraire, en raison de l'inclusion formée par le terme יום entre l'expression du v. 1 sur le jour de la mort (ויום המות) et jour de naissance (יום הולדו) et celle, inversée, du v. 14, sur le jour de bonheur (ביום טובה) et jour de malheur (וביום רעה)[9].

i. *Qo 7, 14 et l'emploi de* טוב *en 7, 11–12*

En 7, 11a, le terme טוב est employé sous une forme adjectivale pour qualifier ce qu'est devenue la sagesse : טוֹבָה חָכְמָה עִם־נַחֲלָה («**bonne** est la sagesse avec un héritage») :

11 טוֹבָה חָכְמָה עִם־נַחֲלָה
וְיֹתֵר לְרֹאֵי הַשָּׁמֶשׁ
12 כִּי בְּצֵל הַחָכְמָה בְּצֵל הַכָּסֶף
וְיִתְרוֹן דַּעַת הַחָכְמָה תְּחַיֶּה בְעָלֶיהָ

---

[9] Cf. par exemple A. SCHOORS, «La structure littéraire de Qohéleth», *OloP* 13 (1982), p. 108 et V. D'ALARIO, *Il libro del Qohelet…*, p. 137. Mais, ce rapprochement sémantique est trop faible.

11 **Bonne** est la sagesse avec un héritage,
elle est un avantage pour ceux qui voient le soleil.
12 Car, [être] à l'ombre de la sagesse, [c'est être] à l'ombre de l'argent,
et l'avantage du savoir, [c'est que] la sagesse fait vivre ceux qui la possèdent.

Lors de son enquête initiale, Qohélet avait déjà affirmé la supériorité de la sagesse par rapport à la folie (2, 13), mais cet avantage était admis faute de mieux (יתרון + מן) comme la lumière est préférable à l'obscurité. En 7, 11a, l'auteur sacré procède par emphase (טובה + עם)[10]. Outre cette rupture de style, l'éloge de la sagesse que Qohélet fait sien est confirmé au stique suivant par l'emploi de la racine יתר à laquelle s'ajoute une expression relative au motif du soleil (לראי השמש). Ces considérations favorables envers la sagesse se vérifient au v. 12, au cours duquel le sage reprend ce double motif de la valeur intrinsèque de la sagesse et de celui de son profit (יתרון).

Pour bien montrer l'apport de la sagesse que le sage reprend à son compte, certains commentateurs[11] proposent de lire ces versets selon le parallélisme suivant :

11a Bonne (טובה) est la sagesse (הכמה) avec un héritage,
    11b elle est un avantage (יתר) pour ceux qui voient le soleil.
12a Car, [être] à l'ombre de la sagesse (חכמה), [c'est être] à l'ombre de l'argent,
    12b et l'avantage (יתרון) du savoir, [c'est que] la sagesse (חכמה) fait vivre ceux qui la possèdent.

Pour ces commentateurs, les v. 11a et 12a mentionneraient des citations proverbiales[12] tandis que les v. 11b et 12b exprimeraient des commentaires du sage[13], alors que pour d'autres[14], les v. 11 et 12 seraient des citations que Qohélet reprendrait à son compte.

---

[10] Et non plus de la particule comparative מן comme il l'avait fait jusque-là dans les sentences en טוב de 7, 1–8. L'interprétation de la préposition עם fait débat entre les auteurs. Certains, en suivant la Septante et la Vulgate, traduisent עם par son sens premier de "avec" (cf. L. Di Fonzo, *Ecclesiaste*, p. 230–231 ; J. Vilchez Lindez, *Eclesiastés...*, p. 303.311 ; A. Bonora, *Il libro di Qoèlet*, p. 116–117 ; A. Niccacci, *Qohelet o la gioia come fatica e dono di Dio...*, p. 70). Cette interprétation n'est pas partagée par d'autres qui lui préfèrent le sens comparatif de "comme" (cf. D. Michel, *Untersuchungen...*, p. 103 ; L. Schwienhorst-Schönberger, *Kohelet*, p. 379). Pour un état de la question, voir A. Schoors, *The Preacher Sought to Find Pleasing Words...*, p. 201–202.

[11] J. Vilchez Lindez, *Eclesiastés...*, p. 311–312 ; N. Lohfink, *Qoheleth*, p. 96.

[12] Cf. par exemple : Pr 8, 18.21.

[13] F. Bianchi propose une structure en chiasme s'appuyant sur la répétition au v. 12 du terme צל (ombre) (F. Bianchi, « "Un fantasma al banchetto della sapienza" ? Qohelet e il libro dei Proverbi a confronto », *in Il libro del Qohelet...*, (G. Bellia – A. Passaro dir.), p. 40–68, et spécialement p. 57). Or, en raison du contexte explicitement sapientiel, c'est le terme חכמה qui est à prendre en compte de préférence à celui de צל.

[14] Tels que, par exemple, L. Schwienhorst-Schönberger, *Kohelet*, p. 379.

En raison des termes et expressions propres à Qohélet, l'invitation à s'attacher aux jours heureux et à s'en réjouir s'inscrit dans le prolongement de l'acceptation de l'avantage de la sagesse pour l'homme, indépendamment de la teneur des jours. Mais, que recouvre précisément ici le substantif חכמה? L'emploi du terme דעת en apposition à חכמה pourrait laisser croire que la sagesse porte sur une connaissance purement intellectuelle (cf. 1, 16b.18 ; 2, 21.26). Au v. 12a, la comparaison de la sagesse avec l'argent (כסף)—corroborant ainsi l'association avec le patrimoine que l'on reçoit en héritage (נחלה) du v. 11a—ainsi que la référence à une idée de maîtrise (בעל) au v. 12b, plaide en faveur d'une sagesse perçue comme habileté et savoir-faire, qui se manifeste notamment en investissant bien son argent. Cette sagesse, mise en relation avec une expérience humaine réaliste, ne vise plus un idéal de bonheur à atteindre, au prix d'une débauche de moyens et de richesses. Elle se situe à hauteur d'homme et le dispose à accueillir tous les moments de la vie— les plus heureux comme les plus douloureux—comme un don de Dieu.

ii. *Qo 7, 11–14 et les propos en טוב en 7, 1–10*
Dans ces versets, le dénominateur commun est "ce qui est bon / meilleur" (עם + טוב / מן + טוב) pour l'homme au cours de sa vie terrestre. Toutefois, les paroles en מן + טוב de 7, 1–10 sont conclues, en 7, 10b, par une affirmation péremptoire qui remet en cause le bien-fondé des dits de sagesse : « ce n'est pas la sagesse qui te dicte cela. » À l'inverse, à partir de 7, 11, la sagesse est présentée comme bonne (עם + טובה).

Entre les v. 1 et 8, on dénombre plusieurs sentences de type proverbial, dont sept sont introduites par la locution comparative מן + טוב (« mieux vaut /.../ que »)[15] :

טוֹב שֵׁם מִשֶּׁמֶן טוֹב v. 1
וְיוֹם הַמָּוֶת מִיּוֹם הִוָּלְדוֹ

Mieux vaut une bonne renommée **qu'**un bon parfum,
et le jour de la mort **que** le jour de sa naissance.

טוֹב לָלֶכֶת אֶל־בֵּית־אֵבֶל מִלֶּכֶת אֶל־בֵּית מִשְׁתֶּה בַּאֲשֶׁר הוּא סוֹף כָּל־הָאָדָם v. 2
וְהַחַי יִתֵּן אֶל־לִבּוֹ

Mieux vaut aller à la maison de deuil **que** d'aller à la maison du banquet parce que c'est la fin de tout homme,
et le vivant y adonne son cœur.

---

[15] Le recensement précis de chaque sentence est complexe étant donné que le terme טוב de la formule comparative est parfois sous-entendu comme, par exemple, en 7, 1b.

v. 3 טוֹב כַּעַס מִשְּׂחֹק
כִּי־בְרֹעַ פָּנִים יִיטַב לֵב

Mieux vaut le chagrin **que** le rire
car, avec un visage en peine, le cœur peut être heureux.

v. 4 לֵב חֲכָמִים בְּבֵית אֵבֶל
וְלֵב כְּסִילִים בְּבֵית שִׂמְחָה

Le cœur des sages [est] dans la maison de deuil
et le cœur des insensés dans la maison de plaisir.

v. 5 טוֹב לִשְׁמֹעַ גַּעֲרַת חָכָם
מֵאִישׁ שֹׁמֵעַ שִׁיר כְּסִילִים

Mieux vaut écouter la semonce du sage
qu'être homme à écouter le chant des insensés,

v. 6 כִּי כְקוֹל הַסִּירִים תַּחַת הַסִּיר
כֵּן שְׂחֹק הַכְּסִיל וְגַם־זֶה הָבֶל

car, tel le pétillement des broussailles sous la marmite,
tel le rire de l'insensé, mais cela aussi est vanité.

v. 7 כִּי הָעֹשֶׁק יְהוֹלֵל חָכָם
וִיאַבֵּד אֶת־לֵב מַתָּנָה

Or, l'oppression rend fou le sage
et le cadeau perd le cœur.

v. 8 טוֹב אַחֲרִית דָּבָר מֵרֵאשִׁיתוֹ
טוֹב אֶרֶךְ־רוּחַ מִגְּבַהּ־רוּחַ

Mieux vaut la fin d'une chose **que** son commencement,
mieux vaut un esprit patient **qu**'un esprit prétentieux.

Ensuite, en 7, 10a, la formule en טוֹב + מִן revient, au pluriel, non pas
pour introduire une nouvelle sentence mais dans le cadre d'une proposition négative au style direct. En outre, à cette succession de paroles en
טוֹב, s'ajoutent, en 7, 9–10, d'autres maximes en forme d'interdictions
en אַל qui semblent prendre le contre-pied des précédentes :

v. 9 אַל־תְּבַהֵל בְּרוּחֲךָ לִכְעוֹס
כִּי כַעַס בְּחֵיק כְּסִילִים יָנוּחַ

Ne te hâte **pas** en ton esprit de t'affliger,
car l'affliction repose au sein des insensés.

v. 10 אַל־תֹּאמַר מֶה הָיָה שֶׁהַיָּמִים הָרִאשֹׁנִים הָיוּ טוֹבִים מֵאֵלֶּה
כִּי לֹא מֵחָכְמָה שָׁאַלְתָּ עַל־זֶה

> **Ne** dis **pas** : « Comment se fait-il que les jours anciens aient été **meilleurs que** ceux-ci ? »
> Car ce n'est pas la sagesse qui te demande cela.

Le sage avait prévenu : plus il y a de paroles, plus il y a d'occasions de vanité (6, 11). Cependant, de quelle manière comprendre la tonalité fortement négative de l'ensemble de ces v. 1 à 10 ? Surtout, comment expliquer tant de contrastes entre ces déclarations et les paroles plus positives des v. 11 et 12 ainsi que les injonctions sur le bonheur des v. 13 et 14 ? Les dix premiers versets du chapitre 7 traduisent-ils encore la pensée de Qohélet ou bien sont-ils des citations dont ce dernier entend se démarquer ?

L'interprétation des v. 1–10 est loin de faire l'unanimité parmi les commentateurs[16]. Les indices littéraires contenus dans l'ensemble de ces versets militent en faveur d'une délimitation en deux unités distinctes (1–8a et 8b-10) :

- En 7, 1–8a, sont énoncés des dits de sagesse que Qohélet s'efforcerait de critiquer. Certaines citations auraient des points communs avec des sentences contenues dans le livre des Proverbes[17], d'autres proviendraient de la sagesse populaire. Après une maxime positive sur la renommée, au v 1a, survient, au v. 1b, une affirmation inattendue conduisant à une réflexion sur le néant de la vie. Les v. 1b (jour mort / jour naissance) et 8a (la fin d'une chose / son commencement) forment une inclusion. Le thème de cette péricope, qui oppose nettement ce qui s'achève à ce qui a commencé,

---

[16] Par exemple, G. Ravasi (cf. G. RAVASI, *Qohelet*, p. 231) distingue nettement 7, 1–8 (contestation de la sagesse traditionnelle) et 7, 9–14 (exposé de la pensée de Qohélet) ; D. Michel, quant à lui, divise 7, 1–14 en deux unités : 7, 1–6 représentant un courant de sagesse pessimiste de type apocalyptique ; 7, 7–10 étant la pensée critique de Qohélet et 7, 11–14 ferait partie d'une nouvelle section sur la valeur de la sagesse (cf. D. MICHEL, *Untersuchungen…*, p. 111–115 et 126–137). A. Bonora opère une distinction entre l'unité 7, 1–6 qui contiendrait des expressions pessimistes de la sagesse traditionnelle et celle de 7, 7–10 qui reflèterait la position optimiste de l'auteur, puis entre 7, 11–12 contenant la tradition sapientielle et 7, 13–14 étant une critique de Qohélet (cf. A. BONORA, *Il libro di Qoèlet*, p. 110–119). Selon F. Bianchi (cf. F. BIANCHI, « "Un fantasma al banchetto della sapienza"… », p. 40–68), le passage 7, 1–14 doit être considéré comme une seule péricope dans laquelle il est possible de repérer une construction rhétorique constituée de plusieurs petites unités (7, 1–4 ; 7, 5–7 ; 7, 8–10 ; 7, 11–12 ; 7, 13–14). Pour V. D'Alario, la critique de la sagesse traditionnelle court tout au long de 7, 1–14. Toutefois, l'auteur distingue, sur le plan littéraire, deux sous-sections : 7, 1–8a et 7, 8b-14 (cf. V. D'ALARIO, *Il libro del Qohelet…*, p. 137–142). Quant à L. Schwienhorst-Schönberger, il distingue deux unités : 7, 1–6a (citations) et 7, 6b-10 (commentaires de Qohélet) (cf. L. SCHWIENHORST-SCHÖNBERGER, *Kohelet*, p. 370).

[17] Par exemple : 7, 1 et Pr 22, 1 ; 7, 5 et Pr 13, 1 ; 7, 7 et Pr 15, 27 et 17, 23.

porte donc sur la prétendue valeur de ce qui attend l'homme à la
fin de sa vie par rapport à ce qu'il a déjà vécu.

– En 7, 8b–10, avec l'ultime emploi de l'expression מִן + טוֹב, commence une nouvelle étape dans la critique de la sagesse ainsi transmise. Celle-ci est marquée par la triple répétition du terme רוּחַ
vantant les bienfaits d'un esprit patient (v. 8b–9a). Le contenu de
cette maxime est prolongé par un double avertissement en אַל : l'un
concernant l'impatience dans le chagrin (7, 9), l'autre concernant la
nostalgie des temps anciens, que prône le *laudator temporis acti*.

Qohélet oppose dos-à-dos les sages et les insensés. Après avoir critiqué
la sagesse de ceux qui ne font que l'apologie du futur, le sage s'en prend
maintenant à ceux qui se réfugient dans la tradition d'un prétendu âge
d'or du passé. La sagesse des uns ne vaut pas mieux que celle des autres
« car ce n'est pas la sagesse qui te dicte cela. » (7, 10b). À partir du v.
11, est montré le vrai visage de la sagesse. Finalement, ne se situe-t-elle
pas dans cet entre-deux qu'est le temps présent[18] ? C'est à ce présent que
Qohélet se consacre à partir du v. 11.

La nouvelle sentence, introduite en עִם + טוֹב au v. 11a, se détache
sensiblement des affirmations précédentes, comme étant le sommet d'une
citation sapientielle que Qohélet reprendrait à son compte. Ce v. 11a
développe un rapport nouveau entre sagesse et biens matériels, se disso-
ciant nettement du dire du v. 7b. Maintenant, ce rapport n'est plus perçu
comme un danger potentiel, il est désormais envisagé comme bénéfique
et avantageux. Mais de quelle sagesse s'agit-il au juste ? Non pas de la
sagesse reçue telle quelle par tradition, mais de la sagesse qui s'accepte
comme un héritage familial (נחלה), sous bénéfice d'inventaire[19]. Autrement dit, une sagesse se transmet par le truchement d'une réflexion sur
elle-même, et non pas sous le mode d'une transmission automatique.

---

[18] Selon F. Bianchi, "Per Qohelet il presente è il solo campo di cui l'uomo può fare
esperienza. Avendo la morte infranto la catena fra le generazioni, non si può dire
nulla del passato, la cui esperienza ci è preclusa, né del futuro verso il quale la morte
ci impedisce di accedere. Resta il tempo presente nel quale l'uomo ripeterà sempre le
stesse azioni senza avere la possibilità di sapere se avranno o meno successo, e non
riuscendo a comprendere pienamente la legge dei momenti, Qohelet afferma che in
ogni caso questa posizione proviene dalla sapienza (הכמה), poiché è il frutto della sua
ricerca, come verrà detto in 7, 13–14." (cf. F. Bianchi, « "Un fantasma al banchetto
della sapienza"… », p. 56).

[19] Il pourrait s'agir ici d'un héritage familial, tel celui accumulé par ce père durant
une partie de sa vie, mais dont le fils n'a pu profiter en raison des déboires récents de
son père (cf. 5, 13).

Comme à son habitude, la conviction du sage est aussitôt mise à l'épreuve du réel qui la confirmera ou la démentira, ainsi que l'atteste le double emploi de l'impératif רְאֵה («regarde») en 7, 13a.14a. La sagesse, avec ce qu'elle véhicule, doit être passée au crible d'une expérience vécue, de toute façon, comme un don de Dieu. La sagesse défendue par Qohélet impose une attitude de modestie devant l'œuvre de Dieu qui dépasse l'homme[20]. C'est cette attitude, acquise au cours de sa recherche, que le maître de Jérusalem entend désormais transmettre à son jeune disciple au soir de sa vie. Son apport bénéfique ne restera pas sans lendemain. Il sera repris, dans les chapitres suivants, soit sous la forme d'une affirmation, soit sous celle d'une interrogation : «la sagesse rend le sage plus fort que dix chefs qui sont dans la ville» (7, 19) ; «Qui est comme le sage ? Qui connaît l'explication d'une chose ?» (8, 1a).

iii. *Qo 7, 11–14 et la question en* טוב *de 6, 11–12*

Les considérations en טוב des premiers versets du chapitre 7 ont, à leur tour, été préparées au chapitre 6. À partir de 6, 11, le sage se pose diverses questions concernant la situation de tout homme (לאדם). En 6, 11b, il se demande ce qui est avantageux (מה-יתר) pour lui : מַה־יֹּתֵר לָאָדָם («quel profit (יתר) pour l'homme ? »). Cette interrogation est prolongée, en 6, 12a, par une question portant sur ce qui est bon (מה־טוב) pour lui :

כִּי מִי־יוֹדֵעַ מַה־טּוֹב לָאָדָם בַּחַיִּים מִסְפַּר יְמֵי־חַיֵּי הֶבְלוֹ וְיַעֲשֵׂם כַּצֵּל

> Car qui connaît **ce qui est bon** pour l'homme dans la vie, durant le nombre de jours de sa vie de vanité qui passe comme l'ombre?

Le lien thématique entre 6, 11–12 et l'invitation au bonheur de 7, 14 s'étend à l'avenir de l'homme (אחריו). En 6, 12, après avoir posé la question de savoir ce qui est bon pour l'homme dans son existence, le sage s'interroge ensuite sur son avenir terrestre. Il le fait dans les termes suivants : «Qui révèlera à l'homme ce qui arrivera **après lui** sous le soleil ?» (מִי־יַגִּיד לָאָדָם מַה־יִּהְיֶה אַחֲרָיו תַּחַת הַשָּׁמֶשׁ). Il y répond par la négative en 7, 14c : «/.../ l'homme ne peut rien trouver [de ce qui

---

[20] Ce qu'A. Bonora résume de la manière suivante : "La vera sapienza è saper godere ciò che il momento presente offre di buono, accogliendolo gioiosamente dalle mani di Dio" (cf. A. BONORA *Il libro di Qoèlet*, p. 118).

sera] **après lui**. » (לֹא יִמְצָא הָאָדָם אַחֲרָיו מְאוּמָה)[21] dans la mesure où la question de l'avenir ne dépend que de Dieu (cf. 7, 14b)[22].

En conséquence, apprécier les moments heureux de l'existence est déjà une manière de s'en remettre au bon vouloir de Dieu dont on sait qu'il fait tout en son temps.

b) *L'action de Dieu*

La situation selon laquelle Dieu propose et l'homme dispose, se retrouve dans le contexte de l'invitation au bonheur de 7, 14.

En 7, 13–14, le motif de l'action de Dieu est exprimé par l'emploi de la racine עשה, soit sous la forme substantivée מעשׂה, soit sous une forme verbale conjuguée au *qal*. Dans les deux cas, l'action est expressément référée à Dieu (האלהים) qui, au v. 13a, est *nomen rectum* du *nomen regens* מעשׂה et, au v. 14b, est sujet du verbe עשה :

13 רְאֵה אֶת מַעֲשֵׂה הָאֱלֹהִים

כִּי מִי יוּכַל לְתַקֵּן אֵת אֲשֶׁר עִוְּתוֹ

14 בְּיוֹם טוֹבָה הֱיֵה בְטוֹב וּבְיוֹם רָעָה רְאֵה

גַּם אֶת־זֶה לְעֻמַּת־זֶה עָשָׂה הָאֱלֹהִים

עַל־דִּבְרַת שֶׁלֹּא יִמְצָא הָאָדָם אַחֲרָיו מְאוּמָה

13 Regarde **l'œuvre** de (du) Dieu :
qui peut redresser ce que lui a courbé ?
14 Au jour de bonheur, accueille le bonheur et au jour de malheur, regarde :
aussi bien l'un que l'autre, (le) Dieu les **a faits**,
de sorte que l'homme ne puisse rien trouver de ce qui sera par la suite.

La relation entre l'action de Dieu et l'exhortation au bonheur est signifiée :
- par la répétition de l'impératif רְאֵה (v. 13a et 14a) au sujet duquel Qohélet s'adresse directement à son interlocuteur et attire son attention sur ce que Dieu fait.
- par l'emploi des deux occurrences de la racine עשה de part et d'autre de la sentence proverbiale et de l'invitation à accueillir le bonheur qui vient au moment opportun.

Contrairement à celle de l'homme, l'action de Dieu est intégrale et irréformable. Elle porte sur l'ensemble des jours de la vie humaine,

---

[21] Dans ces deux citations, le syntagme אחריו est littéralement traduit par « *après lui*».
[22] J.-J. Lavoie propose un schéma liant une double inclusion entre 6, 10 et 7, 13a et entre 6, 12 et 7, 14b (cf. J.-J. LAVOIE, *La pensée du Qohélet…*, p. 151–160). Voir également les diverses interprétations possibles de אחריו selon R. E. Murphy et sa proposition de traduction de 7, 14b *in* R. E. MURPHY, «On Translating Ecclesiastes», p. 573–574.

aussi bien ceux susceptibles de lui procurer du bonheur (טובה) que sur ceux qui peuvent être à l'origine de son malheur (רעה). Le v. 14a établit un fort contraste par rapport aux sentences citées dans les v. 1 à 4, étant donné que le sage met dorénavant sur un même plan le jour du bonheur et celui du malheur, tous deux relevant de l'œuvre de Dieu. La raison pour laquelle Dieu agit ainsi est aussitôt justifiée au v. 14b : « aussi bien l'un que l'autre, (le) Dieu les a faits. »

Une telle interprétation ne manque pas de susciter des discussions parmi les commentateurs récents de Qohélet. Ainsi, selon M. Maussion, « ... jamais Qohélet ne met Dieu en cause dans la problématique du mal : car soit il ne porte pas de jugement sur l'agir de Dieu qui consiste à donner ou empêcher, soit il qualifie de belle l'œuvre divine. Dieu n'est donc pas, pour Qohélet, le créateur du mal, pas plus qu'il n'en est le donateur. »[23] Selon le commentateur, la position de Qohélet ne serait donc pas identique à celle contenue dans d'autres livres bibliques, notamment des livres prophétiques (Am 3, 6 ; 9, 4 ; Is 45, 7) ou des écrits de sagesse tels que le livre de Job (Jb 2, 10) ou le livre de Ben Sira (Si 11, 14 ; 33, 14–15). Prenant appui sur cette citation du livre de Ben Sira, A. Niccacci critique le point de vue de M. Maussion. Pour le commentateur italien, Dieu serait bien à l'origine du bien et du mal : « Maussion non si domanda da dove venga allora il male, né sembra tener conto dell'affermazione di 7, 14 che Dio ha fatto sia il bene che il male nella sua analisi del passo. Bene e male non si riferiscono al comportamento dell'uomo, del quale egli è responsabile, ma agli eventi della vita, di cui Dio controlla i "tempi" (3, 1–8). »[24]

Si Dieu est reconnu, chez Qohélet, comme étant l'auteur du jour de malheur, il n'est pas dit pour autant qu'il soit l'auteur direct du mal ou du malheur en tant que tel. À aucun moment Qohélet n'accuse Dieu, comme le fait Job. Ce qui est affirmé, en revanche, c'est la souveraineté de Dieu sur tous les temps, ce qui le distingue radicalement de l'homme qui, lui, ne maîtrise qu'une partie de son temps (3, 1–8).

Cette souveraineté de Dieu laisse sauve la liberté de l'homme qui s'exprime en regardant (ראה), c'est-à-dire en prêtant attention et en réfléchissant (7, 13a.14a). La complémentarité entre l'action de Dieu et celle de l'homme, déjà soulevée dans le contexte des *paroles de bonheur*, se retrouve maintenant dans le contexte de la *parole* de 7, 14.

---

[23] M. MAUSSION, *Le mal, le bien...*, p. 70.
[24] Cf. A. NICCACCI, *Qohelet o la gioia come fatica e dono di Dio...*, p. 75, note 89.

L'affirmation de la souveraineté de Dieu, énoncée en 7, 13a, est illustrée en 7, 13b (כִּי) au moyen d'un proverbe imagé selon lequel Dieu seul est capable de redresser ce qu'il a courbé (7, 13b). Cette maxime est la reprise, sous forme interrogative, d'un proverbe énoncé de manière affirmative, au début de la première moitié du livre. Les deux racines תקן et עות ont déjà été mises en opposition en 1, 15a: «ce qui est courbé *ne peut être* redressé /.../» (מְעֻוָּת לֹא־יוּכַל לִתְקֹן.).

Les premiers chapitres de l'ouvrage avaient mentionné le thème de l'omniprésence de Dieu, en particulier à l'issue du poème sur le moment favorable relatif à l'action de l'homme (3, 1–8). Ainsi, en 3, 10–11, le sage avait rapporté l'expérience (רָאִיתִי) de son impuissance devant la grandeur de Dieu, par une dialectique entre un "faire" (עָשָׂה) de Dieu et un "ne pas trouver" (לֹא־מָצָא) de l'homme, dialectique reprise dans l'exhortation de 7, 13–14:

3, 10–11	7, 13–14
10 רָאִיתִי אֶת־הָעִנְיָן אֲשֶׁר נָתַן אֱלֹהִים לִבְנֵי הָאָדָם לַעֲנוֹת בּוֹ	13 רְאֵה אֶת מַעֲשֵׂה הָאֱלֹהִים כִּי מִי יוּכַל לְתַקֵּן אֵת אֲשֶׁר עִוְּתוֹ
J'ai vu l'occupation que Dieu a donnée aux fils d'homme pour qu'ils s'y occupent.	*Regarde* l'**œuvre** de (du) Dieu: qui peut redresser ce que lui a courbé?
11 אֶת־הַכֹּל עָשָׂה יָפֶה בְעִתּוֹ גַּם אֶת־הָעֹלָם נָתַן בְּלִבָּם מִבְּלִי אֲשֶׁר לֹא־יִמְצָא הָאָדָם אֶת־הַמַּעֲשֶׂה אֲשֶׁר עָשָׂה הָאֱלֹהִים מֵרֹאשׁ וְעַד־סוֹף	14 בְּיוֹם טוֹבָה הֱיֵה בְטוֹב וּבְיוֹם רָעָה רְאֵה גַּם אֶת־זֶה לְעֻמַּת־זֶה עָשָׂה הָאֱלֹהִים עַל־דִּבְרַת שֶׁלֹּא יִמְצָא הָאָדָם אַחֲרָיו מְאוּמָה
Il **fait** toute chose agréable en son temps; à leur cœur, il donne même [la pensée] de l'éternité sans que l'homme puisse <u>trouver</u> l'œuvre que (le) Dieu **fait** du début jusqu'à la fin.	Au jour de bonheur, accueille le bonheur et au jour de malheur, *regarde*: aussi bien l'un que l'autre, (le) Dieu les a **faits**, de sorte que l'homme ne puisse rien <u>trouver</u> de ce qui sera par la suite.

Le meilleur profit de la sagesse ne résiderait-il pas, aux yeux du sage, dans l'acceptation des limites de son être de créature, qui n'a rien d'autre à recevoir que ce que Dieu lui accorde dans sa souveraine liberté? Plus précisément, être sage ne serait-ce pas tirer humblement partie des bons moments de la vie chaque fois que cela lui est donné?

Finalement, dans son contenu, l'appel au bonheur de 7, 14 ne semble rien apporter de nouveau par rapport aux *paroles de bonheur* répertoriées jusque-là. Rien de nouveau donc, si ce n'est que, dans la forme, Qohélet n'est plus ce chercheur désabusé qu'il a été à ses débuts, lui que la sagesse a déçu et pour lequel le bonheur n'était perçu que comme un moindre mal. À présent, et pour la première fois, le sage prend le parti d'affirmer haut et fort comment la sagesse se présente à ses yeux : un moyen avantageux et profitable de recevoir le bonheur simple qui s'offre à lui.

2. Qo 7, 11–14 et son développement en 7, 15–8, 17

Suite à 7, 11–14, les relations thématiques entre les bienfaits limités de la sagesse et un bonheur disponible en dépit de l'œuvre immense de Dieu, sont largement discutées jusqu'en 8, 17, avant qu'une nouvelle section ne débute, en 9, 1, sur le thème de la mort, par l'emploi redondant de la formule : אֶת־כָּל־זֶה encadrant l'expression : נתתי אֶל־לִבִּי[25].

À compter de 7, 15, le sage entreprend une longue série de constatations et de conseils introduits par le verbe ראה au moyen d'une affirmation solennelle : « **J'ai tout vu** dans mes jours de vanité /.../ » (אֶח־הַכֹּל רָאִיחִי בִּימֵי הֶבְלִי). Cette expression reviendra, à peu près à l'identique, au chapitre suivant, en 8, 9 : « Tout cela **je l'ai vu** /.../ » (אֶת־כָּל־זֶה רָאִיחִי)[26]. Entre 7, 15 et 8, 8, Qohélet confronte ses affirmations à l'aune de son expérience de sage.

Au cours d'une phase d'observation (7, 15–24) introduite par la racine ראה, Qohélet s'attarde sur la valeur relative de la sagesse grâce aux cinq occurrences de la racine חכם[27]. Si elle reste opérante, la pratique de la sagesse n'en est pas moins limitée :

– le premier cas (7, 15–18), introduit et conclu par la racine כל, est marqué par des situations de non-rétribution éprouvées par le juste ou par le sage.

– le second cas (7, 19–24), déterminé structurellement à quatre reprises par la racine חכם, provient de l'écart constaté entre la sagesse recherchée et celle obtenue.

---

[25] Ici, de nombreux manuscrits lisent את au lieu de אל.

[26] En 8, 9, cette expression est suivie d'une autre : « en adonnant mon cœur (נתן את־לב) à toutes les œuvres qui se font sous le soleil », expression qui se retrouve ultérieurement en 9, 1 : « car pour tout cela j'ai adonné mon cœur (נתן את־לב) /.../ »

[27] ואל־תתחכם (v. 16); לחכם et החכמה (v. 19); בחכמה et אתכמה (v. 23).

Fidèle à sa démarche didactique, le sage ne se contente pas de décrire la réalité observée mais, à partir des résultats de sa recherche, il énonce le fruit de sa réflexion (סבב). Il le fait à partir de 7, 25 : « Je me suis tourné, moi et mon cœur, pour connaître, explorer et chercher la sagesse et la raison /.../ » (סַבּוֹתִי אֲנִי וְלִבִּי לָדַעַת וְלָתוּר וּבַקֵּשׁ חָכְמָה וְחֶשְׁבּוֹן)[28]. Cette recherche porte sur une double dialectique : trouver / ne pas trouver (לֹא מָצָא / מָצָא) (7, 25–29) ; connaître / ne pas connaître (לֹא יָדַע / יָדַע) (8, 1–8).

Tout cela le conduit à tirer les conséquences de sa réflexion dans une unité de récapitulation de tout ce qui précède et d'ouverture à ce qui suit (8, 9–17). De ce passage, introduit par une formule solennelle רָאֹה et נָתֹן אֶת-לֵב, il ressort que le bonheur est possible pour celui qui craint Dieu, bien que cela ne soit pas automatiquement garanti.

a) *Qo 7, 15–18*

En passant en revue l'intégralité de l'expérience humaine, Qohélet revient sur des considérations relatives à l'exercice de la sagesse. Il les passe au filtre de situations concrètes vécues tant par le juste (צַדִּיק) que par le méchant (רָשָׁע), situations qui mettent à mal le traditionnel principe de la rétribution qui voit le juste récompensé et le méchant puni :

15 אֶת-הַכֹּל רָאִיתִי בִּימֵי הֶבְלִי
יֵשׁ צַדִּיק אֹבֵד בְּצִדְקוֹ וְיֵשׁ רָשָׁע מַאֲרִיךְ בְּרָעָתוֹ
16 אַל-תְּהִי צַדִּיק הַרְבֵּה וְאַל-תִּתְחַכַּם יוֹתֵר
לָמָּה תִּשּׁוֹמֵם
17 אַל-תִּרְשַׁע הַרְבֵּה וְאַל-תְּהִי סָכָל
לָמָּה תָמוּת בְּלֹא עִתֶּךָ
18 טוֹב אֲשֶׁר תֶּאֱחֹז בָּזֶה וְגַם-מִזֶּה אַל-תַּנַּח אֶת-יָדֶךָ
כִּי-יְרֵא אֱלֹהִים יֵצֵא אֶת-כֻּלָּם

15 J'ai tout vu dans mes jours de vanité :
Il y a un juste qui se perd **par sa justice**
et il y a un méchant qui prolonge [ses jours] par son mal
16 **Ne sois pas juste** à l'extrême et ne sois pas sage à l'excès,
de peur de te détruire.
17 **Ne sois pas méchant** à l'extrême et ne sois pas insensé,
de peur de mourir avant ton temps.
18 Il est bon que tu tiennes à ceci sans laisser ta main lâcher cela,
puisque celui qui craint Dieu les fera toutes aboutir.

---

[28] Cf. 2, 20 : וְסַבּוֹתִי אֲנִי לְיַאֵשׁ אֶת-לִבִּי (« *et j'en suis venu à désespérer en mon cœur /.../* »).

La combinaison des deux mots clés de צדיק et de רשע avec les autres thèmes relatifs au bonheur autorise à présenter cette unité selon le schéma suivant[29] :

A) un *double constat* introduit par la particule adverbiale יש portant sur la situation du *juste* et du *méchant* (v. 15b) :

יֵשׁ צַדִּיק אֹבֵד בְּצִדְקוֹ
וְיֵשׁ רָשָׁע מַאֲרִיךְ בְּרָעָתוֹ

Il y a un juste qui se perd par sa justice
et il y a un méchant qui prolonge [ses jours] par son mal

B) un *double avertissement* négatif en אל avec trois verbes à la forme jussive concernant la *justice* et la *sagesse* par opposition à la *méchanceté* et ce qui est *insensé* (v. 16-17) :

16 אַל־תְּהִי צַדִּיק הַרְבֵּה וְאַל־תִּתְחַכַּם יוֹתֵר לָמָּה תִּשּׁוֹמֵם
17 אַל־תִּרְשַׁע הַרְבֵּה וְאַל־תְּהִי סָכָל לָמָּה תָמוּת בְּלֹא עִתֶּךָ

16 **Ne sois pas juste** à l'extrême **et ne sois pas sage** à l'excès,
de peur de te détruire.
17 **Ne sois pas méchant** à l'extrême et **ne sois pas insensé**,
de peur de mourir avant ton temps

C) une *conclusion* en forme de sentence en טוב + אשר sur *ce qui est bon* et sur *la crainte de Dieu* (v. 18) :

טוֹב אֲשֶׁר תֶּאֱחֹז בָּזֶה וְגַם־מִזֶּה אַל־תַּנַּח אֶת־יָדֶךָ
כִּי־יְרֵא אֱלֹהִים יֵצֵא אֶת־כֻּלָּם

Il est bon que tu tiennes à ceci sans laisser ta main lâcher cela,
car *celui qui craint* Dieu les fera toutes aboutir

Face à une recherche d'extrême rigueur morale, et contrairement au savoir traditionnel[30], Qohélet constate que, par rapport au laisser-aller du méchant ou de l'insensé, la situation du juste ou du sage n'est pas automatiquement récompensée. Ainsi l'exprime-t-il au moyen d'une construction en parallèle des versets 16 et 17 (למה + ואל + הרבה + אל)[31] :

---

[29] Voir également G. S. OGDEN, *Qoheleth*, p. 112-116.
[30] Ainsi : « La mémoire du juste est en bénédiction, le nom des méchants tombe en pourriture. » (Pr 10, 7).
[31] Avec A. Schoors, nous traduisons la particule למה par "de peur de" (cf. A. SCHOORS, *The Preacher Sought ton Find Pleasing Words...*, p. 137-138).

16 אַל־תְּהִי צַדִּיק הַרְבֵּה וְאַל־תִּתְחַכַּם יוֹתֵר לָמָּה תִּשּׁוֹמֵם

17 אַל־תִּרְשַׁע הַרְבֵּה וְאַל־תְּהִי סָכָל לָמָּה תָמוּת בְּלֹא עִתֶּךָ

16 Ne *sois* pas *juste* à l'extrême et ne *sois* pas *sage* à l'excès,
de peur de *te détruire*.
17 Ne *sois* pas *méchant* à l'extrême et ne *sois* pas *insensé*,
de peur de *mourir avant ton temps*.

Au v. 16, comme précédemment au v. 11, la racine יתר, chère à Qohélet,
est employée conjointement avec la racine חכם. Mais, contrairement au
v. 11, יותר possède ici une fonction adverbiale[32]. Cependant, ce terme ne
se retrouve pas au verset suivant si bien que le parallèle est déséquilibré
au profit du sage et au détriment des insensés. Cependant, la double
interdiction en אל de 7, 16–17 trouve sa résolution, au v. 18, dans une
affirmation introduisant la position de Qohélet au moyen de la formule
אשר + טוב. L'excès nuit en tout, à ceux qui se montrent sages comme à
ceux qui sont déjà insensés. L'enseignement du v. 18a est indissociable
de la motivation (כי) du v. 18b qui propose une voie nouvelle résidant
dans l'humble attitude de celui qui s'en remet à Dieu en le craignant
(ירא אלהים).

L'emploi au *qal* du verbe יצא (sortir) + את est difficile à traduire en
français. Contrairement aux emplois habituels, le terme את ne désigne
pas ici la préposition את (avec)[33], mais la particule de l'accusatif. Dans
ce cas, il convient de traduire יצא de manière transitive et de le rendre
par la périphrase "mener à son accomplissement" ou "faire aboutir"[34].
Mais, sur ce point, les traductions françaises de 7, 18b sont des plus
fluctuantes[35]. Comme le soulignent, avec force, nombre de commentateurs, la crainte de Dieu est la seule voie apte à sortir l'homme des

---

[32] Pour un autre emploi adverbial de יותר associé à חכם, voir 2, 15.

[33] Comme par exemple en 1 S 22, 3; 28, 1; 29, 6; 2 S 21, 17; 2 R 11, 8; Jr 29, 16.

[34] Voir à ce propos l'analyse de L. Schwienhorst-Schönberger qui retient également
le sens de "réussir", "accomplir son devoir" (cf. L. Schwienhorst-Schönberger,
Kohelet, p. 389).

[35] Par exemple: la *BJ* a changé plusieurs fois de traduction. Jusqu'en 1973, 7, 18b était
traduit: "puisqu'à qui craint Dieu, il arrive les deux". L'édition de 1973 préfère: "puisque
celui qui craint Dieu trouvera l'un et l'autre". Enfin, l'édition de 1998 change de point
de vue et traduit: "puisque celui qui craint Dieu fera aboutir l'un et l'autre", s'alignant
ainsi sur la traduction de la *TOB*. *La Bible* d'Osty-Trinquet préfère traduire par: "car
celui qui craint Dieu s'acquitte de tous les deux", ce dont se rapproche la traduction de
La Bible de la Pléiade: "car celui qui craint Dieu s'acquittera de tous les deux". Toutefois,
nous pensons que la traduction de D. Lys est par trop éloignée du texte: "qui respecte
Dieu évite tout ça" (cf. D. Lys, *L'Ecclésiaste ou que vaut la vie?*…, p. 21).

excès mortifères d'un comportement volontariste et à l'introduire dans une relation de confiance humble et réaliste avec Dieu[36].

Plus encore, la crainte de Dieu est en mesure d'aider l'homme à discerner ce qui est bon pour lui. Sur le plan lexical, l'emploi répété de la racine טוב, en 7, 11.14.18, assure ce lien entre les bienfaits d'une certaine sagesse et la reconnaissance du caractère bénéfique de la crainte de Dieu. La sagesse qui invite à l'humilité est donc cette voie favorable qui conduit tout homme à s'en remettre à Dieu, quels que soient les moments de sa vie.

Sur ce point, A. Niccacci propose de mettre en relation le contexte de la *parole de bonheur* de 7, 11–14 avec celui de la deuxième *parole* (3, 11–14). Le commentateur italien effectue un judicieux parallèle entre la structure littéraire de 3, 11–14 et celle de 7, 11–14[37] : « Questo legame con il timore di Dio è importante per comprendere la mente di Qohelet, per quanto la radice non sia molto frequente nel libro (9x). Il timore di Dio è la guida dell'uomo nella sua experienza sulla terra; egli permette di intraprendere ogni tipo di esperienza mantenendo l'equilibro necessario tra saggezza e stoltezza. »[38]. Partant de là, il est possible d'étendre la comparaison entre ces deux unités à l'ensemble de la péricope 7, 11–18[39] :

---

[36] Cf. É. GLASSER, *Le procès du bonheur...*, p. 117–118. Selon A. Bonora : «/.../ il rispetto e il senso profondo di Dio apra l'orizzonte più ampio possibile, al di là delle strettoie legalistiche che si crea lo scrupoloso e senza la sfrenatezza sconsiderata dello stolto. Se non hai il rispetto di Dio, ogni discorso su sapienza-stoltezza, giustizia-ingiustizia rischia di naufragare. » (cf. A. BONORA, *Il libro di Qohelet*, p. 120). Pour sa part, J. Vilchez Lindez affirme : « El temor de Dios es, pues, el único criterio seguro que propone Qohélet para salir de toda duda y ambigüedad en la intrincada maraña de la vida, con sus caminos cortados o sin salida, con sus oscuridades y contradicciones, con sus fracasos e inutilidades. Por esto puede decir con tanta seguridad que *el que teme a Dios de todo sale bien parado.* » (cf. J. VILCHEZ LINDEZ, *Eclesiastés...*, p. 318). En commentant 7, 15–18, G. Bellia – A. Passaro abondent en ce sens : « Vivere al cospetto del giudizio di Dio non è però una formula etica di moderazione verso ciò che è fuori misura nell'agire dell'uomo, non è un punto di equilibrio tra opposti comportamenti, ma un criterio di discernimento autonomo, una terza via che definisce la stessa religiosità dell'uomo, è l'originale via biblica che consente al credente di entrare effettivamente in un giusto rapporto con la divinità. » (cf. G. BELLIA – A. PASSARO, «Qohelet, ovvero la fatica di conoscere», p. 364–365). Cette position rejoint l'analyse faite par W. A. Brindle (cf. W. A. BRINDLE, «Righteousness and Wickedness in Ecclesiastes 7, 15–18», *AUSS* 23/3 (1985), p. 243–257).

[37] A. NICCACCI, «Qohelet o la gioia come fatica e dono di Dio...», p. 76–77.

[38] *Ibid.*, p. 77.

[39] Pour un rapprochement entre 3, 14 et 7, 18, puis entre 3, 14 et 7, 14, voir aussi D. MICHEL, *Qohelet*, p. 151; N. LOHFINK, *Qoheleth*, p. 97.

3, 11–14	7, 11–18

a) 3, 11 : L'œuvre que (le) Dieu a faite (מעשה אשר עשה האלהים) est parfaite même si l'homme ne peut la comprendre.

a') 7, 13 : invitation à observer l'œuvre de Dieu (מעשה האלהים) et personne ne peut redresser ce qu'il a tordu.

b) 3, 12–13 : affirmation qu'il y a du bonheur (אין טוב), fruit du travail humain et don de Dieu.

b') 7, 14a : invitation au bonheur (היה בטוב) au temps heureux (ביום טובה).

c) 3, 14 : le gouvernement divin du monde est constant et parfait. Dieu fait (עשה) ainsi pour que l'homme le craigne (ירא).

c') 7, 14b.18 : l'un et l'autre (temps) est fait (עשה) pour que l'homme craigne Dieu (ירא אלהים).

Outre la confirmation d'une corrélation entre sagesse, bonheur et crainte de Dieu, ce rapprochement thématique entre 3, 11–14 et 7, 11–18 permet d'aller plus loin dans l'interprétation du syntagme את־כלם de 7, 18b que ne le font généralement les commentateurs de Qohélet[40]. Selon nous, le syntagme את־הכל fait référence non seulement aux deux זה du v. 18a—lesquels renvoient à la double interdiction des v. 16–17—mais également à l'expression את־כל du v. 15. La racine כל de ce dernier verset renverrait, à son tour, aux deux זה du v. 14b, désignant la dualité des jours du v. 14a[41]. La relation entre את־כלם de 7, 18b et את־הכל de 7, 15a, d'une part, et celle entre le syntagme מעשה האלהים de 7, 13a et la proposition verbale מעשה האלהים de 7, 14b *via* l'expression verbale המעשה אשר־עשה האלהים de 3, 11, d'autre part, permet de conclure que les effets de la crainte de Dieu s'étendent non seulement à la totalité du comportement humain mais également à la totalité de l'œuvre de Dieu, aussi bien les jours heureux que les jours de malheur. Cette position soutenue par plusieurs commentateurs, dont L. Mazzinghi[42],

---

[40] Par exemple : E. PODECHARD, *L'Ecclésiaste*, p. 377–378 ; G. OGDEN, *Qoheleth*, p. 115 ; M. V. FOX, *Qohelet and His Contradictions*, p. 236 et *A time to Tear down…*, p. 262 ; Th. KRÜGER, *Qoheleth*, p. 141.

[41] Pour une explication de la signification duelle de כל en 7, 15.18, voir L. SCHWIEN-HORST-SCHÖNBERGER, « Via media. Koh 7, 15–18 und die griechisch-hellenistische Philosophie », p. 184.

[42] L. Mazzinghi, soutient que : « In Qo 7, 15–18 il nostro saggio *non* consiglia una via media, un'etica della moderazione tra due estremi ; non suggerisce, cioè, di essere un poco saggi, ma non troppo, e di non esagerare con la malvagità, cercando allo stesso tempo di non essere stupidi. Di fronte alla crisi dei valori tradizionali, il Qohelet mostra una terza via, che, in realtà, è paradossalmente ancor più tradizionale, almeno nella sua formulazione e che per il Qohelet è l'unica praticabile : il "temere Dio". Solo

fait dire à ce dernier : « La gioia puo venire soltanto dal "temere Dio", inteso da un lato come accettazione della volontà divina (7, 13–14 !), compresi i semplici doni che Dio fa all'uomo, come il "mangiare" e il "bere", e, d'all'altro, inteso come piena consapevolezza dei limiti della conoscenza umana. »[43]

b) *Qo 7, 19–24*

À compter du v. 19, Qohélet poursuit son regard critique sur la sagesse. Si celle-ci procure à l'homme une réelle aptitude, elle n'est pas pour autant infaillible, à l'instar de la justice qui, elle aussi, connaît ses propres limites. À partir du v. 25, s'opère un changement d'attitude puisque le sage en vient à exprimer quelques conclusions personnelles introduites par le verbe סבב : « Je me suis tourné, moi et mon cœur /.../ » (סַבּוֹתִי אֲנִי וְלִבִּי)[44].

Le thème de la péricope 7, 19–24 est, à nouveau, la sagesse. En 7, 19.23, la racine חכם revient, à quatre reprises, soit sous forme nominale (חכם / חכמה), soit sous forme verbale (אחכמה) :

---

in quest'ottica la ricerca della felicità ha un senso. » (cf. L. MAZZINGHI, «Qohelet tra Giudaismo ed ellenismo», p. 114–115 repris dans *Ho Cercato…* p. 89). À son tour, A. Niccacci situe la question du bonheur dans la perspective de la crainte de Dieu. Il le fait, une première fois sommairement, en affirmant : «Il timore di Dio permette di convivere con la verità duplice dell'esistenza, con la creazione a coppie, dove bene e male si trovano uno di fronte all'altro. Non dà una conoscenza superiore del futuro e di cio che capiterà all'uomo, ma insegna l'unico atteggiamento saggio di fronte al mistero di Dio e del suo operare : godere il bene quando Dio la concede, riflettere in silenzio quando viene il male. » (cf. A. NICCACCI, *La casa della Sapienza, Voci e volti della sapienza biblica*, Cinisello Balsamo, Milan, 1994, p. 106). Il le réaffirme, une seconde fois, plus longuement, à l'issue de sa réflexion sur la parole de bonheur de 7, 14 : «In realtà, se ben interpretata, la conclusione di Qohelet è tutt'altro che in contraddizione con il resto del libro, che pure contiene espressioni molto dure. Anzi, il legame che stiamo delineando tra il doppio invito di 7, 13–14 e il timore di Dio permette di cogliere la coerenza del pensiero di Qohelet. In effetti la vita sulla terra mette l'uomo di fronte a verità contrapposte : da un lato il dato spesso negativo dell'esperienza (incapacità umana di capire fino in fondo la realtà, di controllare il futuro, di prevedere i tempi adatti, di correggere l'ingiustizia, ecc.), dall'altro il dato rassicurante della fede e dell'antica sapienza di Israele. È il timore di Dio, cioè la capacità di riconoscere lui come Creatore e Signore provvidente che non solo ha creato ma anche governa il monde e la storia, che permette di vivere in pienezza, sapendo godere della gioia quando Dio la concede e riflettendo per capire il suo scopo quando manda il dolore. Applicando il linguaggio di 7, 18, "il timorato di Dio uscirà (bene) con tutti (e due)", si direbbe : il timorato saprà fare buon uso sia della gioia che del dolore, ambedue messagio di Dio per la sua vita. » (cf. A. NICCACCI, «Qohelet o la gioia come fatica e dono di Dio…», p. 80).

[43] L. MAZZINGHI, «Qohelet tra Giudaismo ed ellenismo», p. 116, repris *in Ho Cercato…* p. 90.

[44] Certains manuscrits (Symmaque, le Targum et la Vulgate) lisent בלבי au lieu de ולבי. Or, il faut probablement lire ici : סבותי אני ונתון לבי (cf. 8, 9a).

19 הַחָכְמָה תָּעֹז לֶחָכָם מֵעֲשָׂרָה שַׁלִּיטִים אֲשֶׁר הָיוּ בָּעִיר
20 כִּי אָדָם אֵין צַדִּיק בָּאָרֶץ
אֲשֶׁר יַעֲשֶׂה־טּוֹב וְלֹא יֶחֱטָא
21 גַּם לְכָל־הַדְּבָרִים אֲשֶׁר יְדַבֵּרוּ אַל־תִּתֵּן לִבֶּךָ
אֲשֶׁר לֹא־תִשְׁמַע אֶת־עַבְדְּךָ מְקַלְלֶךָ
22 כִּי גַּם־פְּעָמִים רַבּוֹת יָדַע לִבֶּךָ
אֲשֶׁר גַּם־(אַתְּ) [אַתָּה] קִלַּלְתָּ אֲחֵרִים
23 כָּל־זֹה נִסִּיתִי בַחָכְמָה
אָמַרְתִּי אֶחְכָּמָה וְהִיא רְחוֹקָה מִמֶּנִּי
24 רָחוֹק מַה־שֶּׁהָיָה
וְעָמֹק עָמֹק מִי יִמְצָאֶנּוּ

19 **La sagesse** rend **le sage** plus fort que dix chefs qui sont dans la ville.
20 Pourtant, il n'est pas d'homme juste sur la terre,
qui fasse le bien sans jamais pécher.
21 Aussi, ne prête pas attention à toutes les paroles qu'on dit,
de peur d'entendre ton serviteur te mépriser,
22 Car, maintes fois—ton cœur le connaît—
tu as, toi aussi, méprisé les autres.
23 Tout cela, je l'ai mis à l'épreuve **par la sagesse**;
j'ai dit: **j'aurai de la sagesse**! Mais elle est loin de moi!
24 Lointain est ce qui est arrivé,
et profond, profond: qui le trouvera?

Comme au début du chapitre 7, le sage énonce quelques citations traditionnelles sur la sagesse et la justice qu'il met à l'épreuve des faits⁴⁵.
Tel est le cas, par exemple, de la maxime du v. 19 relative à la vigueur
de la sagesse, critiquée ensuite au v. 20:

19 הַחָכְמָה תָּעֹז לֶחָכָם מֵעֲשָׂרָה שַׁלִּיטִים אֲשֶׁר הָיוּ בָּעִיר
20 כִּי אָדָם אֵין צַדִּיק בָּאָרֶץ
אֲשֶׁר יַעֲשֶׂה־טּוֹב וְלֹא יֶחֱטָא

19 **La sagesse** rend **le sage** plus fort que dix chefs qui sont dans la ville.
20 Pourtant, *il n'est pas d'homme juste* sur la terre,
qui fasse le bien sans jamais pécher.

Ce motif de l'efficacité de la sagesse, présent dans le livre des Proverbes⁴⁶,
vient confirmer la précédente déclaration solennelle de 7, 11. Toutefois,
cette déclaration positive est aussitôt tempérée par les limites inhérentes
à la situation de tout homme juste (צַדִּיק). Ce tempérament est introduit,

---

⁴⁵ Cf. D. Michel, *Untersuchungen…*, p. 238–240; A. Bonora, *Il libro di Qoèlet*,
p. 120–121; V. D'Alario, *Il libro del Qohelet…*, p. 145–146.
⁴⁶ Pr 21, 22; 24, 5–6.

au v. 20, par l'emploi de la particule כִּי qui a ici le sens adversatif de "pourtant"[47]. Pour certains commentateurs, néanmoins, ce v. 20 serait une citation implicite concernant les limites de la situation du juste (צַדִּיק), si bien que la particule explicative כִּי introduirait la motivation des injonctions des v. 16 à 18[48].

Sans opter pour cette dernière hypothèse, force est de reconnaître qu'en 7, 19–24, il est à nouveau question du sage et du juste, mais leur attitude est tempérée, comme en 7, 11–14, par l'observation de ce qui se passe sur la terre. Quiconque se comporte comme un juste n'est pas exempt d'erreur. À ce sujet, la racine חטא est, ici, à interpréter dans son sens premier de "se tromper" ou de "manquer son but", comme il en avait déjà été question en 2, 26.

Compte-tenu de la mention de l'erreur (חטא) sur l'efficacité de la sagesse et de la justice, il n'est pas sans intérêt de mettre en relation 7, 19–20 avec 9, 13–18. Dans ce dernier passage, il est également question de la sagesse d'un homme dans la ville, et l'auteur sacré de conclure, au v. 18, sur la fragilité des effets de la sagesse :

טוֹבָה הָכְמָה מִכְּלֵי קְרָב
וְחוֹטֶא אֶחָד יְאַבֵּד טוֹבָה הַרְבֵּה

> **Mieux vaut la sagesse que** des engins de combat,
> mais un seul *maladroit* ruine beaucoup de bien.

Un rien peut tout gâcher, ce que confirme, au verset suivant, la métaphore de la mouche noyée dans un flacon de parfum (10, 1a). Cette limite de la sagesse énoncée en 7, 19–20 est reprise en 7, 23–24[49] :

23 כָּל־זֹה נִסִּיתִי בַחָכְמָה
אָמַרְתִּי אֶחְכָּמָה וְהִיא רְחוֹקָה מִמֶּנִּי
24 רָחוֹק מַה־שֶׁהָיָה
וְעָמֹק עָמֹק מִי יִמְצָאֶנּוּ

> 23 Tout cela, je l'ai mis à l'épreuve **par la sagesse** ;
> j'ai dit : **j'aurai de la sagesse** ! Mais elle est loin de moi !
> 24 Lointain est ce qui est arrivé,
> et profond, profond : qui le trouvera ?

---

[47] Cf. L. Di Fonzo, *Ecclesiaste*, p. 238 ; A. Schoors, « Emphatic or Asseverative *kî* in Koheleth », *in Scripta Signa Vocis*, (H. L. J. Vanstiphout et *alii* dir.), Egbert Forsten, Groningen, 1986, p. 211.

[48] J. Crenshaw l'envisage comme une possibilité (cf. J. Crenshaw, *Ecclesiastes*, p. 143), et surtout V. D'Alario, (cf. V. D'Alario, *Il libro del Qohelet…*, p. 146).

[49] C'est la raison pour laquelle nous estimons, avec J. Vilchez Lindez, que 7, 23–24 conclut la série de réflexions qui précède (cf. J. Vilchez Lindez, *Eclesiastés…*, p. 320–322).

Les termes visant une "mise à l'épreuve" (נסה) par le moyen de la sagesse (בחכמה) évoquent "l'expérience salomonienne" du début du livre, aussi bien en ce qui concerne l'exploration de tout ce qui se fait par la sagesse : בחכמה (1, 13–15) que ce qui touche la recherche de la sagesse elle-même (1, 16–18 ; 2, 12–23). Toutes ces entreprises n'ont abouti qu'à des échecs retentissants, malgré le signe positif d'un certain bonheur de vivre (2, 24–26). Bien qu'étant reconnue comme bénéfique, la sagesse reste néanmoins inaccessible.

En 7, 24, les limites de la sagesse sont signifiées par des termes évoquant une prise de distance : רחוק (loin) / עמק (profond) et par la mise en parallèle de la sagesse avec l'expérience humaine décevante, évoquée dans les chapitres précédents, en raison de l'absence de prise sur ce qui est arrivé (מה־שהיה)[50].

Entre temps, en 7, 21–22, le maître de sagesse invite, à nouveau, son disciple à la modestie et au réalisme :

21 גַּם לְכָל־הַדְּבָרִים אֲשֶׁר יְדַבֵּרוּ אַל־תִּתֵּן לִבֶּךָ
אֲשֶׁר לֹא־תִשְׁמַע אֶת־עַבְדְּךָ מְקַלְלֶךָ
22 כִּי גַּם־פְּעָמִים רַבּוֹת יָדַע לִבֶּךָ
אֲשֶׁר גַּם־(אַתְּ) [אַתָּה] קִלַּלְתָּ אֲחֵרִים

21 Aussi, **ne prête pas attention** à toutes les paroles qu'on dit,
de peur d'entendre ton serviteur te mépriser,
22 car, maintes fois—ton cœur le connaît—
tu as, toi aussi, méprisé les autres.

La particule גם du v. 21 introduit, sur l'abondance des paroles prononcées, un raisonnement critique qui se présente sous la forme d'une exhortation négative en אל suivie, au v. 22, d'une motivation en כי. L'efficacité des paroles, universellement constatée, est remise en cause en raison même de l'expérience de critiques et de médisances envers autrui. Ces versets en כי + אל, traitant de la modération dans l'écoute des paroles, sont la reprise d'autres enseignements sur la modestie, tel le constat sur l'abondance des propos (6, 11)[51] ou les exhortations négatives à ne pas se précipiter dans la critique des temps anciens (7, 9–10)[52] ou encore l'invitation à craindre Dieu (7, 16–18).

L'ensemble des réflexions sur la sagesse invite à beaucoup de lucidité, comme ce fut le cas concernant le bonheur lui-même. Cet état de

---

[50] Cf. 1, 9 ; 3, 15 ; 6, 10a.
[51] Cf. L. Schwienhorst-Schönberger, *Kohelet*, p. 394–396.
[52] Tel est le point de vue de V. D'Alario (cf. V. D'Alario, *Il libro del Qohelet…*, p. 146).

fait ne décourage pas pour autant Qohélet. Au contraire, il poursuit sa recherche avec encore plus de réalisme, en se posant de nouvelles questions. En ce sens, l'interrogation énoncée en 7, 24b (מִי יִמְצָאֶנּוּ) annonce la réflexion suivante portant sur un nouveau motif, celui de la recherche (7, 25-29).

c) *Qo 7, 25-29*

Après le temps de l'observation critique d'un certain courant tradition-nel de sagesse (ראה)[53], voici venu, en 7, 25, le temps de la réflexion et des conclusions (סבב): «Je me suis tourné, moi et mon cœur /.../» (סַבּוֹתִי אֲנִי וְלִבִּי). Il porte non plus sur la recherche (בקשׁ) de la seule sagesse (חכמה), mais sur une connaissance plus spéculative (חשׁבון). La racine חשׁב est présente, à trois reprises, dans cette unité: deux fois, sous la forme du substantif חשׁבון (7, 25a.27b) que l'on peut rendre par le sens neutre de "raison"[54]; une troisième fois, sous la forme d'un nom חשׁבות (7, 29b) qui a, dans ce contexte précis, le sens péjoratif de "raisonnements"[55]. À ce propos, certains vont jusqu'à considérer l'expression חכמה וחשׁבון comme un hendiadys et proposent de la traduire par «les estimations de la sagesse»[56].

Or, malgré la proximité de sens, il nous semble préférable de con-server la distinction des deux termes, compte-tenu de la récurrence de la racine חשׁב apparaissant seule dans la suite des versets. En effet, les termes en חשׁב et en בקשׁ seront repris aux versets suivants: חשׁבון (v. 27b) et בקשׁה (v. 28a). En 7, 29, ils seront employés conjointement, formant ainsi une inclusion avec le v. 25a: וְהֵמָּה בִקְשׁוּ חִשְׁבֹנוֹת רַבִּים («/.../ mais eux **cherchent** bien des **raisonnements**.»). C'est la raison pour laquelle, il est préférable de délimiter l'unité en 7, 25-29[57] plutôt qu'en 7, 23-8, 1[58].

---

[53] Cf. 7, 13.14.15.

[54] Terme propre au livre de Qohélet, également présent en 9, 10.

[55] Ce terme חשׁבות, qui n'est employé qu'au pluriel, est présent une seule autre fois dans la Bible hébraïque (2 Ch 26, 15).

[56] É. GLASSER, *Le procès du bonheur...*, p. 124. Voir également A. BONORA, *Il libro di Qoèlet*, p. 123; V. D'ALARIO, *Il libro del Qohelet...*, p. 147.

[57] L. DI FONZO, *Ecclesiaste*, p. 243-248; D. MICHEL, *Untersuchungen...*, p. 225-238; J. VILCHEZ LINDEZ, *Eclesiastés...*, p. 322-333; A. BONORA, *Il libro di Qoèlet*, p. 123-127; L. SCHWIENHORST-SCHÖNBERGER, *Kohelet*, p. 399-410.

[58] V. D'ALARIO, *Il libro del Qohelet...*, p. 146-150; N. LOHFINK, *Qoheleth*, p. 100.

Dans l'unité 7, 25–29, la réflexion critique du sage se déploie autour d'une dialectique entre "trouver" et "ne pas trouver" (לא מצא / מצא)[59] :

25 סַבּוֹתִי אֲנִי וְלִבִּי לָדַעַת וְלָתוּר וּבַקֵּשׁ חָכְמָה וְחֶשְׁבּוֹן
וְלָדַעַת רֶשַׁע כֶּסֶל וְהַסִּכְלוּת הוֹלֵלוֹת
26 וּמוֹצֶא אֲנִי מַר מִמָּוֶת אֶת־הָאִשָּׁה אֲשֶׁר־הִיא מְצוֹדִים וַחֲרָמִים לִבָּהּ אֲסוּרִים יָדֶיהָ
טוֹב לִפְנֵי הָאֱלֹהִים יִמָּלֵט מִמֶּנָּה וְחוֹטֵא יִלָּכֶד בָּהּ
27 רְאֵה זֶה מָצָאתִי אָמְרָה קֹהֶלֶת אַחַת לְאַחַת לִמְצֹא חֶשְׁבּוֹן
28 אֲשֶׁר עוֹד־בִּקְשָׁה נַפְשִׁי וְלֹא מָצָאתִי
אָדָם אֶחָד מֵאֶלֶף מָצָאתִי וְאִשָּׁה בְכָל־אֵלֶּה לֹא מָצָאתִי
29 לְבַד רְאֵה־זֶה מָצָאתִי אֲשֶׁר עָשָׂה הָאֱלֹהִים אֶת־הָאָדָם יָשָׁר
וְהֵמָּה בִקְשׁוּ חִשְּׁבֹנוֹת רַבִּים

25 Je me suis tourné, moi et mon cœur, pour connaître, explorer et chercher *la sagesse* et *la raison,*
et pour connaître [que] la méchanceté [est] démence et [que] la folie [est] sottise.
26 **Et je suis trouvant**, moi : "Plus amère que la mort, la femme parce qu'elle est un traquenard, et son cœur est un filet et ses bras sont des chaînes.
Ce qui est bon devant (le) Dieu lui échappe mais celui qui pèche sera pris par elle."
27 Vois cela que **j'ai trouvé**—a dit Qohélet—
[en considérant les choses] une à une **pour [en] trouver** *la raison,*
28 que mon âme cherche encore et que **je n'ai pas trouvé** :
"Un seul homme sur mille, **j'ai trouvé**, mais une femme parmi elles toutes, **je n'ai pas trouvé.**"
29 Vois seulement ce que **j'ai trouvé** : que (le) Dieu a fait l'homme droit, mais eux cherchent bon nombre *de raisonnements.*

Dans ses déclarations, Qohélet prend le contre-pied d'une sagesse qui tiendrait lieu de pensée et qui s'avère finalement être de la pure malveillance envers les femmes. Au bout du compte, il reconnaît avoir cherché sans rien trouver.

Au v. 25, le sage présente l'objectif de sa démarche réflexive : la connaissance de la sagesse et de son contraire. Il l'expose sous la forme d'un parallèle antithétique dont le point commun est le vocable לדעת :

לדעת ולתור ובקש חכמה וחשבון
ולדעת רשע כסל והסכלות הוללת

---

[59] Ce motif "ne pas trouver" (לא מצא) a été déjà évoqué quelques versets plus haut, en 7, 14b, (cf. *supra*, p. 183).

Cet objectif n'est pas sans rappeler celui qui fut recherché au cours de l'investigation initiale de 1, 17 : לדעת חכמה ודעת הוללות ושכלות en raison notamment des éléments communs de vocabulaire entre ces deux versets : הוללת / חכמה / לדעת.

Au début de la seconde moitié du livre, le champ de connaissance est plus étendu que jamais. Il vise non seulement à « connaître, explorer et chercher la sagesse et la raison » mais encore à « connaître [que] la méchanceté [est] démence et [que] la folie [est] sottise. »

Pour mener à bien cette recherche, Qohélet procède, comme il l'a fait jusque-là, par une mise à l'épreuve de la sagesse reçue, au regard de la réalité de l'existence humaine. En 7, 25–29, cette mise à l'épreuve s'observe aussi bien du point de vue purement formel que d'après le contenu même des dits de sagesse.

Sur le plan syntaxique, les maximes de sagesse sont introduites sous la forme d'une asyndète (v. 26 et 28b), tandis que la pensée critique du sage est décrite comme le résultat d'une longue réflexion, introduite par un appel à l'attention du disciple au moyen du verbe ראה au mode impératif, suivi du verbe מצא à la 1re personne du singulier : ראה זה מצאתי (v. 27 et 29). En 7, 26, la parole de sagesse est introduite par la racine verbale מצא employée, sous la forme durative du participe actif *qal* : « Et je suis trouvant, moi /.../ » (ומוצא אני)[60], aussitôt suivie, sans particule de conjonction, d'une longue proposition. De même, la formule de sagesse de 7, 28b, introduite sans *waw* de liaison, est annoncée au stique précédent par l'expression verbale : « et je n'ai pas trouvé /.../ » (ולא מצאתי)[61].

Dans son contenu, la sagesse citée porte sur l'attitude de la femme, qu'il s'agisse d'un type de femme précis (האשה) (v. 26), ou bien de la femme en général (אשה) (v. 28b). De l'interprétation du pronom relatif אשר, en 7, 26, dépend le sens de ce verset difficile à interpréter. Le terme אשר est rendu différemment selon les traductions françaises :

---

[60] L'emploi du participe induit une idée de continuité et de répétition d'une action passée qui reste toujours d'actualité (cf. P. Joüon, *Grammaire de l'Hébreu Biblique*, § 121).
[61] Dans notre traduction, l'énoncé des maximes de sagesse est rendu par l'emploi des guillemets.

"parce que"[62], "qui"[63], "car"[64], "quand"[65]. En l'occurrence, ce qui est vilipendé dans la présente citation, ce n'est pas la gente féminine en général, mais plutôt telle catégorie de femmes (האשה), celles qui sont séductrices. À leur sujet sont décrits, sous forme métaphorique, les atouts ravageurs. Cette lecture catégorielle du v. 26 est confirmée à la fin de la péricope, lorsqu'au v. 29 le sage étendra le domaine de sa critique à tout homme en général. Cette fois-ci, c'est le genre humain dans son ensemble (האדם), et pas seulement le sexe féminin, qui est visé dans sa complexité. Qohélet n'est donc pas ce misogyne que l'on a voulu si souvent présenter[66]. Cela sera exprimé clairement, en guise de démenti, lorsque le maître de sagesse encouragera son jeune disciple à apprécier les relations conjugales: «Goûte la vie avec la femme que tu aimes /.../» (9, 9a).

L'évocation de la femme comme cause de perdition, fréquente dans le livre des Proverbes[67], serait représentative de ce qui se dit dans une certaine "sagesse d'école": on y prévient les jeunes élèves des dangers de la femme séductrice[68]. En réaction, deux attitudes s'offrent à eux, les mêmes que celles de la première *parole de bonheur* (2, 26b): l'habilité devant Dieu (טוב לפני האלהים)—équivalant à la crainte de Dieu (ירא אלהים) de 7, 18b—ou bien l'erreur (חוטא). Le sage faisant preuve d'habilité éviterait bien des dangers, alors que celui qui est trompé par sa sottise deviendrait la proie de la femme aguicheuse.

---

[62] Ainsi le traduisent la *BJ* dans ses éditions en fascicules de 1948 et 1951, *La Bible de la Pléiade* ou celle d'Osty-Trinquet mais également E. Podechard (cf. E. PODECHARD, *L'Ecclésiaste*, p. 385; É. GLASSER, *Le procès du bonheur...*, p. 121).

[63] D. LYS, *L'Ecclésiaste ou que vaut la vie?...*, p. 22.

[64] La *BJ* à partir de l'édition de 1956; J.-J. LAVOIE, *La pensée du Qohélet...*, p. 124.

[65] La *TOB*.

[66] Comme par exemple, dans le monde francophone, la position radicale de J.-J. Lavoie (cf. J.-J. LAVOIE, *La pensée du Qohélet...*, p. 127–140).

[67] Par exemple: Pr 2, 16–19; 5, 3–6; 7, 22–27; 9, 13–18. Par la suite, le livre de Ben Sira se montrera encore plus critique envers les femmes (Si 9, 1–9; 25, 13–26; 42, 12–14).

[68] Voir en ce sens E. PODECHARD, *L'Ecclésiaste*, p. 385–386; L. DI FONZO, *Ecclesiaste*, p. 243–248; G. RAVASI, *Qohelet*, p. 244–275. À l'encontre de cette opinion, voir: N. LOHFINK, «War Kohelet ein Frauenfeind? Ein Versuch, die Logik und den Gegenstand von Koh 7, 23–8, 1a, herauszufinden», *in La Sagesse de l'Ancien Testament*, (M. Gilbert dir.), Gembloux, Louvain, 1979, ²1990, p. 259–287 ainsi que *Qoheleth*, p. 100; A. BONORA, *Qohelet, la gioia e la fatica di vivere*, p. 109–118; V. D'ALARIO, «Qo 7, 26–28, un testo antifeminista?», *in La donna nella chiesa e nel mondo*, (D. Abigente, M. A. Giusti, N. Rodino dir.), Napoli, 1988, p. 225–234; D. MICHEL, *Untersuchungen...*, p. 225–238.

Aux propos désobligeants sur la femme, Qohélet réagit en 7, 27–28, en se fondant sur la critique d'une nouvelle sentence opposant la situation prétendue favorable de l'homme à celle supposée défavorable de la femme, en jouant sur la dialectique "trouver" (מצא) / "ne pas trouver" (לא מצא). En réalité, rien ne lui permet de justifier la moindre différence entre les deux sexes telle qu'exprimée dans la citation du v. 28b. Son expérience lui a, au contraire, révélé une égalité constitutive entre tous les humains face au savoir et à son opposé. Une relation d'amour entre un homme et une femme est, selon lui, tout à fait possible[69].

Ainsi, au v. 29, le sage énonce une nouvelle affirmation en forme de conclusion plus personnelle, introduite par la locution לבד («seulement»), placée en position emphatique. Le verbe מצא, qui n'est plus employé dans son sens inductif, expose la compréhension que le sage retire de la confrontation entre la sagesse transmise et la réalité observée au sujet de laquelle il n'est plus question de différence sexuelle. La réflexion spéculative du sage revêt une connotation théologique. Pour le disciple ainsi interpellé, la référence à l'action de Dieu (עשה האלהים) doit lui rappeler que la création, voulue belle par Dieu, est sous sa totale maîtrise, indépendamment de l'homme qui n'en a qu'une perception partielle[70]. On ne peut donc imputer à Dieu aucun désordre dans le comportement humain. En 7, 29a, l'action de Dieu envers l'être humain est qualifiée de ישר. Ce terme est fréquemment employé dans les livres de la sagesse pour désigner ce qui est droit ou équitable[71]. En créant l'humanité, homme et femme, Dieu leur a donné cette qualité requise pour vivre humainement[72]. En 7, 29b, à la faveur du *waw* adversatif du syntagme והמה, le nom ישר prend ici un sens nouveau. Mis en opposition avec l'expression חשבנות רבים décrivant des inventions humaines qui, en l'occurrence, contredisent le dessein de Dieu, ישר signifierait précisément ce qui est simple[73], par rapport à la complexité des raisonnements

---

[69] Cf. L. Schwienhorst-Schönberger, *Kohelet*, p. 405–407.

[70] Cf. 3, 11; 7, 13–14.

[71] Outre un emploi supplémentaire dans l'épilogue du livre de Qohélet, en 12, 10, la racine ישר est fréquente dans le livre des Proverbes, souvent liée à la thématique du chemin דרך (Pr 2, 13; 4, 11; 12, 15; 14, 12; 16, 25; 17, 26; 20, 11; 21, 2.8; 29, 27). Il se retrouve également dans le livre de Job (Jb 6, 25; 23, 7; 33, 3.27).

[72] Il faut voir, dans ce verset, une référence à la différence sexuelle de Gn 1, 27.

[73] Telle est, par exemple, l'opinion de L. Di Fonzo (cf. L. Di Fonzo, *Ecclesiaste*, p. 248).

humains, ainsi que l'ont illustré les précédentes contradictions entre des affirmations de sagesse et l'observation du réel[74].

Au regard de la situation d'un certain type de femmes, la réflexion de Qohélet confirme les enseignements précédents selon lesquels les paroles véhiculées par certaines écoles de sagesse sont contredites par l'observation de tous les jours. En revanche, ce qui lui a été donné de trouver, c'est, d'un point de vue théologique, l'abîme qui sépare, à nouveau, l'agir de l'homme de celui de Dieu[75]. Tout en en appréciant les bienfaits, Qohélet reste profondément lucide dans son rapport à la sagesse, aussi bien dans son habileté à agir que dans sa capacité à connaître.

d) *Qo 8, 1–8*

Au cours du chapitre 8, le sage de Jérusalem poursuit son approche critique de la sagesse[76], du plaisir[77] et la crainte de Dieu[78].

En 8, 1a, une nouvelle étape est introduite par une double question en מִי dans laquelle la sagesse est mise en rapport avec la réalité des choses[79] : « Qui est comme le sage ? Qui connaît l'explication d'une chose ? /.../ » (מִי כְּהֶחָכָם וּמִי יוֹדֵעַ פֵּשֶׁר דָּבָר). Ces questions rhétoriques seront relayées par deux autres interrogations critiques en מִי : l'une portant sur l'exercice du pouvoir (v. 4b), l'autre sur la révélation des événements futurs (v. 7b). Puis, à compter de 8, 9a, le raisonnement du sage est relancé au moyen d'une longue formule récapitulative : « Tout cela, je l'ai vu en adonnant mon cœur à toutes les œuvres qui se sont faites sous le soleil /.../ » (אֶת־כָּל־זֶה רָאִיתִי וְנָתוֹן אֶת־לִבִּי לְכָל־מַעֲשֶׂה אֲשֶׁר נַעֲשָׂה תַּחַת הַשָּׁמֶשׁ).

Dans le contexte de cette nouvelle unité littéraire 8, 1–8, est visée la critique d'une sagesse traditionnelle relative à l'exercice du pouvoir politique[80]. Est sage non seulement celui qui obéit, mais plus encore celui

---

[74] Pour un état récent et complet de la question, voir L. Schwienhorst-Schön-berger, *Kohelet*, p. 399–410 qui confirme que les affirmations misogynes ne seraient pas à attribuer à Qohélet, mais à des citations dont Qohélet ne partage pas le point de vue (pour la synthèse des hypothèses, voir p. 409–410).

[75] Cf. 3, 11 ; 5, 1a ; 7, 14b.

[76] La racine חכמה se retrouve au début du chapitre 8 en 8, 1 (2 fois) et 8, 5.

[77] Dans le chapitre 8, outre la *parole de bonheur* identifiée (8, 15), il y a lieu de mentionner d'autres paroles en טוב (8, 12b.13).

[78] Cf. 8, 12b.13.

[79] En raison du contexte, nous préférons traduire דבר par "chose" plutôt que par "parole".

[80] Au sujet de l'influence possible, dans ces versets, d'écrits de sagesse égyptienne, voir P. Beentjes, « "Who is like the wise?" Some notes on Qohelet 8, 1–15 », *in Qohelet in the*

qui cherche à percer le sens des événements du monde. Cette critique d'une certaine sagesse théorique se développe autour de la dialectique relative au "connaître" / "ne pas connaître" (לא ידע / ידע):

1 מִי כְּהֶחָכָם וּמִי יוֹדֵעַ פֵּשֶׁר דָּבָר
חָכְמַת אָדָם תָּאִיר פָּנָיו וְעֹז פָּנָיו יְשֻׁנֶּא
2 אֲנִי פִּי־מֶלֶךְ שְׁמוֹר וְעַל דִּבְרַת שְׁבוּעַת אֱלֹהִים
3 אַל־תִּבָּהֵל מִפָּנָיו תֵּלֵךְ אַל־תַּעֲמֹד בְּדָבָר
רָע כִּי כָּל־אֲשֶׁר יַחְפֹּץ יַעֲשֶׂה
4 בַּאֲשֶׁר דְּבַר־מֶלֶךְ שִׁלְטוֹן
וּמִי יֹאמַר־לוֹ מַה־תַּעֲשֶׂה
5 שׁוֹמֵר מִצְוָה לֹא יֵדַע דָּבָר רָע וְעֵת וּמִשְׁפָּט יֵדַע לֵב חָכָם
6 כִּי לְכָל־חֵפֶץ יֵשׁ עֵת וּמִשְׁפָּט כִּי־רָעַת הָאָדָם רַבָּה עָלָיו
7 כִּי־אֵינֶנּוּ יֹדֵעַ מַה־שֶּׁיִּהְיֶה כִּי כַּאֲשֶׁר יִהְיֶה מִי יַגִּיד לוֹ
8 אֵין אָדָם שַׁלִּיט בָּרוּחַ לִכְלוֹא אֶת־הָרוּחַ וְאֵין שִׁלְטוֹן בְּיוֹם
הַמָּוֶת וְאֵין מִשְׁלַחַת בַּמִּלְחָמָה וְלֹא־יְמַלֵּט רֶשַׁע אֶת־בְּעָלָיו

1 Qui est comme *le sage*? Qui **connaît** l'explication d'une chose?
La sagesse de l'homme fait briller son visage, et la sévérité de son visage est changée.
2 L'ordre du roi, garde-le, à cause du serment de Dieu.
3 Ne te hâte pas de t'éloigner de sa présence, ne te mets pas dans un mauvais cas, car tout ce qu'il veut, il le fait,
4 Car la parole du roi est souveraine,
et qui lui dira: "que fais-tu?"
5 Celui qui garde le commandement **ne connaît rien** de mal,
le temps et le jugement, le cœur du *sage* les **connaît**.
6 Assurément, pour chaque chose, il y a un temps et un jugement;
car le mal de l'homme est grand sur lui:
7 **il ne connaît pas** ce qui arrive;
comment cela arrivera, qui le lui révèlera?
8 Il n'y a pas d'homme qui domine le souffle pour retenir le souffle,
et il n'y a pas de dominateur sur le jour de la mort,
et il n'y a pas de relâche dans le combat,
et la méchanceté ne délivre pas ses maîtres.

Une fois de plus, la sagesse est reconnue comme bénéfique mais son influence sur le cours des choses est restreinte. Or, si la sagesse est en mesure de métamorphoser le visage d'un homme (v. 1) et de lui faire prendre conscience du temps présent et du jugement (v. 5b)[81], ses effets sont limités à cela.

Context of Wisdom, p. 304–307; S. C. JONES, « Qohelet's Courtly Wisdom: Ecclesiastes 8, 1–9», *CBQ* 68 (2006), p. 211–228.
   [81] Voir en particulier la relation entre 8, 5b et 3, 17 à propos du temps (עת) et du jugement (משפט).

À la question initiale : « et qui connaît ? » (וּמִי יוֹדֵעַ), le sage finira par répondre partiellement par la négative en 8, 7 « car il [= l'homme sage] ne connaît pas ce qui arrive /.../ » (כִּי־אֵינֶנּוּ יֹדֵעַ מַה־שֶּׁיִּהְיֶה). Entre temps, en 8, 2–5, Qohélet évoque la conduite à tenir face à l'autorité royale, en raison d'un roi qui fait ce qu'il veut (v. 3b) et pour lequel sa parole est souveraine (v. 4a). Face à l'impossibilité d'obtenir justice au moment favorable, la tentation est grande de se tourner vers le futur et de s'en remettre à lui. En réaction devant une telle autorité, ordre est donné d'observer les commandements (v. 2.5) et de ne pas se rebeller (v. 3.4). L'attitude de sagesse de celui qui se soumet à cette autorité est généralisée, au v. 5, sous forme d'une sentence proverbiale introduite par le participe שׁוֹמֵר et reliée aux deux versets suivants grâce aux mots-crochets[82] :

5 שׁוֹמֵר מִצְוָה לֹא יֵדַע דָּבָר רָע וְעֵת וּמִשְׁפָּט יֵדַע לֵב חָכָם
6 כִּי לְכָל־חֵפֶץ יֵשׁ עֵת וּמִשְׁפָּט כִּי־רָעַת הָאָדָם רַבָּה עָלָיו

5 Celui qui garde le commandement **ne connaît rien** *de mal*,
le temps et le jugement, le cœur du sage les **connaît**.
6 Assurément, pour chaque chose, il y a un temps et un jugement ;
car *le mal de l'homme* est grand sur lui :

Les v. 6 et 7 contiennent un commentaire en forme de critique de la citation du v. 5, grâce à un enchaînement de quatre propositions introduites, chacune, par la particule כִּי, et dont le premier emploi a un sens fortement emphatique qui se traduit par « assurément »[83] :

6 כִּי לְכָל־חֵפֶץ יֵשׁ עֵת וּמִשְׁפָּט
כִּי־רָעַת הָאָדָם רַבָּה עָלָיו
7 כִּי־אֵינֶנּוּ יֹדֵעַ מַה־שֶּׁיִּהְיֶה
כִּי כַּאֲשֶׁר יִהְיֶה מִי יַגִּיד לוֹ

6 *Assurément*, pour chaque chose, en effet, il y a un temps et un jugement ;
car le mal de l'homme est grand sur lui :
7 *Car* **il ne connaît pas** ce qui sera ;
car comment ce sera, qui le lui racontera ?[84]

À partir du v. 6, Qohélet commente l'affirmation précédente en se fondant sur les convictions acquises au cours de ses observations antérieures, et qui seront commentées dans les versets suivants : seul le

---

[82] Cf. V. D'ALARIO, *Il libro del Qohelet...*, p. 151–152.
[83] Cf. A. SCHOORS, « Emphatic or Asseverative *kî* in Koheleth », p. 211–212.
[84] Nous traduisons ici littéralement, notamment pour rendre la répétition de la particule כִּי.

moment présent (עת) est connu de l'homme sage[85]. Personne d'autre que Dieu n'a la connaissance du futur (v. 1–7), ni sa maîtrise (v. 8). De même que l'homme n'a pas été en mesure, par la sagesse, de comprendre tout ce qui est arrivé (7, 24 : מה־שֶּׁהָיָה), de même la sagesse ne lui permet pas davantage de connaître son avenir (8, 7 : כַּאֲשֶׁר יִהְיֶה / מַה־שֶּׁיִּהְיֶה)[86], ni de maîtriser ce qui s'oppose à lui (שלט : 8, 8).

La soumission aux ordres du maître n'est pas une garantie automatique de succès et de bonheur. Bien qu'il ait intérêt à observer les commandements royaux, le sage n'est pas dispensé de constater que le malheur puisse le frapper, lui aussi, au moment fixé par Dieu.

Ces quatre propositions en כִּי sont prolongées, au v. 8, par une série de quatre situations négatives en אין ou en לֹא :

8 אֵין אָדָם שַׁלִּיט בָּרוּחַ לִכְלוֹא אֶת־הָרוּחַ וְאֵין שִׁלְטוֹן בְּיוֹם
הַמָּוֶת וְאֵין מִשְׁלַחַת בַּמִּלְחָמָה וְלֹא־יְמַלֵּט רֶשַׁע אֶת־בְּעָלָיו

Il n'y a pas d'homme qui domine le souffle pour retenir le souffle,
et il n'y a pas de dominateur sur le jour de la mort,
et il n'y a pas de relâche dans le combat,
et la méchanceté *ne* délivre *pas* ses maîtres.

Une chose est sûre : quand bien même l'homme connaîtrait-il déjà son présent, il reste impuissant face à un avenir qui lui échappe. Qui donc lui révèlera ce qu'il n'est pas en mesure de connaître par lui-même ? À cette question, le contexte littéraire de 8, 1–8 ne donne aucune réponse immédiate. Cependant, les propos positifs de Qohélet en 7, 11–14 nous ont déjà mis sur la voie d'un commencement de réponse. Après la *parole de bonheur* de 7, 14a, le sage a évoqué la question du futur de l'homme. Il affirmait, en 7, 14b, que l'être humain n'est pas en mesure, par lui-même, de connaître son avenir : « de sorte que l'homme ne puisse rien trouver de ce qui sera par la suite. » (עַל־דִּבְרַת שֶׁלֹּא יִמְצָא הָאָדָם אַחֲרָיו מְאוּמָה). C'est bien en raison de son incapacité naturelle à changer quoi que ce soit à l'œuvre de Dieu que l'homme est invité à jouir, dès à présent, des bons moments de la vie et à craindre Dieu.

Au terme de cette longue section (7, 15–8, 8), il appert que seul Dieu est à même de révéler à l'homme ce que ce dernier, par nature, ignore :

---

[85] En raison de ce contexte, J. Vilchez Lindez propose de traduire le terme משפט, non par jugement, mais par "mode de procéder adéquat"(cf. J. VILCHEZ LINDEZ, *Eclesiastés...*, p. 339).

[86] Sur l'état de la question concernant le syntagme כאשר, voir A. SCHOORS, *The Preacher Sought ton Find Pleasing Words...*, p. 144–145. Pour notre part, nous préférons traduire כאשר par "comment".

un passé pour lequel il ne peut espérer tout trouver (לֹא מָצָא), un futur qu'il ne peut connaître par lui-même (לֹא יָדַע). Malgré tant d'inconnus, Qohélet n'abandonne pas pour autant son désir de sagesse. Loin d'être résigné, il devient plus réaliste que jamais. Il le confirmera dans les versets suivants, en unissant plus étroitement la crainte de Dieu à un certain bonheur de vivre.

e) *Qo 8, 9–17*

À partir de 8, 9, Qohélet résume toute l'exploration entreprise au sujet de tout ce qui se fait sous le soleil[87], grâce à la reprise de ces formules verbales, chères à notre maître de sagesse, que sont רָאָה (voir) et נָתַן אֶת־לֵב (adonner son cœur)[88] :

אֶת־כָּל־זֶה רָאִיתִי וְנָתוֹן אֶת־לִבִּי לְכָל־מַעֲשֶׂה אֲשֶׁר נַעֲשָׂה תַּחַת הַשָּׁמֶשׁ

Tout cela, **je l'ai vu en adonnant mon cœur** à toute l'œuvres qui se fait sous le soleil.

À la fin du chapitre 8, le v. 17 mentionnant, à nouveau, la formule relative à « l'œuvre qui se fait sous le soleil » (מַעֲשֶׂה אֲשֶׁר נַעֲשָׂה תַּחַת הַשֶּׁמֶשׁ) forme une inclusion avec le v. 9 et ainsi vient conclure non seulement cette unité 8, 9–17 mais également l'ensemble des chapitres 7 et 8 du livre[89]. Avec l'expression נָתַן אֶת־לֵב, le chapitre 9 inaugure, au v. 1, une nouvelle unité ayant pour thèmes communs : la mort—sort qui attend tous les vivants, qu'ils soient justes ou méchants—et, par conséquent, celui de la rétribution. Et, à partir de 9, 7, le sage ouvrira une nouvelle perspective à son disciple en s'adressant directement à lui, sous un mode injonctif, dans le cadre de l'avant-dernière *parole de bonheur* de 9, 7–10.

---

[87] L'interprétation de ce v. 9 est sujette à discussion. Avec un certain nombre d'auteurs, nous considérons ce verset comme inaugurant une nouvelle section dans la pensée du sage plutôt que concluant la section précédente (cf. E. PODECHARD, *L'Ecclésiaste*, p. 398 ; L. DI FONZO, *Ecclesiaste*, p. 255 ; D. LYS, *L'Ecclésiaste ou que vaut la vie ?*..., p. 23, 65 ; V. D'ALARIO, *Il libro del Qohelet*..., p. 152 ; *contra* : A. SCHOORS, « La structure littéraire de Qohéleth », p. 108–109 ; D. MICHEL, *Qohelet*, p. 154 et *Untersuchungen*..., p. 98–99 ; A. BONORA, *Il libro di Qoèlet*, p. 131 ; J. VILCHEZ LINDEZ, *Eclesiastés*..., p. 341–342 ; M. V. FOX, *A time to tear down*..., p. 282, P. BEENTJES, « "Who is like the wise?" Some notes on Qohelet 8, 1–15 », p. 310 ; S. C. JONES, « Qohelet's Courtly Wisdom: Ecclesiastes 8, 1–9 », *CBQ* 68 (2006), p. 211–228).

[88] À propos de l'expression verbale נָתַן אֶת־לֵב, voir 1, 13.17.

[89] Cf. A. SCHOORS, « La structure littéraire de Qohéleth », p. 109, avec une réserve cependant puisque l'auteur considère 8, 9 comme la conclusion de l'unité précédente (8, 1–9) et non pas comme l'introduction de l'unité suivante.

Dans le cadre de cette section récapitulative (8, 9–17), et malgré les cas avérés de non-rétribution, Qohélet continue à jeter un regard positif, autant sur ceux qui craignent Dieu que sur ce qui est en mesure de réjouir l'homme. Sont en effet mentionnées des affirmations relatives à la valeur de la crainte de Dieu ainsi que les propos jubilatoires contenus dans la *parole de bonheur* de 8, 15. À cette occasion, le sage confirme le lien fructueux entre ces deux thèmes, plusieurs fois posés dans le livre[90].

Au sein de ce chapitre 8, les convictions du sage sur la relation féconde entre la crainte de Dieu (8, 12b-13) et l'éloge du bonheur (8, 15) s'inscrivent dans le contexte initial d'un temps (עת) de désordre au sein des relations humaines (8, 9). À titre d'illustration, sont insérées deux séries de situations aberrantes dans lesquelles sont impliqués des méchants (רשע)[91], et au sujet desquels l'absence de rétribution est flagrante :

La première série de constatations (8, 10) est introduite par le verbe ראה et conclue par l'expression נם־זה הבל :

וּבְכֵן רָאִיתִי רְשָׁעִים קְבֻרִים וָבָאוּ וּמִמְּקוֹם קָדוֹשׁ יְהַלֵּכוּ וְיִשְׁתַּכְּחוּ בָעִיר אֲשֶׁר כֵּן־עָשׂוּ נַּם־זֶה הָבֶל

> Et c'est ainsi que **j'ai vu** des méchants conduits au tombeau, et ils s'en allèrent ; mais ceux qui venaient du lieu saint avaient oublié, dans la ville, qu'ils avaient agi ainsi, *cela aussi est vanité*.

Là donc, est évoquée l'attitude perverse des méchants dont le sort maléfique est bien vite oublié. Cette constatation est développée en 8, 11–12a, à l'occasion de laquelle sont décrits d'autres exemples de situations incompréhensibles annoncées, chacune, par le pronom אשר ayant, en l'occurrence, une valeur causale : le retard dans la mise à exécution d'une sentence, ou encore la vie longue accordée au pécheur qui a mal agi.

La seconde série de constatations (8, 14), introduite et conclue par une formule de vanité שׁנם זה־הבל / יש הבל, contient un parallèle antithétique introduit par le double emploi de la particule adverbiale יש :

---

[90] En 3, 12–15 puis en 7, 11–18.

[91] En 7, 15b, l'auteur avait déjà soutenu cette opposition entre צדק et רשע pour illustrer l'absence de rétribution, ce qui s'était accompagné de la double prohibition de 7, 16–17.

יֵשׁ צַדִּיקִים אֲשֶׁר מַגִּיעַ אֲלֵהֶם כְּמַעֲשֵׂה הָרְשָׁעִים
וְיֵשׁ רְשָׁעִים שֶׁמַּגִּיעַ אֲלֵהֶם כְּמַעֲשֵׂה הַצַּדִּיקִים

Il y a des justes qui subissent le sort que mérite l'œuvre des méchants,
il y a des méchants qui subissent le sort que mérite l'œuvre des justes /.../

Non seulement le sort des méchants est bien vite oublié, mais, plus encore, ceux-ci recueillent parfois la récompense promise aux justes, et inversement.

Autour de ces deux séries d'aberrations remettant en cause le principe de la rétribution, alternent des convictions d'ordre théologique sur le bonheur : le bonheur pour l'homme qui craint Dieu (8, 12b-13) et l'éloge du bonheur comme don de Dieu (8, 15). L'affirmation de la crainte de Dieu se présente sous la forme d'un parallèle antithétique[92] :

12b כִּי גַּם־יוֹדֵעַ אָנִי אֲשֶׁר יִהְיֶה־טּוֹב לְיִרְאֵי הָאֱלֹהִים אֲשֶׁר יִירְאוּ מִלְּפָנָיו
13 וְטוֹב לֹא־יִהְיֶה לָרָשָׁע וְלֹא־יַאֲרִיךְ יָמִים כַּצֵּל
אֲשֶׁר אֵינֶנּוּ יָרֵא מִלִּפְנֵי אֱלֹהִים

12b /.../ assurément, je sais, moi aussi, qu'**il y aura du bonheur** *pour ceux qui craignent (le) Dieu*, parce *qu'ils ont de la crainte envers lui*.
13 **Mais il n'y aura pas de bonheur** pour le méchant, et comme l'ombre, il ne prolongera pas ses jours,
parce qu'*il ne craint pas devant la face de Dieu*.

Qohélet reprend, sous forme de citation[93], la sagesse traditionnelle sur les effets bénéfiques de la crainte de Dieu. Comme à son habitude, le sage passe cette assertion à l'épreuve des faits. Bien que la crainte soit l'attitude fondamentale du croyant devant Dieu, le sage constate, au v. 14, que l'observation du quotidien révèle bien des failles. Craindre Dieu peut mener à se réjouir, mais pas automatiquement. Le bonheur reste, avant tout, un don de Dieu à saisir, non un gain à conquérir. C'est pourquoi, une fois éprouvé le rapport entre bonheur et crainte de Dieu, peut être solennellement proclamé, en 8, 15, une hymne à la joie dans le droit fil de l'invitation au bonheur de 7, 14[94].

---

[92] Pour une analyse de ces versets, voir l'article déjà cité de M. Sneed (cf. M. SNEED, « A note on Qo 8, 12b-13 »).
[93] Cf. A. BONORA, *Il libro di Qoèlet*, p. 132–134 ; V. D'ALARIO, *Il libro del Qohelet…*, p. 152–153.
[94] Voir, à ce sujet, l'affirmation de N. Lohfink, selon laquelle : « This verset [i.e 8, 15] is to be read in the light of 7, 14, where the idea occurs in a similar position within an analogous structure of affirmation, and in the light of 2, 24–25 ; 3, 13 ; 5, 18,

En conséquence, le changement de ton constaté au chapitre 7 se confirme au cours du chapitre 8. Il s'accentuera même au travers des deux franches exhortations au bonheur des chapitres suivants (9, 7–10 et 11, 9–12, 1). Dans cette seconde moitié du livre, il n'est plus question d'une reconnaissance de petits moments de plaisir comme un moindre mal par rapport au constat généralisé d'une fatigue lancinante de vivre. Désormais, le parti pris est clairement en faveur du bonheur comme signe positif d'une confiance réaliste en des bienfaits reçus de Dieu pour qui consent à en jouir, malgré les limites naturelles de la sagesse et de la crainte de Dieu, et en dépit de l'incapacité humaine à tout connaître et à tout maîtriser[95]. Ce ton nettement positif des six derniers chapitres du livre contraste avec les propos tenus dans les six premiers chapitres.

3. *Qo 7, 11–14 et son parallèle en 1, 13–15 avec son développement*

Les thèmes connexes à celui du bonheur réunissent en 7, 11–14 la plupart de ceux qui ont introduit le livret. Cependant, entre les premières convictions et les enseignements des chapitres 7 et 8, la pensée du sage a nettement évolué. Avant d'en arriver au vibrant encouragement au bonheur, le sage dresse, en des termes fortement désabusés, un état des lieux moroses de son observation de la marche du monde.

Dans la fiction royale qui commence en 1, 12, Qohélet émet le désir de mener l'enquête la plus fouillée possible sur tout ce qui se fait sur terre. D'une manière générale, il le fait au moyen du verbe de perception ראה communément employé dans le livret (1, 14a.16b; 2, 1a.3b.13a). Plus précisément, et après la brève auto-présentation du v. 12, le "roi-sage" introduit sa recherche, à compter du v. 13, par une forte implication de sa personne, grâce à l'emploi récurrent du substantif לב à la 1ʳᵉ personne du singulier, dans le cadre d'expressions verbales telles que: נתן את־לב (adonner son cœur)[96]; דבר עם־לב (parler avec son cœur)[97]; אמר בלב (dire en son cœur)[98]. Chacune de ces trois observations du sage s'achève par une note négative sur la vanité et / ou la poursuite du vent (1, 14b; 1, 17b; 2, 1b), suivie d'une sentence pour les deux

---

where happiness is presented as a gift of God, otherwise beyond human reach.» (cf. N. LOHFINK, *Qoheleth*, p. 108).

[95] V. D'Alario exprime cela en affirmant que 8, 15 serait une réponse provisoire donnée à la question de 6, 12b (cf. V. D'ALARIO, *Il libro del Qohelet...*, p. 153).

[96] 1, 13a.17a.

[97] 1, 16a

[98] 2, 1a.15a.

premières (1, 15; 1, 18). Quant à la troisième, elle se prolonge sous la forme d'un long développement qui s'achève en 2, 10. En 2, 11, le sage engage une nouvelle étape, de type réflexif, grâce à l'emploi répété du verbe פנה (se tourner)[99].

Ces indications grammaticales permettent de structurer la péricope 1, 13–2, 10 en trois unités littéraires (1, 13–15; 1, 16–18; 2, 1–10):

Unité [A] (1, 13–15)

13 וְנָתַתִּי אֶת־לִבִּי לִדְרוֹשׁ וְלָתוּר בַּחָכְמָה עַל
כָּל־אֲשֶׁר נַעֲשָׂה תַּחַת הַשָּׁמָיִם הוּא עִנְיַן רָע נָתַן
אֱלֹהִים לִבְנֵי הָאָדָם לַעֲנוֹת בּוֹ
14 רָאִיתִי אֶת־כָּל־הַמַּעֲשִׂים שֶׁנַּעֲשׂוּ תַּחַת הַשָּׁמֶשׁ
וְהִנֵּה הַכֹּל הֶבֶל וּרְעוּת רוּחַ
15 מְעֻוָּת לֹא־יוּכַל לִתְקֹן
וְחֶסְרוֹן לֹא־יוּכַל לְהִמָּנוֹת

13 *J'ai adonné mon* cœur à chercher et à explorer par la sagesse tout ce qui se fait sous le ciel. C'est une occupation mauvaise que Dieu a donnée aux fils d'homme pour qu'ils s'y occupent.
14 **J'ai vu** toutes les œuvres qui se font sous le soleil,
mais voici: *tout est vanité et poursuite de vent.*
15 Ce qui est courbé ne peut être redressé,
ce qui fait défaut ne peut être compté.

Unité [B] (1, 16–18)

16 דִּבַּרְתִּי אֲנִי עִם־לִבִּי לֵאמֹר אֲנִי הִנֵּה הִגְדַּלְתִּי
וְהוֹסַפְתִּי חָכְמָה עַל כָּל־אֲשֶׁר־הָיָה לְפָנַי עַל־יְרוּשָׁלָ͏ִם
וְלִבִּי רָאָה הַרְבֵּה חָכְמָה וָדָעַת
17 וָאֶתְּנָה לִבִּי לָדַעַת חָכְמָה וְדַעַת הוֹלֵלוֹת וְשִׂכְלוּת
יָדַעְתִּי שֶׁגַּם־זֶה הוּא רַעְיוֹן רוּחַ
18 כִּי בְּרֹב חָכְמָה רָב־כָּעַס
וְיוֹסִיף דַּעַת יוֹסִיף מַכְאוֹב

16 *J'ai parlé, moi, avec mon cœur,* en disant: "moi, voici que j'ai fait grandir et progresser la sagesse plus que tous ceux qui m'ont précédé à Jérusalem",
et **mon cœur a vu** beaucoup de sagesse et de connaissance.
17 J'ai adonné mon cœur pour connaître la sagesse et la connaissance, la folie et la sottise.
J'ai reconnu que *cela aussi est poursuite de vent.*
18 Car beaucoup de sagesse, beaucoup de chagrin
et qui ajoute à la connaissance, ajoute à la douleur.

---

[99] 2, 11a.12a.

Unité [C] (2, 1–10)

1 אָמַרְתִּי אֲנִי בְּלִבִּי לְכָה־נָּא אֲנַסְּכָה בְשִׂמְחָה וּרְאֵה בְטוֹב
וְהִנֵּה גַם־הוּא הָבֶל
2 לִשְׂחוֹק אָמַרְתִּי מְהוֹלָל וּלְשִׂמְחָה מַה־זֹּה עֹשָׂה /.../

1 J'AI DIT, MOI, DANS MON CŒUR: "Allons, que je fasse expérimenter le
plaisir **et voir** ce qui est bon",
et voici: *cela aussi est vanité.*
2 Du rire, j'ai dit "sottise", et du plaisir "à quoi sert-il?" /.../ »

Chacune de ces trois unités aborde un aspect spécifique de la recherche
du sage:
- en [**A**], la recherche concerne *tout ce qui se fait*:
  כל־אשר נעשה תחת השמים (v. 13);
  כל־המעשים שנעשו תחת השמש (v. 14)
- en [**B**], l'exploration du sage porte sur *la sagesse* elle-même: חכמה
  (v. 16–18), et son synonyme, la connaissance: דעת (v. 16–18) ainsi
  que sur leurs contraires respectifs, à savoir la folie: הוללות (v. 17)
  et la sottise: שכלות (v. 17).
- en [**C**], l'investigation du sage s'attache au *plaisir*: שמח (v. 1a.2b.10b)
  et au *bonheur*: טוב (v. 1a.3b).

Au début du livret, la question du bonheur occupe une place de choix,
étant donné que l'exploration de ce qui est bon fait l'objet d'une amplification littéraire en 2, 3–10. À partir de 2, 3, la recherche rebondit grâce
à la reprise des verbes précédemment usités pour décrire ce qui a été
observé: תור (1, 13a / 2, 3a), ראה (1, 14a.16b; 2, 1a / 2, 3b). Au seuil
de cette amplification, le v. 3 relie entre eux chacun des thèmes abordés
successivement lors des précédentes unités: l'approfondissement de la
recherche du bonheur (טוב) se fait au moyen de la sagesse (חכמה)
et porte sur ce qui a été fait (עשה). Jusqu'au v. 9, l'amplification de la
recherche est signifiée par l'accumulation de verbes conjugués à la 1re
personne du singulier de l'imparfait[100]. Au v. 10, elle est corroborée,

---

[100] Outre הִגְדַּלְתִּי («j'ai agrandi») (v. 4a) et וְגָדַלְתִּי («et je suis devenu grand») (v. 9)
qui encadrent cette énumération, apparaissent six autres formes verbales suivies ou
non du pronom לִי: בָּנִיתִי («j'ai bâti»), נָטַעְתִּי («j'ai planté») (v. 4b.5b); עָשִׂיתִי («j'ai
fait») (v. 5a.6a.8b); קָנִיתִי («j'ai acquis») (v. 7); כָּנַסְתִּי («j'ai amassé») (v. 8a); וְהוֹסַפְתִּי
(«et j'ai ajouté») (v. 9).

d'une part, par la mention de tournures périphrastiques négatives[101] et, d'autre part, par l'emploi—pour la première fois au sujet du plaisir—du terme de *part* (חלק), terme-clé s'il en est des *paroles sur le bonheur*.

Bien qu'apparaissant successivement, ces trois unités littéraires ne sont pas juxtaposées mais reliées entre elles par un enchaînement de mots-crochets :

- en [**A**], le mot כל caractérisant l'ampleur de l'investigation du "roi-sage" : כל־המעשים שנעשו תחת (v. 13), כל־אשר נעשה תחת השמים השמש (v. 14) se retrouve en [**B**] sur le terrain de l'accroissement de la sagesse : על כל־אשר־היה (v. 16).
- dans les trois unités, la démarche du sage est mise en rapport avec sa localisation à Jérusalem : בירושלם (1, 12 ; 2, 9) / על־ירושלם (1, 16a).
- la sagesse (חכמה) envisagée en [**A**] (1, 13) et en [**C**] (2, 3) comme moyen de recherche (בחכמה) devient, entre temps, en [**B**] (1, 16–18), objet même de recherche.
- plus le domaine de l'investigation s'étend, plus ce qui s'oppose à la sagesse est pris en compte en [**B**] et [**C**], à savoir ce qui est folie (הוללות ou מהולל en 1, 17 et 2, 2) ou sottise (שכלות ou סכלות en 1, 17 et 2, 3).

Les jonctions littéraires contribuent-elles à offrir une cohérence d'ensemble à une démarche sapientielle qui aurait pu sembler, de prime abord, se déployer dans tous les sens. Dans ces conditions, l'unité [**A**] (1, 13–15) a pour fonction d'introduire la recherche de celui qui a prétendu, un temps, exercer fictivement sa royauté sur Jérusalem. Ce sont ces trois versets qui retiennent maintenant notre attention, étant donné qu'ils présentent des affinités thématiques avec le contexte littéraire de l'invitation au bonheur de 7, 11–14.

---

[101] v. 10a : « Tout ce que désiraient mes yeux, je ne leur ai pas refusé (לֹא אָצַלְתִּי), je n'ai privé mon cœur (לֹא־מָנַעְתִּי אֶת־לִבִּי) d'aucune joie, car mon cœur se réjouissait de toute ma peine /.../. »

a) *Comparaison entre 1, 13–15 et 7, 11–14*

1, 13–15	7, 11–14
13 וְנָתַתִּי אֶת־לִבִּי לִדְרוֹשׁ וְלָתוּר בַּחָכְמָה עַל כָּל־אֲשֶׁר נַעֲשָׂה תַּחַת הַשָּׁמָיִם הוּא עִנְיַן רָע נָתַן אֱלֹהִים לִבְנֵי הָאָדָם לַעֲנוֹת בּוֹ 14 רָאִיתִי אֶת־כָּל־הַמַּעֲשִׂים שֶׁנַּעֲשׂוּ תַּחַת הַשָּׁמֶשׁ וְהִנֵּה הַכֹּל הֶבֶל וּרְעוּת רוּחַ 15 מְעֻוָּת לֹא־יוּכַל לִתְקֹן וְחֶסְרוֹן לֹא־יוּכַל לְהִמָּנוֹת	11 טוֹבָה חָכְמָה עִם־נַחֲלָה וְיֹתֵר לְרֹאֵי הַשָּׁמֶשׁ 12 כִּי בְּצֵל הַחָכְמָה בְּצֵל הַכָּסֶף וְיִתְרוֹן דַּעַת הַחָכְמָה תְּחַיֶּה בְעָלֶיהָ 13 רְאֵה אֶת־מַעֲשֵׂה הָאֱלֹהִים כִּי מִי יוּכַל לְתַקֵּן אֵת אֲשֶׁר עִוְּתוֹ 14 בְּיוֹם טוֹבָה הֱיֵה בְטוֹב וּבְיוֹם רָעָה רְאֵה גַּם אֶת־זֶה לְעֻמַּת־זֶה עָשָׂה הָאֱלֹהִים עַל־דִּבְרַת שֶׁלֹּא יִמְצָא הָאָדָם אַחֲרָיו מְאוּמָה
13 J'ai adonné mon cœur à chercher et à explorer **par la sagesse** <u>tout ce qui se fait</u> sous le ciel. C'est une occupation mauvaise que Dieu a donnée aux fils d'homme pour qu'ils s'y occupent. 14 **J'ai vu** <u>toutes les œuvres</u> qui se font sous le soleil, mais voici : tout est vanité et poursuite de vent. 15 *Ce qui est courbé ne peut être redressé*, ce qui fait défaut ne peut être compté.	11 Bonne est **la sagesse** *est avec un* héritage, elle est un avantage pour ceux qui voient le soleil. 12 Car, [être] à l'ombre de **la sagesse**, [c'est être] à l'ombre de l'argent, et l'avantage du savoir, c'est que **la sagesse** fait vivre ceux qui la possèdent. 13 **Regarde** <u>l'œuvre de (du) Dieu</u> : *qui peut redresser ce que lui a courbé*? 14 Au jour de bonheur, accueille le bonheur et au jour de malheur, **regarde** : aussi bien l'un que l'autre, (le) <u>Dieu les a faits</u>, de sorte que l'homme ne puisse rien trouver de ce qui sera par la suite.

La lecture comparée de ces deux passages révèle de nombreuses similitudes portant sur la sagesse, l'œuvre de Dieu et les limites de l'action humaine :

i. *La sagesse (1, 13; 7, 11–12)*

Les relations entre 1, 13–15 et 7, 11–14 sont marquées par un fort contraste. En 1, 13–15, Qohélet désigne l'ampleur de la réalité observée sur la terre au moyen d'expressions qui lui sont familières, telles que « sous le ciel » (v. 12a)[102] ou « sous le soleil » (v. 14a)[103]. Tout ce qu'il

---

[102] Voir également 2, 3b; 3, 1.

[103] Voir également les nombreuses autres références dans le livre : 1, 9b; 2, 11b.17a.18a.19a.20b.22b; 3, 16a; 4, 1a.3b.7.15a; 5, 12a.17; 6, 1a.12b; 8, 9a.15 (bis).17a; 9, 3a.6b.11a.13a; 10, 5a.

observe le déçoit, même les efforts démesurés qu'il déploie et le recours à la sagesse lui paraissent dérisoires. En 1, 13a, le syntagme בחכמה désigne la sagesse comme moyen par lequel le sage entend mener à bien l'intégralité de sa recherche sur terre : « sur tout ce qui se fait sous le ciel » (עַל כָּל־אֲשֶׁר נַעֲשָׂה תַּחַת הַשָּׁמָיִם) (v. 13a)[104]. Toute son enquête n'aboutit qu'au constat décevant d'une occupation mauvaise (ענין רע)[105] donnée par Dieu à laquelle l'homme est contraint de se livrer (v. 13b). Par la suite, ce sera la sagesse elle-même et ce qui s'y oppose—à savoir, au v. 17a, la folie (הוללות) et la sottise (שכלות)—qui seront passées au crible de l'investigation du sage (1, 16–18). Or, le résultat ne sera guère plus concluant. Aucune sagesse ni aucune connaissance de cette sorte ne peuvent garantir le succès d'une telle entreprise. Ce constat négatif se trouve même aggravé par la reprise du refrain long sur la vanité de toute chose (v. 14b).

Dans l'unité 7, 11–14, c'est précisément à partir du moment où elle est cantonnée dans les limites de la condition humaine que la sagesse, considérée comme bonne et profitable pour l'homme, est enseignée comme une voie susceptible de procurer du bonheur. Ce regard plus réaliste, et donc modeste, se vérifie également à propos de l'œuvre de Dieu.

---

[104] Pour une grande majorité d'auteurs, le syntagme בחכמה est considéré comme un complément de moyen des deux verbes דרש et תור (cf. E. Podechard, *L'Ecclésiaste*, p. 248 ; W. Zimmerli, *Das Buch des Predigers Salomo*, p. 146 ; L. Di Fonzo, *Ecclesiaste*, p. 138 ; É. Glasser, *Le procès du bonheur…*, p. 36 ; D. Lys, *L'Ecclésiaste ou que vaut la vie ?…*, p. 152–153 ; A. A. Fischer, « Beobachtungen zur Komposition von Kohelet 1, 3–3, 15 », *ZAW* 103 (1991), p. 74–76 ; J. Vilchez Lindez, *Eclesiastés…*, p. 176 ; M. V. Fox, *Qohelet and His Contradictions*, p. 175 et *A time to tear down…*, p. 171–172 ; N. Lohfink, *Qoheleth*, p. 43 ; L. Mazzinghi, *Ho Cercato…*, p.164 ; Th. Krüger, *Qoheleth*, p. 56 ; L. Schwienhorst-Schönberger, *Kohelet*, p. 187). Pour d'autres auteurs, ce syntagme serait le complément d'objet des verbes דרש et תור (cf. C. D. Ginsburg, *Coheleth, commonly called the Book of Ecclesiastes : Translated from the Original Hebrew, with a Commentary, Historical and Critical*, Longman, Green, Longman, and Roberts, Londres, 1861, réimpr. : Ktav Publishing House, New York, 1970, p. 269 ; H.- W. Hertzberg, *Der Prediger* (KAT XVII.4–5), Gütersloher Verlagshaus Gerd Mohn, Gütersloh, ¹1932, ²1963, p. 82 ; A. Lauha, *Kohelet*, p. 45 ; F. Ellermeier, *Qohelet*, p. 178–179). Pour une opinion plus mitigée sur la question, voir D. Michel, *Qohelet*, p. 129 et surtout A. Schoors, *The Preacher Sought to Find Pleasing Words…*, p. 198–199.

[105] Avec un certain nombre d'auteurs, nous estimons que le pronom הוא renvoie non pas à ce qui précède immédiatement, c'est-à-dire à « *tout ce qui se fait sous le ciel* » mais plutôt à l'activité humaine de recherche (דרש) et d'exploration (תור) déployée par Qohélet (cf. E. Podechard, *L'Ecclésiaste*, p. 249 et plus récemment : M. V. Fox, *Qohelet and His Contradictions*, p. 175 et *A Time to tear down…*, p. 171 ; L. Mazzinghi, *Ho Cercato…*, p. 165) *contra* É. Glasser, *Le procès du bonheur…*, p. 36–37 ; L. Schwienhorst-Schönberger, *Kohelet*, p. 187.

ii. L'œuvre de Dieu (1, 13–14; 7, 13–14)

Dans le contexte de la péricope du chapitre 7, grâce à l'emploi répété de la racine עשה ayant Dieu pour sujet[106], le thème de l'œuvre de Dieu encadre, outre l'exhortation sur le bonheur, la sentence proverbiale relative à la puissance divine de 7, 13b. Il n'en est pas de même concernant la sentence du chapitre 1er.

En 1, 13–15, en effet, la racine עשה utilisée pour désigner tout ce qui se fait « sous le ciel » (v. 13a) ou « sous le soleil » (v. 14a) ne fait aucune référence explicite à Dieu. Dans ces deux versets, le terme עשה est employé sous la forme passive du *niph'al* נַעֲשֹׂוּ / נַעֲשָׂה ayant pour sujet le mot כל soit seul: כָּל־אֲשֶׁר נַעֲשָׂה תַּחַת הַשָּׁמָיִם (littéralement: « *tout ce qui* est fait *sous le ciel* ») (v. 13a), soit accompagné d'une périphrase comprenant le substantif המעשׂים: כָּל־הַמַּעֲשִׂים שֶׁנַּעֲשׂוּ תַּחַת הַשָּׁמֶשׁ (littéralement: « *toutes les œuvres qui* sont faites *sous le soleil* ») (v. 14a). Bien que le personnage divin ne soit pas explicitement mentionné comme sujet de ces formes verbales, certains commentateurs estiment que ces deux tournures verbales constituent des passifs divins[107]. Cet argument serait corroboré par l'affirmation contenue au v. 13b selon laquelle Dieu (אלהים) est explicitement nommé comme sujet du verbe נתן: הוּא עִנְיָן רָע נָתַן אֱלֹהִים לִבְנֵי הָאָדָם לַעֲנוֹת בּוֹ (« c'est une occupation mauvaise que Dieu a donnée aux fils d'homme pour qu'ils s'y occupent. »). Or, dans ce v. 13b, l'emploi simultané de נתן et ענה ne nous permet pas de trancher la question de manière définitive. Il est donc préférable de conserver l'indétermination de ce stique, confirmant ainsi ce que nous avions précédemment affirmé concernant l'action conjointe de Dieu et de l'homme sur la terre[108].

Contrairement à ce qui sera enseigné au chapitre 7, l'ensemble des activités observées par le prétendu "roi de Jérusalem" ne mène à rien de bon. N. Lohfink semble tempérer cette interprétation en proposant de lire, dans ce v. 13, une question indirecte: « /.../ whether all that is carried out under the heavens is really a bad business in which humankind is forced to be involved, at a god's command. »[109]. Tous ces

---

[106] Cf. 7, 13a.14b.

[107] Cf. É. GLASSER, *Le procès du bonheur…*, p. 36; L. MAZZINGHI, *Ho Cercato…*, p. 165 et N. LOHFINK, *Qoheleth*, p. 47 lequel émet l'hypothèse d'un lien non fortuit, au v. 13a, entre la forme passive נעשׂה et l'emploi du syntagme תחת השמים plutôt que du syntagme תחת השמשׁ.

[108] Voir *supra*, p. 155–163.

[109] N. LOHFINK, *Qoheleth*, p. 43, et le commentateur de préciser: « Because of the passive formulation "all that is carried out under the heavens", the original readers could

efforts, résumés dans le projet de recherche du sage, n'ont conduit qu'à un constat d'échec, rendu par l'expression עִנְיַן רָע (occupation mauvaise) accompagnée d'un long refrain sur la vanité et sur la poursuite du vent (v. 14) et suivie de la sentence du v. 15. L'expression négative עִנְיַן רָע reviendra ensuite par deux fois, exclusivement dans la première moitié du livre, d'abord en 4, 8b, puis en 5, 13a.

En revanche, dans la seconde moitié du livre, l'action de Dieu n'est plus appréhendée sous la forme d'une recherche personnelle, mais elle devient matière à enseignement. Dans le passage 7, 11–14, par deux fois (v. 13.14), grâce au verbe רָאָה employé au mode impératif, le sage demande d'observer, c'est-à-dire d'être attentif à l'œuvre de Dieu (מַעֲשֵׂה הָאֱלֹהִים / עֲשֵׂה הָאֱלֹהִים). Entre ces deux exhortations, est insérée la sentence proverbiale de 7, 13b invitant l'homme à la modestie devant une action de Dieu qui lui apparaît tantôt bonne, tantôt mauvaise, sentence reprenant partiellement celle de 1, 15.

iii. *Les limites de l'action humaine (1, 15; 7, 13b)*
La lecture comparée de 1, 13–15 et 7, 11–14 laisse apparaître une certaine proximité sémantique entre les deux formules proverbiales de 1, 15 et 7, 13b portant sur les limites de l'action humaine. Cependant, cette parenté ne doit pas occulter des points de divergence :

1, 15	7, 13b
מְעֻוָּת לֹא־יוּכַל לִתְקֹן וְחֶסְרוֹן לֹא־יוּכַל לְהִמָּנוֹת	כִּי מִי יוּכַל לְתַקֵּן אֵת אֲשֶׁר עִוְּתוֹ
Ce qui est courbé ne peut être redressé, ce qui fait défaut ne peut être compté.	car qui peut redresser ce que lui a courbé ?

La citation retenue en 7, 13b ne s'inspire que de la première partie du parallélisme synonymique de 1, 15a : מְעֻוָּת לֹא־יוּכַל לִתְקֹן. D'une citation à l'autre, le proverbe a subi quelques transformations syntaxiques notables. Si l'opposition de sens demeure—grâce aux deux racines verbales עות (courber) et תקן (redresser)—la citation de 7, 13b est énoncée sur un

come to the question whether human enterprise, which was clearly meant, was not to be understood at the same time as something with which God too was involved. » (*ibid.*, p. 47).

mode interrogatif. En raison de ce changement stylistique, la seconde maxime insiste plus fortement sur l'écart entre l'agir de Dieu et celui de l'homme, ainsi que l'indique le suffixe de la 3ᵉ personne du masculin singulier ajouté à la forme verbale עות. Cet écart apparaît encore plus éloquent à la lecture des affirmations proverbiales dans leur contexte littéraire:

1, 13–15	7, 11–14
13 וְנָתַתִּי אֶת־לִבִּי לִדְרוֹשׁ וְלָתוּר בַּחָכְמָה עַל כָּל־אֲשֶׁר נַעֲשָׂה תַּחַת הַשָּׁמָיִם הוּא עִנְיַן רָע נָתַן אֱלֹהִים לִבְנֵי הָאָדָם לַעֲנוֹת בּוֹ 14 רָאִיתִי אֶת־כָּל־הַמַּעֲשִׂים שֶׁנַּעֲשׂוּ תַּחַת הַשָּׁמֶשׁ וְהִנֵּה הַכֹּל הֶבֶל וּרְעוּת רוּחַ 15 מְעֻוָּת לֹא־יוּכַל לִתְקֹן וְחֶסְרוֹן לֹא־יוּכַל לְהִמָּנוֹת	11 טוֹבָה חָכְמָה עִם־נַחֲלָה וְיֹתֵר לְרֹאֵי הַשָּׁמֶשׁ 12 כִּי בְּצֵל הַחָכְמָה בְּצֵל הַכָּסֶף וְיִתְרוֹן דַּעַת הַחָכְמָה תְּחַיֶּה בְעָלֶיהָ 13 רְאֵה אֶת־מַעֲשֵׂה הָאֱלֹהִים כִּי מִי יוּכַל לְתַקֵּן אֵת אֲשֶׁר עִוְּתוֹ 14 בְּיוֹם טוֹבָה הֱיֵה בְטוֹב וּבְיוֹם רָעָה רְאֵה גַּם אֶת־זֶה עָשָׂה הָאֱלֹהִים עַל־דִּבְרַת שֶׁלֹּא יִמְצָא הָאָדָם אַחֲרָיו מְאוּמָה
13 J'ai adonné mon cœur à chercher et à explorer par la sagesse tout ce qui se fait sous le ciel. C'est une occupation mauvaise que Dieu a donnée aux fils d'homme pour qu'ils s'y occupent. 14 J'ai vu toutes les œuvres qui se font sous le soleil, mais voici: tout est vanité et poursuite de vent. 15 *Ce qui est courbé ne peut être redressé*, ce qui fait défaut ne peut être compté.	11 Bonne est la sagesse avec un héritage, elle est un avantage pour ceux qui voient le soleil. 12 Car, [être] à l'ombre de la sagesse, [c'est être] à l'ombre de l'argent, et l'avantage du savoir, c'est que la sagesse fait vivre ceux qui la possèdent. 13 Regarde l'œuvre de (du) Dieu: *qui peut redresser ce que lui a courbé?* 14 **Au jour du bonheur, accueille le bonheur** et au jour du malheur, *regarde*: aussi bien l'un que l'autre, (le) Dieu les a faits, de sorte que l'homme ne puisse rien trouver de ce qui sera par la suite.

En 1, 13–15, la sentence générale et impersonnelle du v. 15 vient en conclusion d'une première étape dans l'exposé des modalités de recherche du sage. Ainsi, son projet d'exploration intégrale se heurte-t-il à une fin de non-recevoir: ce qui a été fait ne peut être défait. Cette sentence renforce, de tout son poids, l'effet négatif produit par le refrain sur la vanité qui la précède (v. 14b).

En 7, 11–14, le contexte littéraire est tout autre. La question de 7, 13b ne vient plus corroborer un constat d'échec au cours d'une recherche de sens mais elle s'insère, au contraire, dans le contexte général d'exhortation à se tourner vers Dieu (רְאֵה: « regarde »)[110] et à agir en conséquence, en profitant des bons moments de la vie (הֱיֵה בְטוֹב: « accueille le bonheur »)[111]. Au terme de cette relecture théologique, Dieu est explicitement désigné comme étant à l'origine de tout ce qui existe, y compris de ce qui est courbé (עִוְּתוֹ), ce que pouvait déjà laisser pressentir, en 1, 15, la forme passive du participe *puʿal* מְעֻוָּת[112]. Bien qu'appelant une réponse négative, la question rhétorique du v. 13b ouvre une perspective nouvelle à l'attention du disciple de la sagesse. S'il est vrai que personne d'autre que l'être divin ne peut redresser ce que lui-même a courbé, il n'en demeure pas moins que le sage n'est pas pour autant démuni devant les événements du monde. Il lui reste à être attentif à l'œuvre de Dieu (v. 13a) pour y déceler les bons moments et les apprécier en son temps (v. 14).

Au début de la seconde moitié du livre, l'homme sage a abandonné ses prétentions extravagantes. La création ne lui apparaît plus comme une conquête à mener. Le bonheur de vivre n'est plus décrit sous la forme d'un acquis arraché de haute lutte, après bien des souffrances. Pour preuve, la racine עמל, omniprésente dans la section 1, 13–2, 26, et de manière ultime en 2, 24, est totalement absente en 7, 11–14[113]. Maintenant, le sage prend acte de son incapacité à changer quoique ce soit au cours de l'histoire humaine. Dans le même temps, il reste hostile à toute forme systématique de savoir. Face au spectacle du monde et aux enseignements traditionnels de sagesse, Qohélet s'en tient à une attitude plus réaliste et plus humble. C'est de Dieu seul qu'il est en mesure d'attendre du nouveau. Mais, loin de se résigner à cet état de fait, l'homme sage découvre, dans le même temps, que c'est en s'ouvrant à la relation à Dieu qu'il est en mesure de recueillir et de goûter tout ce qui s'offre à lui.

---

[110] v. 13a.14a.

[111] v. 14a.

[112] Tel est le point de vue de quelques auteurs récents tels que L. MAZZINGHI, *Ho Cercato…*, p. 171; L. SCHWIENHORST-SCHÖNBERGER, *Kohelet*, p. 194.

[113] La racine עמל n'apparaît que cinq fois dans l'ensemble des chapitres 7 à 12 (8, 15b.17a.9, 9b [bis]; 10, 15a).

b) *L'unité 1, 13–15 et son développement en 1, 16–2, 26*

La fiction royale s'achève à la fin du chapitre 2, laissant place au chapitre suivant au poème sur le temps favorable (3, 1–8). Pour autant, les versets allant de 1, 13 à 2, 26[114] forment-ils une seule entité littéraire? À part quelques auteurs qui militent en faveur d'une division de l'ensemble de ces versets en deux parties distinctes[115], la grande majorité des commentateurs se prononce, depuis plusieurs décennies, en faveur d'une structuration de 1, 13–2, 26 en plusieurs petites unités[116].

À partir d'une étude des trames verbales et nominales et des diverses formules de vanité, V. D'Alario propose de structurer la section 1, 12–2, 26 en sept petites unités[117]:

> 1, 12–15
> 1, 16–18
> 2, 1–3
> 2, 4–11
> 2, 12–17
> 2, 18–23
> 2, 24–26

Dans son dernier commentaire, traduit en anglais en 2004, Th. Krüger affine cette délimitation en multiples micro-unités, auxquelles il donne un titre[118]:

1, 12:	Introduction
1, 13–15:	Limits of Activity
1, 16–18:	Limits of Wisdom: Wisdom without Pleasure
2, 1–2:	Limits of Pleasure: Pleasure without Wisdom and Activity
2, 3–11:	Limits of Activity, Wisdom, and Pleasure: No Gain

---

[114] Soit 1, 12–2, 26, si l'on préfère y intégrer le v. 12 introduisant toute la fiction royale.

[115] A. Bonora propose une division en deux parties: 1, 12–2, 11 et 2, 12–26. Selon lui, 2, 12 introduirait une nouvelle section (cf. A. Bonora, *Il libro di Qoèlet*, p. 38–57). M. V. Fox, quant à lui, défend une répartition qui s'aligne sur la division des chapitres du livre: 1, 12–18 et 2, 1–26 (cf. M. V. Fox, *Qohelet and His Contradictions*, p. 173–190 et *A Time to tear down…*, p. 169–191).

[116] Cf. par exemple H. L. Ginsberg, «The structure and contents of the Book of Koheleth», *in Wisdom in Israel and in the Ancient Near East. Presented to Professor Harold Henry Rowley*, (M. Noth – D. W. Thomas), (VT.S 3), Brill, Leiden, 1955, p. 138–149; L. Di Fonzo, *Ecclesiaste*, p. 136–161; F. Ellermeier, *Qohelet*, p. 66–79; A. Lauha, *Kohelet*, p. 38–60; J. Vilchez Lindez, *Eclesiastés…*, p. 172–222; V. D'Alario, *Il libro del Qohelet…*, p. 81–97; L. Mazzinghi, *Ho Cercato…*, p. 157–160; Th. Krüger, *Qoheleth*, p. 59–74.

[117] V. D'Alario, *Il libro del Qohelet…*, p. 81–97.

[118] Th. Krüger, *Qoheleth*, p. 59–74.

2, 12 :	Transition
2, 13-15 :	Limits of Wisdom : Contingency
2, 16-17 :	Limits of Wisdom : Death and Oblivion
2, 18-19 :	Limits of Activity : Inheritance without Wisdom
2, 20-21 :	Limits of Activity : Inheritance without Work
2, 22-23 :	Work without Pleasure
2, 24-26 :	Pleasure without Work

Cette structuration est proche de celle défendue par J. Vilchez Lindez[119] :

1, 12 :	Autopresentación de Qohélet
1, 13-15 :	Experiencia de todas las actividades
1, 16-18 :	Experiencia sobre la sabiduría
2, 1-2 :	Experiencia sobre la alegría y el disfrute
2, 3-11 :	Reflexiones sobre la alegría y el disfrute
2, 12-17 :	Reflexiones sobre la sabuduría
2, 18-21 :	Reflexiones sobre el esfuerzo humano y sus resultados
2, 22-26 :	Resumen teológico

Dans son commentaire de la même année, L. Schwienhorst-Schönberger[120] reprend à son compte une étude menée une dizaine d'années plus tôt par A. A. Fischer[121] qui propose deux types de structuration : soit en parallèle, soit en chiasme :

A	1, 13-15 :	Taten
B	1, 16-18 :	Weisheit
C	2, 1-2 :	Freude
A'	2, 3-11 :	Taten
B'	2, 12-23 :	Weisheit
C'	2, 24-26 :	Freude

Au regard des indices grammaticaux, il est clair qu'à partir de 2, 11, commence une étape nouvelle, en raison de l'emploi répété du verbe פנה (tourner / se tourner) :

– Au v. 11a, le verbe פנה suivi de la préposition ב oriente la réflexion du sage vers tout ce qu'il a fait (עשׂה). Sa réflexion débouche aussitôt,

---

[119] J. VILCHEZ LINDEZ, *Eclesiastés…*, p. 172-222. Cette proposition est proche de celle soutenue par A. Schoors *in* « La structure littéraire de Qohéleth », *OloP* 13 (1982), p. 91-116. Par rapport au commentateur espagnol, A. Schoors préfère structurer les deux dernières unités de la manière suivante : 2, 18-23 (le travail et ses résultats) et 2, 24-26 (conclusion pratique : se réjouir de ses biens).

[120] Cf. L. SCHWIENHORST-SCHÖNBERGER, *Kohelet*, p. 204.

[121] A. A. FISCHER, « Beobachtungen zur Komposition von Kolelet 1, 3-3, 15 », *BZAW* 103 (1991), p. 72-86.

au v. 11b, sur un refrain long sur la vanité (וְהִנֵּה הַכֹּל הֶבֶל וּרְעוּת רוּחַ)
et sur l'absence de profit (אֵין־יִתְרוֹן) sous le soleil.

– Au v. 12, le verbe פנה suivi de la préposition ל introduit la réflexion
   du sage sur ce qui a trait au sage, à la sagesse (חכמה / חכם)[122] et
   ses contraires (הוללות / סכלת)[123]. Elle est régulièrement parsemée
   de refrains courts ou longs sur la vanité[124].

– Au v. 24, en revanche, le verbe פנה s'éclipse au profit de l'expression
   אֵין־טוֹב en introduction à la première *parole de bonheur*, qui
   s'achèvera, au v. 26, par un long refrain sur la vanité.

Ces remarques d'ordre grammatical permettent de proposer une présentation de la péricope 2, 11–26, en trois unités thématiques, suivant un
schéma identique à celui dégagé pour les unités précédentes :

– En 2, 11, la nouvelle péricope débute par une unité **[A']** portant sur le
   thème de l'*action* : « Alors, je me suis tourné, moi, vers toutes les actions
   que mes mains ont faites /.../ » (וּפָנִיתִי אֲנִי בְּכָל־מַעֲשַׂי שֶׁעָשׂוּ יָדַי).
   Le verbe עשׂה au *qal* renvoie explicitement aux activités en עשׂה
   observées, de manière fictive, en 1, 13–14. Il fait également
   référence, de manière implicite, au contenu des multiples explora-
   tions que le sage prétend avoir menées en 2, 3–10.

– S'ensuit, en 2, 12–23, une unité **[B']** qui contient une réflexion
   sur le thème de la *sagesse* et de ses contraires : « Alors, je me
   suis tourné, moi, pour voir la sagesse, la folie, et la sottise /.../ »
   (וּפָנִיתִי אֲנִי לִרְאוֹת חָכְמָה וְהוֹלֵלוֹת וְסִכְלוּת). Ce v. 12 énonce ce qui
   sera développé par la suite. Comme il en avait été question au sujet
   de l'enquête sur les plaisirs humains et le bonheur (2, 3–10), le
   présent thème de la *sagesse* connaît, lui aussi, un long développement (v. 12–16) suivi d'une conclusion (v. 17–23) :

   – Le développement est introduit au v. 13 par la reprise du verbe
      de perception ראה à la 1ʳᵉ personne du singulier de la forme *qal*.
      Ce développement s'explique en raison de l'avantage reconnu
      à la sagesse par rapport à ce qui lui est contraire : « Et moi, j'ai
      vu qu'il y a avantage de la sagesse par rapport à la sottise /.../ »
      (וְרָאִיתִי אָנִי שֶׁיֵּשׁ יִתְרוֹן לַחָכְמָה מִן־הַסִּכְלוּת). Grâce à l'emploi
      des termes יתרון et מקרה אחד, le sage s'attache à montrer le

---

[122] Cf. 2, 12a.13a.14a.15a.16 (bis).19 (bis).21a.
[123] Cf. 2, 12a.13a.
[124] Cf. 2, 15b.17b.19b.21b.23b.

privilège qu'il y a à être sage : certes, la sagesse est un avantage
(v. 13–14a), mais le sort du sage est identique à celui de l'insensé
face à l'oubli et à la mort (v. 14b-16).

– Sous forme d'une conclusion provisoire (v. 17–23), le sage
exprime son écœurement devant tant de travail pénible et le
peu de fruit que lui procure la sagesse. Il le fait au moyen de
la répétition du verbe שׂנא (détester). Qohélet déteste la vie (v.
17) et il déteste aussi la peine qu'il a prise *sous le soleil*, dont il
n'est pas assuré qu'elle soit transmise ensuite à son successeur
(v. 18–23). Que lui reste-t-il encore comme raison de vivre ?

– La péricope s'achève en 2, 24–26 par l'unité [**C'**] qui revient sur
le thème du *plaisir* (שׂמח) et du *bonheur* (טוב) sous la forme
d'une conviction. Au cours de cette première *parole de bonheur*,
l'auteur noue, autour de la problématique du bonheur, les thèmes
de sagesse et d'agir humain et divin développés tout au long de
cette section. Malgré tant de déceptions devant tout le mal qu'il
s'est donné et face au faible avantage que lui procure la sagesse,
le "roi-sage" est encore en mesure d'apprécier les bons aspects de
la vie qui lui sont donnés, et il le reconnaît maintenant ouvertement. Dans ces conditions, se réjouir des plaisirs simples de la vie
constitue autant d'occasions qui lui permettent de tenir bon face à
la morosité ambiante de la vie en ce monde.

À l'issue de sa longue fiction royale, le sage de Jérusalem finit par
reconnaître, sous forme d'une ouverture théologique, que les initiatives
bienfaisantes de la vie ne viennent pas d'abord de la main de l'homme[125].
C'est, avant tout, de la main de Dieu[126] que l'être humain reçoit ce qui fait
son bonheur, à l'image de la sagesse qui, elle non plus, ne s'acquiert pas
à la force des bras. Seul envers celui qui sait se montrer habile devant
lui, Dieu accorde la sagesse, la connaissance et de pouvoir se réjouir
de la vie (2, 26a).

La fiction royale (1, 13–2, 26)[127] se présente donc, dans son ensemble,
selon une structure parallèle :

---

[125] Cf. ידי en 2, 11.
[126] Cf. מיד האלהים (2, 24).
[127] Nous laissons volontairement de côté le v. 12 d'auto-présentation de Qohélet.

[A] (1, 13–15): *exploration* de tout ce qui se fait dans le monde (כל־המעשׂים שׁנעשׂו).

    [B] (1, 16–18): *exploration* par accroissement de la connaissance de la *sagesse* et de ses *contraires* (שׂכלות / הוללות / חכמה).

        [C] (2, 1–10): *exploration* du *plaisir* (שׂמח) et du *bonheur* (טוב).

[A'] (2, 11): *réflexion* sur *tout ce que le sage a fait* (כל־מעשׂי שׁעשׂו). Il n'y a pas de profit à attendre (אין יתרון).

    [B'] (2, 12–23): *réflexion* sur la *sagesse* et ses *contraires* (חכמה והוללות וסכלת). Il y a un profit pour la sagesse (ישׁ יתרון), mais il est limité en raison du sort commun (מקרה) qui frappe tant le sage que l'insensé, en raison de l'absence de tout souvenir à leur égard (אין זכרון).

        [C'] (2, 24–26): ouverture sur l'existence de quelques *plaisirs* (שׂמח) tangibles capables de procurer du *bonheur* (טוב), car ils sont donnés par Dieu.

En définitive, la grande enquête menée sur la terre déçoit profondément notre sage, en raison même de l'absence de profit susceptible d'en être retiré [A-A']. Seule la recherche de quelques plaisirs immédiats a été en mesure de lui accorder un peu de satisfaction, bien que leur bénéfice soit limité [C-C'], comme l'est le recours à la sagesse [B-B']. D'une manière générale, rien ne peut nous assurer de ce que l'avenir nous réserve: la peine éprouvée, le sort commun à tous les êtres humains, l'effacement de leur souvenir après la mort jusqu'aux aléas sur la transmission du patrimoine barrent la route à toute certitude et à toute prévision. Il n'y a que ce que l'homme est apte à recueillir, à portée de mains, qui peut lui procurer quelques satisfactions bien réelles. La jouissance des biens vitaux pour la vie quotidienne est de ceux-là. Elle lui est même garantie par Dieu pour l'aider à tenir bon face au désenchantement général du monde. C'est bien la reconnaissance de la présence de Dieu au cœur des quelques expériences concrètes de joies qui encourage le sage à poursuivre son entreprise avec une lucidité et un enthousiasme dont le chapitre 7 constitue un tournant significatif.

CHAPITRE 8

VERS UNE ŒUVRE EN DEUX MOUVEMENTS

La mise en évidence d'une *parole de bonheur* supplémentaire—qui constitue donc la quatrième *parole* selon l'ordre des chapitres du livre—ne dément pas l'existence d'une progression emphatique du thème du bonheur dans le livre de Qohélet, bien au contraire. Le passage de la reconnaissance de quelques joies simples de l'existence à une invitation explicite à en jouir s'effectue précisément lors de l'exhortation au bonheur de 7, 14, la première du genre.

Au seuil de la seconde moitié du livre, les thèmes connexes au bonheur que sont la vanité, le profit et la sagesse... sont également affectés par ce changement de style. La conjonction de ces modifications littéraires et thématiques forme, au début du chapitre 7, une césure aisément repérable entre l'une et l'autre moitié du livre.

Peut-on aller jusqu'à considérer ces deux moitiés comme deux parties ou, du moins, deux mouvements, dans l'œuvre du sage: un premier mouvement comprenant les chapitres 1 à 6 et un second mouvement comprenant les chapitres 7 à 12? Vérifier cette hypothèse suppose, au préalable, d'envisager comment s'opère la charnière entre ces deux séries de chapitres. Autrement dit, le passage 6, 10–12 peut-il être considéré comme une unité de transition?

1. *Qo 6, 10–12: une unité de transition*

Les trois derniers versets du chapitre 6 forment-ils une unité littéraire à part entière? Et quelle serait sa fonction dans le livre? D'emblée, l'étude conjointe de 6, 10–12 est loin de faire l'unanimité parmi les commentateurs.

Mise à part N. Lohfink qui ne retient pas la thèse de l'unité des versets, mais rattache le v. 10 à la section précédente (5, 7–6, 9) et les v. 11 et 12 à la section suivante (7, 1–9, 6)[1], la plupart des auteurs considèrent 6,

---

[1] Dans le cadre de son analyse de la structure en chiasme de l'œuvre de Qohélet, N. Lohfink distingue 5, 7–6, 10 intitulé «social critique II» de 6, 11–9, 6 intitulé «deconstruction» (cf. N. LOHFINK, *Qoheleth*, p. 8 et 78–92).

10–12 comme formant une seule unité littéraire. Si, pour quelques-uns, cette unité se réfèrerait à ce qui précède[2], pour la majorité des commentateurs, 6, 10–12 aurait pour fonction d'introduire une nouvelle section[3]. Quelques-uns, cependant, prétendent que ces versets formeraient une unité de transition entre les deux moitiés du livre[4].

a) *Délimitation de l'unité 6, 10–12*

Une mention des massorètes en marge du texte de 6, 10 informe que là se situe la moitié du livre, selon le nombre des versets[5]. Indépendamment de cette indication purement formelle, il ressort de la lecture de 6, 10–12, qu'à partir du v. 10 débute une nouvelle unité littéraire. Précédemment, le v. 9, en מִן + טוב, s'est achevé par une ultime reprise du refrain long sur la vanité : « cela aussi est vanité et poursuite du vent » (גַּם־זֶה הֶבֶל וּרְעוּת רוּחַ)[6]. Par la suite, dans la seconde moitié de l'œuvre, il ne sera plus jamais question de ce corollaire sur la vanité : וּרְעוּת רוּחַ[7].

Le passage de 6, 7–9, que vient conclure sous forme proverbiale ce v. 9, récapitule une longue série d'observations (5, 12–6, 6) relative à

---

[2] Cf., par exemple, W. ZIMMERLI, *Das Buch des Predigers Salomo*, p. 192–201 ; L. DI FONZO, *Ecclesiaste*, p. 220–224.

[3] Cf. A. G. WRIGHT, « The riddle of the sphinx : the structure of the book of Qoheleth », *CBQ* 30 (1968), p. 322–323 et 329–330 ; É. GLASSER, *Le procès du bonheur…*, p. 100–102 ; D. LYS, *L'Ecclésiaste ou que vaut la vie?…*, p. 20.64–65 ; A. SCHOORS, « La structure littéraire de Qohéleth », p. 107 et 115 ; D. MICHEL, *Untersuchungen…*, p. 161–165 ; A. BONORA, *Il libro di Qoèlet*, p. 16 ; J.-J. LAVOIE, *La pensée du Qohelet…*, p. 151–160 (qui voit même une double inclusion avec 7, 13–14) ; R. E. MURPHY, *Ecclesiastes*, p. 57–59 ; J. VILCHEZ LINDEZ, *Eclesiastés…*, p. 297–302 ; V. MORLA ASENSIO, *Libri sapienziali e altri scritti*, (Introduzione allo studio della Bibbia 5), Paideia Editrice, Brescia, 1997, p. 158 ; C.-L. SEOW, *Ecclesiastes*, p. 240–242 ; L. MAZZINGHI, « Qohelet tra giudaismo ed ellenismo… », p. 97–98 ; Th. KRÜGER, *Qoheleth*, p. 132–133 ; L. SCHWIENHORST-SCHÖNBERGER, *Kohelet*, p. 360–366.

[4] J. L. CRENSHAW, *Ecclesiastes*, p. 48.130–132 ; M. V. FOX, *Qohelet and His Contradictions*, p. 223–225 et *A time to tear down…*, p. 247–249 (dans ce dernier commentaire, l'auteur affirme, p. 247, que : « Section F [i.e. 6, 10–12] seems isolated, but in fact it is a pivot between units. As in 3, 22 and 7, 14, Qohelet caps off a series of observations of absurdities by throwing up his hands, as it were, in a declaration of ignorance. At the end, he introduces the theme of 7, 1–12 : what is good ») ; V. D'ALARIO, *Il libro del Qohelet…*, p. 131–133.181 et *in* « Struttura e teologia del libro del Qohelet », *in Il libro del Qohelet…* (G. Bellia-A. Passaro dir.), p. 256–275 (en particulier p. 260–270).

[5] חצי הספר בפסוקים c'est-à-dire *medium libri secundum versus* (selon les Prolegomena de la *BHS*, p. LV).

[6] Cf. 1, 14b ; 2, 11b.17b.26b ; 4, 4b.16 (avec une légère variante).

[7] Pour une bonne synthèse sur les refrains longs et courts sur la vanité, voir D. INGRAM, *Ambiguity in Ecclesiastes*, p. 110–126 (et surtout le schéma p. 120).

l'avidité de l'homme à accumuler en vain des richesses[8]. Le sage décrit autant de situations au cours desquelles un homme riche est ruiné en raison d'une faillite personnelle (5, 12–16) ou d'une incapacité à jouir des biens qu'il possède, et à être heureux (6, 1–6). *In fine*, l'avantage du sage ou du pauvre par rapport à l'insensé est anéanti devant la perspective commune de la mort. Face à tant de limites, mieux vaut (טוב + מן) profiter des biens présents plutôt que de se laisser entraîner par une infinité de désirs (6, 9a).

À partir de 7, 1, est énoncé un ensemble de formules proverbiales en טוב + מן intégrant, elles aussi, la perspective de la finitude terrestre de l'homme. Cette série de sentences s'étend jusqu'en 7, 10 pour déboucher ensuite sur l'affirmation d'une certaine valeur de la sagesse en 7, 11–12 (sous la forme d'une affirmation solennelle en טוב + עם) et sur l'invitation au bonheur de 7, 14. Entre l'une et l'autre de ces formules en טוב, s'insèrent en 6, 10–12 des dispositions comprenant une série de pronoms interrogatifs en מה puis en הי:

10 ‏מַה־שֶּׁהָיָה כְּבָר נִקְרָא שְׁמוֹ וְנוֹדָע אֲשֶׁר־הוּא אָדָם
‏וְלֹא־יוּכַל לָדִין עִם (שֶׁהַתְקִיף) [שֶׁתַּקִּיף] מִמֶּנּוּ
11 ‏כִּי יֵשׁ־דְּבָרִים הַרְבֵּה מַרְבִּים הָבֶל
‏מַה־יֹּתֵר לָאָדָם
12 ‏כִּי מִי־יוֹדֵעַ מַה־טּוֹב לָאָדָם בַּחַיִּים מִסְפַּר יְמֵי־חַיֵּי הֶבְלוֹ וְיַעֲשֵׂם כַּצֵּל
‏אֲשֶׁר מִי־יַגִּיד לָאָדָם מַה־יִּהְיֶה אַחֲרָיו תַּחַת הַשָּׁמֶשׁ

10 **Ce qui** est arrivé a déjà été appelé par son nom, on sait ce qu'est un homme, il ne peut contester avec plus fort que lui.
11 Quand il y a des paroles abondantes, elles font abonder la vanité, **quel** avantage pour l'homme ?
12 Car **qui** connaît **ce qui** est bon pour l'homme dans la vie, durant le nombre de jours de sa vie de vanité qui passe comme l'ombre ?
Qui révèlera à l'homme **ce qui** arrivera par la suite sous le soleil ?

b) *Présentation formelle de 6, 10–12*

En trois versets, le pronom interrogatif מה est employé quatre fois (v. 10a, 11b, 12a et 12b) et le pronom מי deux fois (v. 12a et 12b). Les emplois du pronom מה suivi du verbe יהיה forment une inclusion aisément repérable : מה־שהיה (6, 10a) et מה־יהיה (6, 12b)[9]. Dans le premier cas (v. 10a), le pronom מה intervient en combinaison avec la particule

---

[8] Cf. *supra*, p. 99–101.
[9] Cf. Cf. M. V. Fox, *Qohelet and His Contradictions*, p. 223 et *A time to tear down…*, p. 247 ; Th. KRÜGER, *Qoheleth*, p. 132.

relative שֶׁ[10], suivi du verbe היה à la forme *qatal*: מַה־שֶּׁהָיָה («ce qui est arrivé...»)[11]; dans le second cas (v. 12b), ce pronom est directement suivi du verbe יהיה à la forme *yiqtol*: מַה־יִּהְיֶה («ce qui arrivera...»)[12]. Entre ces locutions verbales sur le passé et le futur, le pronom מה est suivi, par deux fois, d'un substantif: au v. 11b, il est associé au substantif יותר propre à Qohélet: מַה־יּוֹתֵר לָאָדָם («quel profit pour l'homme /.../»)[13]; au v. 12a, il est employé avec le terme טוב, terme récurrent s'il en est, dans la pensée de l'auteur sacré: מַה־טּוֹב לָאָדָם («ce qui est bon pour l'homme /.../»).

En raison de la répétition des questions en מה, la cohérence littéraire de ces v. 10 à 12 s'affine davantage. Le temps de l'homme est appréhendé dans son intégralité[14]: aussi bien le passé (היה), le présent (מה־יותר / מה־טוב) que son futur (יהיה אחריו)[15]. Cette donnée temporelle affecte tout homme (אדם):

---

[10] Cf. P. Joüon, *Grammaire de l'Hébreu Biblique*, n° 144g.

[11] Dans l'une et l'autre de ces locutions, nous considérons qu'en raison du contexte le verbe יהיה est traité comme un verbe d'action. C'est pourquoi nous préférons le traduire par "arriver" plutôt que par "être" (cf. P. Joüon, *Grammaire de l'Hébreu Biblique*, § 113a). C'est également la position de M. V. Fox (cf. M. V. Fox, *Qohelet and His Contradictions*, p. 224 et *A time to tear down...*, p. 247) et V. D'Alario (cf. V. D'Alario, «Struttura e teologia del libro del Qohelet», p. 263).

[12] Ces expressions verbales ont déjà été utilisées—ou elles le seront—dans le reste de l'œuvre: מַה־שֶּׁהָיָה (1, 9a; 3, 15a; 7, 24a), מַה־יִּהְיֶה (11, 2) et également מַה־שֶּׁיִּהְיֶה (8, 7a; 10, 14).

[13] Cf. מה־יותר (6, 8a) mais également מה־יתרון (1, 3a; 3, 9a; 5, 15b). Ici, le substantif יוֹתֵר est la forme du participe présent *qal* à la racine יתר.

[14] Sur le plan lexical, cette référence au passé et au futur n'est pas sans rappeler l'évocation contenue dans le poème introductif, en 1, 9a: מַה־שֶּׁהָיָה הוּא שֶׁיִּהְיֶה («ce qui est arrivé, voilà ce qui arrive»). Ce v. 9a est le seul verset de tout le livre de Qohélet où les formes verbales en היה et en יהיה sont employées conjointement. Cependant, à la différence de 6, 12b et en raison du caractère répétitif de ce poème (1, 4–11), la forme *yiqtol* יהיה de 1, 9a est à interpréter moins comme un futur que comme un présent fréquentatif (cf. P. Joüon, *Grammaire de l'Hébreu Biblique*, n° 111i et 113a). En l'occurrence, l'absence du terme אחריו dans ce verset confirme cette interprétation.

[15] La traduction du syntagme אחריו pose problème. Est-il question ici de l'avenir terrestre de l'homme ou bien d'un futur après sa mort? Majoritairement, les auteurs interprètent ce syntagme dans le sens d'un avenir terrestre (cf. L. Di Fonzo, *Ecclesiaste*, p. 222; J. Vilchez Lindez, *Eclesiastés...*, p. 301; D. Michel, *Untersuchungen...*, p. 164; V. D'Alario, *Il libro del Qohelet...*, p. 132). Pour L. Schwienhorst-Schönberger, en revanche, il serait là question de l'avenir post-terrestre de l'homme (cf. L. Schwienhorst-Schönberger, *Kohelet*, p. 365). Th. Krüger, quant à lui, retient les deux interprétations (Th. Krüger, *Qoheleth*, p. 132). Cependant, l'interprétation en faveur de l'avenir terrestre de l'homme n'est pas sans poser une autre question: s'agit-il de l'avenir de l'homme lui-même ou de ses œuvres après lui? Pour exclure toute idée de rétribution sur terre, E. Podechard propose de rendre אחריו au moyen de l'expression «par la suite» (cf. E. Podechard, *L'Ecclésiaste*, p. 362–363). Cette traduction a pour avantage

10a ונודע אשר־הוא אדם[16]
11b מה־יתר לאדם
12a כי מי־יודע מה־טוב לאדם
12b אשר מי־יגיד לאדם

Il n'est plus question du cas d'un homme précis (אישׁ)[17], peu importe même qu'il soit considéré comme sage (חכם)[18], insensé (כסל)[19] ou pauvre (עני). À présent, c'est du genre humain en général dont il s'agit, comme ce sera le cas en amont et en aval de cette unité (6, 1b.7a; 7, 2a.14b)[20].

Au sujet de la situation présente du genre humain, se pose la question du profit (יתר) et de ce qui est bon (טוב), puisque l'unité 6, 10–12 reprend ces deux thèmes-clés. En 6, 11b, la question du profit dépasse la situation catégorielle de tel type de personne[21] pour ne plus s'attacher qu'à celle de l'homme en général: «quel profit pour l'homme?» (מַה־יֹּתֵר לָאָדָם). À mi-parcours, et après avoir beaucoup discouru, le sage en revient à se poser la même question qu'initialement (1, 3a; 3, 9)[22]. Cependant,

---

de laisser ouvert ce motif de l'avenir terrestre de l'homme. La majorité des traductions en français ne retient pas ce sens large et préfère traduire אחריו par «après lui» (cf. la *BJ*; *La Bible* d'Osty-Trinquet; *La Bible de la Pléiade*; D. Lys, *L'Ecclésiaste ou que vaut la vie?*... p. 20). L'opinion défendue par E. Podechard est actuellement reprise dans des commentaires récents en langue anglaise qui traduisent ce syntagme par "afterwards" (cf. par exemple: M. V. Fox, *Qohelet and His Contradictions*, p. 225 et *A time to tear down...*, p. 248–249; N. Lohfink, *Qoheleth*, p. 89). Cette interprétation nous semble cohérente avec le contenu de l'unité 6, 10–12 et avec les autres emplois de אחריו dans le livre (3, 22b; 7, 14b; 10, 14b).

[16] Pour une synthèse des interprétations possibles de 6, 10a, voir A. Schoors, *The Preacher Sought to Find Pleasing Words*..., p. 126–127.140, repris in «Words typical of Qohelet», *in Qohelet in the Context of Wisdom*, p. 20.

[17] 6, 2 (bis) et 6, 3; 7, 5b.

[18] 6, 8a; 7, 4.5a.7a.

[19] 6, 8a; 7, 4.5b.6a.9b.

[20] Selon nous, le terme אדם est employé ici dans son sens générique d'être humain (cf. V. D'Alario, «Struttura e teologia del libro del Qohelet», p. 266) et non dans le sens particulier d'Adam comme le soutient, par exemple, B. Isaksson qui fait référence à Gn 5, 2 où il est question de la nomination d'Adam par Dieu (cf. B. Isaksson, *Studies in the Language of Qoheleth*..., p. 85–88). Nous pensons, en revanche, que c'est au terme du poème final, en 12, 7, que l'auteur du livre de Qohélet semble se référer au livre de la Genèse, en particulier à l'acte créateur d'Adam en raison de l'emploi commun du terme עפר: "poussière" (Gn 2, 7).

[21] Par exemple: celui qui agit (3, 9a); le sage (6, 8a), le pauvre (6, 8b).

[22] En 6, 11b, le terme de "peine" (עמל) n'est pas mentionné, mais c'est bien de l'homme fatigué par son travail qu'il s'agit, en raison de la déclaration en עמל du v. 7a: כָּל־עֲמַל הָאָדָם לְפִיהוּ («toute la peine de l'homme est pour sa bouche /.../»). La question du profit sera posée encore deux autres fois, dans deux situations particulières (5, 15b et 6, 8a).

la question du profit est aussitôt relayée, en 6, 12a, par celle relative à
ce qui est bon (טוב) : מִי־יוֹדֵעַ מַה־טּוֹב לָאָדָם («qui connaît ce qui est
bon pour l'homme…»). Cette interrogation sur le bonheur est intégrée
dans la seconde série de questions, les questions en מִי.

c) *Contenu de 6, 10–12*

i. *Analyse littéraire*

L'unité littéraire s'organise autour d'une tension dialectique entre היה
et יהיה, c'est-à-dire entre un temps passé qui ne cesse de se répéter
(v. 10a) et un futur qui nous échappe encore (v. 12b). C'est dans cet
espace de temps que, par deux fois, s'inscrit le motif de la *connaissance*
(ידע), soit par une affirmation à la forme passive du *niph'al* : נוֹדָע (v.
10a), soit par une interrogation à la forme active du *qal* : מִי־יוֹדֵעַ (v.
12a)[23]. Avec ce double indice littéraire, il apparaît que les v. 10 à 12 se
présentent sous forme concentrique :

[A] 10 מַה־שֶּׁהָיָה כְּבָר נִקְרָא שְׁמוֹ
[B] וְנוֹדָע אֲשֶׁר־הוּא אָדָם וְלֹא־יוּכַל לָדִין עִם (שֶׁהַתְקִיף) [שֶׁתַּקִּיף] מִמֶּנּוּ
[C] 11 כִּי יֵשׁ־דְּבָרִים הַרְבֵּה מַרְבִּים הָבֶל מַה־יֹּתֵר לָאָדָם
12 כִּי מִי־יוֹדֵעַ מַה־טּוֹב לָאָדָם בַּחַיִּים מִסְפַּר יְמֵי־חַיֵּי הֶבְלוֹ וְיַעֲשֵׂם כַּצֵּל
[B']
[A'] אֲשֶׁר מִי־יַגִּיד לָאָדָם מַה־יִּהְיֶה אַחֲרָיו תַּחַת הַשָּׁמֶשׁ

En raison du caractère répétitif de l'histoire, le passé (היה) paraît déterminé à l'avance ; l'avenir (יהיה) reste incertain [A-A']. Dans cet espace
de temps, la connaissance acquise lors de l'observation de la réalité de
la vie (ידע) a instruit le sage sur son impuissance à modifier le cours
des choses et à se projeter dans l'avenir [B-B']. Au-delà de la futilité
générée par l'inflation du dire [C], le sage sait, par expérience, que les
efforts déployés par l'homme ne lui accordent que peu de profit par
rapport aux résultats espérés [A-B]. Pour cela (כי)[24], l'homme finit par
s'interroger sur les limites de la nature humaine [A'-B'] : une inaptitude
à connaître ce qui est bon maintenant et une ignorance face à l'avenir
terrestre.

Dans ces conditions, face à tant de limitations, que lui reste-t-il à
faire ? Passer les propos entendus au crible de l'expérience humaine,

---

[23] Cf. M. V. Fox, *Qohelet and His Contradictions*, p. 223–224 et *A time to tear
down…*, p. 247.
[24] Le כי du v. 12.

telle est l'expérience de déconstruction qu'il ne manquera pas de faire, à nouveau, dans les premiers versets du chapitre 7[25].

ii. *Analyse rhétorique*

Entre les deux questions-cadre en מה portant sur l'histoire qui se répète et sur l'avenir qui s'engage (v. 10a.12b), sont insérées, à partir du v. 12, deux séries de questions en מי portant sur l'auteur de la connaissance de ce qui est bon pour l'homme (מי־יודע) et sur celui de la révélation de son avenir (מי־יגיד). Par la suite, entre la première question en מה du v. 10a et les deux séries de questions en מי du v. 12, s'intercalent, à nouveau, deux nouvelles questions en מה, en style indirect, portant l'une sur le profit : מה־יתר (v. 11b), l'autre sur ce qui est bon : מה־טוב (v. 12a). Le schéma rhétorique de cette unité 6, 10–12 se présente ainsi :

```
10a        מה־שהיה
11b  מה־יתר לאדם
12a        מה־טוב         מי־יודע
12b  מי־יגיד לאדם מה־יהיה אחריו
```

L'intérêt majeur de ce schéma est de montrer que les deux questions מה־יתר et מה־טוב ne relèvent pas du même statut rhétorique. La question sur le profit est résolument orientée vers le passé : non seulement elle fait écho à la locution verbale en מה du v. 10, mais en plus elle reprend certaines des questions antérieures posées dans le livret à propos du profit, telles que מה־יתר (6, 8a) ou מה־יתרון (1, 3a ; 3, 9a ; 5, 15b). Par ailleurs, ce type de questions ne sera plus posé au-delà du chapitre 6. Il laisse place à l'interrogation relative au contenu de ce qui est bon : מה־טוב. Cette question en טוב est, quant à elle, intégrée dans la double série de questions rhétoriques en מי du v. 12. Ce verset est construit selon le parallélisme suivant[26] :

---

[25] Cf. 7, 1–14.

[26] Selon L. Schwienhorst-Schönberger, la question du v. 12a, relative à la connaissance de ce qui est bon pour l'homme, ne serait pas, à strictement parler, une question rhétorique. Selon lui, on ne pourrait y répondre négativement étant donné que Qohélet a déjà prétendu, dans les diverses *paroles de bonheur*, avoir une connaissance de ce qui est bon pour l'homme (cf. L. Schwienhorst-Schönberger, *Kohelet*, p. 365–366). Pour le commentateur allemand, la question du v. 12a servirait seulement à introduire la discussion sur ce qui est bon pour l'homme dans les versets suivants (7, 1–14). Pour notre part, nous défendons la valeur rhétorique de la question en מי compte-tenu du parallélisme avec la question en מי du v. 12b et du caractère théologique de l'unité 6, 10–12. Le don divin du bonheur, l'homme n'est pas en mesure de le connaître parfaitement. Cette connaissance donnée par Dieu fera, par la suite, l'objet de l'enseignement du sage à son disciple.

כִּי מִי־יוֹדֵעַ מַה־טוֹב לָאָדָם בַּחַיִּים מִסְפַּר יְמֵי־חַיֵּי הֶבְלוֹ וְיַעֲשֵׂם כַּצֵּל
אֲשֶׁר מִי־יַגִּיד לָאָדָם מַה־יִּהְיֶה אַחֲרָיו תַּחַת הַשָּׁמֶשׁ

Car **qui** connaît **ce qui *est bon*** pour l'homme dans la vie, durant le nombre
de jours de sa vie de vanité qui passe comme l'ombre?
Qui révèlera à l'homme **ce qui *arrivera par la suite*** sous le soleil?

Ce v. 12 a moins pour fonction de récapituler ce qui précède que
d'introduire les nouvelles paroles de sagesse qui s'ensuivront. Déjà, la
question en מִי sera répétée dans la sentence de 7, 13b[27]. Plus encore, la
question relative à la révélation du futur (מִי־יַגִּיד) reviendra à plusieurs
reprises dans la seconde moitié du livre, en particulier en 8, 7b; 10, 14.
Reconnaître ses limites ontologiques et se tourner vers celui-là seul qui
est en mesure de lui révéler ce qu'il ne peut connaître par lui-même,
telle sera la voie de sagesse résolument empruntée par Qohélet dans les
six prochains chapitres.

   La question de la connaissance de ce qui est bon pour l'homme pré-
pare ce qui sera énoncé, de manière critique, au début du chapitre 7, à
travers les diverses sentences proverbiales en טוֹב (7, 1–10)[28]. Tel sera le
cas à propos de la connaissance de l'avenir de l'homme (מה־יהיה אחריו)
évoquée, elle aussi de diverses manières, dans la seconde moitié du livre,
en 7, 14b (אחריו), 8, 7 (מה־שיהיה) et 10, 14 (אחריו / מה־שיהיה).

d) L'unité 6, 10–12 dans son contexte immédiat (6, 7–9; 7, 1–14)

Dans leur contexte immédiat, les v. 10 à 12 rassemblent quelques-uns
des termes majeurs de la problématique du bonheur, en particulier
ceux de vanité, profit et bonheur. À ces termes-clés, s'ajoutent quelques
mots-crochets (אחריו / יכל / אדם / ידע) ainsi que la locution verbale
מה־שהיה. Les uns et les autres viendront confirmer, si besoin est, la
fonction de transition de ces trois versets.

   D'emblée, le contexte littéraire entourant l'unité 6, 10–12 reprend les
termes majeurs de vanité (הבל), profit (יתרון / יתר) et bien-sûr bien /
bonheur (טובה / טוב):
   – Le terme de vanité (הבל) contenu en 6, 11a et 12a est présent en
     amont et en aval, soit en 6, 9b, sous la forme d'un refrain long
     (גם־זה הבל ורעות רוח) et en 7, 6b, sous la forme d'un refrain

---

[27] Cette sentence de 7, 13b traite du motif de la capacité divine (יכל), en écho à
l'incapacité humaine (לא יכל), de 6, 10b, à contester Dieu.
[28] Cf. V. D'ALARIO, *Il libro del Qohelet*..., p. 133; L. SCHWIENHORST-SCHÖNBERGER,
Kohelet, p. 365.

court (גַּם־זֶה הֶבֶל). Cependant, dans l'unité 6, 10–12, ce terme n'est nullement employé au sein d'un refrain général sur la vanité. En 6, 11, il qualifie le trop plein de paroles sur le gouvernement divin du monde (יֵשׁ־דְּבָרִים הַרְבֵּה מַרְבִּים הָבֶל)[29]. En raison de l'affirmation de la souveraineté absolue de Dieu, telle qu'elle ressort du verset précédent, apparaît donc futile toute parole proférée qui viserait à entrer en contestation avec Dieu, étant donné qu'Il est le plus fort (6, 10)[30]. En 6, 12, le terme de vanité renforce l'idée de la brièveté de la vie (בְּחַיִּים מִסְפַּר יְמֵי־חַיֵּי הֶבְלוֹ וְיַעֲשֵׂם כַּצֵּל)[31].

- Le terme de profit / avantage (יתר) est intervenu en 6, 8a dans le cadre d'une expression comparative opposant le sage par rapport à l'insensé : מַה־יּוֹתֵר + מִן. Ce terme est également repris par la suite, soit sous la forme participiale de יֹתֵר (7, 11b), soit sous la forme nominale de יִתְרוֹן (7, 12a).

- C'est surtout le vocabulaire en טוב qui est abondamment employé dans l'ensemble des versets entourant l'unité 6, 10–12. En effet, la racine טוב de 6, 12a, bien que présente une seule fois en amont dans l'expression proverbiale de 6, 9a, reviendra ensuite à douze reprises en 7, 1–14[32], principalement sous une forme adjectivale, mais également sous la forme verbale יִיטַב (7, 3a) ou sous la forme nominale טוב / טוֹבָה déjà rencontrée dans la *parole de bonheur* de 7, 14a.

Mises à part ces occurrences, l'unité 6, 10–12 recèle d'autres thèmes spécifiques qui auront leur importance, par la suite, pour confirmer les deux étapes de la réflexion du sage. Ces thèmes portent sur la question de la connaissance (ידע), de la situation de l'homme (אדם), de son pouvoir limité (לֹא יכל) et de son avenir (אַחֲרָיו) :

---

[29] Cf. 6, 11a.

[30] Le verbe תקף est propre à la littérature de sagesse. Il est employé chez Qohélet (cf. également en 4, 12) et chez Job (Jb 14, 20 ; 15, 24). Dans ces occurrences, il a pour sujet tantôt l'homme (4, 12 et Jb 15, 24), tantôt Dieu (Jb 14, 20). En 6, 10b, le sujet du verbe תקף n'est pas formellement nommé. Mis à part D. Michel pour qui le sujet en serait la mort (cf. D. MICHEL, *Qohélet*, p. 147–148), nous pensons, avec bon nombre de commentateurs, qu'en raison du contexte de l'unité littéraire, le référent ne peut être que Dieu (cf. J. VILCHEZ LINDEZ, *Eclesiastés...*, p. 300 ; M. V. FOX, *Qohelet and His Contradictions*, p. 224 et *A time to tear down...*, p. 248 ; V. D'ALARIO, *Il libro del Qohelet...*, p. 132 ; Th. KRÜGER, *Qoheleth*, p. 132–133 ; N. LOHFINK, *Qoheleth*, p. 88 ; L. SCHWIENHORST-SCHÖNBERGER, *Kohelet*, p. 365). Les limites humaines délimitées par Dieu seront précisées par la suite, en particulier en 7, 13–18.

[31] 6, 12a.

[32] Dont huit fois dans le cadre de sentences en טוב + מִן.

– Le thème de la connaissance (ידע) est exprimé deux fois dans cette unité, sous des formes syntaxiques variées : une affirmation à la forme passive du *niph'al* : נוֹדַע (6, 10a), puis une interrogation à la forme active du *qal* : מִי־יוֹדֵעַ (6, 12a). La racine ידע a déjà été mentionnée précédemment en 6, 8b à propos de la question du prétendu avantage reconnu au pauvre qui sait (יודע) se conduire devant la vie[33].

– Dans le cadre de l'unité 6, 10–12, la question de la connaissance porte sur la situation de tout homme (אדם). C'est bien du cas de l'homme en général dont il est question de part et d'autre de cette unité, qu'il s'agisse de la peine endurée (6, 7a), de sa finitude (7, 2a) ou encore de son ignorance au sujet de son avenir (7, 14b).

– L'homme est appréhendé à partir de sa limite ontologique, notamment celle relative à son incapacité (יכל) de tout connaître et de tout maîtriser. Cette limite, mentionnée déjà en 6, 10b dans le contexte d'une déclaration négative sur son impuissance naturelle : ולא־יוכל לדין עם (שהתקיף) [שתקיף] ממנו sera reprise ultérieurement, sous une forme interrogative—appelant une réponse négative de la part de l'homme—dans le cadre de la métaphore proverbiale de 7, 13a : מי יוכל לתקן.

– Le thème de l'avenir de l'homme (אחריו) se présente selon un ordre syntaxique inversé par rapport au motif de l'incapacité humaine. Il apparaît d'abord sous la forme d'une interrogation en מי־יגיר לאדם מה־יהיה אחריו מי: (6, 12b), puis sous la forme d'une déclaration négative selon laquelle l'homme ne pourra rien trouver concernant son avenir : על־דברת שלא ימצא האדם אחריו מאומה (7, 14b).

Mis à part ces thèmes, une place est à faire au contexte des locutions verbales מה־שהיה de 6, 10a et מה־יהיה de 6, 12b. En effet, la locution מה־שהיה est à nouveau mentionnée en 7, 10a. Alors qu'en 6, 10a, elle se présentait sous forme d'un constat (מה־שהיה כבר נקרא שמו), en 7, 10a, elle devient une exhortation (אל־תאמר מה היה שהימים הראשנים היו טובים מאלה). À l'issue de la série des citations proverbiales en מן + טוב (7, 1–8) et avant d'inviter son interlocuteur à observer l'œuvre de Dieu pour en jouir au moment favorable (7, 13–14), Qohélet incite son disciple à se méfier d'une certaine sagesse traditionnelle selon

---

[33] Cf. le parallélisme synonymique entre les deux interrogations de 6, 8a et de 6, 8b.

laquelle le passé serait déclaré meilleur que le présent. Pas de nostalgie donc, mais un profond réalisme. En raison de sa forme d'interdiction en אל, cette mise en garde annonce les propos subséquents qui porteront sur les bienfaits d'une sagesse et d'un bonheur actuels ainsi que sur la question de l'avenir de l'homme.

Cette parole en מה־שהיה invitant à la prise de distance par rapport au passé sera reconduite et amplifiée ultérieurement en 7, 24 : רָחוֹק מַה־שֶּׁהָיָה וְעָמֹק עָמֹק מִי יִמְצָאֶנּוּ («Lointain est **ce qui est arrivé,** et profond, *profond : qui le trouvera ?*»). Cette déclaration en forme de citation est, pour la dernière fois, employée telle quelle dans tout le livre de Qohélet. Le motif du temps écoulé ne se trouvera plus mentionné dans le reste de l'œuvre. Seules reviendront, dans la seconde moitié du livre, les locutions verbales en מה־יהיה ouvrant vers le futur.

En conséquence, la fonction de l'unité 6, 10–12 est d'assurer une transition dans la réflexion du sage. Celle-ci est signifiée par ce tournant opéré entre un passé redondant sur lequel le sage n'a aucune prise—et dont finalement il se détache peu à peu—et un futur qu'il ignore encore mais au sujet duquel il s'interroge déjà. Cette évolution est attestée, textuellement, par le passage de l'emploi du pronom מה au pronom מי. Jusque-là, dans les chapitres 1 à 6, l'attachement à l'expérience reçue du passé[34] n'a cessé de poser des questions insolubles sur les bénéfices que le sage était en droit d'attendre de la peine prise dans l'existence[35]. Compte-tenu du poids des contraintes inhérentes à la difficulté de vivre, c'est vers l'avenir que Qohélet se tourne dorénavant, à partir du chapitre 7.

Le passage est également rendu possible en raison du contexte théologique dans lequel il s'inscrit. À mi-parcours de sa réflexion, le sage admet que l'homme, livré à sa seule sagesse, est démuni face à ses propres forces. Mais il découvre, dans le même temps, que les limites de sa recherche sont posées par Dieu, si bien qu'il acquiert, peu à peu, cette conviction de fond que seul Dieu est en mesure de lui accorder ce qu'il ignore encore au sujet de ce qui est bon pour lui et de ce qui engage son avenir.

---

[34] Notamment en raison du constat de la répétition du temps posé en 1, 9a, au cours du poème introductif.
[35] Cf. 1, 3 ; 3, 9 ; 5, 15b ; 6, 8a.11b.

2. *Chap. 1–6 et la question du profit immédiat*

La problématique contenue dans l'unité de transition s'est déjà rencontrée au cours de l'étude du contexte des huit *paroles de bonheur* au travers des thèmes connexes de la *vanité* et du *profit*. En 6, 10–12, trois thèmes nouveaux viennent compléter le contenu des limites éprouvées par l'homme dans sa recherche de profit: celui du temps (מה־שהיה/ מה־יהיה), du pouvoir (יכל) et de la connaissance (ידע). Ces thèmes, déjà présents dans les chapitres précédents, se retrouveront dans les chapitres suivants, non sans quelques transformations.

i. *Les limites du temps*

Entre les deux moitiés de l'œuvre, la péricope de transition évoque expressément la question du temps. Elle le fait en ses deux extrêmes: un passé (מה־שהיה) reconnu comme déterminé par avance (6, 10) et un futur (מה־יהיה) qui pose question, surtout quant à celui (מי) qui le révèlera à l'homme (6, 12). La réflexion de Qohélet, menée au cours de la première moitié du livret, tient compte de ces deux limites temporelles. Elle vient renforcer le constat largement obéré du caractère évanescent des choses et des événements de ce monde, ainsi que le faible profit que l'homme est en mesure d'attendre de ses efforts. Cela ne l'empêche pas de se poser quelques questions concernant le temps passé, présent et avenir.

– *Les expressions en* מה־שהיה

Entre 1, 3 et 6, 9, Qohélet évoque, par deux fois, l'expression en מה־שהיה (1, 9b; 3, 15). En 1, 9b, le stique se présente comme suit:

$$\text{מַה־שֶּׁהָיָה הוּא שֶׁיִּהְיֶה וּמַה־שֶּׁנַּעֲשָׂה הוּא שֶׁיֵּעָשֶׂה}$$

ce qui est arrivé, voilà ce qui arrive; ce qui s'est fait, voilà ce qui se fait

Au cours de son poème introductif (1, 4–11), le sage avait énoncé, de manière métaphorique, le thème du temps qui ne fait que se répéter invariablement:

A) V. 4. Une génération s'en va, une génération s'en vient,   [les générations
    mais la terre pour toujours subsiste.   passent]
                                                                                [la terre perdure]
    B) V. 5. Il s'est levé le soleil, et il s'en est venu le soleil,   [la nature est
        vers son lieu il halète, là il se lève.   répétitive]

V. 6. Allant vers le midi et tournant vers le nord,
 il tourne, tourne et va, le vent, et à ses tours, il retourne, le vent.
 C) V. 7. Tous les fleuves vont à la mer,   [les efforts stériles de la
  mais la mer n'en est pas remplie;   nature]
  vers le lieu où vont les fleuves, là ils recommencent à aller.
  V. 8. Toutes les choses sont lassantes,
   un homme ne peut le dire; [les efforts stériles de l'homme]
   l'œil ne se rassasie pas de voir,
   l'oreille n'est pas remplie de ce qu'elle écoute.
 B') V. 9. Ce qui est arrivé, voilà ce qui arrive; [l'histoire humaine est
  ce qui s'est fait, voilà ce qui se fait: répétitive]
  il n'y a absolument rien de nouveau sous le soleil.
A') V. 10. Y a-t-il une chose dont on dise: "regarde cela, c'est nouveau!"?
  Déjà cela a existé depuis les siècles qui nous [le temps perdure]
  ont précédés.
  V. 11. Pas de mémoire du passé;
   de même à l'égard de ceux qui, à l'avenir,   [le souvenir des
   arriveront: générations passe]
   nulle mémoire n'existera à leur égard chez ceux qui arriveront pour
   l'avenir.

La répétition des événements de la vie humaine est comparée au mouvement cyclique des éléments de la nature que sont la lumière et le
vent. Pour les uns comme pour les autres, il n'y a apparemment rien à
attendre de nouveau *sous le soleil*.

Le motif du temps qui se répète sera à nouveau présent dans l'unité
théologique sur le "faire" (3, 9–15). En effet, le v. 15a reprend, en le
développant, le précédent motif de la répétition du temps qui passe:
«ce qui est arrivé, c'est ce qui est déjà, et ce qui arrivera existe déjà
/.../» (מַה־שֶּׁהָיָה כְּבָר הוּא וַאֲשֶׁר לִהְיוֹת כְּבָר הָיָה). Hormis l'expression
mentionnée en 6, 10, il ne sera plus question de la locution מה־שהיה
dans la première moitié du livret.

– La question en מה־יהיה
À l'opposé de la question en מה־שהיה de 6, 10a, l'unité de transition
mentionne, en 6, 12b, une question en מה־יהיה à laquelle elle ajoute
le syntagme אחריו:

אֲשֶׁר מִי־יַגִּיד לָאָדָם מַה־יִּהְיֶה אַחֲרָיו תַּחַת הַשָּׁמֶשׁ

Qui révèlera à l'homme **ce qui arrivera par la suite** sous le soleil?

Outre cet emploi en fin de chapitre 6, l'expression verbale מה־יהיה ne
se retrouve qu'une seule fois dans la première moitié du livret, au terme

de la troisième *parole de bonheur*, en 3, 22b : כִּי מִי יְבִיאֶנּוּ לִרְאוֹת בְּמֶה שֶׁיִּהְיֶה אַחֲרָיו («Qui l'emmènera voir **ce qui arrivera par la suite ?**»)[36]. Cette interrogation contient, en outre, un des rares emplois du pronom interrogatif מִי dans les premiers chapitres du livret, alors que les questions en מִי seront récurrentes dans la seconde moitié[37].

En dehors de ces occurrences verbales en מה־יהיה relatives au futur de l'homme, les six premiers chapitres du livre contiennent deux nouvelles formes verbales en *yiqtol* (יהיה). La première en 1, 9, met en relation le présent fréquentatif de l'expression הוא־שׁהיה avec la question sur le passé en מה־שׁהיה. La seconde, dans le cadre des conclusions défaitistes sur la vanité de l'effort du sage en 2, 17–18, contient l'affirmation שׁהיה אחריו (2, 18b).

D'une manière générale, l'attention au temps qui se répète n'est guère abordée avec enthousiasme dans les premiers chapitres. Seul le futur pose question. Mais cette question reste, pour l'heure, sans réponse.

ii. *Les limites de l'aptitude humaine*

Le thème du pouvoir limité de l'homme est un des sujets de l'unité 6, 10–12 qui entre en concours avec ceux de la *vanité* et du *profit*. Nous avions noté, à cet effet, qu'en 6, 10, c'est l'être humain en général (אדם) qui est envisagé dans son incapacité à rivaliser avec Dieu. Ce thème de l'inaptitude humaine se retrouve déjà posé au tout début du livret, où la locution verbale לא יכל est présente, par trois fois, en 1, 8.15 (bis) :

---

[36] Le sens futur indiqué par le syntagme אחריו peut être traduit et interprété de trois manières : 1) «après lui», par référence à une vie possible après sa mort (cf. M. V. Fox, *Qohelet and His Contradictions*, p. 102 ; et, *A time to tear down...*, p. 217) ; 2) «après lui», pour exprimer la vie qui se poursuit sur la terre après la mort de l'homme (J. L. Crenshaw, *Ecclesiastes*, p. 105 ; J. Vilchez Lindez, *Eclesiastés...*, p. 257) ; 3) «par la suite» pour désigner les événements à venir de la vie terrestre de l'homme (E. Podechard, *L'Ecclésiaste*, p. 317–319 : L. Di Fonzo, *Ecclesiaste*, p. 177 ; N. Lohfink, *Qoheleth*, p. 68). Nous préférons retenir ce troisième sens et considérer le pronom suffixe de אחריו comme un neutre, et donc en faire un adverbe. Pas davantage le contexte immédiat que le contexte général du livre ne nous autorise à envisager un autre futur que le futur historique de l'homme.

[37] À cet égard, il est intéressant de noter qu'en 1, 3–6, 9, les questions en מה sont plus nombreuses (11 occurrences) que les questions en מִי (6 occurrences), alors qu'au contraire, en 7, 1–12, 8, les questions en מִי sont plus nombreuses (8 occurrences) que les questions en מה (7 occurrences).

– En 1, 8a, dans le poème introductif, l'expression לֹא יֻכַל décrit l'incapacité de l'homme à exprimer le sens des choses qu'il observe :

כָּל־הַדְּבָרִים יְגֵעִים לֹא־יוּכַל אִישׁ לְדַבֵּר

Toutes les choses sont lassantes, un homme **ne peut** le dire…

– En 1, 15, le motif de l'action limitée de l'homme vient conclure une première phase dans l'exploration de toutes les activités qui se font *sous le ciel / le soleil* [A] (1, 13–15). Devant l'ampleur d'une telle investigation, et après avoir énoncé le refrain long sur la *vanité*, le sage poursuit sous forme d'un proverbe :

מְעֻוָּת לֹא־יוּכַל לִתְקֹן וְחֶסְרוֹן לֹא־יוּכַל לְהִמָּנוֹת

Ce qui est courbé **ne peut** être redressé, ce qui fait défaut **ne peut** être compté.

Face à Dieu qui peut tout, l'homme est présenté comme cet être limité dans son dire et dans son faire. Il est aussi limité dans sa capacité à connaître tout ce qui existe.

iii. *Les limites de la connaissance humaine*

En 6, 10–12, le motif de la *connaissance* (ידע) fait l'objet soit d'une affirmation (6, 10), soit d'une interrogation (6, 12a) :

– En 6, 10, le sage affirme sa connaissance des capacités limitées de l'homme :

מַה־שֶּׁהָיָה כְּבָר נִקְרָא שְׁמוֹ וְנוֹדָע אֲשֶׁר־הוּא אָדָם
וְלֹא־יוּכַל לָדִין עִם (שֶׁהַתְּקִיף) [שֶׁתַּקִּיף] מִמֶּנּוּ

Ce qui est arrivé a déjà été appelé par son nom, **on sait** ce qu'est un homme, il ne peut contester avec plus fort que lui.

– En 6, 12a, il s'interroge sur celui qui lui fera connaître ce qui est bon pour l'homme :

כִּי מִי־יוֹדֵעַ מַה־טּוֹב לָאָדָם בַּחַיִּים מִסְפַּר יְמֵי־חַיֵּי הֶבְלוֹ וְיַעֲשֵׂם כַּצֵּל

Car **qui connaît** ce qui est bon pour l'homme dans la vie, durant le nombre de jours de sa vie de vanité qui passe comme l'ombre ? /…/

Au cours de sa fiction salomonienne (1, 12–2, 26), le sage avait déjà cherché à connaître personnellement tout ce qui existe. Il avait tout mis tout en œuvre pour y parvenir. Il s'y est impliqué personnellement, ainsi qu'en témoignent les nombreux emplois de la racine יָדַע à la forme *qatal*: יָדַעְתִּי («j'ai reconnu [= je sais]»). En explorant la sagesse et la connaissance [B] (1, 16–18), le sage admet que cela l'a conduit à bien des désillusions:

17 וָאֶתְּנָה לִבִּי לָדַעַת חָכְמָה וְדַעַת הוֹלֵלוֹת וְשִׂכְלוּת
יָדַעְתִּי שֶׁגַּם־זֶה הוּא רַעְיוֹן רוּחַ
18 כִּי בְּרֹב חָכְמָה רָב־כָּעַס
וְיוֹסִיף דַּעַת יוֹסִיף מַכְאוֹב

17 J'ai adonné mon cœur **pour connaître** la sagesse et **la connaissance**, la folie et la sottise.
J'ai reconnu que cela aussi est poursuite de vent.
18 Car beaucoup de sagesse, beaucoup de chagrin;
et qui ajoute à la **connaissance**, ajoute à la douleur.

Au cours de la phase de réflexion et de conclusion correspondante [B'] (2, 12–23), le motif de la connaissance personnelle (v. 14b) se double d'une question rhétorique en מִי à l'adresse de l'héritier du "roi" (v. 19)[38]:

14b וְיָדַעְתִּי גַם־אָנִי שֶׁמִּקְרֶה אֶחָד יִקְרֶה אֶת־כֻּלָּם

14b /.../ et pourtant, **je sais**, moi aussi, qu'un sort unique surviendra pour tous les deux.

19 וּמִי יוֹדֵעַ הֶחָכָם יִהְיֶה אוֹ סָכָל וְיִשְׁלַט בְּכָל־עֲמָלִי שֶׁעָמַלְתִּי וְשֶׁחָכַמְתִּי
תַּחַת הַשָּׁמֶשׁ גַּם־זֶה הָבֶל

19 **Qui sait** s'il sera sage ou insensé? Il sera maître de toute ma peine que j'ai peinée avec ma sagesse sous le soleil.
Cela aussi est vanité.

Cette alternance de convictions et de questionnements se retrouve au chapitre 3:
– En 3, 12.14, Qohélet rappelle les convictions qu'il s'est peu à peu forgées à propos de l'action bienfaitrice de l'homme et de l'action permanente de Dieu:

12 יָדַעְתִּי כִּי אֵין טוֹב בָּם
כִּי אִם־לִשְׂמוֹחַ וְלַעֲשׂוֹת טוֹב בְּחַיָּיו

---

[38] La phase de réflexion et de conclusion mentionnant la première *parole de bonheur* [C] (2, 24–26) comporte également une série de questions rhétoriques en מִי (v. 25) faisant suite à une série d'affirmations (v. 24).

12 J'ai reconnu qu'il n'y a rien de bon pour eux,
sinon de trouver du plaisir et de faire le bien durant leur vie.

> 14 יָדַעְתִּי כִּי כָּל־אֲשֶׁר יַעֲשֶׂה הָאֱלֹהִים הוּא יִהְיֶה לְעוֹלָם עָלָיו אֵין
> לְהוֹסִיף וּמִמֶּנּוּ אֵין לִגְרֹעַ וְהָאֱלֹהִים עָשָׂה שֶׁיִּרְאוּ מִלְּפָנָיו

14 J'ai reconnu que tout ce que fait (le) Dieu, cela durera toujours; il
n'y a rien à y ajouter, rien à y retrancher,
c'est (le) Dieu qui fait en sorte qu'on ait de la crainte devant sa face.

- En 3, 16–4, 16, dans le cadre de l'unité littéraire de réflexions sur
la société, le sage s'interroge sur la différence entre l'avenir de
l'homme et celui de la bête. Il le fait sous la forme d'une question
rhétorique en מִי (v. 21) introduisant la troisième *parole de bonheur*
(v. 22):

> 21 מִי יוֹדֵעַ רוּחַ בְּנֵי הָאָדָם הָעֹלָה הִיא לְמָעְלָה
> וְרוּחַ הַבְּהֵמָה הַיֹּרֶדֶת הִיא לְמַטָּה לָאָרֶץ

21 Qui sait si le souffle des fils d'homme monte vers le haut,
et si le souffle de la bête descend vers le bas, vers la terre?

Suite à ces convictions et interrogations, les chapitres suivants feront
état, par trois fois, d'un manque de connaissance[39]: soit לֹא־יֵדַע (4, 13;
6, 5), soit אֵין־יֵדַע (4, 17):

- En 4, 13, la négation se présente sous forme d'une sentence sur le
sage et l'insensé:

> טוֹב יֶלֶד מִסְכֵּן וְחָכָם מִמֶּלֶךְ זָקֵן וּכְסִיל אֲשֶׁר לֹא־יָדַע לְהִזָּהֵר עוֹד

Mieux vaut un enfant indigent et sage qu'un roi vieux et insensé qui **ne
sait plus** se laisser instruire.

- En 4, 17, l'auteur s'en prend à l'attitude religieuse des insensés:

> שְׁמֹר (רַגְלְיךָ) [רַגְלְךָ] כַּאֲשֶׁר תֵּלֵךְ אֶל־בֵּית הָאֱלֹהִים וְקָרוֹב לִשְׁמֹעַ מִתֵּת
> הַכְּסִילִים זָבַח
> כִּי אֵינָם יוֹדְעִים לַעֲשׂוֹת רָע

Surveille tes pas quand tu vas à la maison de (du) Dieu, approche-toi
pour écouter, cela vaut mieux que le sacrifice des insensés.
Car **ils ne savent pas** qu'ils font le mal.

- En 6, 5, il évoque la situation favorable de l'avorton par rapport
au riche dépossédé de sa fortune:

---

[39] À l'exception de 6, 8b où la racine יד״ע est employée, de manière affirmative, sous
la forme d'un participe présent *qal* se référant à l'attitude du pauvre.

גַּם־שֶׁמֶשׁ לֹא־רָאָה וְלֹא יָדָע
נַחַת לָזֶה מִזֶּה

Et même le soleil, il ne l'a vu **ni ne l'a connu**,
celui-ci a plus de repos que celui-là.

Les limites de la connaissance humaine seront largement reprises et développées dans la seconde moitié du livret. L'ignorance éprouvée par certaines catégories de personnes sera étendue à l'ensemble du genre humain. Ces limites, le sage sera amené à les prendre en compte au moment même où il décide de se tourner plus résolument vers son avenir.

3. *Chap. 7–12 et la question de l'avenir de l'homme*

Dans la seconde moitié du livre, se retrouvent la plupart des thèmes évoqués au cours de la première moitié, aussi bien ceux connexes au bonheur que ceux qui ont été spécifiquement mis à jour lors de l'examen de l'unité de transition.

i. *Les questions relatives au temps*

De nouveau, les chapitres 7 à 12 inscrivent la pensée de Qohélet dans un contexte temporel. Ils mentionnent les expressions verbales מה־שֶׁהָיָה / מה־הָיָה et מה־יִהְיֶה. Toutefois, le rapport au temps n'est pas abordé de la même manière que dans les chapitres précédents.

L'expression מה־הָיָה / מה־שֶׁהָיָה n'apparaît que deux fois, exclusivement dans le chapitre 7, en 7, 10.24. Dans ces deux emplois, le sage prend ses distances par rapport au temps qui se renouvelle sans cesse:
– En 7, 10, le sage invite son disciple à ne pas idéaliser les temps anciens:

אַל־תֹּאמַר מֶה הָיָה שֶׁהַיָּמִים הָרִאשֹׁנִים הָיוּ טוֹבִים מֵאֵלֶּה
כִּי לֹא מֵחָכְמָה שָׁאַלְתָּ עַל־זֶה

Ne dis pas: **Comment cela se fait-il** que les jours anciens aient été meilleurs que ceux-ci?
Car ce n'est pas la sagesse qui te demande cela.
– En 7, 24, il prône, sous forme d'une citation[40], un profond détachement par rapport à ce qui continue d'arriver:

---

[40] Cf. *supra*, p. 192–194.

רָחוֹק מַה־שֶּׁהָיָה וְעָמֹק עָמֹק מִי יִמְצָאֶנּוּ

> Lointain est **ce qui est arrivé**,
> et profond, profond : qui le trouvera ?

C'est le recours à la sagesse qui dicte à l'homme ce changement de
cap par rapport au temps passé. Le terme חכמה revient au cours de
ce chapitre 7, notamment en 7, 10–12, là où Qohélet reprend à son
compte les vertus de la sagesse. La reconnaissance de la vraie sagesse
le conduit maintenant à prendre acte de son détachement par rapport
au passé (7, 10.24). Ce détachement, le sage se l'applique lui-même
puisqu'à compter du chapitre 8 les locutions verbales sur le passé
(מה־שהיה / מה־היה) laisseront définitivement place à des locutions sur
le futur (אשר־יהיה / מה־יהיה).

   Quant au futur, le questionnement rhétorique, déjà présent dans la
première moitié du livre[41], va en s'amplifiant. À partir du chapitre 7, la
question relative au futur se joint au thème de l'ignorance de l'homme et
à la question de la révélation de Dieu. En effet, en 8, 7 ; 10, 14 et 11, 2,
la locution verbale כאשר יהיה / מה־שיהיה sera employée en concours
avec les expressions verbales מי נגד ou / et אין ידע / לא ידע :

8, 7

כִּי־אֵינֶנּוּ יֹדֵעַ מַה־שֶּׁיִּהְיֶה
כִּי כַּאֲשֶׁר יִהְיֶה מִי יַגִּיד לוֹ

> Il ne connaît pas **ce qui arrive** :
> comment **cela arrivera**, qui le lui révèlera ?

10, 14b   לֹא־יֵדַע הָאָדָם מַה־שֶּׁיִּהְיֶה וַאֲשֶׁר יִהְיֶה מֵאַחֲרָיו מִי יַגִּיד לוֹ

> /.../ l'homme *ne connaît pas* **ce qui arrive, et ce qui arrivera par la suite**,
> *qui le lui révèlera* ?

11, 2

תֶּן־חֵלֶק לְשִׁבְעָה וְגַם לִשְׁמוֹנָה
כִּי לֹא תֵדַע מַה־יִּהְיֶה רָעָה עַל־הָאָרֶץ

> Donne une part à sept et même à huit,
> car *tu ne sais pas* quel **mal peut arriver** sur la terre.

Le rapport du sage avec son avenir prend appui sur son incapacité
intrinsèque à en connaître les contours. Dans le même temps, il accepte
de s'en remettre à Celui-là seul qui est capable de le lui révéler.

---

[41] Cf. 3, 12.

ii. *Qui peut agir?*

Au seuil de sa recherche intempestive[42], le thème relatif au pouvoir de
l'homme faisait l'objet d'un constat négatif (לא יכל) de la part du sage.
Ce constat se poursuivra au cours de la seconde moitié du livre. Toutefois, si ce thème de l'inaptitude humaine (לא יכל) demeure (8, 17), il
se double maintenant d'une question rhétorique : מי יכל (7, 13) :

- En 7, 13, la question rhétorique relative au *pouvoir* se pose, selon
  nous, à un moment décisif de la réflexion du sage puisque Qohélet
  reconnaît les bienfaits d'une certaine sagesse et invite pour la première fois son disciple à saisir, comme un don de Dieu, le bonheur
  qui vient :

רְאֵה אֶת־מַעֲשֵׂה הָאֱלֹהִים
כִּי מִי יוּכַל לְתַקֵּן אֵת אֲשֶׁר עִוְּתוֹ

Regarde l'œuvre de (du) Dieu :
qui peut redresser ce que lui a courbé?

- En 8, 17, le sage rappelle son incapacité humaine à comprendre
  le monde qui l'entoure, malgré les avantages indéniables que lui
  procure la sagesse en lui offrant des périodes de bonheur :

וְרָאִיתִי אֶת־כָּל־מַעֲשֵׂה הָאֱלֹהִים כִּי לֹא יוּכַל הָאָדָם לִמְצוֹא
אֶת־הַמַּעֲשֶׂה אֲשֶׁר נַעֲשָׂה תַחַת־הַשֶּׁמֶשׁ
בְּשֶׁל אֲשֶׁר יַעֲמֹל הָאָדָם לְבַקֵּשׁ וְלֹא יִמְצָא
וְגַם אִם־יֹאמַר הֶחָכָם לָדַעַת לֹא יוּכַל לִמְצֹא

Alors j'ai vu, au sujet de toute l'œuvre de (du) Dieu, que l'homme **ne
peut** découvrir l'œuvre qui se fait sous le soleil,
quelque peine que l'homme se donne à chercher, il ne trouve pas,
et même si le sage affirme connaître, **il ne peut** trouver.

L'homme sage reste seul face à ses propres limites. Le recours à la
sagesse nouvelle et à ses avantages ne l'aide guère à les réduire. Il lui
permet seulement de les mettre en question et de se tourner vers Dieu
en le craignant[43].

---

[42] Cf. 1, 8.15.

[43] Nous avons vu comment le thème de la crainte de Dieu est lié à celui du bonheur.
Ce thème n'est pas davantage éloigné des autres thèmes adjacents. Du reste, c'est bien
vers une attitude de crainte de Dieu à laquelle conduit le contexte littéraire des péricopes
contenant chacune des paroles en יכל (cf. 7, 18 et 8, 12–13).

iii. *Qui connaîtra et qui révèlera?*

Le thème du savoir et de ses limites revient abondamment dans la seconde moitié du livret, en raison de la racine ידע mentionnée à de nombreuses reprises entre les chapitres 7 à 12[44]. Si l'affirmation d'un savoir personnel du sage est moins redondant, l'indication des limites de la connaissance humaine est, en revanche, affirmée avec insistance, comme en témoignent les nombreuses occurrences de לא ידע et de אין ידע (8, 5a.7a; 9, 1b.5b.12a; 10, 14b.15b; 11, 2b.5b.6b).

Dans cette seconde moitié du livre, la nouveauté réside dans une exhortation faite, sous le mode impératif, par le maître de sagesse: וְדַע «mais sache» (11, 9b), qui se situe dans l'ultime série d'exhortations (11, 9–12, 1):

9 שְׂמַח בָּחוּר בְּיַלְדוּתֶיךָ וִיטִיבְךָ לִבְּךָ בִּימֵי בְחוּרוֹתֶךָ
וְהַלֵּךְ בְּדַרְכֵי לִבְּךָ וּבְמַרְאֵי עֵינֶיךָ
וְדָע כִּי עַל־כָּל־אֵלֶּה יְבִיאֲךָ הָאֱלֹהִים בַּמִּשְׁפָּט
10 וְהָסֵר כַּעַס מִלִּבֶּךָ וְהַעֲבֵר רָעָה מִבְּשָׂרֶךָ כִּי־הַיַּלְדוּת וְהַשַּׁחֲרוּת הָבֶל
12, 1 וּזְכֹר אֶת־בּוֹרְאֶיךָ בִּימֵי בְּחוּרֹתֶיךָ

9   *Prends plaisir*, jeune homme, de tes jeunes années, et que ton cœur *te rende heureux* pendant les jours de ta jeunesse,
    et *marche* dans les voies de ton cœur, et les regards de tes yeux,
    mais sache que, pour tout cela, (le) Dieu te fera venir en jugement.
10 *Écarte* de ton cœur le chagrin et de ta chair le mal,
    car jeunesse et fraîcheur sont vanité.
12,1 *Et souviens-toi* de ton Créateur, aux jours de ta jeunesse /.../

Pour sa dernière occurrence dans le livret, la racine ידע s'inscrit dans le contexte de l'ultime *parole de bonheur*, où le disciple est résolument convié à se réjouir (שׂמח / יטב), malgré la brièveté de la vie qui le guette (הבל). La connaissance porte sur ces instants de bonheur qui, chez lui aussi, finiront par s'estomper un jour ou l'autre. La sagesse ne nous fait pas connaître grand chose, sauf qu'un jour tout disparaîtra.

Au thème de la *connaissance* humaine, la seconde moitié du livret y associe celui de la *révélation*. La racine נגד, absente au début de l'œuvre, est en effet employée, par deux fois, en 8, 7, puis en 10, 14:

– en 8, 7:

כִּי־אֵינֶנּוּ יֹדֵעַ מַה־שֶׁיִּהְיֶה
כִּי כַּאֲשֶׁר יִחְיֶה מִי יַגִּיד לוֹ

---

[44] Soit 22 occurrences dans la seconde moitié du livre au lieu de 12 dans la première.

Il *ne connaît pas* ce qui arrive ;
comment cela arrivera, **qui le lui révèlera** ?
– en 10, 14b

לֹא־יֵדַע הָאָדָם מַה־שֶׁיִּהְיֶה וַאֲשֶׁר יִהְיֶה מֵאַחֲרָיו מִי יַגִּיד לוֹ

/.../ l'homme *ne connaît pas* ce qui arrive, et ce qui arrivera par la suite,
qui le lui révèlera ?

Dans ces deux occurrences, de structure quasiment parallèle, la racine
נגד se présente sous la forme d'une question rhétorique qui fait le pendant avec le thème de l'ignorance de l'homme : אין ידע / לֹא ידע.

Dans le premier cas, le v. 7 fait partie d'une péricope 8, 1–8, structurée
par une série de questions rhétoriques en מי. Avant la longue section
récapitulative et l'invitation à la joie (8, 9–11, 6), le sage revient sur le
thème de la non-connaissance du présent et du futur (אין ידע / לֹא ידע)
auquel il associe le thème positif de la révélation (נגד). Puisque l'homme
sage n'est en mesure de connaître ni le temps présent, ni le futur, qui
donc le lui fera connaître ?

1 מִי כְּהֶחָכָם וּמִי יוֹדֵעַ פֵּשֶׁר דָּבָר
חָכְמַת אָדָם תָּאִיר פָּנָיו וְעֹז פָּנָיו יְשֻׁנֶּא
2 אֲנִי פִּי־מֶלֶךְ שְׁמוֹר וְעַל דִּבְרַת שְׁבוּעַת אֱלֹהִים
3 אַל־תִּבָּהֵל מִפָּנָיו תֵּלֵךְ אַל־תַּעֲמֹד בִּדְבַר רָע
כִּי כָּל־אֲשֶׁר יַחְפֹּץ יַעֲשֶׂה
4 בַּאֲשֶׁר דְּבַר־מֶלֶךְ שִׁלְטוֹן
וּמִי יֹאמַר־לוֹ מַה־תַּעֲשֶׂה
5 שׁוֹמֵר מִצְוָה לֹא יֵדַע דָּבָר רָע
וְעֵת וּמִשְׁפָּט יֵדַע לֵב חָכָם
6 כִּי לְכָל־חֵפֶץ יֵשׁ עֵת וּמִשְׁפָּט
כִּי־רָעַת הָאָדָם רַבָּה עָלָיו
7 כִּי־אֵינֶנּוּ יֹדֵעַ מַה־שֶׁיִּהְיֶה
כִּי כַּאֲשֶׁר יִהְיֶה מִי יַגִּיד לוֹ
8 אֵין אָדָם שַׁלִּיט בָּרוּחַ לִכְלוֹא אֶת־הָרוּחַ
וְאֵין שִׁלְטוֹן בְּיוֹם הַמָּוֶת
וְאֵין מִשְׁלַחַת בַּמִּלְחָמָה
וְלֹא־יְמַלֵּט רֶשַׁע אֶת־בְּעָלָיו

1 **Qui** est comme le sage ? **Qui** *connaît* l'explication d'une chose ?
   La sagesse de l'homme fait briller son visage, et la sévérité de son visage
   est changée.
2 L'ordre du roi, garde-le, à cause même du serment de Dieu.
3 Ne te hâte pas de t'éloigner de sa présence, et ne te mets pas dans un
   mauvais cas, car tout ce qu'il veut, il le fait.
4 Car la parole du roi est souveraine,
   et **qui** lui dira : "que fais-tu ?"

5 Celui qui garde le commandement *ne connaît rien* de mal,
  le temps et le jugement, le cœur du sage les *connaît*.
6 Assurément, pour chaque chose, il y a un temps et un jugement ;
  car le mal de l'homme est grand sur lui :
7 *il ne connaît pas* ce qui arrive ;
  comment cela arrivera, **qui le lui révèlera** ?
8 Il n'y a pas d'homme qui maîtrise le souffle pour retenir le souffle,
  et il n'y a pas de dominateur sur le jour de la mort,
  et il n'y a pas de relâche dans le combat,
  et la méchanceté ne le délivre pas ses maîtres.

Par la mention de l'incompréhension sur le temps présent et futur, le v. 7 assure une transition entre les versets précédents et ceux qui suivront. En exprimant une limitation par rapport au temps présent, ce v. 7 semble contester la sagesse traditionnelle exprimée dans les v. 5 et 6. L'homme sage n'est pas en mesure de connaître ce qui est immédiat. Il ne connaît pas davantage ce qui l'attend, pas même la mort. Personne n'est maître de sa vie, et personne ne peut échapper à la bataille de la vie. Personne... sauf Dieu.

Dans la péricope suivante (8, 11–15), le sage évoque la question de Dieu en confrontant le savoir sur la crainte de Dieu avec la réalité observée. Au v. 12b, il expose solennellement le contenu de son savoir (כי גם־יודע אני). La reprise sous un angle positif du thème de la connaissance met aux prises deux situations contradictoires véhiculées par la sagesse traditionnelle[45] : le bonheur pour ceux qui craignent Dieu (v. 12b) et l'absence de bonheur pour les méchants qui n'éprouvent aucune crainte envers lui (v. 13). Malheureusement, le verset suivant atteste que ce savoir est démenti par l'expérience. Ce que Qohélet critique n'est donc pas la crainte de Dieu en elle-même mais la mise en application de cette maxime. Seule l'acceptation désintéressée des plaisirs offerts par Dieu est en mesure de le soulager un peu de sa fatigue de vivre. Ainsi, la *parole de bonheur* de 8, 15 est-elle un commencement de réponse à la question de 8, 7 et, par voie de conséquence, à la question posée dans l'unité de transition qui lui est semblable (6, 12b)[46].

La question rhétorique de la révélation sera reprise, à peu près à l'identique, en 10, 14 dans le cadre de diverses sentences éparses sur le profit et les limites de la sagesse face à la sottise (9, 13–10, 20). Ces paroles déboucheront sur le poème final traitant, sous forme allégorique,

---

[45] Cf., par exemple, le Ps 37 (36).
[46] Sur cette position, voir V. D'ALARIO, *Il libro del Qohelet...*, p. 152–153.

de la fin de la vie et invitant, de manière ultime, à se réjouir de la vie tant qu'il en est encore temps (11, 7–12, 7).

Une nette différence se fait jour entre chacune des deux étapes du livre. Dans un premier temps, Qohélet se fait chercheur de sens. Il enquête pour découvrir quel profit immédiat l'homme est à même de retirer des efforts déployés dans sa vie. Après un état des lieux fictifs du réel, le sage, déçu, conclut qu'il y a peu de profit stable et assuré à en retirer. Jouir des instants de bonheur à portée de main et craindre Dieu sont ce dont l'homme est en mesure de pouvoir bénéficier pour que la vie ait encore du goût.

Partant de son expérience, le sage finit par en faire une règle de vie pour l'avenir, règle transmissible aux générations après lui. C'est ainsi que, dans un second temps, Qohélet devient un maître de sagesse pétri de réalisme, malgré les insatisfactions persistantes qu'il continue d'observer. C'est pourquoi il enseigne à s'attacher aux bons moments de la vie et, de manière ultime, à craindre Dieu.

Peut-on aller plus loin? Peut-on notamment défendre l'existence de deux parties distinctes dans la recherche du sage? Il serait exagéré de dissocier, chez Qohélet, le chercheur de sens et le maître de sagesse, au risque de perdre de vue les thèmes transversaux et la rhétorique d'ensemble de l'œuvre. Plutôt que de parler de deux parties, il est préférable de parler de deux mouvements, ce qu'a déjà dessiné la progression emphatique des sept *paroles de bonheur* et que confirme l'adjonction de la *parole de bonheur* supplémentaire de 7, 14:

- 1er mouvement: étant donné qu'il n'y a pas de profit plein et entier à attendre en retour de la peine que l'on prend sur la terre, le mieux est de recueillir les moments simples de bonheur qui sont donnés, en leur temps, par Celui qui est le seul maître du temps et de l'éternité.
- 2nd mouvement: après avoir pris acte de l'incapacité humaine à percer le mystère du monde, il ne reste plus au sage qu'à se tourner résolument vers ce Dieu dont l'action échappe à la connaissance de l'homme, à enseigner aux générations futures à ne pas passer à côté du bonheur qui vient et à craindre Dieu par dessus tout.

Une telle présentation a le mérite de clarifier les motifs de la controverse entre les auteurs au sujet du statut des propos bienveillants du sage et de justifier leur différence de traitement de l'énigme du bonheur chez

Qohélet, selon que l'on se trouve dans le contexte d'une simple reconnaissance de quelques moments de plaisir ou bien dans celui d'une
exhortation à cueillir le bonheur tel qu'il se donne…

CHAPITRE 9

LA *PAROLE DE BONHEUR* SUPPLÉMENTAIRE ET LA STRUCTURE BINAIRE DU LIVRE

La question d'une organisation formelle du livre de Qohélet est loin de faire l'unanimité parmi les exégètes. Mis à part les auteurs anciens qui ne voient dans les douze chapitres du livre qu'un assemblage de sentences ou d'unités éparses[1], il en est, parmi les commentateurs récents, qui s'efforcent d'en proposer une présentation structurée, en se fondant sur des éléments littéraires ou rhétoriques repérables. Parmi eux, il est à signaler la structuration proposée par N. Lohfink, exposée dans une longue contribution datée de 1997[2] et résumée dans la traduction anglaise revue et corrigée de 2003[3] de son commentaire en allemand de 1980[4]:

Analyse rhétorique:

1, 2–11	ouverture
1, 12–3, 15	introduction à la thèse anthropologique
3, 16–6, 10	approfondissement à travers diverses expériences
6, 11–9, 6	*refutatio* des positions contraires
9, 7–12, 8	*applicatio* à travers des propositions concrètes

Composition concentrique:

1, 2–3	Cadre
1, 4–11	Cosmologie (poème)
1, 12–3, 15	Anthropologie
3, 16–4, 16	Critique sociale
4, 17–5, 6	Critique religieuse
5, 7–6, 10	Critique sociale
6, 11–9, 6	Déconstruction
9, 7–12, 7	Éthique (+ poème)
12, 8	Cadre

---

[1] Ainsi, par exemple: F. DELITZSCH, *Hoheslied und Kohelet*, Leipzig, 1875, p. 195; F. ELLERMEIER, *Qohelet*, p. 22–141 (et en particulier sa présentation schématique p. 65–79); A. BARUCQ, *Ecclésiaste...*, p. 16–19. Pour une synthèse de la question, voir W. ZIMMERLI, «Das Buch Kohelet. Traktat oder Sentenzensammlung?», *VT* 24 (1976), p. 230.

[2] N. LOHFINK, «Das Koheletbuch: Strukturen und Struktur», *BZAW* 254 (1997), p. 39–121.

[3] N. LOHFINK, *Qoheleth*, p. 7 et 8.

[4] N. LOHFINK, *Kohelet*, p. 10.

Une proposition de structuration, en cinq parties principales, est mise en valeur par Th. Krüger dans son commentaire de 2004[5] :

1, 3–4, 12	Le roi et l'homme sage
4, 13–5, 8	Le roi et Dieu
5, 9–6, 9	Pauvreté et richesse
6, 10–8, 17	Discussion critique de la sagesse conventionnelle
9, 1–12, 7	La vie au regard de la chance et de ce qui est transitoire

Dans son commentaire de la même année, L. Schwienhorst-Schönberger voit dans les quatre parties du livre les quatre étapes de la rhétorique classique[6] :

1, 3–3, 22	*Propositio* : contenu et conditions d'un bonheur humain possible
4, 1–6, 9	*Explicatio* : explication philosophique du bonheur
6, 10–8, 17	*Refutatio* : dispositions alternatives au bonheur
9, 1–12, 7	*Applicatio* : appel à la joie et à l'action

À côté de ces hypothèses, il est des traductions et commentaires qui s'en tiennent à une division bipartite de l'œuvre, chaque partie correspondant à une moitié du livre : 1ʳᵉ partie (chapitres 1 à 6) ; 2ᵈᵉ partie (chapitres 7 à 12). Ces propositions ont le mérite de se fonder sur divers thèmes du livre pour tenter d'identifier deux étapes dans la pensée du sage. La confrontation de ces propositions avec la recherche sur le bonheur est utile pour vérifier la pertinence de la thèse favorable à une progression dans la pensée du sage.

Parmi les traductions françaises du livre, la *BJ* retient une division formelle du texte en deux parties, dont la césure se situe au seuil du chapitre 7. Depuis l'édition en fascicules de 1948, ce livre de sagesse est présenté de la manière suivante : avant 1, 4, un intitulé *Première partie*, et avant 7, 1, un intitulé *Deuxième partie*. Cette proposition de division en deux parties égales (1, 4–6, 12 et 7, 1–12, 14) sera maintenue dans toutes les éditions ultérieures[7]. Néanmoins, lors des éditions en fascicules de 1951 et 1958, une note du traducteur, en 6, 12, vient provisoirement justifier ce découpage : « Ainsi se termine la première partie, somme toute assez cohérente /.../. »[8]

---

[5] Pour une présentation plus détaillée, voir Th. KRÜGER, *Qoheleth*, p. 6.

[6] L. SCHWIENHORST-SCHÖNBERGER, *Kohelet*, p. 52.

[7] Quant aux autres bibles en français, telles que notamment la *TOB*, *La Bible* d'Osty-Trinquet ou encore *La Bible de la Pléiade*, elles ne contiennent aucune proposition de structuration.

[8] Cette note explicative disparaîtra ensuite des éditions de la *BJ* en un seul volume (1956 ; 1973 ; 1998).

1. *L'approche littéraire du livre*

Au cours de la seconde moitié du XXᵉ siècle, des auteurs se sont penchés sur la délicate question de la structure littéraire du livre de Qohélet. G. R. Castellino est l'un des premiers à avoir proposé une tentative de délimitation de l'ouvrage en deux parties (1, 1–4, 16 et 4, 17–12, 12), prenant appui sur le modèle judiciaire[9]. En prêtant attention à certains mots de vocabulaire (tels que הבל, רעה / רע, עמל) ainsi qu'aux formes verbales présentes au long des douze chapitres du livre, l'auteur note, à compter de 4, 17, des changements de style justifiant une division bipartite du livre, tout en reconnaissant que les deux parties de l'ouvrage sont très complémentaires. Alors que, dans la première partie, le sage de Jérusalem porte un regard négatif sur l'homme et sur ses activités dans le monde, dans la seconde partie au contraire, il présente un point de vue beaucoup plus positif[10]. Cependant, cette division paraît trop déséquilibrée et insuffisamment rendre compte de l'ensemble des thèmes et des problématiques de Qohélet.

C'est surtout à partir d'A. G. Wright qu'une proposition de structuration plus équilibrée voit le jour, chacune des deux parties correspondant quasiment à une moitié du livre. Malgré les exagérations auxquelles elle conduira par la suite, cette contribution ne restera pas sans effet chez certains commentateurs autorisés de Qohélet.

a) *La structure selon A. G. Wright (1, 12–6, 9; 6, 10–11, 6)*

Dans un premier article publié la même année (1968) et dans la même collection que celui de G. R. Castellino[11], A. G. Wright montre que, selon lui, et contrairement à ce qui a été défendu jusque-là, le livre de Qohélet serait organisé en deux grandes parties, à savoir: 1, 12–6, 9 et 6, 10–11, 6. Pour cela, le commentateur se fonde sur l'observation des mots de vocabulaire ou des expressions dont l'emploi fréquent démontre une certaine continuité de pensée au sein de l'une ou de l'autre partie

---

[9] G. R. Castellino, «Qohelet and His Wisdom», *CBQ* 30 (1968), p. 15–28.

[10] «The two parts must be looked upon as being complementary to each other. The function of Part I is to bring forward clearly and forcibly the "case for the prosecution". But, as in every trial the advocate for the prosecution is answered by the defense, Part II will receive full meaning, we think, when read as "the brief for the defense."» (*ibid.*, p. 22).

[11] A. G. Wright, «The riddle of the Sphinx: the structure of the Book of Qoheleth», *CBQ* 30 (1968), p. 313–334.

de l'ouvrage. L'auteur met alors en exergue trois caractéristiques de type littéraire, propres aux six premiers chapitres, l'autorisant à circonscrire une première partie dans le livre :

- La répétition de refrains longs sur "la vanité et la poursuite du vent".
- Une majorité d'emplois de la racine עמל (24 emplois sur 35 au total) liés à la thématique générale de la vanité.
- La reconnaissance, à plusieurs reprises, du moindre mal qu'il y a à manger, à boire et à se réjouir du fruit de son travail[12].

À partir de ces remarques, A. G. Wright souligne qu'en 6, 10 la phase d'investigation du sage s'achève au moment où sont introduits de nouveaux thèmes de réflexion, tels que la connaissance de ce qui est bon pour l'homme ou ce qui concerne son avenir. Selon notre auteur, de tels motifs seront à nouveau évoqués à plusieurs reprises, au cours des six derniers chapitres du livre, dans une dialectique autour du "connaître / ne pas connaître"; "trouver / ne pas trouver"[13].

Suite à ces observations de nature lexicale et sémantique, l'auteur en vient à formuler une proposition de division bipartite du livre : « The patterns suggest that the book is divided into two main parts (1, 12–6, 9; 6, 10–11, 6) and the thought is also thus divided : in the first part Qoheleth is concerned with the vanity of various human endeavors, and in the second part with man's inability to understand the work of God. Each of the two halves indicated has an announcement of its topics at the beginning (1, 12–18; 2, 3 and 6, 10–12) and does indeed pursue those topics. »[14]

---

[12] À propos du thème du bonheur tel qu'il apparaît dans la première moitié du livre, l'auteur remarque : « So there is not only a continuity of thought in 1, 12–6, 9, but there is also a development with regard to the enjoyment idea insofar as the advise is offered four times and then is heavily qualified in the last section. » (*ibid.*, p. 322).

[13] Le commentateur résume sa position en ces termes : « So, to recapitulate, there is the eight-fold repetition in 1, 12–6, 9 of "vanity and a chase after wind", marking off eight meaningful units which contain eight major observations from Qoheleth's investigation of life, plus digressionary materiel. A secondary motif runs through the sections on toil (the only thing that he can find that is good for man to do is to enjoy the fruit of his toil), and at the end even this is shown to have limitations. Where this pattern ceases in 6, 9 there follows immediately the introduction of two new ideas : man does not know what is good to do nor what comes after him; and another verbal pattern begins. » (A. G. WRIGHT, « The riddle of the Sphinx : the structure of the Book of Qoheleth », p. 323).

[14] *Ibid.*, p. 324.

Grâce à cette structure, A. G. Wright conclut que la lecture du livre de Qohélet est plus claire qu'elle n'y paraissait à première vue : « The idea of the impossibility of understanding what God has done (which was always seen as *a* theme) is in reality *the* theme, and it is built on the vanity motif prominent in the first part of the book. The only advice offered is to find enjoyment in life and in the fruit of one's toil while one can (2, 24 ; 3, 12–13 ; 3, 22 ; 5, 17–19 ; 7, 14 ; 8, 15 ; 9, 7–9 ; 11, 7–12, 8)[15], to venture forth boldly in spite of the uncertain (9, 10 ; 11, 1.4.6), to fear God (5, 6 ; 11, 9), not to work feverishly (4, 4–6), not to put all the eggs in one basket (11, 2), and not to waste words trying to puzzle things out (1, 18 ; 4, 17–5, 6 ; 6, 10–11 ; 10, 12–15). »[16] Le schéma de structure proposé par A. G. Wright se résume ainsi[17] :

Titre (1, 1)

Poème sur la peine (1, 2–11)
I. Investigation de Qohélet sur la vie (1, 12–6, 9)
    a. Double introduction (1, 12–15 ; 1, 16–18)
    b. Étude sur la recherche du plaisir (2, 1–11)
    c. Étude sur la sagesse et la folie (2, 12–17)
    d. Étude sur les fruits du travail pénible (2, 18–6, 9)
II. Conclusions de Qohélet (6, 10–11, 6)
    Introduction (6, 10–12)
    a. L'homme ne peut trouver ce qui est bon pour lui (7, 1–8, 17)
    b. L'homme ne peut connaître ce qui arrivera après lui (9, 1–11, 6)

Poème sur la jeunesse et la vieillesse (11, 7–12, 8)

Épilogue (12, 9–14)

L'étude d'A. G. Wright, pour intéressante qu'elle soit[18], ne résistera pas à quelques dérives, dont le rédacteur lui-même est à l'origine. La question de l'organisation interne du livre est, de nouveau, posée dans deux nouvelles publications, en date de 1980 et de 1983[19], dans lesquelles

---

[15] Le commentateur énumère ici explicitement 7, 14 au titre des *paroles de bonheur*.
[16] *Ibid.*, p. 334.
[17] Pour une présentation plus détaillée de cette structure, voir *ibid.*, p. 325.
[18] Elle a, par exemple, été saluée quelques années plus tard par un article de J. S. M. MULDER, « Qoheleth's division and also its main points », *in Von Kanaan bis Kerala. Festschrift für Prf. Mag. Dr. J. P. M. van der Ploeg o.p. zur Vollendung des siebzigsten Lebensjahres am 4 Juli 1979* (AOAT 211), Neukirchener Verlag, Neukirchen-Vluyn, 1982, p. 149–159.
[19] A. G. WRIGHT, « The riddle of the Sphinx Revisited : Numerical Patterns in the Book of Qoheleth », *CBQ* 42 (1980), p. 38–51 et « Additional Numerical Patterns in Qoheleth », *CBQ* 47 (1983), p. 32–43.

A. G. Wright complète ses arguments d'ordre littéraire—pourtant solides—par un ensemble de données chiffrées, tirées de la combinaison de plusieurs critères tels que notamment le nombre de versets dans le livre, la fréquence des répétitions de certains mots de vocabulaire (הבל) ou de certaines expressions (הבל הבלים) ainsi que le calcul de la valeur numérique de certains syntagmes (דברי), en tenant compte des caractères hébraïques.

Mises à part ces dernières hypothèses fantaisistes[20], la position initiale d'A. G. Wright ne manque pas d'intérêt, à tel point que certains commentateurs se sont alignés, moyennant quelques adaptations, sur les conclusions du commentateur américain pour proposer leur structure du livre.

b) *Confirmation de la structure par R. E. Murphy*

Dans son commentaire publié en 1992[21], R. E. Murphy adopte la structure proposée par A. G. Wright, à laquelle il fait explicitement référence[22]. S'il prend ses distances par rapport aux considérations numériques considérées comme fantaisistes, le commentateur s'inspire largement du schéma binaire de son compatriote, qu'il étoffe en le commentant quelque peu. Comme lui, il met à part le prologue de l'œuvre (1, 1–11), si bien qu'il fait commencer la première partie à 1, 12. De même, les divisions à l'intérieur de chacune des parties suivent de près celles proposées par A. G. Wright[23] :

I. Prologue (1, 1–11)
   a. Suscription (1, 1)
   b. Inclusion (1, 2 avec 12, 8)
   c. Poème introductif (1, 3–11)
II. *1ʳᵉ partie* (1, 12–6, 9)
   a. Introduction (1, 12–18)
   b. L'expérience de la joie (2, 1–11)
   c. Quel est le profit de la sagesse ? (2, 12–17)

---

[20] Voir, à ce propos, la critique d'E. Bons, « Zur Gliederung und Kohärenz von Koh 1, 12–2, 11 », *BN* 24 (1984), p. 73–93 (surtout p. 75–78), celle plus récente de M. V. Fox, *A time to tear down…*, p. 148–149 et encore plus récemment celle de J. L. Koosed, *(Per)mutations of Qohelet. Reading the Body in the Book*, (LHB.OTS 429), Clark, New York / London, 2006, p. 91–94.

[21] R. E. Murphy, *Ecclesiastes*, p. XXXV–XLI.

[22] *Ibid.*, p. XXXIX: « The commentary follows in the main pattern discovered by A. Wright /…/ ». Il avait déjà fait allusion au premier article d'A. G. Wright de 1968 dans une contribution publiée l'année suivante dans la même revue : « Form Criticism and Wisdom Literature », *CBQ* 31 (1969), p. 477.

[23] Cf. *ibid.*, p. XXXIX–XL.

   d. La peine considérée comme vanité (2, 18–26)
   e. Temps et peine (3, 1–4, 6)
   f. Réflexion sur ce qui est "double" (4, 7–16)
   g. Propos variés (4, 17–6, 9)

III. *2ᵈᵉ partie* (6, 10–11, 6)
   a. Introduction à la seconde moitié du livre (6, 10–12)
   b. 1ʳᵉ sous-partie (7, 1–8, 17)
      – Confrontations avec la sagesse traditionnelle (7, 1–14)
      – Réflexion puis confrontation au sujet de la sagesse (7, 15–24)
      – Réflexions sur la justice humaine (7, 25–29)
      – Deux nouvelles confrontations avec la sagesse (8, 1–17)
   c. 2ᵈᵉ sous-partie (9, 1–11, 6)
      – Réflexion relative à la mort (9, 1–12)
      – Collections de paroles (9, 13–10, 15)
      – Collections de paroles (10, 16–11, 2)
      – Collections de paroles (11, 3–6)

IV.   Poème sur la jeunesse et la vieillesse (11, 7–12, 7)
V.   Inclusion (12, 8)
VI.   Épilogue (12, 9–14)

c) *La structure selon C.-L. Seow (1, 2–6, 9; 6, 10–12, 8)*

Quelques années plus tard, C.-L. Seow, dans son commentaire de 1997, s'inspire, lui aussi, de l'essai de structuration d'A. G. Wright qu'il cite abondamment[24]. À son tour, il prend ses distances par rapport aux positions fantaisistes de l'auteur, en particulier quant aux considérations numériques sur le texte[25]. Dans son plan en deux parties, C.-L. Seow intègre désormais le poème initial (1, 2–11) ainsi que le poème final (11, 7–12, 8). Et les subdivisions, à l'intérieur de chacune des parties, s'en trouvent simplifiées, si bien que chaque grande partie comporte une phase de réflexions à laquelle fait suite une série d'applications pratiques :

1, 1 Superscription
                    Part I
I.A. Reflection : Everything Is Ephemeral and Unreliable
      I.A.1.   1, 2–11   Preface
      I.A.2.   1, 12–2, 26   Nothing Is Ultimately Reliable

---

[24] C.-L. Seow, *Ecclesiastes…*, p. 43–47.
[25] *Ibid.* : « The numerology is clever, but finally unconvincing. » (p. 44) ; « Wright is no doubt correct that there are strong clues that there is a structure in the book, but the book probably does not have the intricate design that he and others proffer. » (p. 46).

Ces approches de type littéraire ont le mérite de clarifier, tant soit peu, l'agencement des différents thèmes essaimés dans le livre. Elles ont cependant l'inconvénient de ne pas suffisamment rendre compte de la dynamique d'ensemble occasionnée par la répétition des mots ou expressions, et de vouloir figer une pensée sapientielle en constante interrogation.

2. *L'approche littéraire et rhétorique du livre*

L'étude menée par V. D'Alario sur l'organisation et la structure du livre de Qohélet a le mérite de combiner les résultats obtenus par l'analyse littéraire de l'œuvre avec une approche rhétorique qui rende compte de la pensée dynamique du sage. Cette analyse, largement argumentée dans une monographie de 1993[26], a été ensuite synthétisée dans un article publié dans un ouvrage collectif sur Qohélet en 2001[27].

---

[26] V. D'ALARIO, *Il libro del Qohelet*…, principalement p. 176–237.
[27] V. D'ALARIO, « Struttura e teologia del libro del Qohelet », in *Il libro del Qohelet*…, p. 256–275.

a) *Le point de vue de V. D'Alario en 1993*

i. *L'analyse littéraire*

D'emblée, l'auteur italien approuve, dans les grandes lignes, la délimitation du livre proposée par A. G. Wright, bien que celle-ci lui semble trop rigide à bien des égards[28]. Partant de là, V. D'Alario préconise une division de l'œuvre en deux grandes parties: 1, 3–6, 9 et 7, 1–11, 6. La première serait davantage dominée par le travail fatigant de l'homme tandis que la seconde s'attacherait plutôt à définir ce qui est bon pour lui. V. D'Alario prend quelques distances par rapport à la structuration défendue par A. G. Wright, notamment quant à l'unité indépendante 6,10–12 servant de transition entre les deux parties de l'œuvre[29].

L'auteur italien propose d'approfondir cette délimitation en divisant, à gros traits, chacun de ces grands ensembles en deux sections[30]:

> 1re *partie*:
> chap. 1–3: expérience du sage exprimée à la première personne du singulier
> chap. 4–6: paroles en טוב à partir d'exemples empruntés à la vie courante
>
> 2de *partie*:
> chap. 7–8: autour de la dialectique "chercher / ne pas trouver"
> chap. 9–11: autour de la dialectique "connaître / ignorer"

Luttant contre une interprétation trop statique de la pensée du sage, V. D'Alario insiste sur les liens unissant les deux parties du livre. Déjà, le commentateur met en exergue les trois thèmes majeurs qui traversent toute l'œuvre du sage: l'agir humain, la valeur de la sagesse et l'exhortation à la joie (face à la fugacité de l'action et de la connaissance). Puis, s'appuyant autant sur des indices formels que sur le fond, elle énonce un ensemble de thèmes qui ont des implications dans chacune des deux parties:

– ce qui est avantageux, recherché d'abord dans la situation besogneuse de l'homme, devenant ensuite une interrogation sur ce qui est bon

– la détermination divine des temps

---

[28] *Ibid.*, p. 176.
[29] Pour une synthèse de l'analyse littéraire, voir le tableau récapitulatif (cf. V. D'ALARIO, *Il libro del Qohelet…*, p. 181).
[30] Cf. *ibid.*, p. 176–177.

- l'incapacité à comprendre les intentions de Dieu
- le problème de la mort
- celui de l'injustice
- l'expérience de la joie
- la crainte de Dieu.

Néanmoins, et conformément à l'opinion émise par A. G. Wright, V. D'Alario met le poème final 11, 7–12, 7[31] à part du cadre de la seconde partie. Or, au contraire, et en raison même des thèmes transversaux précités—tels celui de l'expérience de la joie—ainsi qu'au regard de l'importance des sujets abordés dans les quatre poèmes, on est fondé à intégrer à la seconde partie ce passage 11, 7–12, 7 qui contient en particulier la dernière *parole de bonheur* (11, 7–10)[32].

À travers la multiplicité des questions traitées, V. D'Alario conclut à l'impossibilité de réduire la pensée de Qohélet à une thématique unique, mais elle avoue, aussitôt, son incapacité à dresser un ordre de priorité chez l'écrivain sacré:

1. Il libro del Qohélet non è un agglomerato di sentenze.
2. Esiste un piano organico nell'opera, che si esprime attraverso la sua struttura letteraria; ne è prova la delimitazione chiara, anche se non rigida, delle sezioni e delle pericopi, resa possibile da quei fattori stilistici che caratterizzano il libro: parole-chiave, espressioni e formule ricorrenti, che non sembrano giustapposte al testo, quasi fossero, come sostiene Ellermeier, opera di un redattore che se ne è servito per amalgamare il materiale. Esse costituiscono invece la matrice generativa del testo.
3. Il libro si può dividere in due parti, ma le corripondenze tematiche e terminologiche tra la prima e la seconda parte dell'opera impediscono di interpretare in maniera rigida tale suddivisione.
4. È possibile delineare un movimento all'interno delle singole parti, che è un andare e un tornare indietro sempre sugli stessi temi, affrontandoli però da prospettive diverse.
5. Prevalgono nella struttura del testo le figure della ripetizione e della circolarità.[33]

Selon le commentateur italien, l'étude littéraire des douze chapitres du livre a le mérite de mettre en relief les discontinuités frappantes d'un

---

[31] Et non pas 11, 1–12, 7 comme indiqué par erreur dans le tableau récapitulatif (cf. *ibid.*, p. 181).

[32] L'auteur italien finira par intégrer le poème final dans sa synthèse de 2001 (cf. *infra*, p. 258).

[33] *Ibid.*, p. 179.

passage à l'autre de l'œuvre. En revanche, elle est insuffisante pour rendre compte du mouvement cyclique du message de l'auteur sacré. Aussi, lui semble-t-il nécessaire d'accompagner cette étude grammaticale et linguistique d'un examen des figures stylistiques afin de montrer l'incidence qu'elles ont sur l'organisation de la pensée du sage et, par conséquent, sur la structure générale du livre.

ii. *L'analyse rhétorique*

V. D'Alario part, à nouveau, des éléments grammaticaux et syntaxiques pour déterminer leur fonction logique et instrumentale dans le livre. Dans cette perspective, le commentateur s'attache aux particules de négation, aux formules interrogatives ainsi qu'aux comparaisons, exemples et autres antithèses ou polarités récurrentes chez Qohélet[34].

Au bout du compte, V. D'Alario en conclut que le mouvement du livre est dialectique : « negazioni, interrogazioni, paragoni, esempi sono tutte figure grammaticali e stilistiche che implicano un riferirsi a qualcun altro o a qualcosa d'altro. La dialettica comporta dunque due consequenze importanti : la finalizzazione al dialogo e la contestazione critica dei valori dell'interlocutore. »[35] Puis, l'auteur insiste sur quelques figures stylistiques les plus caractéristiques de l'une et l'autre parties du livre, telles la répétition des formules de vanité, les paroles sur la joie, la crainte de Dieu ou encore les différentes inclusions.

Notre commentateur montre comment la présence de tel ou tel mot de vocabulaire ou de telle ou telle formule stylistique varie d'un bout à l'autre du livre. C'est ainsi que, pour corroborer ses arguments stylistiques en faveur d'une division bipartite, V. D'Alario insiste sur la récurrence des propositions interrogatives fondamentales du livre : quel avantage ? Qui peut connaître ? En particulier, le commentateur confirme que la question relative à l'avantage que l'homme peut retirer concrètement de son travail domine exclusivement les six premiers chapitres du livre. En revanche, le thème de la connaissance (ידע), bien que déjà présent dans la première partie du livre (soit 13 occurrences)[36] et dans l'unité de transition (6, 10a.12a), revient majoritairement dans les six derniers chapitres (soit 22 occurrences), sous forme d'affirmation[37],

---

[34] *Ibid.*, p. 183–202.
[35] *Ibid.*, p. 202.
[36] Cf. 1, 16.17 (bis).18 ; 2, 14.19.21 ; 3, 12.14.21 ; 4, 17 ; 6, 5.8.
[37] Cf. 7, 22.25 ; 8, 5 (bis).12.16.17 ; 9, 5.

d'interrogation[38], d'invitation[39], de négation[40] équivalant, selon l'auteur, à une interrogation. En définitive, l'auteur est en mesure de conclure, au sujet de ces deux questions, que : « Essi, oltre a scandire le due parti in cui si articola il libro, costituiscono la pista per individuare la problematica del testo, che nella prima parte si interroga sul senso dell'agire umano e nella seconda sulla possibilità da parte dell'uomo di conoscere e penetrare la realtà nei suoi molteplici aspetti. »[41]

Ces remarques d'ordre rhétorique sont confirmées par celles relatives à la métaphore et aux refrains sur la vanité. Après avoir passé en revue les différents emplois du terme הבל, l'auteur s'interroge sur leur incidence sur la division bipartite du livre : « Qual è ora la funzione di questa ripetizione per 7 volte della formula di vanità ? Si può basare su questa ripetizione la suddivisione di tutta la prima parte del libro in 7 sezioni, come propone Wright, o la ripetizione svolge un'altra funzione nel libro ? »[42] L'étude des paroles sur la joie ainsi que celles sur la crainte de Dieu confirmeront cette délimitation bipartite du livre.

S'agissant des *paroles de bonheur*, V. D'Alario s'en tient au septénaire admis par les commentateurs habituels de Qohélet. Ces sept *paroles* sont, selon l'auteur, autant d'ouvertures positives face au constat négatif dominant les deux parties du livre. Dans un premier temps, le thème de la joie s'inscrit dans une dialectique entretenue entre ce qui est avantageux et l'expérience concrète de la vie qui révèle qu'il n'y a rien à attendre de la peine que l'on prend. De même, dans un second temps, la proposition de se réjouir des joies simples de l'existence ouvre une perspective nouvelle face à une réflexion négative qui bute sur les limites de la connaissance humaine devant l'agir de Dieu[43].

En conclusion, V. D'Alario retient que les thèmes de bonheur et de crainte de Dieu sont finalement les deux éléments de nature stylistique qui assurent la dynamique de tout le livre, notamment dans son aspect cyclique : « La teologia del Qohelet, che sembra presentare un Dio freddo e lontano dall'uomo, è in realtà una teologia del mistero. Essa costituisce il fondamento del duplice invito al timor di Dio e alla gioia di vivere. Il timore di Dio riassume il monito religioso del Qohelet e lo allinea

---

[38] Cf. 8, 1.
[39] Cf. 11, 9.
[40] Cf. 8, 5.7 ; 9, 1.5.11.12 ; 10, 14.15 ; 11, 2.5a.5b.6b.
[41] *Ibid.*, p. 218.
[42] *Ibid.*, p. 221.
[43] *Ibid.*, p. 224.

perfettamente alla tradizione religiosa del suo popolo; la ripetizione per sette volte del tema della gioia rappresenta la proposta esistenziale di Qohelet, che è nello stesso tempo "predicatore di gioia" e "filosofo della vanità". Intorno a questi elementi si fonda la struttura ciclica dell'opera; dalla prima alla seconda parte ritornano gli stessi motivi, ma ogni volta con funzioni diverse.»[44]

b) *La synthèse de V. D'Alario en 2001*

Dans son article de 2001, V. D'Alario revient sur bon nombre des arguments littéraires et rhétoriques abordés quelques années auparavant. Elle les reprend dans l'intention d'insister davantage sur les liens étroits qui unissent la structure du livre et la pensée théologique de leur auteur. À nouveau, le commentateur italien rappelle le mouvement cyclique qui anime toute l'œuvre, en raison notamment de la répétition des mots de vocabulaire, mais également en raison de l'énumération des questions rhétoriques, refrains et autres phrases-types qui ponctuent l'argumentation du sage. L'ensemble de ces remarques la conduit à mettre en évidence le noyau central du livre qu'est l'unité 6, 10–12.

À partir de la détermination de ce centre, V. D'Alario confirme l'articulation du livre en deux grandes parties (1, 3–6, 9 et 7, 1–12, 7), tout en rappelant, une fois encore, que cette délimitation n'est pas à interpréter de manière trop rigide[45]. La nouveauté de la synthèse de 2001 réside dans l'intégration du poème final dans le contexte de la seconde partie. L'auteur rappelle que la première partie tente de répondre à la question rhétorique initiale sur ce qui est profitable pour l'homme (1, 3) en abordant la thématique de la fatigue humaine, cette interprétation étant confirmée par les nombreuses récurrences des termes et expressions sur la vanité. La seconde partie, en revanche, répond à l'interrogation relative au savoir humain (6, 12), par une critique des limites de la sagesse.

Avec l'énumération des paroles en טוב du chapitre 7, il s'agit moins de savoir ce qui est profitable pour l'homme que de reconnaître son incapacité ontologique à tout connaître et à tout maîtriser. Le thème central de cette nouvelle partie porte davantage sur les limites de la sagesse humaine, limites qui s'expriment à travers les deux catégories d'opposition: chercher / ne pas trouver; connaître / ignorer.

---

[44] *Ibid.*, p. 236–237.
[45] V. D'ALARIO, «Struttura e teologia del libro del Qohelet», p. 260–261.

À cet égard, l'unité de transition (6, 10–12) réunit les thèmes majeurs à partir desquels s'organisent la structure de l'œuvre et l'argumentation théologique du sage.

i. *La problématique du temps*

Avec l'expression מה־שהיה כבר de 6, 10, se pose d'emblée la problématique du temps. Celle-ci est constitutive de l'organisation générale du livre. Dans la première partie, le rapport au temps, signifié par l'opposition entre le temps vécu par les hommes (עת) et le temps connu de Dieu seul (עולם), est situé sur fond de fatigue et dans la perspective de la mort, expérience que connaît tout vivant. La seconde partie est dominée par l'interrogation sur la connaissance des temps : מי־יודע de 6, 12. Elle s'accompagnera d'une réflexion sur les limites de la capacité humaine et sur l'affirmation de la supériorité absolue de la connaissance de Dieu[46].

ii. *Quel avantage pour l'homme ?*

La question de l'avantage—qui avait abouti, dans les chapitres précédents, au constat négatif qu'il n'y a rien à attendre des discours humains—est posée à nouveau en 6, 11. Pour le commentateur, la seule issue possible réside dans le fait de savoir ce qui est bon pour l'homme, d'où l'importance qu'il y a de se tourner vers Dieu pour le craindre et à se réjouir des occasions restreintes de bonheur qui nous sont données. À cet égard, le v. 12 énonce deux interrogations rhétoriques distinctes : la première porte sur la connaissance de ce qui est bon pour l'homme dans le cadre de son existence éphémère[47] ; la seconde porte sur l'impossibilité humaine dans laquelle se trouve l'homme de connaître son futur. Seule une prise de distance par rapport à la sagesse traditionnelle permet au sage de rencontrer Dieu sur le terrain de son existence quotidienne. À nouveau, l'appréciation de situations heureuses est la réponse favorable que donne Qohélet pour échapper aux frustrations de la vie.

Suite aux résultats de cette analyse rhétorique, V. D'Alario dégage plusieurs niveaux d'interprétation :

---

[46] « Nel v. 12 il verbo ידע è ripreso nella forma dell'interrogativo מי־יודע. Si istituisce così un chiaro confronto tra la conoscenza divina, che prevede tutto, e quella umana, che è incapace persino di comprendere ciò che è bene per l'uomo. » (V. D'ALARIO, « Struttura e teologia del libro del Qohelet », p. 264).

[47] Ainsi, la réflexion sur la vanité de l'existence, entamée en 1, 3, est à comprendre dans cette perspective théologique d'ouverture suscitée par la crainte de Dieu.

 – un plan épistémologique pour lequel on reste sur le seul terrain
   de l'expérience humaine. Cette situation immanente est celle dans
   laquelle se situe le sage, dans les six premiers chapitres du livre.
 – un plan théologique qui fait dépendre toute chose du bon vouloir de
   Dieu, indépendamment du fait que l'homme ne soit pas en mesure
   de comprendre le dessein de Dieu. Le but ultime de la réflexion
   du sage n'est pas d'ordre philosophique, mais théologique.
 – un plan existentiel, selon lequel la seule opportunité qu'a l'homme
   de franchir la distance qui le sépare de Dieu est d'accueillir sa
   présence au quotidien, par le truchement des joies simples de
   l'existence qui s'offrent à lui. Et la meilleure invitation à saisir ce
   don de Dieu est affirmée, selon le commentateur, dans les paroles
   d'exhortation de 7, 13–14 : « In 7, 13–14, un altro dei testi più dis-
   cussi del Qohelet, si legge l'invito a gioire nel giorno lieto e a essere
   triste nel giorno luttuoto. Qohelet fa risalire a Dio sia l'uno che
   l'altro momento della vita umana, "perché l'uomo non scopra nulla
   del suo avvenire". L'invito di Qohelet si radica in una temporalità
   che va colta come dono di Dio e accettata come tale. Considerata
   l'impossibilità da parte dell'uomo di modificare l'opera di Dio, non
   rimane altra soluzione che l'accettazione della gioia e del dolore,
   entrambi predisposti da Dio per l'uomo. »[48]

En conclusion de sa riche contribution, V. D'Alario revient sur le rapport entre Dieu et l'homme. Celui-ci s'exprime de deux façons : dans
l'immanence de la vie quotidienne grâce à la reconnaissance et à la
jouissance des bienfaits de tous les jours, fruit du travail de l'homme
et don de Dieu ; dans la soumission à la transcendance de Dieu en
se mettant dans cette seule attitude qui consiste à respecter Dieu en
le craignant. Bonheur et crainte de Dieu apparaissent, à nouveau, de
manière éloquente.

---

[48] V. D'Alario, « Struttura e teologia del libro del Qohelet », p. 273–274.

CONCLUSION

LE BONHEUR: UNE ÉNIGME RÉSOLUE?

Entre les "optimistes" résolus et les "pessimistes" invétérés, l'interpréta-tion des passages sur le bonheur semblait, jusque-là, bien énigmatique pour qui voulait se pencher de près sur cette question. Suite au détour par l'examen contextuel des paroles de bonheur et l'analyse littéraire et stylistique des thèmes-clés qui s'y rattachent, il est maintenant possible de proposer une hypothèse de résolution de l'énigme du bonheur.

Nonobstant leurs exagérations, les idées-forces de R. N. Whybray et A. Schoors ne contredisent pas l'hypothèse de structuration du livre en deux mouvements, chacun d'eux correspondant à l'une puis à l'autre moitié de ce livre de sagesse. L'opinion dite "pessimiste" d'A. Schoors ne serait-elle pas davantage pertinente dans le contexte de la première moitié du livre plutôt que dans la seconde? Inversement, la position dite "optimiste" de R. N. Whybray ne s'expliquerait-elle pas mieux dans le cadre de la seconde moitié du livre?

1. *R. N. Whybray et la question des paroles défaitistes*

Que faire des paroles franchement défaitistes du livre? R. N. Whybray était gêné d'aborder cette question[1]. Pour lui, le cas de ces paroles se pose à travers quelques versets bien ciblés relatifs au dégoût de vivre (2, 17), à l'éloge des morts et de ceux qui ne sont pas nés (4, 2–3), à l'éloge de l'avorton (6, 3–5).

La question relative au statut de ces versets est désormais résolue si l'on considère qu'ils relèvent d'une thématique négative qui imprègne fortement la recherche effrénée du sage dans la première moitié du livre. Ces déclarations ne seraient alors que l'illustration d'un pessimisme épistémologique porté à son comble. Toutefois, elles ne remettraient nullement en cause la signification des paroles de bonheur passées et à venir.

---

[1] R. N. WHYBRAY, «Qoheleth, Preacher of Joy», p. 92–94.

Qohélet est-il, pour autant, un "prêcheur de joie"? Là encore, le message est loin d'être uniforme, et la progression emphatique des *paroles de bonheur* est loin d'être rectiligne. C'est surtout à partir de la seconde moitié du livre que le sage s'engage explicitement à faire l'éloge de la joie (8, 15), puis à l'enseigner à la génération suivante (9, 7-9; 11, 9-12, 1). Et ce parti-pris pour la joie apparaît même, pour la première fois, dès ce chapitre 7 qui contient cette *parole de bonheur* supplémentaire de 7, 14.

La question de savoir si Qohélet est un "prêcheur de joie" ne peut se résoudre simplement par l'affirmative ou par la négative. La réponse est à nuancer selon que l'on se situe dans l'une ou l'autre moitié du livre. Assurément, dans la seconde moitié de l'œuvre—et conformément à l'une des étymologies hébraïques de son nom—Qohélet deviendrait bien le "prêcheur" d'une certaine joie de vivre. Mais, il n'est pas certain qu'il l'ait été dès le début.

2. *A. Schoors et la question du don de Dieu*

Au soutien de sa thèse sur "l'ambiguïté de la joie", A. Schoors cite un certain nombre de passages scripturaires de nature à contrer la thèse de R. N. Whybray. Ses arguments décisifs pour tenter de montrer que la joie ne serait finalement qu'une drogue sont essentiellement tirés des paroles contenues dans la première moitié du livre.

C'est surtout à compter de l'interprétation de la racine ענה de 5, 19b qu'A. Schoors conclut, pour la première fois, que la joie ne pourrait être entendue autrement que comme un antidote ou un narcotique[2]. À cette fin, il s'appuie, principalement, sur la traduction du terme מענה par "occupation"[3]. Puis, l'auteur prétend qu'il en est de même à propos de l'ensemble des paroles de 11, 7-10[4]. Si, dans les six premiers chapitres, la joie peut être effectivement interprétée comme une réponse limitée et provisoire face au caractère passager et transitoire de la vie en ce monde, il n'en est pas de même dans les six derniers chapitres du livre où Qohélet enseigne à son jeune disciple une manière de se conduire dans la vie.

---

[2] Cf. A. SCHOORS, «L'ambiguità della la gioia in Qohelet», p. 281-282.
[3] Cf. *supra*, p. 39.
[4] Cf. A. SCHOORS, «L'ambiguità della la gioia in Qohelet», p. 282-283.

S'agissant des arguments tirés des *paroles de bonheur* de la seconde moitié du livre, il semble qu'A. Schoors, à l'instar de son confrère R. N. Whybray, ne tienne pas suffisamment compte de la dynamique d'ensemble du livre et du changement de perspective introduit à partir du chapitre 7. S'il est vrai, comme il le soutient[5], que 8, 15 invite à se réjouir de la vie après un rappel de quelques situations de vanité (8, 11–14), il n'est plus fait mention d'un constat systématique d'échec sous la forme d'un refrain de vanité[6].

Un tel refrain ne sera plus repris entre 8, 15 et 12, 7. C'est dire que les moments de félicité n'apparaissent plus en conflit ouvert avec les observations faites sur ce qui est éphémère et futile dans la vie. Ce qui est considéré comme évanescent fait désormais partie intégrante d'une vie de tous les jours qui offre aussi son lot de bons moments et de plaisirs. Qohélet ne peut l'affirmer qu'après avoir acquis la conviction de sagesse, en 7, 14, selon laquelle Dieu a fait les jours de bonheur au même titre que les jours de malheur. Désormais, l'homme sage découvre peu à peu que lui sont aussi donnés des moyens simples et réalistes de vivre heureux dans ce monde. Là est la nouveauté du message sapientiel de l'auteur sacré. Or, c'est cette nouvelle dialectique qu'A. Schoors n'a pas suffisamment pris en compte au cours de son argumentation.

En fin d'article, A. Schoors développe le thème des réjouissances comme don de Dieu[7]. À l'appui de sa démonstration, le commentateur cite nombre de *paroles de bonheur* issues de la première moitié du livre. Dieu serait-il finalement un pourvoyeur de drogue ? Visiblement, le commentateur est gêné pour l'admettre ouvertement. Il ose seulement affirmer que le don de la drogue entre dans le projet de Dieu, mais qu'il s'agirait là seulement d'une aide limitée, non d'un don suprême[8]. Est-ce à dire que serait foncièrement mauvaise la perception qu'a le sage des rapports entre Dieu et l'homme ?

Tel n'est certainement pas le cas dans la seconde moitié du livre. Or, toutes les références bibliques données par l'auteur sont exclusivement tirées des paroles de bonheur de la première moitié du livre (2, 24 ; 3, 13 ; 5, 18)[9]. Dans la seconde moitié, au contraire, les relations homme-Dieu sont appréhendées favorablement. Et les références ne manquent

---

[5] Cf. *ibid.*, p. 283–285.
[6] Cf. *supra*, p. 137–140.
[7] Cf. A. Schoors, « L'ambiguità della la gioia in Qohelet », p. 285–291.
[8] Cf. *ibid.*, p. 290.
[9] Cf. *ibid.*, p. 285–290.

pas : le sage prend acte du fait que l'homme n'est pas en mesure de comprendre toute l'œuvre de Dieu (8, 17), il sait aussi que les travaux des sages et des justes sont dans la main de Dieu (9, 1) et que l'homme est fondé à se réjouir car Dieu a apprécié ses œuvres (9, 7). Ce n'est que lorsqu'il abordera le motif de la *part*, que le commentateur fera allusion à la seconde moitié du livre, moyennant le contexte de la sixième *parole de bonheur* (9, 9)[10].

Dans ces conditions, comment l'action de Dieu pourrait-elle encore être considérée comme nocive pour l'homme ? En rappelant, à sept reprises, la valeur du bonheur divin, le sage livre un autre message sur les rapports entre l'homme et Dieu. Meilleure preuve en est qu'avant d'achever son ouvrage, et en guise de conclusion, le vieux sage laisse son jeune disciple devant le souvenir de son Créateur (12, 1). Dieu est celui qui a donné à l'homme le souffle de vie et qui, au dernier jour, le lui reprendra (12, 7). Il est le même qui le jugera sur ses actes (11, 9b). Prendre conscience de cela, c'est, pour le sage, s'en souvenir dès à présent.

3. *A. Gianto, A. Niccacci et le thème structurant de la joie*

a) *La structure du livre selon A. Gianto*

La question de la différence de statut du bonheur selon l'une ou l'autre partie du livre de Qohélet a fait l'objet d'une étude intéressante de la part d'A. Gianto[11].

Dans une brève mais dense contribution, l'auteur délimite deux étapes différentes dans la manière d'aborder la question de la joie dans le livre du sage : 2, 1–8, 14 et 8, 15–11, 9[12].

- Dans une première étape (2, 1–8, 14), les occasions de réjouissance sont présentées comme une mise à l'épreuve (2, 1). Cet exposé est marqué par la répétition du refrain sur la vanité de la vie qui, en 8, 14, formerait une inclusion avec 2, 1. Dans ce cadre-là, les *paroles de bonheur* apparaîtraient comme une alternative à la vanité de la

---

[10] Cf. *ibid.*, p. 290.
[11] A. GIANTO, « The Theme of Enjoyment in Qohelet », *Bib* 73 (1992), p. 528–532.
[12] *Ibid.*, p. 529.

vie, dont le sommet serait la parole de 5, 19[13]. Le sage reconnaît que la joie vient de Dieu comme un bien l'aidant à tenir bon face à l'absurdité de la vie[14].

– Dans une seconde étape (8, 15–11, 9), A. Gianto remarque que les refrains habituels sur la vanité de la vie ont disparu. S'il est vrai que ces refrains ne figurent plus tels quels dans le texte, le vocabulaire de la vanité, quant à lui, demeure encore, bien que de manière sporadique (9, 9a ; 11, 8b). Qohélet met en pratique ce qu'il a énoncé dans la première étape. Ce qui importe maintenant est le temps présent. Et ce temps est aux réjouissances. À travers cette progression aboutissant à l'invitation à se réjouir de la vie, le commentateur montre que ce qui est important pour Qohélet est de profiter des joies simples de la vie chaque fois qu'elles lui sont données par Dieu : « He first establishes, in 2, 1–8, 14, that *śimḥâ* is a gift from God that enables humankind to deal with the reality of *hebel*. Then in 8, 15–11, 9 he exhorts his audience to live according to this gift. »[15]

La division bipartite d'après A. Gianto ne coïncide guère avec la ligne de partage en deux mouvements telle que nous l'avons définie. Selon nous, la seconde période du livre commence bien en amont de 8, 15, c'est-à-dire au tout début du chapitre 7, en raison du changement d'attitude de l'auteur sacré tant au regard de la critique de la sagesse transmise et du bonheur de vivre (7, 1–14) qu'au regard de l'insistance croissante en faveur de la crainte de Dieu (7, 18 ; 8, 12–13).

En réalité, cette divergence de structuration s'explique par le fait que nous ne nous référons pas aux mêmes données scripturaires qu'A. Gianto. Le commentateur s'appuie essentiellement sur les péricopes de la joie et sur le vocabulaire qui s'y rattache, alors que nous nous sommes attelé à une démarche transversale qui tienne compte du vocabulaire et des formes stylistiques de l'ensemble de l'ouvrage. Toutefois, avec A. Gianto, nous préférons conserver ici le terme d'"étapes"[16], terme utilisé, à juste titre, par le commentateur plutôt que d'employer le terme de

---

[13] En 5, 19, l'auteur traduit la racine עָנָה par le verbe "répondre", et non par le verbe "occuper" comme le prétend A. Schoors et comme nous le soutenons à notre tour.

[14] « Qohelet believes that this inner joy comes from God as a gift that will allow humanity to face life despite all its absurdities. » (*ibid.*, p. 530).

[15] *Ibid.*, p. 531.

[16] "stages" en anglais.

"parties", terme inapproprié, eu égard au mouvement dynamique de la pensée du sage.

Néanmoins, A. Gianto rappelle, à bon escient, que le refrain sur la vanité conclut le propos du sage (12, 8) comme il l'avait commencé (1, 2). Bien qu'il ne mentionne pas qu'il s'agisse certainement là d'une glose, l'exégète souligne que la question de la vanité n'est pas évacuée pour autant de l'enseignement du maître de sagesse. Le scepticisme existentiel reste, selon lui, une donnée incontournable du livre dans son entier.

En définitive, sur la thématique du bonheur *stricto sensu*, l'étude d'A. Gianto rejoint notre conclusion : le bonheur n'a pas le même statut du début à la fin du livre. Il est d'abord présenté comme la seule alternative donnée par Dieu pour aider l'homme à tenir bon face aux futilités des choses de la vie. Il devient ensuite un art de vivre susceptible d'être enseigné aux générations suivantes. Cependant, le commentateur ne s'explique guère sur les raisons de ce changement d'attitude. Aussitôt posée, la présentation du livre en deux étapes a montré ses limites. Elle ne lui a guère permis de rendre compte de l'évolution de la réflexion de Qohélet, notamment à l'égard de la sagesse. Or, c'est bien en direction de la sagesse, alliée à la crainte de Dieu, que se trouve la clé d'interprétation des huit *paroles de bonheur*.

b) *La structure du livre selon A. Niccacci*

Dans un article plus récent, A. Niccacci[17] s'attache à dresser une présentation en parallèle du livre de Qohélet en mettant en valeur la composition littéraire (genre des confessions ou des instructions) ainsi que la structure grammaticale et syntaxique de l'ouvrage (en fonction des tournures verbales, des termes caractéristiques et des arguments traités, en particulier les deux pôles de la pensée de Qohélet que sont la vanité et les invitations ou les proclamations sur la joie).

Partant de là, le commentateur retient, à son tour, une structure bipartite du livre, plus équilibrée que celle d'A Gianto, se rapprochant finalement davantage de notre hypothèse de lecture. Selon le commentateur italien, la césure se situerait au milieu du chapitre 7, exactement

---

[17] A. Niccacci, « Qohelet. Analisi sintattica, traduzione, composizione », *LA* 54 (2004), p. 53–94. Cet article développe une présentation structurée du livre qui avait déjà été énoncée lors d'une précédente contribution : « Qohelet o la gioia come fatica e dono di Dio a chi lo teme », p. 30–32.

aux lieu et place de la *parole de bonheur* supplémentaire[18]. De cette manière, il propose de comprendre le livre de Qohélet de la manière suivante :

- un cadre (1, 2–11 // 12, 8–14),
- un corps du livret se divisant en grandes deux parties parallèles (1, 12–7, 14 // 7, 15–11, 6),
- une unité centrale formée par l'invitation à la joie et au souvenir (11, 7–12, 7).

Selon le commentateur, la division bipartite retenue a le mérite d'expliciter davantage la dynamique de l'expérience de Qohélet, laquelle tend vers l'ultime exhortation au bonheur qui en serait le point culminant. De plus, c'est bien le bonheur, comme élément structurant, qui permettrait le mieux de rendre compte de la dialectique de l'œuvre du sage, entre des paroles positives de bonheur et des considérations négatives sur l'existence. À ce propos, l'auteur confirme que ces tensions trouveraient leur résolution dans la reconnaissance de la crainte de Dieu[19].

Sur ces lignes-force de la contribution d'A Niccacci, notre accord est total. Toutefois, quelques réserves s'imposent sur certaines délimitations de l'auteur. D'abord, pourquoi situer le poème introductif (1, 4–11) en parallèle avec l'épilogue du livre (12, 9–14) et non pas plutôt avec le poème final (11, 7–12, 7) ? Étant donné que le commentateur entend faire de la composition littéraire un indice de structuration, il eût été plus cohérent de mettre les deux poèmes en parallèle.

Ensuite, pourquoi vouloir présenter ce poème final (11, 7–12, 7) comme l'unité centrale du livre, alors même qu'il n'est précisément pas au centre du livret, mais à son terme, dont il constitue le sommet de la progression emphatique des paroles de bonheur ? Sur le plan thématique, le bonheur est au centre de la pensée du livre, mais il n'est pas le seul. Il entre, notamment, en dialectique avec celui de la vanité.

---

[18] Le commentateur considère, avec nous, que 7, 14 constituerait une *parole de bonheur* (cf. A. Niccacci, « Qohelet o la gioia come fatica e dono di Dio… », p. 68–80), position confirmée, deux ans plus tard, dans son article « Qohelet. Analisi sintattica, traduzione, composizione », p. 85 (note 98).

[19] « È il timore di Dio che consente di trovare non solo una buona uscita dalle contraddizioni della vita, ma anche un modo significativo di convivere con esse, cioè godere le gioie che il Signore concede come dono e insieme come frutto della propria fatica, e riflettere quando egli manda la sofferenza. » (A. Niccacci, « Qohelet. Analisi sintattica, traduzione, composizione », p. 93–94). Cette position se situe dans le droit fil de celle développée deux années auparavant (cf. *ibid.*, p. 94–102).

Enfin, il est préférable de retenir une césure en 7, 1 plutôt qu'en 7, 14, étant donné le changement radical de style littéraire au début de ce chapitre 7, et que 6, 10–12 formerait une unité de transition aisément repérable.

4. *Synthèse finale*

Finalement, quel rôle se fraye le bonheur dans la complexité de ce livre ? Poser cette question revient à en poser une autre aussitôt : qui donc est Qohélet ? Est-il philosophe ou bien théologien ? Penseur nihiliste ou bien prophète de la joie ? Les exégètes qui ont entrepris l'étude de son livre optent pour l'une ou l'autre des alternatives en raison de la pluralité des thèmes et des concepts qui s'entrecroisent dans l'œuvre. La répétition lancinante du non-sens de la vie en fait l'œuvre d'un sceptique, les mentions de la crainte de Dieu lui confèrent le statut de croyant, et les refrains de bonheur le transforment en prophète de la joie.

Face à tant de lectures possibles, peut-on dégager une synthèse ? En ce domaine, la question reste ouverte. La mise en valeur d'un mouvement d'ensemble dans le livre nous a, cependant, aidé à situer la question du bonheur dans la problématique générale du livre : « tout est vanité » (הבל הכל). Qohélet reste suffisamment marqué par la désillusion sur ce qui se passe dans le monde pour ne pas être classé parmi les prophètes de la joie. Mais le sage n'a pas encore dit son dernier mot. Au fil de sa recherche et de sa réflexion, l'auteur sacré n'hésite pas à déceler des lueurs de bonheur (טוב) et invite à les suivre. Pour cela, il ne répète pas un enseignement tout fait, il ne donne pas davantage de recettes nouvelles à appliquer. Après avoir tout essayé, Qohélet se présente comme un maître de sagesse plein de lucidité. Avec réalisme, il témoigne avant tout de sa propre expérience humaine. Il a observé, réfléchi, évalué. De cette expérience, il en tire maintenant des leçons positives pour l'avenir.

À ses dépens, le sage de Jérusalem a compris que l'être humain ne peut espérer changer quoi que ce soit aux contradictions et aux incompréhensions des choses de ce monde. Tout au plus, s'en accommode-t-il en choisissant de ne s'en tenir qu'à ce qui est à portée d'homme : un bonheur au quotidien, une confiance gratuite au cœur du désespoir. Parce que ce bonheur humain est aussi divin, il n'est pas seulement une réponse de fortune face à l'insatisfaction que lui procure l'agir de l'homme, il est aussi ouverture à Dieu. Et parce qu'il finit par être perçu au sein même de l'éphémère de la vie, ce bonheur ne peut plus être considéré comme une volonté de fuir le monde, il est un art de vivre au jour le jour.

À sa manière, la tradition d'Israël honore Qohélet dans le cadre de sa liturgie. En effet, ce livre est lu, chaque année, au cours de la fête de *Sukkôt*, fête de la joie s'il en est[20]. Dans un recueil d'entretiens sur les Cinq Rouleaux de la Bible lus à la synagogue à l'occasion des fêtes juives, Cl. Vigée et V. Malka reviennent sur le sens actuel de l'usage liturgique du livre de Qohélet : « Sachons surprendre le secret de Qohélet, cherchons-le surtout le jour de la fête de Souccoth. Dans la tradition des Ashkénazes, ce Rouleau qui est le texte le plus sombre de la Bible doit être psalmodié sous le toit de branchages de la souccah, la cabane rituelle érigée pour la fête des Tabernacles. Celle-ci est consacrée entièrement à la joie ; la Tora nous commande de "n'être plus qu'allégresse" pendant les huit jours de cette ultime célébration d'automne. Une fois de plus, nous butons ici sur le paradoxe et la contradiction apparente. Quel en est le sens ? Chanter les versets noirs de Qohélet dans une hutte de feuillage dédiée à la joie du cœur, c'est reconnaître que dans l'Ecclésiaste aussi se dissimule une certaine joie. Une joie de nature typiquement judaïque, mêlée de larmes, trempée par le courage de vivre et de surmonter, éclairée par une lucidité sans illusions. C'est la seule joie des hommes adultes, qui savent à la fois le prix et l'amertume de cette vie. »[21]

Aujourd'hui encore, la vie ne doit pas nous décevoir. Pourtant, les drames humains que les feux de l'actualité mettent continuellement sous nos yeux—y compris encore dans cette région du Proche Orient où a surgi la parole du sage—auraient bien de quoi nous faire désespérer de l'homme.

Devant le spectacle du monde, Qohélet voit juste car il touche là où cela fait mal. Mais, tout en rejoignant nos préoccupations, le sage ne se contente pas de remuer le couteau de la vanité dans la plaie des

---

[20] La fête de *Sukkôt*, ou fête des Tentes, dure sept jours, du 15 au 21 *Tishri*. Elle est suivie d'un huitième jour ou assemblée de clôture, appelée *Shemini 'Aṣeret*, puis d'un neuvième jour, le 23 *Tishri*, appelé *Simḥat Torah* ou "joie de la Torah". Sur l'usage de lire le livre de Qohélet au cours de la fête de *Sukkôt* (cf. *Erech Hatephiloth ou Prières de toutes les grandes fêtes*, (E. Durlacher, trad.), Durlacher, Paris, 1952, p. 303–325 ; I. ELBOGEN, *Der jüdische Gottesdienst in seiner geschichtlichen Entwichlung*, Olms, Hildesheim, 1931, p. 190 ; R. MARTIN-ACHARD, *Essai biblique sur les fêtes d'Israël*, Labor et Fides, Genève, 1974, p. 92.

[21] Cl. VIGÉE et V. MALKA, *Le Puits d'eaux vives. Entretiens sur les Cinq Rouleaux de la Bible* (Spiritualités Vivantes 116), Albin Michel, Paris, 1993, p. 176–177.

insatisfactions et des incompréhensions qui nous affectent. Son message de bonheur, régulièrement distillé au fil des douze chapitres, nous
empêche de sombrer dans le désespoir. D'où, à nos yeux, l'actualité
constante du "message spécial" à aimer la vie avec ses limites que,
selon la formule de R. Gordis[22], Qohélet continue de livrer pour tous
les temps et sous toutes les latitudes qui sont *sous le soleil* : nous inviter
à prendre au sérieux la vie de chaque jour, quelle qu'elle soit, et nous
inciter à cueillir, dès que possible, ce bonheur humain qui pousse déjà
à notre porte.

---

[22] Cf. *supra*, p. 1.

BIBLIOGRAPHIE

I. *Textes et sources*

1) *L'Ancien Testament et ses versions anciennes*

Biblia Hebraica Stuttgartensia, (K. Elliger – W. Rudolph dir.), Deutsche Bibelgesellschaft, Stuttgart, 1990.

Biblia Hebraica Quinta. General Introduction and Megilloth: Ruth, Canticles, Qoheleth, Lamentations, Esther, (18), Deutsche Bibelgesellschaft, Stuttgart, 2004.

Biblia Sacra Iuxta Vulgatam Versionem, (R. Weber dir.), Württembergische Bibelanstalt, Stuttgart, 1983.

Septuaginta, (A. Rahlfs dir.), Deutsche Bibelgesellschaft, Stuttgart, 1992.

2) *Traductions et interprétations rabbiniques du livre de Qohélet*

The Aramaic Version of Qoheleth, (E. Levine dir.), Sepher-Hermon Press, New York, ²1981.

The Targum of Qohelet, (P. S. Knobel trad.), (The Aramaic Bible, 15), Clark, Edinburgh, 1991.

Kohelet, l'Ecclésiaste. Traduction et commentaires fondés sur les sources talmudiques, midrachiques et rabbiniques, (M. Zlotowitz trad.), Colbo, Paris, ²1990.

MOPSIK C., *L'Ecclésiaste et son double araméen. Qohélet et son Targoum*, (Les Dix Paroles), Verdier, Lagrasse (Aude), 1990.

3) *Traductions modernes de l'Ancien Testament et de ses versions anciennes*

La Bible de Jérusalem, Nouvelle édition revue et corrigée, Cerf, 1998.

La Bible de la Pléiade, (Éd. Dhorme trad.), Gallimard, Paris, 1959.

La Bible, (É. Osty – J. Trinquet trad.), Seuil, Paris, 1973.

Les cinq rouleaux. Le Chant des chants, Ruth, Comme ou les Lamentations, Paroles du Sage, Esther, (H. Meschonnic dir.), Gallimard, ²1986.

L'Ecclésiaste, (Fr. Vinel trad.), (La Bible d'Alexandrie 18), Cerf, Paris, 2002.

4) *Sources extra-bibliques*

L'Épopée de Gilgamesh, Introduction, traduction et notes par R.-J. Tournay et A. Shaffer, Cerf, Paris, ²1998.

HÉRODOTE, *Histoires*, II, 78, (Ph.-E. Legrand trad.), (Collection des Universités de France), Les Belles Lettres, Paris, 1936.

II. *Dictionnaires, manuels et grammaires*

ALONSO SCHÖKEL L., *A Manual of Hebrew Poetics*, (Subsidia Biblica 11), Editrice Pontificio Istituto Biblico, Rome, 1988.

BOTTERWECK G. J. – RINGGREN H. – FABRY H. J. (dir.), *Theological Dictionary of the Old Testament*, Eerdmans, Grand Rapids, Michigan, 1974ss.

CLINES D., *The Dictionary of Classical Hebrew*, Sheffield Academic Press, Sheffield, 1996ss.

FITZMYER J. A., *An Introductory Bibliography for the Study of Scripture*, (Subsidia Biblica 3), Editrice Pontificio Istituto Biblico, Rome, 1961, ³1990.

GENESIUS W., *Hebräisches und aramäisches Handwörterbuch über das Alte Testament*, Springer Verlag, Berlin / New York, [18]1987.

JOÜON P., *Grammaire de l'Hébreu Biblique*, Editrice Pontificio Istituto Biblico, Rome, [2]1996.

KOEHLER L. – BAUMGARTNER W., *The Hebrew and Aramaic Lexicon of the Old Testament*, Brill, Leiden / New York / Cologne, 1995.

LIDDELL H. G. – SCOTT R., *A Greek-English Lexicon*, The Clarenton Press, Oxford, 1940, avec supplément de 1968.

WALTKE B. K. – O'CONNOR M., *An Introduction to Biblical Hebrew Syntax*, Wimona Lake, Eisenbrauns, 1990.

III. *Commentaires*

1) *Époque patristique*

DENYS D'ALEXANDRIE, *Scholies à l'Ecclésiaste*, in PROCOPE DE GAZA, *Catena in Ecclesiasten*, (S. Leanza dir.), (CC Series Graeca 4), Brepols, Turnhout / Presses Universitaires de Louvain, Louvain, 1978.

ÉVAGRE LE PONTIQUE, *Scholies à l'Ecclésiaste*, (P. Géhin trad. et dir.), (SC 397), Cerf, Paris, 1993.

GRÉGOIRE DE NYSSE, *Homélies sur l'Ecclésiaste*, (P. Alexander dir. et Fr. Vinel trad.), (SC 416), Cerf, Paris, 1996.

JARICK J., *Gregory Thaumaturgos' Paraphrase of Ecclesiastes*, (Septuagint and Cognate Studies 29), Scholars Press, Atlanta, 1990.

JÉRÔME, *Commentaire de l'Ecclésiaste*, (G. Fry trad.), (Les Pères dans la Foi), Migne, Paris, 2001.

LEANZA S., *L'esegesi di Origene al Libro dell'Ecclesiaste*, Parallelo, Reggio di Calabre, 1975

————,« Sul *Commentario all'Ecclesiaste* di Girolamo. Il problema exegetico», *in Jérôme entre l'Occident et l'Orient, XVIe centenaire du départ de saint Jérôme de Rome et de son installation à Bethléem*. Actes du Colloque de Chantilly (septembre 1986), (Y.-M. Duval dir.), (EA), Paris, 1988.

2) *Moyen-Âge*

The commentary of Rabbi Samuel Ben Meir (Rashbam) on Qoheleth, (S. Japhet – R. B. Salters dir.), The Magnes Press, The Hebrew University, Brill, Jérusalem, 1985.

3) *Réforme et Contre-Réforme*

LUTHER M., *Eccl. Salomonis cum annotationibus*, in *Luthers Werke*, Weimar, 1957.

DE PINEDA J., *In Ecclesiasten commentarium liber unus*, Madrid, 1617.

WHITE G., «Luther on Ecclesiastes and the limits of human ability», *Neue Zeitschrift für Systematische Theologie und Religionsphilosophie* 29 (1987), 180–194.

WÖLFEL E., *Luther und die Skepsis, Eine Studie zur Kohelet-Exegese Luthers*, Kaiser, Munich, 1958.

4) *XIXe, XXe et XXIe siècles*

BARUCQ A., *Ecclésiaste-Qohéleth. Traduction et commentaire* (VS.AT 3), Beauchesne, Paris, 1968.

CRENSHAW J. L., *Ecclesiastes. A commentary* (OTL), SCM Press, Londres, 1988.

DELITZSCH F., *Hoheslied und Kohelet*, (BK.AT 4), Dörffling und Franke, Leipzig, 1875; édition anglaise: *Commentary on the Song of Songs and Ecclesiastes*, Clark, Edinburgh, 1877.

DI FONZO L., *Ecclesiaste*, Marietti, Rome / Turin, 1967.

Fuerst W. J., *The Books of Ruth, Esther, Ecclesiastes, The Song of Songs, Lamentations. The Five Scrolls*, Cambridge University Press, Cambridge, 1975.

Ginsburg C. D., *Coheleth, commonly called the Book of Ecclesiastes: Translated from the Original Hebrew, with a Commentary, Historical and Critical*, Longman, Green, Longman, and Roberts, Londres, 1861 (réimpr.: Ktav Publishing House, New York, 1970).

Gordis R., *Koheleth—The Man and His World. A study of Ecclesiastes*, Schocken Books, New York, 1951, ³1968.

Hertzberg H.-W., *Der Prediger* (KAT XVII.4–5), Gütersloher Verlagshaus Gerd Mohn, Gütersloh, 1932, ²1963.

Krüger Th., *Qoheleth. A Commentary*, (Hermeneia), Fortress Press, Minneapolis, 2004.

Lauha A., *Kohelet*, (BK.AT 19), Neukirchener Verlag, Neukirchen-Vluyn, 1978.

Levy L., *Das Buch Qoheleth. Ein Beitrag zur Geschichte des Sadduzäismus. Kritisch Untersucht, übersetzt und erklärt*, Hinrichs'sche Buchhandlung, Leipzig, 1912.

Loader J. A., *Ecclesiastes. A practical commentary*, (Text and Interpretation), Grand Rapids, Eerdmans, Michigan, 1986.

Lohfink N., *Kohelet, Mit einer neuen Einleitung*, (NEB.AT), Echter Verlag, Stuttgart, 1980, ⁵1999; édition italienne: *Qohelet*, Morcelliana, Brescia, 1997; édition anglaise: *Qoheleth. A Continental Commentary*, Fortress Press, Minneapolis, 2003.

Lys D., *L'Ecclésiaste ou que vaut la vie? Traduction, Introduction générale, Commentaire de 1, 1 à 4, 3*, Letouzey et Ané, Paris, 1977.

Murphy R. E., *Ecclesiastes*, (WBC 23A), Word Books Publisher, Dallas, 1992.

Ogden G. S., *Qoheleth*, (Readings—A New Biblical Commentary), JSOT Press, Sheffield, 1987.

Podechard E., *L'Ecclésiaste*, (EBib), Gabalda, Paris, 1912.

Ravasi G., *Qohelet*, (la Parola di Dio), Paoline, Milan, 1988, ²1991.

Rosenberg A. J., *The Five Megilloth, vol. 2: Lamentations, Ecclesiastes*, New-York, 1992.

Schwienhorst-Schönberger L., *Kohelet*, (HthK AT), Herder, Fribourg / Bâle / Vienne, 2004.

Scott R. B. Y., *Proverbs, Ecclesiastes*, (AB 18), Doubleday, New York, 1965.

Seow C.-L., *Ecclesiastes. A New Translation with Introduction and Commentary*, (AB 18C), Doubleday, New York / London / Toronto / Sydney / Auckland, 1997.

Siegfried D.-C., *Prediger und Hoheslied übersetzt und erklärt*, (HKAT II, 3, 2), Vandenhoeck und Ruprecht, Göttingen, 1898.

Vilchez Lindez J., *Sapienciales III: Eclesiastés o Qohelet*, (Nueva Biblia Española), Editorial Verbo Divino, Estella, 1994.

Whybray R. N., *Ecclesiastes*, (NCBC.OT 33), Eerdmans, Grand Rapids, Michigan; Marshall, Morgan and Scott, Londres, 1989.

Zimmerli W., *Das Buch des Predigers Salomo* (ATD, 16/1–2), Vandenhoeck und Ruprecht, Göttingen, 1962, ³1980.

IV. *Monographies et ouvrages collectifs*

Bartholomew C. G., *Reading Ecclesiastes: Old Testament Exegesis and Hermeneutical Theory*, (AnBib 139), Editrice Pontificio Istituto Biblico, Rome, 1998.

Bonora A., *Qohelet. La gioia e la fatica di vivere*, (LOB 1.15), Queriniana, Brescia, 1987.

————, *Il libro di Qoèlet* (Guide Spirituali all'Antico Testamento), Città Nuova, Rome, 1992.

Braun F., *Kohelet und die frühhellenistische Popularphilosophie*, (BZAW 130), de Gruyter, Berlin / New York, 1973.

D'ALARIO V., *Il libro del Qohelet. Struttura letteraria e retorica* (SupRivBib 27), EDB, Bologne, 1993.

DEROUSSEAUX L., *La crainte de Dieu dans l'Ancien Testament*, (LD 63), Cerf, 1970.

DORÉ D., *Qohélet, le Siracide ou l'Ecclésiaste et l'Ecclésiastique*, (CE 91), Service Biblique Évangile et Vie, Cerf, Paris, 1995.

ELLERMEIER F., *Qohelet, I/1. Untersuchungen zum Buche Qohelet*, Erwin Jungfer, Herzberg am Harz, Herzberg, 1967.

FISCHER A. A., *Skepsis oder Furcht Gottes? Studien zur Komposition und Theologie des Buches Kohelet*, (BZAW 247), de Gruyter, Berlin / New York, 1997.

FOX M. V., *Qohelet and His Contradictions*, (JSOT.S 71), The Almond Press, Sheffield, 1989.

———, *A Time to tear down and a Time to build up. A Rereading of Ecclesiastes*, Eerdmans, Grand Rapids, Michigan / Cambridge, 1999.

FREDERICKS D.-C., *Qoheleth's language: Re-evaluating its Nature and Date*, (Ancient Near Eastern Texts and Studies 3), The Edwin Mellen Press, Lewiston / Queenston / Lampeter, 1988.

FRYDRYCH T., *Living under the Sun. Examination of Proverbs and Qoheleth*, (VT.S 90), Brill, Leiden / Boston / Cologne, 2002.

GILBERT M., *Les cinq livres des sages, Proverbes-Job-Qohélet-Ben Sira-Sagesse* (LLB 129), Cerf, Paris, 2003.

GINSBERG H. L., *Studies in Koheleth*, (Texts and Studies of JTSA 17), The Stroock Publication Fund, New York, 1950.

GLASSER É., *Le procès du bonheur par Qohélet*, (LD 61), Cerf, Paris, 1970.

INGRAM D., *Ambiguity in Ecclesiastes*, Clark, New York / London, 2006.

ISAKSSON B., *Studies in the Language of Qoheleth. With Special Emphasis on the Verbal System*, (AUU.SSU 10), Almqvist and Wiksell International, Uppsala, 1987.

KOH Y. V., *Royal Autobiography in the Book of Qoheleth*, (BZAW 369), De Gruyter, Berlin / New York, 2006

KOOSED J. L., *(Per)mutations of Qohelet. Reading the Body in the Book*, (LHB.OTS 429), Clark, New York / Londres, 2006.

LAURENT Fr., *Les biens pour rien en Qohéleth 5, 9–6, 6 ou La traversée d'un contraste*, (BZAW 323), de Gruyter, Berlin / New York, 2002.

LAVOIE J.-J., *La pensée du Qohélet. Étude exégétique et intertextuelle*, (Héritage et Projet 49), Fides, Montréal, 1992.

———, *Qohélet, une critique moderne de la Bible*, (Parole d'actualité 2), Médiaspaul, Montréal, 1995.

LEE E. P., *The Vitality of Enjoyment in Qohelet's Theological Rhetoric*, (BZAW 353), de Gruyter, Berlin / New York, 2005.

LOADER J. A., *Polar Structures in the Book of Qohelet*, (BZAW 152), de Gruyter, Berlin / New York, 1979.

MAUSSION M., *Le mal, le bien et le jugement de Dieu dans le livre de Qohélet*, (OBO 190), Éditions Universitaires de Fribourg / Vandenhoeck und Ruprecht, Fribourg / Göttingen, 2003.

MAZZINGHI L., *Ho Cercato e ho Esplorato. Studi sul Qohelet*, EDB, Bologne, 2001.

MICHAUD R., *Qohélet et l'hellénisme. La littérature de Sagesse, Histoire et théologie II*, (LLB 77), Cerf, Paris, 1987.

MICHEL D., *Qohelet*, (Erträge der Forschung 258), Wissenschaftliche Buchgesellschaft, Darmstadt, 1988.

———, *Untersuchungen zur Eigenart des Buches Qohelet*. Mit einem Anhang von R. G. Lehmann: Bibliographie zu Qohelet (BZAW 183), de Gruyter, Berlin / New York, 1989.

MILLER D. B., *Symbol and Rhetoric in Ecclesiastes. The Place of* Hebel *in Qohelet's Work*, (Academia Biblica 2), SBL, Atlanta, 2002.

NEHER A., *Notes sur Qohélet (l'Ecclésiaste)*, Éditions de Minuit, Paris, 1951.

NICCACCI A., *La casa della Sapienza, Voci e volti della Sapienza biblica*, Paoline, Milan, 1994.

PAHK J. Y.-S., *Il Canto della Gioia in Dio, L'itinerario sapienziale espresso dall'unità letteraria in Qohelet 8, 16–9, 10 e il parallelo di Gilgameš Me. iii*, Istituto Universario Orientale, Dipartimento di Studi Asiatici (Series Minor 52), Napoli, 1996.

ROSE M., *Rien de nouveau. Nouvelles approches du livre de Qohéleth*, Avec une bibliographie (1988–1998) élaborée par B. Perregaux Allisson (OBO 168), Éditions Universitaires de Fribourg / Vandenhoeck und Ruprecht, Fribourg / Göttingen, 1999.

RUDMAN D., *Determinism in the Book of Ecclesiastes*, JSOT.S 316, Sheffield Academic Press, Sheffield, 2001.

SCHOORS A., *The Preacher Sought to Find Pleasing Words. A study of the Language of Qoheleth*, (OLA 41), Peeters, Louvain, 1992.

———, *The Preacher Sought to Find Pleasing Words. A study of the Language of Qoheleth. Part II: Vocabulary*, (OLA 143), Peeters, Louvain, 2004.

SCHWIENHORST-SCHÖNBERGER L., *„Nicht im Menschen gründet das Glück" (Koh 2, 24). Kohelet im Spannungsfeld jüdischer Weisheit und hellenistischer Philosophie*, Herder, Fribourg / Bâle / Vienne / Barcelona / Rome / New York, 1994, ²1996.

STEINMANN J., *Ainsi parlait Qohélet*, (LBB 38), Cerf, Paris, 1955.

VON RAD G., *Weisheit in Israel*, Neukirchen-Vluyn, 1970; traduction française: *Israël et la Sagesse*, Labor et Fides, Genève, 1971.

WHYBRAY R. N., *Ecclesiastes*, (Old Testament Guides), Sheffield Academic Press, Sheffield, 1989.

V. *Articles et autres ouvrages*

ANDERSON W. H. U., « The poetic inclusio of Qoheleth in relation to 1, 2 and 12, 8 », *SJOT* 12 (1998), p. 203–213.

———, « The semantic implications of הבל and רעות רוח in the Hebrew Bible and for Qoheleth », *JNSL* 25 (1999), p. 59–73.

———, « The problematics of the Sitz im Leben of Qoheleth », *OTE* 12 (1999), p. 233–248.

———, « A Note on יתר for Qoheleth », *in JNSL* 26 (2000), p. 133–136.

AUWERS J.-M., « Problèmes d'interprétation de l'épilogue de Qohélet », *in Qohelet in the Context of Wisdom*, (A. Schoors dir.), (BETL 136), Presses Universitaires de Louvain, Louvain, 1998, p. 267–282.

AZIZE J., « The Genre of Qohelet », *DavarLogos* 2 (2003), p. 123–138.

BARNES J., « L'ecclésiaste et le scepticisme grec », *RTP* 131 (1999), p. 103–114.

BARTON G. A., « The Text and Interpretation of Ecclesiastes 5, 19 », *JBL* 27 (1908), p. 65–66.

BARUCQ A., art. « Qohélet (le livre de l'Ecclésiaste ou de) », *in DBS* 11 (1991), col. 609–674.

BEAUCHAMP P., « Entendre Qohélet », *Christus* 63 (1969), p. 339–351.

BEENTJES P., « "Who is like the wise?" Some notes on Qohelet 8, 1–15 », *in Qohelet in the Context of Wisdom*, (A. Schoors dir.), (BETL 136), Presses Universitaires de Louvain, Louvain, 1998, p. 303–315.

BELLIA G. – PASSARO A., « Qohelet, ovvero la fatica di conoscere », *in Il libro del Qohelet. Tradizione, redazione, teologia* (G. Bellia – A. Passaro dir.), (Cammini nello Spirito. Biblica 44), Paoline, Milan, 2001, p. 357–390.

BIANCHI F., « "Un fantasma al banchetto della Sapienza"? Qohelet e il libro dei Proverbi a confronto », *in Il libro del Qohelet. Tradizione, redazione, teologia*, (G. Bellia – A. Passaro dir.), (Cammini nello Spirito. Biblica 44), Paoline, Milan, 2001, p. 40–68.

BOHLEN R., « Kohelet im Kontext hellenistischer Kultur », *in Das Buch Kohelet*,

(L. Schwienhorst-Schönberger dir.), (BZAW 254), de Gruyter, Berlin / New York, 1997, p. 249–273.

Bons E., «Zur Gliederung und Kohärenz von Koh 1, 12–2, 11», *BN* 24 (1984), p. 73–93.

———, «Le livre de Qohéleth, les "paradigmes" de l'histoire de son interprétation chrétienne», *RTP* 131 (1999), p. 199–215.

Brindle W. A., «Righteousness and Wickedness in Ecclesiastes 7, 15–18», *AUSS* 23/3 (1985), p. 243–257.

Buehlmann A., «Qohélet», in *Introduction à l'Ancien Testament* (Th. Römer dir.), Labor et Fides, Genève, 2004, p. 544–552.

Buzy D., «La notion de bonheur dans l'Ecclésiaste», *RB* 43 (1934), p. 494–511.

Byargeon R. W., «The significance of ambiguity in Ecclesiastes 2, 24–26», in *Qohelet in the Context of Wisdom*, (A. Schoors dir.), (BETL 136), Presses Universitaires de Louvain, Louvain, 1998, p. 367–372.

Castellino G. R., «Qohelet and his wisdom», *CBQ* 30 (1968), p. 15–28.

Chopineau J., «Une image de l'homme. Sur Ecclésiaste 1, 2», *ETRel* 3 (1978), p. 366–370.

D'Alario V., «Qo 7, 26–28, un testo antifeminista?», in *La donna nella chiesa e nel mondo*, (D. Abigente – M. A. Giusti – N. Rodino dir.), Naples, 1988, p. 225–234.

———, «Liberté de Dieu ou destin? Un autre dilemme dans l'interprétation du Qohélet», in *Qohelet in the Context of Wisdom* (A. Schoors dir.), (BETL 136), Presses Universitaires de Louvain, Louvain, 1998, p. 457–463.

———, «Struttura e teologia del libro del Qohelet», in *Il libro del Qohelet. Tradizione, redazione, teologia* (G. Bellia – A. Passaro dir.), (Cammini nello Spirito. Biblica 44), Paoline, Milan, 2001, p. 256–275.

De Jong S., «A book on labour: the Structuring Principles and the Main Theme of the Book of Qohelet», *JSOT* 54 (1992), p. 107–116.

De Savignac J., «La sagesse du Qôhéléth et l'épopée de Gilgamesh», *VT* 28 (1978), p. 318–323.

Fischer A. A., «Beobachtungen zur Komposition von Kohelet 1, 3–3, 15», *ZAW* 103 (1991), p. 72–86.

Fox M. V., «Frame-Narrative and Composition in the Book of Qohelet», *HUCA* 48 (1977), p. 83–106.

———, «The Meaning of *Hebel* for Qohelet», *JBL* 105 (1986), p. 409–427.

———, «Qohelet's Epistemology», *HUCA* 58 (1987), p. 137–156.

———, «The Inner Structure of Qohelet's Thought», in *Qohelet in the Context of Wisdom* (A. Schoors dir.), (BETL 136), Presses Universitaires de Louvain, Louvain, 1998, p. 225–238.

Gianto A., «The Theme of Enjoyment in Qohelet», *Bib* 73 (1992), p. 528–532.

Gilbert M., «Qu'en est-il de la sagesse?», in *La sagesse biblique. De l'Ancien au Nouveau Testament*, (J. Trublet dir.), (LD 160), Cerf, Paris, 1995, p. 19–56.

———, «Qohélet ou la difficulté de vivre», *Études* (2004), p. 639–649.

Ginsberg H. L., «The structure and contents of the Book of Koheleth», in *Wisdom in Israel and in the Ancient Near East*. Presented to Professor Harold Henry Rowley, (M. Noth – D. W. Thomas dir.), (VT.S 3), Brill, Leiden, 1955, p. 138–149.

Gordis R., «Quotations in Wisdom Literature», *JQR* 30 (1939–1940), p. 123–147.

Iovino P., «"Omnia vanitas" da Qohelet a Paolo», in *Il libro del Qohelet. Tradizione, redazione, teologia* (G. Bellia – A. Passaro dir.), (Cammini nello Spirito. Biblica 44), Paoline, Milan, 2001, p. 337–356.

Jones S. C., «Qohelet's Courtly Wisdom: Ecclesiastes 8, 1–9», *CBQ* 68 (2006), p. 211–228.

Knopf C. S., «The optimism of Koheleth», *JBL* 49 (1930), p. 195–199.

Krüger Th., «Qoh 2, 24–26 und die Frage nach dem "Guten" im Qohelet-Buch», *BN* 72 (1994), p. 70–84.

————, « Le Livre de Qohéleth dans le contexte de la littérature juive des IIIe et IIe siècles avant Jésus-Christ », *RTP* 131 (1999), p. 135–162.

LAURENT Fr., « Le livre de Qohéleth ou la retenue de l'Écriture », *RSR* 79 (2005), p. 5–22.

LAVOIE J.- J., « Puissance divine et finitude humaine selon Qohélet 3, 10–15 », *Studies in Religion / Sciences Religieuses*, 31 (2002), p. 283–296.

LOHFINK N., « *melek, šallîṭ* und *môšēl* bei Kohelet und die Abfassungszeit des Buchs », *Bib* 62 (1981), p. 535–543.

————, « Das Koheletbuch: Strukturen und Struktur », *BZAW* 254 (1997), p. 39–121.

————, « War Kohelet ein Frauenfeind? Ein Versuch, die Logik und den Gegenstand von Koh 7, 23–8, 1a, herauszufinden », *in La Sagesse de l'Ancien Testament*, (M. Gilbert dir.), Gembloux, Louvain, 1979, ^{2}1990, p. 259–287.

————, « Qoheleth 5, 17–19, Revelation by Joy », *CBQ* 52 (1990), p. 625–635.

————, « Les épilogues du livre de Qohélet et les débuts du Canon », *in Ouvrir les Écritures. Mélanges offerts à Paul Beauchamp à l'occasion de ses soixante-dix ans*, (P. Bovati – R. Meynet dir.), (LD 162), Cerf, Paris, 1995, p. 77–96.

————, « Ist Kohelets הבל-Aussage erkenntnistheorisch gemeint? », *in Qohelet in the Context of Wisdom*, (A. Schoors dir.), (BETL 136), Presses Universitaires de Louvain, Louvain, 1998, p. 41–59.

————, « Zu הבל im Buch Kohelet », *in Studien zu Kohelet*, (SBAB 26), Verlag Katholisches Bibelwerk, Stuttgart, 1998, p. 215–258.

LYS D., « Qohélet ou le destin de la perte de sens », *LumVie* 221, (1995), p. 9–17.

MAUSSION M., « Qohélet et les sept refrains sur le bonheur », *in Wisdom and Apocalypticism in the Dead Sea Scrolls and in the Biblical Tradition*, (F. García Martínez dir.), (BETL 168), Presses Universitaires de Louvain, Louvain, 2003, p. 260–267.

————, « Qohélet 6, 1–2: "Dieu ne permet pas…" », *VT* 55 (2005), p. 501–510.

MAZZINGHI L., « Qohelet tra Giudaismo ed Ellenismo. Un'indagine a partire da Qo 7, 15–18 », *in Il libro del Qohelet. Tradizione, redazione, teologia* (G. Bellia – A. Passaro dir.), (Cammini nello Spirito. Biblica 44), Paoline, Milan, 2001, p. 90–116.

McKENNA J. E., « The concept of *hebel* in the Book of Ecclesiastes », *SJT* 45 (1992), p. 19–28.

MILLER D. B., « Qohelet's symbolic use of הבל », *JBL* 117 (1998), p. 437–454.

MORLA ASENSIO V., « Il libro dell'Ecclesiaste » *in Libri sapienzali e altri scritti*. (A. Caro dir.), (Introduzione allo studio della Bibbia 5), Paideia, Brescia, 1997, p. 147–174.

MULDER J. S. M., « Qoheleth's division and also its main points », *in Von Kanaan bis Kerala*. Festschrift für Prf. Mag. Dr. Dr. J. P. M. van der Ploeg o.p. zur Vollendung des siebzigsten Lebensjahres am 4 Juli 1979 (AOAT 211), Neukirchener Verlag, Neukirchen-Vluyn, 1982, p. 149–159.

MURPHY R. E., « Form Criticism and Wisdom Literature », *CBQ* 31 (1969), p. 475–483.

————, « On Translating Ecclesiastes », *CBQ* 53 (1991), p. 571–579.

NICCACCI A., « Qohelet o la gioia come fatica e dono di Dio a chi lo teme », *LA* 52 (2002), p. 29–102.

————, « Qohelet. Analisi sintattica, traduzione, composizione », *LA* 54 (2004), p. 53–94.

OGDEN G. S., « The 'better' proverb (tôb-spruch) rhetorical criticism, and Qoheleth », *JBL* 96 (1977), p. 489–505.

————, « Qoheleth's use of the 'nothing is better' form », *JBL* 98 (1979), p. 339–350.

————, « Qoheleth XI 7-XII 8: Qoheleth's summons to Enjoyment and Reflection », *VT* 34 (1984), p. 27–38.

PAHK J. Y.-S., « Qohelet e le tradizioni sapienziali del Vicino Oriente Antico », *in Il libro del Qohelet. Tradizione, redazione, teologia*, (G. Bellia – A. Passaro dir.), (Cammini nello Spirito. Biblica 44), Edizione Paoline, Milan, 2001, p. 117–143.

———, «A syntactical and contextual consideration of 'ŠH in Qo 9, 9», *VT* 51 (2001), 370–380.

ROSE M., «De la "crise de la sagesse" à la "sagesse de la crise"», *RTP* 131 (1999), p. 115–134.

ROUSSEAU F., «Structure de Qohélet 1, 4–11 et plan du livre», *VT* 31 (1981), p. 200–217.

RUDMAN D., «The anatomy of the wise man, wisdom, sorrow and joy in the Book of Ecclesiastes», *in Qohelet in the Context of Wisdom*, (A. Schoors, dir.), (BETL 136), Presses Universitaires de Louvain, Louvain, 1998, p. 465–471.

SCHOORS A., «La structure littéraire de Qohéleth», *OloP* 13 (1982), p. 91–116.

———, «Emphatic or Asseverative *kî* in Koheleth», *in Scripta Signa Vocis*, (H. L. J. Vanstiphout et *alii* dir.), Egbert Forsten, Groningen, 1986, p. 209–213.

———, «Qoheleth's Language: Re-Evaluation its Nature and Date», *JBL* 108 (1989), p. 698–700.

———, «Qoheleth: A book in a changing society», *OTE* 9 (1996), p. 68–87.

———, «The verb ראה in the Book of Qoheleth» *in „Jedes Ding hat seine Zeit…" Studien zur israelitischen und altorientalischen Weisheit* (D. Michel dir.), (BZAW 241), W. de Gruyter, Berlin / New York, 1996, p. 227–241.

———, «Words Typical of Qohelet», *in Qohelet in the Context of Wisdom*, (A. Schoors dir.), (BETL 136), Presses Universitaires de Louvain, Louvain, 1998, p. 17–39.

———, «The Word ṭwb in the Book of Qoheleth» *in Und Mose schrieb dieses Lied auf. Studien zum Alten Testament und zum Alten Orient*, Festschrift für O. Loretz, (M. Dietrich – I. Kottsieper dir.), (AOAT 250), Ugarit-Verlag, Münster, 1998, p. 685–700.

———, «L'ambiguità della gioia in Qohelet», *in Il libro del Qohelet. Tradizione, redazione, teologia*, (G. Bellia – A. Passaro dir.), (Cammini nello Spirito. Biblica 44), Paoline, Milan, 2001, p. 276–292.

———, «God in Qoheleth», *Schöpfungsplan und Heilsgeschichte*. Festschrift für Ernst Haag zum 70, Geburtsag, Paulinus, Trier, 2002, p. 251–270.

SCHWIENHORST-SCHÖNBERGER L., «Via media: Koh 7, 15–18 und die griechisch-hellenistische Philosophie», *in Qohelet in the Context of Wisdom*, (A. Schoors dir.), (BETL 136), Presses Universitaires de Louvain, Louvain, 1998, p. 181–203.

SEOW C.-L., «Beyond Mortal Grasp: the Usage of *hebel* in Ecclesiastes», *ABR* 48 (2000), p. 1–16.

SIMIAN-YOFRE H., «Conoscere la sapienza: Qohelet e Genesi 2–3», *in Il libro del Qohelet. Tradizione, redazione, teologia*, (G. Bellia – A. Passaro dir.), (Cammini nello Spirito. Biblica 44), Paoline, Milano, 2001, p. 314–336.

SNEED M., «(Dis)closure in Qohelet: Qohelet Deconstructed», *JSOT* 27 (2002), p. 115–126.

———, «A Note on Qoh 8, 12b–13», *Bib* 84 (2003), p. 412–416.

UEHLINGER Ch., «Qohelet im Horizont mesopotamischer, levantinischer und ägyptischer Weisheitsliteratur der persischen und hellenistischen Zeit», *in Das Buch Kohelet*, (L. Schwienhorst-Schönberger dir.), (BZAW 254), de Gruyter, Berlin / New York, 1997, p. 155–247.

VAN DER WAL A. J. O., «Qohelet 12, 1a: A relatively unique statement in Israel's wisdom tradition», *in Qohelet in the Context of Wisdom*, (A. Schoors dir.), (BETL 136), Presses Universitaires de Louvain, Louvain, 1998, p. 413–418.

VANEL A., art «Sagesse (Courant de)», *in DBS* 11 (1991), col. 4–58.

WHYBRAY R. N., «The Identification and Use of Quotations in Ecclesiastes», *VT.S* 32 (1981), p. 435–451.

———, «Qoheleth, Preacher of Joy», *JSOT* 23 (1982), p. 87–98.

———, «Qoheleth as a Theologian», *in Qohelet in the Context of Wisdom*, (A. Schoors dir.), (BETL 136), Presses Universitaires de Louvain, Louvain, 1998, p. 239–265.

WRIGHT A. G., « The riddle of the sphinx: the structure of the Book of Qoheleth », *CBQ* 30 (1968), p. 313-334.

———, « The riddle of the Sphinx Revisited: Numerical Patterns in the Book of Qoheleth », *CBQ* 42 (1980), p. 38-51.

———, « Additional Numerical Patterns in Qoheleth », *CBQ* 45 (1983), p. 32-43.

ZIMMERLI W., « Das Buch Kohelet. Traktat oder Sentenzensammlung? », *VT* 24 (1976), p. 221-230.

VI. *Divers*

Erech Hatephiloth ou Prières de toutes les grandes fêtes, (E. Durlacher, trad.), Durlacher, Paris, 1952.

ELBOGEN I., *Der jüdische Gottesdienst in seiner geschichtlichen Entwichlung,* Olms Verlagsbuchhandlung, Hildesheim, 1931.

HADAS-LEBEL M., *Histoire de la langue Hébraïque. Des origines à l'époque de la Mishna,* (Collection de la Revue des Études Juives), Peteers, Paris / Louvain, ⁴1995.

LEIBOVITZ Y., « Qohélet / Paroles du sage », *in Devant Dieu. Cinq livres de foi,* (Histoires et Judaïsmes), Cerf, Paris, 2004, p. 53-72.

MARTIN-ACHARD R., *Essai biblique sur les fêtes d'Israël,* Labor et Fides, Genève, 1974.

VIGÉE Cl. – MALKA V., *Le Puits d'eaux vives. Entretiens sur les Cinq Rouleaux de la Bible* (Spiritualités Vivantes 116), Albin Michel, Paris, 1993.

WÄLCHLI St., *Der weise König Salomo. Eine Studie zu den Erzählungen von der Weisheit Salomos in ihrem alttestamentlichen und altorientalischen Kontext,* (BWANT 141), Kohlhammer, Stuttgart, 1999.

TRADUCTION

[Chap. 1ᵉʳ]
PROLOGUE (1, 1–3)

1 Paroles de Qohélet, fils de David, roi à Jérusalem.

2 Vanité des vanités, dit Qohélet, vanité des vanités, tout est vanité.

3 Quel profit y a-t-il pour l'homme dans toute la peine qu'il peine sous le soleil ?

POÈME INTRODUCTIF (1, 4–11)

4 Une génération s'en va, une génération s'en vient, mais la terre pour toujours subsiste.

5 Il s'est levé le soleil, et il s'en est venu le soleil,
vers son lieu il halète, là il se lève.

6 Allant vers le midi et tournant vers le nord,
il tourne, tourne et va, le vent, et à ses tours, il retourne, le vent.

7 Tous les fleuves vont à la mer, mais la mer n'est pas remplie ;
vers le lieu où vont les fleuves, là ils recommencent à aller.

8 Toutes les choses sont lassantes, un homme ne peut le dire ;
l'œil ne se rassasie pas de voir, et l'oreille n'est pas remplie de ce qu'elle écoute.

9 Ce qui est arrivé, voilà ce qui arrive ; ce qui s'est fait, voilà ce qui se fait :
il n'y a absolument rien de nouveau sous le soleil.

10 Y a-t-il une chose dont on dise : "regarde cela, c'est nouveau !" ?
Déjà cela a existé depuis les siècles qui nous ont précédés.

11 Pas de mémoire du passé ;
de même à l'égard de ceux qui, à l'avenir, arriveront : nulle mémoire n'existera à leur égard chez ceux qui arriveront pour l'avenir.

PREMIÈRE PARTIE (1, 12–6, 9)
Première section (1, 12–2, 26) : la fiction salomonienne

12 Moi, Qohélet, j'ai été roi sur Israël, à Jérusalem.

Unité [A] (1, 13–15): *exploration de tout ce qui se fait sous le ciel / soleil*

13 J'ai adonné mon cœur à chercher et à explorer par la sagesse tout
   ce qui se fait sous le ciel. C'est une occupation mauvaise que Dieu
   a donnée aux fils d'homme pour qu'ils s'y occupent.
14 J'ai vu toutes les œuvres qui se font sous le soleil,
   mais voici: tout est vanité et poursuite de vent.
15 Ce qui est courbé ne peut être redressé,
   ce qui fait défaut ne peut être compté.

Unité [B] (1, 16–18): *exploration par accroissement de sagesse*

16 J'ai parlé, moi, avec mon cœur, en disant: "moi, voici que j'ai
   fait grandir et progresser la sagesse plus que tous ceux qui m'ont
   précédé à Jérusalem",
   et mon cœur a vu beaucoup de sagesse et de connaissance.
17 J'ai adonné mon cœur pour connaître la sagesse et la connaissance,
   la folie et la sottise.
   J'ai reconnu que cela aussi est poursuite de vent.
18 Car beaucoup de sagesse, beaucoup de chagrin;
   et qui ajoute à la connaissance, ajoute à la douleur.

Unité [C] (2, 1–10): *exploration du plaisir et du bonheur*
[**Chap. 2**]

1 J'ai dit, moi, dans mon cœur: "Allons, que je fasse expérimenter
   le plaisir et voir ce qui est bon",
   et voici: cela aussi est vanité.
2 Du rire, j'ai dit "sottise", et le plaisir "à quoi sert-il"?
3 J'ai exploré en mon cœur afin d'émouvoir par le vin ma chair,
   tout en conduisant mon cœur par la sagesse à tenir à la sottise
   jusqu'à ce que je vois ce qui est bon pour les fils d'homme de faire
   sous le ciel, durant le nombre de jours de leur vie.
4 J'ai entrepris de grandes œuvres:
   Je me suis bâti des maisons, je me suis planté des vignes.
5 Je me suis fait des jardins et des vergers,
   et j'y ai planté toute sorte d'arbres fruitiers.
6 Je me suis fait des réservoirs d'eau
   pour en arroser une forêt de jeunes arbres.

7 J'ai acquis serviteurs et servantes, et j'ai eu des domestiques,
et j'ai eu aussi du gros et du petit bétail en abondance, plus que
tous mes prédécesseurs à Jérusalem.

8 Je me suis amassé aussi de l'argent et de l'or, le trésor des rois et
des provinces ;
je me suis procuré chanteurs et chanteuses, et des délices des fils
de l'homme : quantité de femmes.

9 Je suis devenu grand, je me suis enrichi plus que tous les prédécesseurs à Jérusalem.
Cependant, ma sagesse m'assistait.

10 Tout ce que désiraient mes yeux, je ne leur ai pas refusé,
je n'ai privé mon cœur d'aucun plaisir, car mon cœur se plaisait de
toute ma peine : c'était ma part qui revenait à toute ma peine.

Unité [A'] (2, 11) : *réflexion sur ce qui se fait sous le soleil (pas de profit)*

11 Alors, je me suis tourné, moi, vers toutes les actions que mes
mains ont faites, et la peine que j'ai peinée pour le faire,
et voici : tout cela est vanité et poursuite de vent, il n'y a pas de
profit sous le soleil.

Unité [B'] (2, 12–23) : *réflexion sur la sagesse (un même sort pour
tous)*

12 Alors, je me suis tourné, moi, pour voir la sagesse, la folie, et la
sottise.
Car que sera l'homme qui viendra après le roi : ce qu'on aura déjà
fait, il fera.

13 Et, j'ai vu, moi, qu'il y a avantage de la sagesse par rapport à la
sottise,
comme il y a avantage de la lumière par rapport aux ténèbres.

14 Le sage a les yeux dans sa tête, et l'insensé marche dans les ténèbres,
et pourtant, je sais, moi aussi, qu'un sort unique surviendra pour
tous les deux.

15 Et j'ai dit, moi, en mon cœur : le sort de l'insensé sera aussi le
mien, pourquoi ai-je donc été si sage ?
J'ai parlé en mon cœur : cela aussi est vanité.

16 Car il n'y a pas de mémoire du sage, pas plus de l'insensé pour
toujours.

Déjà, dans tous les jours qui viennent, tout sera oublié. Eh quoi, le sage meurt avec l'insensé.

17 Et je déteste la vie, car est mauvaise, à mon égard, l'œuvre qui se fait sous le soleil,
   car tout est vanité et poursuite de vent.

18 Je déteste, moi, toute la peine que j'ai peinée sous le soleil
   puisque je laisserai cela à l'homme qui arrivera après moi.

19 Qui sait s'il sera sage ou insensé? Il sera maître de toute ma peine que j'ai peinée avec ma sagesse sous le soleil.
   Cela aussi est vanité.

20 Alors, j'en suis venu, moi, à désespérer en mon cœur
   au sujet de toute la peine que j'ai peinée sous le soleil.

21 Car il y a un homme qui a peiné avec sagesse, connaissance et succès,
   c'est à un homme qui n'a pas peiné qu'il donnera sa part. Cela aussi est vanité et grand mal.

22 Car, que reste-t-il pour l'homme dans toute sa peine et dans tout l'effort de son coeur
   que, lui, aura peiné sous le soleil?

23 Car tous ses jours ne sont que douleurs, et chagrin est son occupation; même la nuit, son cœur est sans repos.
   Cela aussi est vanité.

Unité [C'] (2, 24–26): *ouverture sur le bonheur*
1ʳᵉ parole de bonheur

24 **Il n'y a rien de bon pour l'homme sinon de manger, de boire et de goûter au bonheur dans sa peine.**
   Cela aussi, je vois, moi, que cela vient de la main de (du) Dieu.

25 Car, dit-il: "qui mange et qui se délecte en dehors de moi?"

26 Car, à l'homme qui est habile devant sa face il donne sagesse, connaissance et plaisir,
   et, au malhabile, il donne comme occupation de rassembler et d'amasser pour donner à celui qui est habile devant la face de (du) Dieu. Cela aussi est vanité et poursuite de vent.

[Chap. 3]
POÈME SUR LE TEMPS FAVORABLE (3, 1–8)

1 Pour tout, il y a un moment, et un temps pour chaque chose sous le ciel.

2 Un temps pour enfanter	et un temps pour mourir,
un temps pour planter	et un temps pour arracher le plant,
3 un temps pour tuer	et un temps pour guérir,
un temps pour démolir	et un temps pour bâtir,
4 un temps pour pleurer	et un temps pour rire,
temps de se lamenter	et temps de danser,
5 un temps pour jeter des pierres	et temps de ramasser des pierres,
un temps pour étreindre	et un temps pour s'abstenir d'étreindre,
6 un temps pour chercher	et un temps pour perdre,
un temps pour garder	et un temps pour jeter,
7 un temps pour déchirer	et un temps pour coudre,
un temps pour se taire	et un temps pour parler,
8 un temps pour aimer	et un temps pour détester,
temps de guerre	et temps de paix.

9 Quel profit celui qui fait tire-t-il de ce à quoi il peine?

10 J'ai vu l'occupation que Dieu a donnée aux fils d'homme pour qu'ils s'y occupent.

11 Il fait toute chose belle en son temps;
à leur cœur, il donne même [la pensée] de l'éternité, sans que l'homme puisse trouver l'œuvre que (le) Dieu fait du début jusqu'à la fin.

2ᵉ parole de bonheur

12 **J'ai reconnu qu'il n'y a rien de bon pour eux,
sinon de se réjouir et de faire le bien durant leur vie.**

13 **Mais aussi, tout homme qui mange, boit et goûte au bonheur en toute sa peine,
cela est un don de Dieu.**

14 J'ai reconnu que tout ce que fait (le) Dieu, cela durera toujours;
il n'y a rien à y ajouter, rien à y retrancher,
c'est (le) Dieu qui fait en sorte qu'on ait de la crainte devant sa face.

15 Ce qui est arrivé, c'est ce qui est déjà, et ce qui arrivera existe déjà,
   mais (le) Dieu va rechercher ce qui a fui.

Deuxième section (3, 16–4, 16) : réflexions sur la vie en société

16 J'ai encore vu sous le soleil
   qu'au siège du jugement, là est la méchanceté,
   et qu'au siège de la justice, là est la méchanceté.
17 J'ai dit, moi, en mon cœur : le juste et le méchant, (le) Dieu les jugera,
   car il y a un temps pour chaque chose et sur toute œuvre, un jugement.
18 J'ai dit, moi, en mon cœur, au sujet des fils d'homme :
   (le) Dieu veut les éprouver et leur faire voir qu'eux-mêmes ne sont que des bêtes.
19 Car, le sort des fils d'homme et le sort de la bête [est] un sort unique pour eux :
   telle la mort de l'un, telle la mort de l'autre, un souffle unique pour tous les deux,
   et l'avantage de l'homme sur la bête est nul : tout est vanité.
20 Tout va vers un lieu unique,
   tout vient de la poussière, et tout retourne à la poussière.
21 Qui sait si le souffle des fils d'homme monte vers le haut,
   et si le souffle de la bête descend vers le bas, vers la terre ?

3ᵉ parole de bonheur

22 **Et j'ai vu qu'il n'y a rien de bon, sinon que l'homme se plaise en ses œuvres, car telle est sa part.**
   Qui l'emmènera voir ce qui arrivera par la suite ?

[Chap. 4]

1 Et de nouveau, moi, j'ai vu toutes les oppressions qui se font sous le soleil,
   et voici : les larmes des opprimés, ils n'ont pas de consolateurs ;
   et du côté de leurs oppresseurs, c'est la violence, ils n'ont pas de consolateurs.
2 Et je fais l'éloge, moi, des morts qui sont déjà morts,
   plus que les vivants qui sont encore en vie.

3 Et mieux que les deux, celui qui n'a pas encore été,
parce qu'il n'a pas vu l'œuvre mauvaise qui se fait sous le soleil.

4 Et j'ai vu, moi, toute la peine et tout le succès d'une œuvre, c'est
jalousie de l'un envers l'autre,
cela aussi est vanité et poursuite de vent.

5 L'insensé se croise les bras et il mange sa propre chair.

6 Mieux vaut une paume de main pleine de repos,
que deux pleines poignées de peine et poursuite de vent.

7 Et de nouveau, moi, j'ai vu une vanité sous le soleil.

8 Il y a quelqu'un seul n'ayant pas de second, ni fils, ni frère et
n'ayant pas de limite à toute sa peine, même ses yeux ne se sont
pas rassasiés de richesses :
"pour qui, moi, est-ce que je peine et prive mon âme de bonheur ?"
Cela aussi est vanité et occupation mauvaise.

9 Mieux vaut être deux que seul, ils ont un bon salaire pour leur
peine.

10 S'ils tombent, l'un relève son compagnon,
mais malheur à celui qui est seul, s'il tombe, il n'y a pas de second
pour le relever.

11 De même, s'ils couchent à deux, ils ont chaud, mais seul comment
se réchauffer ?

12 Un solitaire se fait battre, deux tiennent tête,
et un triple fil ne rompt pas vite.

13 Mieux vaut un enfant indigent et sage qu'un roi vieux et insensé
qui ne sait plus se laisser instruire.

14 Qu'il sorte de prison pour régner, bien qu'il soit né miséreux dans
son royaume.

15 J'ai vu tous les vivants qui vont sous le soleil,
ils étaient avec le jeune, le second, celui qui se tient à la place de
l'autre.

16 Il n'y a pas de fin pour tout le peuple, pour tous ceux pour lequel
il est devant eux, mais la postérité n'en trouvera pas de plaisir,
car cela aussi est vanité et poursuite de vent.

Troisième section (4, 17–5, 6) : réflexions sur la religion

17 Surveille tes pas quand tu vas dans la maison de (du) Dieu,
approche-toi pour écouter, cela vaut mieux que le sacrifice des
insensés.
Car ils ne savent pas qu'ils font le mal.

[Chap. 5]

1 Ne te précipite pas sur ta bouche et que ton cœur ne se hâte pas
   de laisser sortir une parole devant (le) Dieu,
   car (le) Dieu est au ciel, et toi sur la terre.
   C'est pourquoi, que tes paroles soient peu nombreuses.

2 Car le rêve vient de l'abondance de tes préoccupations,
   et les propos de l'insensé de l'abondance des paroles.

3 Lorsque tu fais un vœu à Dieu, ne tarde pas de l'accomplir, car il
   n'y a pas de faveur pour les insensés,
   le vœu que tu fais, accomplis-le.

4 Mieux vaut ne pas faire de vœu que d'en faire un sans l'accomplir.

5 Ne donne pas à ta bouche de faire pécher ta chair,
   et ne dis pas à l'envoyé : "c'est une erreur",
   de peur que (le) Dieu ne s'irrite contre ta parole et ne ruine l'œuvre
   de tes mains ?

6 Quand il y a abondance de rêves et de vanités, et abondance de
   paroles,
   alors crains (le) Dieu.

Quatrième section (5, 7–6, 9) : réflexions sur la vie en société

7 Si, dans la province, tu vois le pauvre opprimé, le droit et la justice
   violés, ne sois pas surpris de la chose,
   car au-dessus d'un grand veille un plus grand, et au-dessus d'eux
   d'autres grands.

8 Et à tous égards, c'est un profit pour un pays :
   un roi avec des terres cultivées.

9 Qui aime l'argent ne se rassasie pas d'argent, et qui aime l'abondance n'en tire aucun revenu,
   cela aussi est vanité.

10 Où abonde le bien, abondent aussi ceux qui le mangent,
   et quel bénéfice pour son possesseur sinon un spectacle pour les
   yeux.

11 Doux est le sommeil du travailleur, qu'il ait mangé peu ou beaucoup,
   mais la satiété du riche ne le laisse pas reposer pour dormir.

12 Il y a un mal douloureux que j'ai vu sous le soleil :
   la richesse gardée par son possesseur pour son malheur.

13 Cette richesse se perd dans une mauvaise affaire,
le fils qu'il a engendré n'a rien dans sa main.

14 Comme il est sorti du sein de sa mère, nu, il s'en retournera comme il était venu,
et, de sa peine, il ne retirera rien qu'il puisse emporter dans sa main.

15 Et cela aussi est un mal douloureux : qu'il s'en aille comme il est venu.
Quel profit pour lui que d'avoir peiné pour du vent ?

16 De plus, tous ses jours ne sont que ténèbres et deuil,
chagrin extrême, souffrance et irritation.

4ᵉ parole de bonheur

17 **Voici ce que, moi, je vois : le bon qui est agréable, c'est de manger, de boire et de goûter au bonheur dans toute sa peine qu'il peine sous le soleil, durant le nombre des jours de la vie que lui donne (le) Dieu, car telle est sa part.**

18 **De plus, tout homme à qui (le) Dieu donne richesse et biens, avec la faculté d'en manger, d'en prendre sa part et de trouver du plaisir dans sa peine,**
c'est là un don de Dieu.

19 **En effet, il ne se souvient pas beaucoup des jours de sa vie car (le) Dieu l'occupe avec le plaisir de son cœur.**

[Chap. 6]

1 Il y a un mal que j'ai vu sous le soleil, et il est conséquent pour l'homme :

2 Voilà un homme à qui (le) Dieu a donné richesse et biens et gloire, et rien ne manque à son âme de tout ce qu'il désire, mais à qui (le) Dieu ne laisse pas la faculté d'en manger,
car c'est quelqu'un d'étranger qui le mange,
cela est vanité et douleur mauvaise.

3 Quelqu'un aurait-il engendré cent fois, et vivrait-il de nombreuses années, et les jours de ses années seraient-ils nombreux, si son âme ne se rassasie pas de bonheur et qu'il n'ait pas même de sépulture,
je dis que l'avorton est plus heureux que lui.

4 Car c'est en vain qu'il est venu et c'est dans les ténèbres qu'il s'en va,
et, par les ténèbres, son nom sera recouvert.

5 Et même le soleil, il ne l'a vu ni ne l'a connu,
  celui-ci a plus de repos que celui-là.

6 Et vivrait-il deux fois mille ans sans goûter le bonheur,
  n'est-ce pas au même lieu que tout va?

7 Toute la peine de l'homme est pour sa bouche,
  et pourtant le désir n'est pas comblé.

8 Car quel avantage a le sage sur l'insensé?
  Quel [avantage] pour le pauvre qui sait se conduire devant les
  vivants?

9 Mieux vaut ce que voient les yeux que la divagation du désir,
  cela aussi est vanité et poursuite de vent.

Transition

10 Ce qui est arrivé a déjà été appelé par son nom, on sait ce qu'est
   un homme,
   il ne peut contester avec plus fort que lui.

11 Quand il y a des paroles abondantes, elles font abonder la vanité,
   quel avantage pour l'homme?

12 Car qui connaît ce qui est bon pour l'homme dans la vie, durant le
   nombre de jours de sa vie de vanité qui passe comme l'ombre?
   Qui révèlera à l'homme ce qui arrivera par la suite sous le
   soleil?

DEUXIÈME PARTIE (7, 1–12, 7)
Cinquième section : constats et conseils (7, 1–8, 8)
[Chap. 7]

1 Mieux vaut une bonne renommée qu'un bon parfum,
  et le jour de la mort que le jour de sa naissance.

2 Mieux vaut aller à la maison de deuil qu'aller à la maison du
  banquet parce que c'est la fin de tout homme,
  et le vivant y adonne son cœur.

3 Mieux vaut le chagrin que le rire
  car, avec un visage en peine, le cœur peut être heureux.

4 Le cœur des sages [est] dans la maison de deuil
  et le cœur des insensés dans la maison de plaisir.

5 Mieux vaut écouter la semonce du sage
  qu'être homme à écouter le chant des insensés,

6 car, tel le pétillement des broussailles sous la marmite,
  tel le rire de l'insensé, mais cela aussi est vanité.

7 Or, l'oppression rend fou le sage
et le cadeau perd le cœur.

8 Mieux vaut la fin d'une chose que son commencement,
mieux vaut un esprit patient qu'un esprit prétentieux.

9 Ne te hâte pas en ton esprit de t'affliger,
car l'affliction repose au sein des insensés.

10 Ne dis pas : Comment se fait-il que les jours anciens aient été
meilleurs que ceux-ci ?
Car ce n'est pas la sagesse qui te dicte cela.

11 Bonne est la sagesse avec un héritage,
elle est un avantage pour ceux qui voient le soleil.

12 Car, [être] à l'ombre de la sagesse, [c'est être] à l'ombre de l'argent,
et l'avantage du savoir, [c'est que] la sagesse fait vivre ceux qui la
possèdent.

13 Regarde l'œuvre de (du) Dieu :
qui peut redresser ce que lui a courbé ?

Parole de bonheur supplémentaire

14 **Au jour de bonheur, accueille le bonheur, et au jour de malheur,
regarde :
aussi bien l'un que l'autre, (le) Dieu les a faits,
de sorte que l'homme ne puisse rien trouver de ce qui sera par
la suite.**

15 J'ai tout vu dans mes jours de vanité :
Il y a un juste qui se perd par sa justice
et il y a un méchant qui prolonge [ses jours] par son mal.

16 Ne sois pas juste à l'extrême et ne sois pas sage à l'excès,
de peur de te détruire ?

17 Ne sois pas méchant à l'extrême et ne sois pas insensé,
de peur de mourir avant ton temps ?

18 Il est bon que tu tiennes à ceci sans laisser ta main lâcher cela,
puisque celui qui craint Dieu fera tout aboutir.

19 La sagesse rend le sage plus fort que dix chefs qui sont dans la
ville.

20 Pourtant, il n'est pas d'homme juste sur la terre,
qui fasse le bien sans jamais se tromper.

21 Aussi, ne prête pas attention à toutes les paroles qu'on dit,
de peur d'entendre ton serviteur te mépriser,

22 car, maintes fois—ton cœur le connaît—
    tu as, toi aussi, méprisé les autres.
23 Tout cela, je l'ai mis à l'épreuve par la sagesse ;
    j'ai dit : j'aurai de la sagesse ! Mais elle est loin de moi !
24 Lointain est ce qui est arrivé,
    et profond, profond : qui le trouvera ?

7, 25–29 (chercher / trouver / ne pas trouver)

25 Je me suis tourné, moi et mon cœur, pour connaître, explorer et
    chercher la sagesse et la raison,
    et pour connaître [que] la méchanceté [est] démence et [que] la
    folie [est] sottise.
26 Et je suis trouvant, moi : "Plus amère que la mort, la femme parce
    qu'elle est un traquenard, et son cœur est un filet et ses bras sont
    des chaînes.
    Ce qui est bon devant (le) Dieu lui échappe mais celui qui pèche
    sera pris par elle."
27 Vois cela que j'ai trouvé—a dit Qohélet—
    [en considérant les choses] une à une pour [en] trouver la raison,
28 que mon âme cherche encore et que je n'ai pas trouvé :
    "un seul homme sur mille, j'ai trouvé, mais une femme parmi
    elles toutes, je n'ai pas trouvé."
29 Vois seulement ce que j'ai trouvé : que (le) Dieu a fait l'homme
    droit,
    mais eux cherchent bon nombre de raisonnements.

[Chap. 8]
8, 1–8 (connaître / ne pas connaître)

1 Qui est comme le sage ? Qui connaît l'explication d'une chose ?
    La sagesse de l'homme fait briller son visage, et la sévérité de son
    visage est changée.
2 L'ordre du roi, garde-le, à cause du serment de Dieu.
3 Ne te hâte pas de t'éloigner de sa présence, ne te mets pas dans
    un mauvais cas,
    car tout ce qu'il veut, il le fait,
4 Car la parole du roi est souveraine,
    et qui lui dira : "que fais-tu ?"
5 Celui qui garde le commandement ne connaît rien de mal,
    le moment et le jugement, le cœur du sage les connaît.

6 Assurément, pour chaque chose, il y a un temps et un jugement ;
car le mal de l'homme est grand sur lui :

7 il ne connaît pas ce qui arrive ;
comment cela arrivera, qui le lui révèlera ?

8 Il n'y a pas d'homme qui domine sur le souffle pour retenir le
souffle,
et il n'y a pas de dominateur sur le jour de la mort,
et il n'y a pas de relâche dans le combat,
et la méchanceté ne délivre pas ses maîtres.

Sixième section (8, 9–17) : conclusion récapitulative et ouverture
La joie est possible pour celui qui craint Dieu

9 Tout cela, je l'ai vu en adonnant mon cœur à toute l'œuvre qui se
fait sous le soleil,
au temps où l'homme domine sur l'homme pour lui faire du
mal.

10 Et c'est ainsi que j'ai vu des méchants conduits au tombeau, et ils
s'en allèrent ; mais ceux qui venaient du lieu saint avaient oublié,
dans la ville, qu'ils avaient agi ainsi,
cela aussi est vanité.

11 Parce que la sentence portée contre l'œuvre du mal ne s'exécute
pas vite,
à cause de cela, le cœur des fils d'homme s'emplit en eux du désir
de mal faire.

12 Parce que le pécheur, qui cent fois fait le mal, a beau prolonger
[sa vie] ;
assurément, je sais, moi aussi, qu'il y aura du bonheur pour ceux
qui craignent (le) Dieu, parce qu'ils ont de la crainte envers lui.

13 Mais il n'y aura pas de bonheur pour le méchant, et comme l'ombre, il ne prolongera pas ses jours,
parce qu'il ne craint pas devant la face de Dieu.

14 Il est une vanité qui se produit sur la terre :
il y a des justes qui subissent le sort que mérite l'œuvre des
méchants,
il y a des méchants qui subissent le sort que mérite l'œuvre des
justes.
Je dis que cela aussi est vanité.

5e parole de bonheur

15 **Et moi, je fais l'éloge du plaisir, car il n'y a rien de bon pour l'homme sous le soleil sinon de manger, boire et se faire plaisir,**
et cela l'accompagne dans sa peine durant les jours de sa vie que lui donne (le) Dieu sous le soleil.

16 Lorsque j'ai adonné mon cœur à connaître la sagesse et voir l'occupation qui se fait sur la terre,
car, ni le jour, ni la nuit, il ne voit de ses yeux le sommeil,

17 alors j'ai vu, au sujet de toute l'œuvre de (du) Dieu, que l'homme ne peut trouver l'œuvre qui se fait sous le soleil,
quelque peine que l'homme se donne à chercher, il ne trouve pas,
et même si le sage affirme connaître, il ne peut trouver.

[Chap. 9]

1 Oui, à tout ceci, j'ai adonné mon cœur à observer et voici :
les justes, les sages et leurs actions sont dans la main de (du) Dieu,
ni amour, ni haine l'homme ne connaît, tout est devant eux.

2 Tout est pareil pour tous, un sort unique pour le juste et pour le méchant, pour le bon et pour le pur et pour l'impur, pour celui qui sacrifie et pour celui qui ne sacrifie pas ;
il en est du bon comme du malhabile, de celui qui prête serment comme celui qui craint de le faire.

3 C'est un mal dans tout ce qui se fait sous le soleil, qu'il y ait un sort unique pour tous.
Aussi, le cœur des fils d'homme s'emplit de mal et les folies sont dans leur cœur durant leur vie, et après… vers les morts.

4 En effet, qui sera préféré ? Pour tous les vivants, il y a une chose certaine :
un chien vivant vaut mieux qu'un lion mort.

5 Car les vivants connaissent qu'ils mourront,
tandis que les morts ne connaissent rien du tout. Pour eux, plus de récompense, puisque leur souvenir est oublié.

6 Aussi bien, leurs amours, leurs haines, leurs jalousies ont déjà péri,
et ils n'auront plus jamais de part à tout ce qui se fait sous le soleil.

6ᵉ parole de bonheur

7 **Va, mange avec plaisir ton pain et bois ton vin d'un cœur heureux**
  car déjà (le) Dieu a agréé tes œuvres.
8 **Qu'en tout temps, tes habits soient blancs, et que l'huile ne manque pas sur ta tête.**
9 **Goûte la vie avec la femme que tu aimes tous les jours de ta vie de vanité, puisqu'il te donne, sous le soleil, tous tes jours de vanité,**
  car c'est là ta part dans ta vie et dans ta peine que tu peines sous le soleil.
10 **Tout ce que ta main trouve à faire, avec force fais-le,**
  car il n'y a ni œuvre, ni raison, ni connaissance, ni sagesse, dans le shéol, là où tu t'en iras.

11 Je vois, à nouveau, sous le soleil qu'aux plus agiles appartient pas la course,
  ni aux forts, le combat,
  ni davantage le pain aux sages,
  ni davantage la richesse aux intelligents,
  ni davantage la faveur aux savants,
  car temps et contretemps leur arrivent à tous.
12 Car, l'homme ne connaît pas plus son temps
  que les poissons pris au filet de malheur,
  que les oiseaux pris au piège,
  ainsi, eux, les fils d'homme sont attrapés au temps du malheur
  quand il tombe sur eux à l'improviste.

13 J'ai vu également ce cas de sagesse sous le soleil, et il est grand pour moi :
14 une petite ville et peu d'hommes chez elle,
  un grand roi vint contre elle et l'investit, et il bâtit contre elle de grandes embuscades.
15 Il s'y trouva un homme démuni et sage, et il sauva la ville par sa sagesse,
  mais personne ne se souvint de cet indigent.
16 Et moi, je dis que : mieux vaut la sagesse que la force,
  mais la sagesse du démuni est méprisée et ses paroles ne sont pas entendues.
17 Les paroles des sages entendues dans le calme
  [valent] mieux que les cris d'un chef au milieu des insensés.

18 Mieux vaut la sagesse que des engins de combat,
   mais un seul maladroit ruine beaucoup de bien.

[Chap. 10]

1 Des mouches mortes infectent l'huile du parfumeur,
   plus pesant que la sagesse et la gloire, un peu de sottise.
2 Le cœur du sage est adroit, mais le cœur de l'insensé est gauche.
3 Aussi sur la route, quand le sot marche, son cœur lui manque,
   et il dit à tous qu'il est sot.
4 Si le souffle du chef monte contre toi, ne quitte pas ta place,
   car le sang-froid évite de grandes erreurs.

5 Il y a un mal que j'ai vu sous le soleil,
   comme une inadvertance échappée au souverain :
6 le sot placé aux plus hauts sommets,
   et des riches siégeant en bas.
7 J'ai vu des serviteurs à cheval,
   et des princes allant comme des serviteurs, à terre.
8 Qui creuse une fosse, tombe dedans.
   Qui démolit un mur, un serpent le mord.
9 Qui extrait des pierres s'y blesse.
   Qui fend du bois encourt un danger.
10 Si le fer est émoussé et qu'on n'affile pas son tranchant, il faut
   redoubler de force,
   mais il y a profit à faire aboutir la sagesse.
11 Si le serpent mord devant le charme,
   il n'y a pas de profit pour le maître de la langue.
12 Les paroles de la bouche du sage sont une grâce,
   mais les lèvres de l'insensé l'engloutissent.

13 Le début des paroles de sa bouche est sottise,
   et la fin de son discours est folie mauvaise.
14 L'insensé multiplie les paroles,
   l'homme ne connaît pas ce qui arrive, et ce qui arrivera par la
   suite, qui le lui révèlera ?
15 La peine de l'insensé le fatigue,
   lui qui ne sait pas aller à la ville.
16 Malheur à toi, pays dont ton roi est un enfant,
   et dont tes princes mangent dès le matin !
17 Heureux es-tu, pays dont ton roi est fils de noble,

et dont les princes mangent en temps voulu pour prendre des
forces et non pour boire !

18 Entre des mains paresseuses, la poutre cède,
entre des mains défaillantes, la maison prend l'eau.

19 Pour s'amuser, on fait un repas : le vin réjouit la vie,
et l'argent a réponse à tout.

20 Même dans ta pensée, le roi, ne le méprise pas ; dans ta chambre
à coucher ne méprise pas le riche, car un oiseau du ciel peut
emporter le bruit, et la gent ailée révéler la chose.

[Chap. 11]

1 Lance ton pain à la surface de l'eau,
Car après bien des jours, tu le retrouveras.

2 Donne une part à sept et même à huit,
car tu ne sais pas quel mal peut arriver sur la terre.

3 Si les nuages sont remplis, ils vident la pluie sur la terre ;
et s'il tombe, un arbre tombe au sud ou au nord,
c'est au lieu où il est tombé, l'arbre, qu'il reste.

4 Qui observe le vent ne sème pas,
qui regarde les nuages ne moissonne pas.

5 De même que tu ne connais pas quel est le chemin du vent, de
même les ossements dans le ventre de la femme enceinte,
de même tu ne connais pas l'œuvre de (du) Dieu qui fait tout.

6 Dès le matin, sème ta semence, et jusqu'au soir ne laisse pas ta
main en repos,
car tu ne connais pas ce qui réussira, ceci ou cela, ou si les deux
sont également bons.

POÈME FINAL (11, 7–12, 7)

7 Et douce est la lumière,
il est bon pour les yeux de voir le soleil.

8 Car, même si l'homme vit de nombreuses années, qu'en chacune
d'elles il se réjouisse,
et qu'il se souvienne que les jours de ténèbres seront nombreux :
tout ce qui arrive est vanité.

7ᵉ parole de bonheur

9 **Prends plaisir, jeune homme, de tes jeunes années, et que ton
cœur te rende heureux pendant les jours de ta jeunesse,**

et marche dans les voies de ton cœur, et les regards de tes yeux, mais sache que, pour tout cela, (le) Dieu te fera venir en jugement.

10 Écarte de ton cœur le chagrin et de ta chair le mal,
   car jeunesse et fraîcheur sont vanité.

[Chap. 12]

1 Et souviens-toi de ton Créateur, aux jours de ta jeunesse,
  avant que viennent les jours mauvais et qu'arrivent les années dont tu diras: je n'en ai aucun plaisir,

2 avant que s'obscurcissent le soleil et la lumière, la lune et les étoiles,
  et qu'après la pluie reviennent les nuages;

3 au jour où tremblent les gardiens de la maison, où se courbent les hommes vigoureux,
  où s'arrêtent les meunières trop peu nombreuses, où sont dans l'obscurité celles qui regardent par les fenêtres;

4 quand les battants se ferment sur la rue tandis que baisse le bruit de la meule,
  et quand on se lève au chant de l'oiseau, et que faiblissent tous les chants des filles;

5 alors, on craint la montée et qu'on a des frayeurs en chemin, quand l'amandier est en fleur, que la sauterelle devient lourde et la câpre sans effet,
  tandis que l'homme s'en va vers ce qui sera pour toujours sa demeure, et que les pleureuses rôdent dans la rue;

6 avant que ne se rompe le fil d'argent, que l'ampoule d'or ne se brise,
  que la jarre ne se casse à la fontaine et que la poulie ne s'écrase dans la citerne,

7 avant que la poussière ne retourne à la terre, selon ce qu'elle était,
  et le souffle ne retourne à (au) Dieu qui l'avait donné.

8 Vanité des vanités, dit le Qohélet, tout est vanité.

ÉPILOGUE (12, 9–14)

9 En outre, Qohélet fut un sage,
  il a encore enseigné la connaissance au peuple et il a pesé et examiné, mis en ordre beaucoup de proverbes.

10 Qohélet s'est appliqué à trouver des paroles plaisantes,
   et à écrire, avec droiture, des paroles authentiques,

11 Les paroles des sages sont comme des aiguillons, et comme des
   clous bien plantés, les recueils de sentences,
   don d'un unique pasteur.

12 Et en outre, mon fils, sois-en instruit :
   à faire beaucoup de livres, cela est sans limites ; et à beaucoup
   étudier, le corps se fatigue.

13 Fin du discours, tout a été entendu,
   crains (le) Dieu et garde ses commandements, c'est là tout
   l'homme.

14 Car (le) Dieu fera venir toute l'œuvre en jugement au sujet de tout
   ce qui est caché,
   que ce soit bon ou mauvais.

SUMMARY

THE RIDDLE OF HAPPINESS
A STUDY IN GOOD IN THE BOOK OF KOHELETH

> In an age when life often appears chaotic and meaningless, Koheleth has
> a special message for us, being dedicated to teaching men to love life,
> accept its limitations, and rejoice in its blessings.

This quote from R. Gordis, dating from 1967, comes as a conclusion
to the preface of the 3rd reprint of his commentaries on the book of
Koheleth. A little over 40 years ago, this message went against a pre-
vailing tradition which looked upon that book as one of the darkest in
the Bible. All through the 19th century and most of the first half of the
20th, commentary writers only saw in Koheleth a pessimist, a sceptical
existentialist, even a eulogist of anticonformism, making R. Gordis's
statement sound all the more as a definite challenge.

In the last decades, Koheleth has been the subject of many studies and
publications. Among the latest ones, the trend aiming at questioning the
uniformly dramatical character of the book has been confirmed. Could
the approach of the wise man from Jerusalem be not as disenchanted
as regards human life as claimed so far?

For the one who undertakes a study of the book, the theme of happiness is far from accessory. In spite of a frankly disappointing assess-
ment of the validity of life in this world, the sacred author points out
a number of encouraging words—chorus like—which cheer him up.
Therefore, in spite of there being evil and unhappiness in this world,
Man can enjoy good and happiness such as the pleasure of good fare,
the wine that cheers Man's heart, work done enthusiastically, life shared
with one's spouse...

Therefore the main theme of our quest is a question: What is the
place of happiness in the Book of Koheleth? The question has not been
arbitrarily chosen. It has become obvious after the lively disputes among
authors in the last three decades about the specific status of the seven
choruses of happiness.

1. *The question as it stands today*

Two theories clash: a so called 'optimistic' trend (R. N. Whybray, N. Lohfink, M. Maussion) setting the words of happiness as the tenor of the book and a so called 'pessimistic' trend (A. Schoors), seeing in those very words a mere painkiller given to man to help him put up with the miseries of life. Those who reckon the book of Koheleth is mainly a work on joy insist on the more and more emphatic repetition of what they call happiness "choruses". Those who opposedly see in the words of the wise man a mere outlet to discontentment tend to insist on the frankly pessimistic words of the book.

Exegetic research has not precisely defined the status of those choruses so far. The most varied and contradictory interpretations are still upheld. It is therefore necessary to concentrate on the tenor of the words of happiness and study them in the context of Koheleth's work.

2. *An exegetic and contextual study of the seven "choruses" of happiness*

This new study makes it necessary to go back to the seven words commentaries often describe as "choruses" of happiness. (2, 24–25; 3, 12–13; 3, 22; 5, 17–19; 8, 15; 9, 7–9; 11, 9) and analyse them, not separately, as some recent studies have done, but synchronically, bringing out the common characteristics of happiness according to Koheleth, in terms of vocabulary as well as grammar. Thus, the exegesis we advocate concentrates on the formulas introducing happiness, them being statements: "There is nothing better…" (2, 24–25; 3, 22), "It is good and comely…" (5, 17) or exhortations: "eat thy bread with joy and drink thy wine with a merry heart…" (9, 7), "rejoice, young man, in thy youth, and let thy heart cheer thee…" (11, 9), before considering the precise content of the words on happiness: eating, drinking, rejoicing, taking heart in hardship, receiving happiness as the gift of God as a share set aside for Man.

It also seems the seven "choruses" of happiness do not follow the same literary pattern. Under these conditions, do we still have reasons to speak of "choruses"? Should we not use the more neutral phrase "words of happiness"? To confirm this, we need to further our research, showing how these positive words are an answer to the literary context in which they are included. This reading-in-context is decisive in understanding the import of each of these words. In the end, two distinct series of words stand out: *answer-form words* to the question: "What is the point of withdrawing from life in this world?" and *encouragement-form words* to the disciple of the wisdom master (last three words). Both series offer substantial varations in the treatment of good and happiness, which is confirmed by the other theme variations encountered in the book.

3. *A subject study in relation with the seven* words of happiness

Considering the relations between the seven words of happiness and the other related issues in the book is profitable. Such is the case with the choruses about vanity, as well as some other recurring questions the wise man asks such as: what is the benefit for Man in pain and what is the future like after him? What is wisdom worth? What about the deeds done under the sun (Man's deeds as well as God's)? Let us not forget a major issue in Koheleth: the fear of God.

Studying the vocabulary and the style helps us in better defining the remarks about happiness in their subject context. It does not, however, enable us to conclude the debate satisfactorily, as the heterogeneous character of the work is teeming with arguments for this or that school. Nevertheless, these cross-chapter issues do have an impact on the various phrasings of the *words of happiness*. They already enable us to justify the change from being grateful for a few bits of happiness to exhorting people to enjoy them. The wise man of Jerusalem gradually discovers that the bits of happiness are God's answer to the questions Man asks about the meaning of his life. Having personally tested it, as a wise man, he now is in a position to pass his experience on to his disciple. This change from being grateful to exhorting Man to happiness is done, for the first time, in Ch. 7, through an unequivocal invitation to happiness: "In the day of prosperity, be joyful; in the day of adversity, consider." (7, 14). What to do with these words of encouragement that have hardly ever been taken into account in commentaries? Can they be regarded as new *word of happiness*?

4. *An eighth* word of happiness

Following the example of the previous *words of happiness*, the invitation in 7, 14 has to be studied in its literary and subject context. In that respect, considering the segment 7, 11–14 is informative, as several of the cross-chapter issues of the book in connection with the words of happiness: profit, wisdom, Man's and God's deeds…are interwoven in it.

Moreover, the traditional stance in Israel according to which wisdom is good, even profitable to man is expressed in these two verses. From then on, the wise man can send out an invitation to take hold of the coming happiness. This pericope will be developed in 7, 15–8,8, through the issues of wisdom and fear of God, issues taken up again in the recap conclusion of 8, 9–15 in the form (exploring, reflecting, concluding) as in the content (what takes place under the sun, the fear of God, pleasure in pain).

The study of this eighth *word of happiness* after its context makes one turn to another passage which is parallel, at the beginning of the book. Between 1, 12–18 and 7, 11–14, several common elements as regards syntax and issue have to be brought to light: the role of wisdom, the motivation for God's gift and the proverbial sentence about straightening the crooked. The pericope 1, 12–18 is taken up again and developed in 2, 1–26, in terms of form (exploring, reflecting, concluding) as well as of content (exploring pleasure and happiness in distress, advantage of wisdom over madness, and a reminder that there is nothing better than rejoicing in distress). A compared analysis of those two passages— and of their development—enables us eventually to suggest a two-step structuring of the book.

5. *A two-step work*

Going from observing the few bits of happiness to clearly exhorting Man to enjoy that happiness is confirmed by a transition unit (6, 10–7, 14). As a matter of fact, this pericope links the cross-chapter issues about profit and Man's future in connection with the theme of happiness. From there on, defining the two steps in the wise man's mind becomes possible: chapters 1 to 6 and chapters 7 to 12.

In chapters 1 to 6 the question of the immediate profit to be made on Man's life on earth is raised. A negative statement of fact stands out: events repeatedly cropping up, Man's being unable to penerate the mystery of the world for God is the master of time and eternity, rank unfairness. In front of that, the only thing left to man is to enjoy the simple pleasures life offers him.

In chapters 7 to 12, another question is raised: the future of man. Some kind of realism as well as an encouragement to happiness stand out.The latter not longer rests on past times but on the future. What will be, only God knows. Man cannot do much. What is left to him is to enjoy occasions for happiness which are already available and fear God above all.

As soon as the two-step organisation of the book becomes a forceful conviction, the issue of the status of happiness finds a satisfying answer: since there are two different parts, there are two approaches to wisdom and two ways to think up the status of happiness. The two-step structure of the book is most useful to clarify the interpretation of the *words of happiness* in the wise man's mind. This hypothesis, upheld in some contemporary commentaries (R. E. Murphy, V. d'Alario), now enables us to bring together the apparently contradictory arguments championed by the two conflicting currents of opinion, depending on which part of the book they use as a basis for their points of view.

In the end, what is the place of happiness in the whole book of Koheleth? Raising that question immediately gives rise to another: Who is Koheleth? Is he a philosopher or a theologian? a nihilistic thinker or a prophet of joy? Exegetes studying this book of wisdom lean one way or the other depending on the interwoven issues. The author being obsessively tired with life makes him a sceptic, his mentioning his fear of God a few times makes him a believer, and his *words of happiness* a prophet of joy.

In front of so many interpretations, can one bring out an order of reading? Emphasizing Koheleth's dual step approach helps placing the question of happiness in the general issue of the book: everything is vanity. The wise man of Jerusalem is too deeply affected by being disillusioned with life in this world to be listed among the prophets of joy. But this is not his final word. The joy of living is placed in the very middle of his teaching of wisdom.

In front of the dark painting of life in this world, the sacred author does not repeat a ready-made teaching, neither does he give recipes to apply. After trying everything, Koheleth appears as a master of wisdom full of humility and realism. He has watched and considered much. He can now draw lessons for the future. He has understood at his expense that whatever Man does cannot change anything to the course of things. He can at best put up with it by choosing to concentrate only on what is easily available: enjoying day-to-day pleasures. This immanent pleasure is also transcendantal: as it eventually becomes part of a life of vanity, such happiness can no longer be regarded as a will to flee the world. It is a day-to-day art of living which places the man who follows it face to face with the mystery of a God who is both close and remote.

INDEX DES CITATIONS BIBLIQUES

Cet index renvoie aux seules citations du livre de Qohélet.

INDEX LEXICAL

INDEX DES AUTEURS

Sont mentionnées, en caractère gras, les références aux auteurs cités dans le corps du texte